HEYNE <

Das Buch

Das Leben als Reise zu sich selbst – das ist das Motto dieses Meditationsbuchs von Melody Beattie. Die Autorin nimmt uns mit auf ihre Fahrt durch die kraftvollen Naturlandschaften der USA, auf eine spirituelle Reise, die tief ins Innere der Seele, zum eigenen Ich führt. Die täglichen Meditationen sind geprägt von der Magie und Schönheit der bereisten Orte, aber auch von dem Erfahrungsschatz der Autorin selbst. Den Pfaden Melody Beatties folgend werden wir uns unseres eigenen Lebenswegs bewußt, können unsere Gefühle ordnen und endlich zu unserem wahren Selbst finden.

Die Autorin

Melody Beattie ist eine der erfolgreichsten amerikanischen Selbsthilfe-Autorinnen. Mit ihren Büchern »Kraft zum Loslassen« und »Die Sucht, gebraucht zu werden« erzielte sie weltweit eine Auflage von mehreren Millionen Exemplaren. Im Wilhelm Heyne Verlag sind von ihr außerdem »Mehr Kraft zum Loslassen«, »Mut zur Unabhängigkeit«, »Mut zur freien Entscheidung« und »Kraft durch innere Einkehr« erschienen.

MELODY BEATTIE

Kraft zur Selbstfindung

Tägliche Meditationen
für den Weg zu sich selbst

Aus dem Amerikanischen von Gabriel Stein

WILHELM HEYNE VERLAG
MÜNCHEN

Die amerikanische Originalausgabe erschien unter dem Titel
»Journey to the Heart: Daily Meditations on the path to Freeing Your Soul«
im Verlag HarperSanFrancisco.
Published by arrangement with HarperSanFrancisco,
an imprint of HarperCollins Publishers.

FSC
Mix
Produktgruppe aus vorbildlich
bewirtschafteten Wäldern und
anderen kontrollierten Herkünften

Zert.-Nr. SGS-COC-1940
www.fsc.org
© 1996 Forest Stewardship Council

Verlagsgruppe Random House
FSC-DEU-0100
Das FSC-zertifizierte Papier *München Super*
für Taschenbücher aus dem Heyne Verlag
liefert Mochenwangen Papier.

Taschenbucherstausgabe 1/2006

Umschlaggestaltung: HildenDesign, München
Umschlagmotiv: © Images.com / CORBIS
Herstellung: Helga Schörnig
Satz: Leingärtner, Nabburg
Druck und Bindung: GGP Media GmbH, Pößneck
Printed in Germany 2005
ISBN-10: 3-453-70031-7
ISBN-13: 978-3-453-70031-4

http://www.heyne.de

Dieses Buch ist dem Leben gewidmet, der schöpferischen Kraft im All, und dem Schöpfer selbst. Ich habe es für Menschen geschrieben, die dabei sind, ihre Innenwelt, ihre Seele, zu entdecken und ihr zu vertrauen. Und ich hoffe, daß es all jenen nützt, die am geistigen Wachstum interessiert sind, und besonders jenen, die sich kreativ betätigen: Künstlern, Schriftstellern und Heilenden.

EINLEITUNG

Meditationen führen uns anderswohin …

Nachdem ich mich schon wochenlang abgemüht hatte, dieses Buch zu schreiben, wurde mir auf einmal jene Botschaft zuteil, die den einfacheren, den richtigen Weg wies. Die Idee, eine Art Vision, kam ganz spontan und stand plötzlich in aller Deutlichkeit vor mir – eben so, wie es in letzter Zeit immer geschehen ist. Ich sollte quer durchs Land fahren und heilige, heilsame, spirituelle Orte aufsuchen, um die Energie dieser Mekkas in mich einströmen zu lassen. So würde ich innerlich erfüllt werden – und mein Buch ebenfalls. Ich begann diese »Pilgerreise« ohne genauen Plan, ohne vorgegebene Route, und verließ mich allein auf eine Landkarte, auf meine Intuition, auf ein paar vage Vorstellungen von möglichen Zielen – und auf meinen Glauben, daß das Universum alles weitere schon regeln würde und daß sich die Dinge nach ihrem eigenen Rhythmus entwickeln sollten.

Dieses Projekt sollte meine Überzeugungen auf die Probe stellen, mich an frühere Lektionen erinnern und mir einige neue beibringen. Die Meditationen sollten durchdrungen sein vom Hauch des Lebens. Ich wollte eine einzigartige Reise unternehmen und sie in das Abenteuer eines Jahres verwandeln.

Zwei Tage später lud ich einige Kisten in meinen Jeep, kaufte einen tragbaren Computer, verabschiedete mich von einigen Menschen und machte mich auf in Richtung des Unbekannten. Und als ich so hinter Los Angeles mit seinem hektischen Getriebe über die 10 East fuhr und mich fragte, ob ich alles Nötige eingepackt hatte, zugleich jedoch ziemlich sicher war, zuviel mitgenommen zu haben, da kamen mir wieder die prophetischen Worte einer Freundin in den Sinn: »Du wirst deine Geschichten nicht mehr *finden*, Melody«, hatte sie vor einigen Jahren gesagt, »du wirst sie *unmittelbar erleben*.«

Bald wurde mir noch etwas anderes bewußt. In sechzehn Jahren professionellen Schreibens ist dies mein achtes Buch, das ich als Autorin oder Co-Autorin herausbringe, und zugleich das zweite Meditationsbuch. Und doch ist es ein Erstling. Es ist nämlich das bisher *einzige*, das nicht auf der Vorstellung gründet, einen quälenden inneren Schmerz zu überwinden. Statt dessen spiegelt es, ebenso wie meine Reise, den Geist des Abenteuers, der Freiheit und der Freude wider. Gewiß, manchmal geht es dabei auch um den Schmerz, aber er steht nicht mehr wie früher im Zentrum.

Meditationen öffnen das Herz und befreien die Seele …

Diesen Grundsatz habe ich auf den Seiten dieses Buches, auf den Seiten meines Lebens umzusetzen versucht. Es handelt sich hier weder um einen Reisebericht noch um eine Abhandlung über den inneren Heilungsprozeß. Das Thema des Ganzen lautet: Entdeckung. Benutzen Sie also diese Meditationen als eine Art Landkarte oder Leitfaden für die Expeditionen Ihrer Seele im Verlaufe eines Jahres. Lesen Sie an jedem Tag den entsprechenden Text. Oder besinnen Sie sich auf Ihre Bedürfnisse, und schlagen Sie dann einfach das Buch an irgendeiner Stelle auf. Sie können sich aber auch festlesen und eine Meditation nach der anderen verschlingen, bis Sie gefunden haben, was Sie brauchen.

Meditationen führen uns an die Orte der Kraft, der Heilung, des Friedens …

Schließen Sie sich mir an. Dann besuchen wir gemeinsam die geheimnisvollen, erbaulichen Gegenden um Sedona, die uralten Ruinen im Chaco Canyon, die Zauberwälder des Nordwestens. Lassen Sie zu, daß die Heilquellen von Desert Hot Springs Ihre

Sorgen und Kümmernisse wegspülen. Berühren Sie die geweihte Erde im Heiligtum von Chimayo. Atmen Sie die Rätsel und Wunder der Welt ein, die uns umgibt, und kehren Sie dann, erfrischt und erneuert, in Ihr eigenes Leben zurück.

Meditationen führen uns anderswohin …

Kommen Sie jetzt mit mir, damit wir uns an all diese magischen Orte begeben, und erkennen Sie, daß Sie sie jeden Tag auch in sich selbst entdecken können.

Beginnen Sie Ihre Reise ins Herz.

Januar

[illegible]

Anfänge können sacht sein oder abrupt. Sie kündigen sich fast unmerklich an oder mit einem großen Knall. Sie verheißen neue Lektionen oder solche, die wiederholt, vertieft und bewußtgemacht werden müssen. Sie verheißen unbekannte Gebiete, die zu erforschen sind. Anfänge beinhalten Widersprüche und Versprechen, Ängste und Hoffnungen.

Lassen Sie nicht zu, daß frühere Lektionen, Ihre in der Vergangenheit gesammelten Erfahrungen, die Begeisterung für das »erste Mal« dämpfen. Wenn es vorher Probleme gab, so heißt das noch lange nicht, daß dies immer so sein muß. Der Kummer, den Sie hatten, darf nicht dazu führen, daß Sie zynisch werden und sich den magischen, in die Zukunft weisenden Kräften des Lebens verschließen. Seien Sie vielmehr ganz offen für das, was das Universum Ihnen mizuteilen hat.

Gestatten Sie sich einen Neubeginn. Packen Sie Ihre Koffer. Überlegen Sie sorgfältig, was Sie auf die Reise mitnehmen – denn derlei Vorbereitungen sind ein wichtiges Ritual. Jedenfalls benötigen Sie ein wenig Demut sowie die bisher gelernten Lektionen. Fügen Sie auch ein gewisses Maß an Wißbegier bei – und Vorfreude auf das Verborgene. Nehmen Sie Abschied von denen, die Sie zurücklassen wollen. Machen Sie sich keine Sorgen darüber, wem Sie begegnen oder wo Sie ankommen werden. Ihr Weg ist bereits vorgezeichnet. Die Menschen, die Ihnen gegenübertreten sollen, erwarten Sie schon. Eine neue Reise hat begonnen. Tun Sie alles, damit sie genauso wunderbar wie geheimnisvoll ist und ungehindert vonstatten geht.

Alle Stationen dieser Reise besitzen
etwas Heiliges, Ehrfurchtgebietendes.
Besinnen Sie sich jetzt darauf,
den Anfang als solchen zu achten.

Planen Sie Ihre ganz persönliche Reise 2. JANUAR

Es ist *Ihre* Reise, die Sie da unternehmen. Lassen Sie sich durch niemanden davon abhalten – und legen auch Sie anderen Menschen keine Steine in den Weg, wenn sie aufbrechen. Beurteilen Sie die Reisen der anderen nicht, und umgekehrt gilt das gleiche.

Jedem steht es frei, die Erfahrungen zu machen, zu denen sich die eigene Seele hingezogen fühlt. Viele von uns haben ihre Reise damit begonnen, daß sie immer nur taten, was andere von ihnen erwarteten. Manche haben auch versucht, anderen vorzuschreiben, welche Abenteuer sie erleben und welche Lektionen sie lernen sollten. Doch am Ende haben darunter alle Beteiligten gelitten, am Ende waren alle ganz durcheinander. Zu lernen, daß wir einander die nötige Freiheit geben müssen, spielte daher auf unserer bisherigen Reise eine wesentliche Rolle. Jetzt aber sind wir im Begriff, Neuland zu betreten.

Packen Sie also Ihre Koffer. Holen Sie Ihre Landkarte hervor. Machen Sie sich keine Gedanken darüber, wohin Sie reisen und was Sie sehen werden. Gehen Sie einfach in der Richtung, die Ihrem ureigensten Gefühl entspricht. Ihre Seele kennt den Weg. Sie spricht leise zu Ihnen mit der Stimme des Herzens, der Weisheit, der Intuition. Lauschen Sie dieser sanften, inneren Stimme, die Ihnen verdeutlicht, daß Sie in Sicherheit sind. Im Verlauf der Reise werden Sie genau den Menschen begegnen, die Sie brauchen, und von ihnen alles Nötige aufnehmen. Jedenfalls sollten Sie, was neue Erfahrungen betrifft, weder sich selbst noch die geliebten Menschen, noch die Leute, die Sie mit der Zeit kennenlernen, in irgendeiner Weise einengen.

Fangen Sie heute damit an,
der Stimme des Herzens zu folgen.
Entwerfen Sie Ihre eigene Reiseroute.
Erleben Sie das Abenteuer Ihres Lebens.

Zu lange schon haben Sie sich auf Ihren Verstand verlassen. Nun ist es an der Zeit, sich innerlich umzustellen und den großen Schritt in Richtung Gefühl zu tun.

Erkennen Sie allmählich, wie das rein rationale Denken Sie behindert? Wieviel Unruhe es erzeugt – das Gerede, die begrenzte Perspektive, die Angst? Wird Ihnen immer deutlicher bewußt, wie sehr jene früheren »Stützen« – der Intellekt, die kritischen Beurteilungen und manchmal auch die Logik – Ihr Leben verkompliziert haben?

Der Kopf sieht nicht klar – und oft mangelt es ihm an Liebe. Er neigt dazu, die Welt mit den Augen der Angst wahrzunehmen. Das Herz dagegen erkennt deutlich, was vorgeht. Es bringt Gedanke und Gefühl miteinander in Einklang. Es orientiert sich am Wirklichen, deutet es und entwickelt daraus das Wahre – dann auch die richtige Handlungsweise. Es zieht alles in Betracht, was getan werden muß, und gibt die Richtung vor, einen Weg, wie man dieses Ziel erreicht. Ja, sagen Sie vielleicht, aber mein Kopf kann das auch. Und dabei brauche ich *überhaupt keine Gefühle*.

Doch Ihr Herz kann es wirklich besser, denn es geht mit der Kraft der Liebe an die Sache heran.

Lernen Sie, auf Ihre innere Stimme zu hören.
Achten Sie darauf, was Ihr Gefühl sagt.
Es verbindet Sie mit Gott, mit den Menschen,
mit dem Weltall – und Ihrem eigenen Wesen.

Greifen Sie stets auf Ihr Wissen zurück

4. JANUAR

Als ich durch die südkalifornische Wüste fuhr, drang aus dem Radio folgender Werbeslogan an mein Ohr: »Lassen Sie sich nicht nur treiben. Halten Sie sich an das, was Sie wissen.«

Manchmal kommen die Antworten von außen. Das Universum ist unerschöpflich, wenn es darum geht, uns den richtigen Weg zu weisen. Es ist geradezu darauf bedacht, uns Signale, Lehren und weise Einsichten zu übermitteln – vorausgesetzt natürlich, wir sind wirklich aufmerksam, geduldig und offen. Bisweilen weisen uns Menschen den Weg, denen wir uns verbunden fühlen, dann wieder solche, die wir kaum kennen. Doch selbst wenn diejenigen uns weiterhelfen, die wir am meisten lieben: Ihre Antwort muß die gleiche Schwingung besitzen wie der Ort tief in unserem Innern. Sie muß widerhallen in unserem Wesen. Sie muß *wahr* klingen.

Hören Sie auf die Menschen Ihrer Umgebung. Achten Sie auf die Hinweise des Universums und auf all die Stimmen, die es benutzt, um zu Ihnen zu sprechen. Aber vertrauen Sie stets auch sich selbst. Glauben Sie an Ihre innere Stimme. Bauen Sie auf Ihr Wissen, denn letztlich wird Ihr Weg wieder genau dorthin führen. Egal, welche Schritte Sie unternehmen – wenn es für Sie nicht die richtigen sind, so müssen Sie in Ihr Zentrum zurückkehren, Ihren geistigen Frieden wiederentdecken – und herausfinden, welche Handlungsweise am geeignetsten ist.

Es ist gut, sich treiben zu lassen.
Aber noch besser ist's,
dem eigenen Willen zu vertrauen,
dem, was man als wahr erkannt hat.
An sich selbst zu glauben ist die höchste Lektion.
In sie münden alle Unterweisungen.

Lassen Sie zu, daß das Leben sich Ihnen von selbst offenbart 5. JANUAR

Sie brauchen nichts zu forcieren, um zu den Einsichten zu gelangen, die für Sie bestimmt sind. Unterweisung, Inspiration und Bewußtheit, die Sie brauchen, werden Ihnen von selbst zuteil.

Unsere jetzige Lebensweise – die dem Herzen entspringt – ist um so vieles einfacher als unsere frühere. Ja bisweilen kommt sie uns derart natürlich vor, daß wir vielleicht gar nicht gleich verstehen, was da eigentlich geschieht. Es kann gut sein, daß uns diese Leichtigkeit zunächst Unbehagen bereitet. Wir merken, daß wir mühsam versuchen, eine schwere Kegelkugel hochzuheben, während im Grunde doch nur ein Tischtennisball aufzuheben ist. Dann fragen wir uns, warum er so leicht ist – und ob da etwas nicht stimmt, eben weil er sich ganz anders anfühlt.

Wenn Ihnen das Leben unkompliziert erscheint, so bedeutet das keineswegs, daß Sie etwas falsch machen.

Ihr nächster Schritt, die Antwort, über die Sie jetzt noch ständig nachgrübeln, erfolgt bald – und dann ist Ihnen auch klar, wie Sie in die nächste Phase inneren Wachstums eintreten, wo Sie hinziehen sollen, was Sie konkret unternehmen müssen hinsichtlich Ihrer Arbeit, Ihrer Finanzen oder jenes Problems, mit dem Sie zu kämpfen haben. Wenn Sie jedoch hektisch werden und sich völlig verausgaben, überhören Sie wahrscheinlich die richtige Antwort. Zerbrechen Sie sich also nicht den Kopf über alle möglichen Lösungen und Planungen für die kommenden Jahre.

Ihr Entwicklungsprozeß läuft nicht nach diesem Schema ab. Vielmehr müssen Sie darauf vertrauen, daß Ihnen das nötige Wissen zur rechten Zeit offenbart wird – so erst haben Sie teil an den wunderbareren Seiten des Lebens.

Entspannen Sie sich. Sie sind auf einer
Entdeckungsreise. Lassen Sie zu,
daß das Leben sich Ihnen von selbst offenbart.

Wie langweilig wäre es doch, wenn wir schon im voraus wüßten, was alles passieren wird. Trotzdem versuchen wir dauernd, um die nächste Ecke zu schauen und das Künftige zu antizipieren.

Wenn uns alle späteren Erfahrungen schon bekannt wären, bräuchten wir sie nicht mehr zu machen. Es gäbe dann nichts zu lernen, zu erforschen – und auch nichts zu gewinnen. Wir würden in unseren Gedanken verharren, anstatt in unserem Herzen zu leben. Nur allzuoft sind es ja gerade die Überraschungen, die unerwarteten Wendungen und Umschwünge, die unserer Reise einen Sinn und unseren Lektionen den nötigen Realitätsbezug verleihen.

Wir alle sind verbunden mit der Wahrheit, mit der Höheren Macht, die uns führt. Daher können Sie den Unterweisungen, die von Gott kommen, vertrauen und sie ruhigen Gewissens annehmen. Das heißt, Sie bekommen alle notwendigen Ideen, Hinweise, Vorkenntnisse übermittelt – und zwar in genau dem Maße, daß die Überraschung nicht verdorben, die Lektion nicht überflüssig wird.

Es wird Ihnen immer nur so viel eröffnet,
daß Sie zu der Einsicht gelangen,
niemals allein zu sein.

Vergessen Sie nicht, Ihr Glück auszukosten

7. JANUAR

An der Wand einer Bäckerei hing ein Schild mit der Aufschrift: »Vergiß nicht, glücklich zu sein.«

Wenn wir uns mit den eigenen Gefühlen, Angelegenheiten, Problemen – also mit den Realitäten und Einzelheiten unseres Lebens – befassen, verzetteln wir uns manchmal derart, daß wir überhaupt nicht mehr daran denken, unser Glück auszukosten. Aber oft wird es uns gerade dann zuteil, wenn wir uns einfach *daran erinnern*, glücklich zu sein.

Ob wir tatsächlich Freude empfinden, liegt allein bei uns. Wir müssen uns nur ganz bewußt dafür entscheiden. Und immer wieder aufs neue haben wir die Wahl. Unsere Zufriedenheit ist weder abhängig von anderen Menschen noch von äußeren Umständen. Vielmehr hat sie ihren Ursprung in einem tiefer gelegenen, inneren Ort, wo Sicherheit und Geborgenheit herrschen. Sie resultiert aus unserer *Einstellung*, nicht aus einem momentanen Gefühl.

Vergessen Sie nicht, gegenüber anderen
freundlich und liebevoll zu sein.
Denken Sie dran, alle Ihre Gefühle bewußt
wahrzunehmen und auf sich selbst
gut achtzugeben. Erinnern Sie sich
vor allem daran, glücklich zu sein.

Gehen Sie so lange liebevoll mit sich selbst um, bis Sie sich tatsächlich lieben

8. JANUAR

Was heißt das eigentlich: sich selbst lieben? Sich selbst etwas Gutes tun, nett sein zu sich selbst? Die wahre Selbstliebe geht darüber hinaus. Sie zeigt an, daß man sich selbst – die eigenen Gedanken und Gefühle, Schwächen und Fehler, Stärken und geistigen Fähigkeiten, seine innere und äußere Schönheit, sein Wissen – genauso vorbehaltlos liebt und akzeptiert wie die besondere, einzigartige Einstellung, die man gegenüber der Welt hat …

Sich selbst lieben heißt: jeden Teil seines Wesens, seiner Person achten und annehmen – und *ganz genau* wissen, daß man ein würdiger, wertvoller und liebenswerter Mensch ist. Es bedeutet, sich selbst zu schätzen und zu bejahen auch im Beisein anderer Leute, ob sie einen lieben oder nicht, sowie in den Zeiten, da man meint, alle seien verschwunden, und sich fragt, ob sogar Gott sich zurückgezogen hat.

In einer meiner dunkelsten, schwierigsten Lebensphasen bat mich Al Franken, ein Komiker und Produzent, eine Einleitung zu verfassen zu dem Buch, an dem er gerade schrieb – nämlich Stewart Smalleys tägliche Meditationen: *I'm Good Enough, I'm Smart Enough, and Doggone It, People Like Me* (Ich bin gut genug, ich bin klug genug und verdammt noch mal, die Leute mögen mich). Damals war ich außerstande, mehr zu tun, als zu meinem Faxgerät zu gehen und die zusammengerollten Seiten abzureißen, die er mir schickte. Ich nahm sie mit zurück ins Bett, legte mich hin (denn ich fühlte mich zu deprimiert, zu schwach, um zu stehen) und las sie. Ich lachte ein wenig über Stewarts sonderbares Gebaren. Aber da war auch noch etwas anderes, das mich schmunzeln ließ. Obwohl wir uns stets darum bemühen, wohlüberlegte und weise Ratschläge von anderen zu bekommen und immer mehr dazuzulernen, ist es manchmal doch sehr hilfreich, sich der einfachen, schon im Titel anklingenden Lebensphilosophie des sich irgendwie durchschlagenden Stewart Smalley zu erinnern.

Sich selbst lieben bedeutet manchmal, das eigene Ich soweit zu akzeptieren, daß man erkennt: Die anderen mögen mich und halten viel von mir – und sich selbst auch dann anzuerkennen, wenn sie es nicht tun. Es braucht Mut, um die Duckmäuserei aufzugeben, sich frei heraus zu lieben und in jeder Hinsicht zu respektieren.

Sprechen Sie nicht nur davon.
Lieben Sie sich selbst so lange,
bis Sie diese Liebe wirklich
fühlen.

Sie sind dabei, zu neuen Orten aufzubrechen 9. JANUAR

Sie werden immer offener. Mit jedem Tag gewinnen Sie an Klarsicht. Akzeptieren Sie die Veränderungen, die Sie durchmachen, denn diese sind genauso positiv wie unwiderruflich. Dadurch gelangen Sie an neue Orte, führen ein anderes Leben, das Sie sich jetzt noch gar nicht richtig vorstellen können, eben weil es sich von Ihrem bisherigen so grundlegend unterscheidet.

Alles wird sich ändern: Ihre Liebe, Ihr Leben, Ihre Freundschaften, Ihre Arbeit. Aber auch Ihre stillen Augenblicke, Ihre in Gesellschaft verbrachten Stunden, Ihre Freizeit, Ihre Ruhephasen. Sie werden eine andere Einstellung entwickeln und die Fähigkeit erwerben, die Dinge voll auszukosten und zu genießen.

Neue, ungeahnte Kräfte wachsen Ihnen zu. Sie werden Dinge tun, Gedanken und Gefühle haben, die immer nur bestimmten anderen Personen vorbehalten waren – zumindest schien es Ihnen so. Sie werden derart leichtfüßig durchs Leben gehen, daß Sie beglückt sind und damit auch andere Menschen innerlich bewegen, ja heilen.

Sie werden viel lachen – und gewiß auch oft weinen, denn ein offenes Herz fühlt alles, was es fühlen muß. Aber Sie werden über diese Emotionen nicht lange nachgrübeln, sondern Sie empfinden mit der Reinheit eines Kindes und der Weitsicht eines Weisen. Sie werden das Wunder des Lebens erschauen, berühren, schmecken und in sich aufnehmen, wie Sie es sich nie hätten träumen lassen. Sie werden lieben und geliebt werden. Und Sie werden begreifen, daß beides eins ist.

Sie sind jetzt empfänglicher denn je.
Vertrauen Sie diesem Entwicklungsprozeß
genauso wie der Stimme des Herzens.
Die Reise ist nicht umsonst. Ihr Zweck
besteht darin, Sie zur Liebe zu führen.

Sie sollten Ihre Leidenschaft zu schätzen wissen

10. JANUAR

Allzu lange haben wir unsere Leidenschaft falsch beurteilt – unsere Lebensfreude, unsere Vitalität, unsere Begeisterung für Menschen, Orte, Dinge und Ideen. *Ich darf nicht haben, was ich gerne möchte. Ich darf nicht sagen, was mir gefällt. Ich darf nicht allzu enthusiastisch sein.* Aber was hilft uns, wirklich lebendig zu werden? Wie lassen wir den täglichen Trott hinter uns und treten ein in unsere Gefühlswelt? Wodurch kommen wir in Berührung mit der Energie des Lebens und der Liebe, die uns allen innewohnt?

Ihre gesamte Entwicklung und all Ihre Arbeit dient nicht dazu, Sie abzubringen von Ihren Leidenschaften, Sie in einen Roboter zu verwandeln, sondern dazu, Sie dem Dasein zurückzugeben, Sie anzuschließen an den universellen Kraftstrom, der sämtliche Wesenheiten durchdringt.

Respektieren Sie also Ihre Leidenschaft, indem Sie Ihre Gefühle respektieren. Sobald Sie tiefe Empfindungen haben, wird Ihre Leidenschaft entfesselt. Nehmen Sie diese Emotionen ganz bewußt wahr, und zwar alle. Dann wissen Sie auch, was Sie mögen, was Sie in Begeisterung versetzt. Und mit Hilfe dieser Einsicht werden Sie erkennen, welche Richtung einzuschlagen ist.

Leidenschaft und Dankbarkeit zum Ausdruck
zu bringen wird eine wichtige Maxime
Ihres Lebens.
Machen Sie sich's immer wieder klar,
bis Sie davon überzeugt sind.
Bis Sie danach leben.

In einer kleinen südkalifornischen Stadt ging ich in eine Buchhandlung, schmökerte ein bißchen und begann dann ein Gespräch mit der Verkäuferin. »Die Zeiten ändern sich«, sagte ich. »Rasend schnell. Etwas Neues entsteht, das so anders ist als alles Vorige, daß sich viele überhaupt keinen Begriff davon machen.«

»Ja«, erwiderte sie leise und vielsagend. »Die Dinge werden einfacher – sofern man sich nicht weiterhin an etwas festklammert.«

Gibt es in Ihrem Leben etwas, an dem Sie sich immer noch festklammern? Ein Überbleibsel aus der Vergangenheit vielleicht, das Sie daran hindert, vorwärtszuschreiten in Richtung Zukunft – oder wirklich in der Gegenwart zu leben?

Werfen Sie einen Blick nach innen. Dort finden Sie die Antwort auf diese Fragen. Möglicherweise ist es eine bestimmte Person, eine Verhaltensweise, eine Überzeugung, die Sie nicht aufgeben können. Gibt es da ein Problem aus früheren Tagen, das Ihnen die Fähigkeit raubt, sich selbst zu lieben und mit dem Leben, mit Gott, mit anderen Menschen in Beziehung zu treten? Fragen Sie sich einmal, ob Sie an etwas festhalten, das seinen Sinn und Zweck inzwischen eingebüßt hat.

Jetzt ist die Zeit gekommen, völlig loszulassen. Gehen Sie dabei behutsam, ohne jede Hast vor. Gestatten Sie sich ein paar Rückblicke und soviele Tränen wie nötig. Was Sie gesehen, was Sie erlebt haben, ist von großer Wichtigkeit. Dadurch sind Sie zu dem Menschen geworden, der Sie heute sind. Aber vertrauen Sie stets darauf, daß auch der Weg wichtig und wunderbar ist, den Sie von nun an beschreiten.

Lassen Sie innerlich los,
aber auf sanfte Weise.
Nehmen Sie sich die Freiheit,
Ihre von Freude geprägte Zukunft
zu beginnen.

Lassen Sie sich vom Universum helfen 12. JANUAR

Nehmen Sie die Hilfe an, die aus dem Universum kommt. Sie sind in dieser Welt nicht allein. Und Sie waren es auch früher nie, obwohl Sie sich dergleichen vielleicht eingebildet haben.

Sagen Sie dem Universum, was Sie brauchen – und auch einem Freund, einer Freundin, Ihrer Höheren Macht. Machen Sie es sich selbst immer wieder klar. Schreiben Sie es auf eine Liste. Seien Sie offen und ehrlich, was Ihre Bedürfnisse und Wünsche betrifft. Sprechen Sie mit sich selbst wie mit einem Freund. Das hat nichts mit Manipulation zu tun. Vielmehr lernen Sie dabei, Ihre schöpferische Kraft zu erschließen, die ein wahrhaft eigenständiges Leben ermöglicht. Dann lassen Sie innerlich los. Stehen Sie nicht nur da, mit dem Fuß auf den Boden klopfend, ungeduldig wartend, sondern lassen Sie einfach los – und zwar so, wie Sie es tun würden, wenn Sie der positiven Antwort eines Freundes vertrauten, so, wie es für Sie am besten ist.

Gehen Sie Ihren Weg ganz ungezwungen. Lauschen Sie der Stimme des Herzens. In welche Richtung Sie geführt werden, was Sie dort erwartet, worauf Ihre Aufmerksamkeit gelenkt wird, die Menschen, die Sie treffen, die Telefonanrufe, die Sie empfangen, die Erfahrungen, die Sie machen – all das können Hinweise sein, die das Universum Ihnen gibt.

Öffnen Sie die Augen. Schauen Sie sich um. Achten Sie darauf, wie das Weltall reagiert. Sehen Sie nur, wie es für Sie und mit Ihnen tanzt! Sie sind mit einem wunderbaren, liebevollen Kosmos verbunden, der für Sie lebendig wird, Sie umfängt, wie Sie es sich kaum vorstellen können. Doch allmählich wird Ihnen bewußt, daß dem tatsächlich so ist.

Blicken Sie auch nach innen. Manchmal bereitet uns das Universum durch einen sanften, unscheinbaren, plötzlich aufflackernden Gedanken – durch jene Ahnung, jene Bewußtmachung eines Bedürfnisses oder Wunsches, jenes bißchen Inspiration oder Intuition – darauf vor, was wir tun oder empfangen sollen. Unsere innere Stimme, die stets aus dem Herzen kommt, trägt in erheblichem Maße dazu bei, daß wir auf unserem Weg richtig geführt werden.

Sie stehen jetzt vor einem großen Tor.
Dahinter erwartet Sie die universelle Liebe.

»Betrachte die Kiefern, und lerne ihre Lektion«, sagte mir ein Freund einmal. »Kiefern erinnern uns im Namen der Natur daran, daß selbst im Winter das Wachstum weitergeht.«

Der Winter ist eine wichtige Jahreszeit in unserem Leben. Er ist nicht nur die Zeit der Kälte und des Schnees, sondern darüber hinaus die der Introspektion und der Meditation. Wir ruhen uns aus von der Arbeit, die getan ist, bereiten uns auf künftige Lektionen vor. Sehnen Sie sich ruhig danach, daß die Sonne auf Ihren Körper scheint – aber heißen Sie auch Kühle und Frost willkommen. Die Erde liegt brach, um dann, im Frühjahr, die Samen neuen Lebens zu nähren.

Respektieren Sie also die Lektionen des Winters. Obwohl er in Leblosigkeit und Untätigkeit zu erstarren scheint, stellt er doch eine Entwicklungsphase im Kreislauf der Natur dar. Vertrauen Sie den Einsichten, die Ihre Seele zutage fördert, den Hinweisen, die sie Ihnen gibt. Der Schnee wird schmelzen. Und irgendwann wird wieder das Sonnenlicht hinter den Wolken auftauchen. Es kommt die Zeit, da Sie Ihre schwere Bürde abwerfen und sich erneut dem pulsierenden Strom des Lebens hingeben.

Lernen Sie den Winter schätzen –
seine Stille, die Ihnen hilft,
nach innen zu gehen, auszuruhen
und zu genesen. Würdigen Sie
diese Vorbereitungsphase, die jedem
neuen Leben notwendig voraufgeht.
Geben Sie sich der Hoffnung hin,
die unter dem Schnee verborgen liegt.

Die Royal Gorge Bridge in Colorado ist die höchste Hängebrücke der Welt. Sie zu besichtigen war ein wichtiges Erlebnis auf meiner Reise, ein entscheidender Wendepunkt.

Die Brücke spannt sich über den Arkansas River im Grand Canyon und ist aus kleinen Holzlatten erbaut. Man kann sie im Auto oder auch zu Fuß überqueren; zwischen den Brettern sieht man – fast dreihundertfünfzig Meter in der Tiefe – den Fluß.

Als ich ankam in dem Park, der die Brücke umgibt, stellte ich meinen Wagen ab, schnappte mir den Rucksack und stieg aus, um über die Brücke zu gehen. Als ich sie schon fast erreicht hatte, machte ich wieder kehrt. Vor lauter Angst brachte ich es nicht fertig, einfach so auf die andere Seite zu wandern. Ich fürchtete, durch einen Windstoß von der Brücke geweht zu werden. Also entschloß ich mich, meinen Jeep zu benutzen.

Ich stieg ein, fuhr los in Richtung Brücke, hielt dann aber kurz davor erneut an. Ich stieß zurück bis zum Häuschen, wo die Brückengebühr zu entrichten war, und begrüßte den Mann, der darin Dienst tat, mit den Worten: »Wird alles gutgehen?« Er warf mir einen etwas merkwürdigen Blick zu. »Wird alles gutgehen?« wiederholte er.

Schließlich verstand er. »Sie werden heil drüben ankommen«, sagte er lächelnd.

Ich fuhr wieder zur Brücke. Zentimeter für Zentimeter überquerte ich die Bretter. Mir war wirklich bange – ich sah weder nach rechts noch nach links, noch nach unten. Jeder Blick jagte mir Angst ein. Und überhaupt nicht zu schauen war ebenso schrecklich ... Vor dieser Überfahrt hatte ich nie gewußt, daß so viel Furcht in mir steckt. Und um zurückzukommen, mußte ich mit dem Jeep wenden und ihn ein zweites Mal über die Brücke steuern.

Manchmal haben wir derart Angst, daß uns gar nicht bewußt ist, wie ängstlich wir im Grunde sind. Und manchmal wird unsere Furcht derart übermächtig, daß sie unsere Fähigkeit, das Leben zu genießen, enorm beeinträchtigt.

Fühlen Sie Ihre Ängste – und lassen Sie sie dann los. Erkennen Sie, wie überflüssig sie sind? Wie sehr sie Ihnen zu schaffen machen? Lockern Sie Ihren Griff. Schauen Sie nicht immer nur starr geradeaus. Sammeln Sie neue Erfahrungen, stürzen Sie sich in ein Abenteuer. Seien Sie lebendig.

Der Mann an der Brücke hatte recht:
»Sie werden heil drüben ankommen.«

Es steht Ihnen frei, der Stimme des Herzens zu folgen 15. JANUAR

Niemand hat Sie Ihrer Freiheit beraubt. Aber es kann gut sein, daß Sie selbst sie – bewußt oder unbewußt – geopfert haben. Jedenfalls waren Sie immer frei und konnten Ihre Wahl treffen.

Tatsächlich haben Sie auch Entscheidungen getroffen, ob Sie sich darüber im klaren waren oder nicht. Viele Jahre lang wollten Sie ja gar nicht ungebunden sein. Infolgedessen fühlten Sie sich eingeengt, unterdrückt, also beklagten Sie sich und rebellierten. Auch das war eine wichtige Station auf Ihrer Reise. Sie konnten aus Ihrem Gefängnis ausbrechen, die Ketten abstreifen. Jetzt erkennen Sie die Wahrheit – nämlich, daß Sie eigentlich von Anfang an frei waren.

Feiern Sie diesen Moment, da Sie die Fesseln
lösen. Preisen Sie Ihre Freiheit
und lassen Sie, freudig, andere Menschen
an ihr teilhaben. Machen Sie ihnen
und vor allem sich selbst klar,
daß Sie frei genug sind, der Stimme
Ihres Herzens zu vertrauen
und zu folgen.

Stellen Sie sich vor, wie glücklich Sie sind

16. JANUAR

Die meisten von uns haben eine sehr rege Phantasie. Wir verfügen über die Fähigkeit, uns im Geiste vorzustellen, was wir mit den Augen noch nicht sehen können. Das Problem ist nur, daß wir diese Begabung oft dazu benutzen, uns Dinge auszumalen, die wir eher nicht erleben wollen. Wir beschwören alle Arten von negativen Bildern herauf, Bilder von schmerzlichen Ereignissen, die uns widerfahren *könnten*. Deshalb ist es nun wohl an der Zeit, unsere Einbildungskraft so einzusetzen, daß wir Bilder entwerfen von all dem *Positiven*, das wir gerne erfahren möchten.

Was ersehnen Sie, was soll in Ihrem Leben geschehen? Vergegenwärtigen Sie sich die gewünschte Situation. Je konkreter sie in Ihrem Bewußtsein existiert, desto günstiger wird sie dann sein. Projizieren Sie sich selbst in diese Situation hinein. Versuchen Sie dabei, Ihre fünf Sinne zu gebrauchen. Stellen Sie sich vor, was Sie hören, sehen, riechen, schmecken, tasten – und was Sie sagen und fühlen. Lassen Sie in dieses Bild soviel emotionale Energie mit einfließen wie möglich.

Betrachten Sie diese geistige Tätigkeit als tägliche Aufgabe. Stellen Sie eine Liste auf, die stets greifbar ist. Wenn Sie nicht wissen, welche Punkte sie enthalten soll, dann gehen Sie in sich, fragen Sie Gott, oder bitten Sie das Universum, Ihnen zu helfen, Ihnen das Richtige zu zeigen.

Stellen Sie sich vor, wie Sie all das tun,
was Sie gerne tun würden.
Erübrigen Sie etwas Zeit, um sich
Ihrer Einbildungskraft zu bedienen, durch welche Sie
im Geiste jenes Leben kreieren, das Ihnen behagt.
Aber nehmen Sie sich vor allem genug Zeit,
um sich selbst als glücklichen Menschen zu sehen.

Nehmen Sie ganz bewußt die Welt wahr, die Sie umgibt 17. JANUAR

Vor Ihrer Tür ist ein All, das nur darauf wartet, Sie zu berühren, zu trösten, zu heilen. Da draußen befindet sich eine ganze Welt, die Ihr Herz öffnen und Ihrer Seele Nahrung geben möchte. Sie will Ihnen etwas beibringen, zeigen – und Ihnen helfen, lebendiger zu werden denn je.

Öffnen Sie Ihre Augen, Ihre Wahrnehmungskanäle, Ihr Inneres. Gehen Sie zur Tür hinaus, und sehen Sie sich um. Sie werden vielerlei Hinweise erhalten und in eine bestimmte Richtung geführt werden. Ihr Herz weist Ihnen den Weg zu jenen Menschen und Dingen, die Sie brauchen. Lauschen, schauen, fühlen Sie. Sie sind verbunden mit dem Universum.

Lassen Sie zu, daß Ihnen das Universum alles Heilsame beschert, das Sie benötigen, und Ihnen Vitalität verleiht. Erkennen Sie die Welt, in der Sie leben, dann erkennen Sie auch sich selbst.

Befreien Sie sich von Kontrollmechanismen 18. JANUAR

Sie brauchen sich von anderen Leuten weder kontrollieren noch manipulieren zu lassen. Und Sie müssen auch nicht toben und schreien, um ihnen zu sagen, daß sie unrecht haben, daß sie das einfach nicht machen können. Dadurch geben Sie nur zu erkennen, daß diese Menschen Sie tatsächlich unter Kontrolle haben.

Menschen sind Energie. Gedanken ebenso. Wenn jemand mit aller Macht seinen Einfluß ausüben will, so beeinträchtigt diese Energie die Liebe als solche und das innere Wachstum. Jeder Versuch, über andere Menschen – ihre Gedanken, ihre Tätigkeiten – zu bestimmen, spannt Schnüre, Seile, Tentakel, die auf unheilvolle Weise binden, hemmen, unterdrücken. Das Herz trachtet nicht danach, Kontrolle auszuüben – und die Liebe auch nicht.

Je weiter Sie auf dieser Reise voranschreiten, desto empfindlicher reagieren Sie auf Kontrollversuche. Sie werden spüren und erkennen, wann diese Fangarme wieder nach Ihnen greifen, wie sehr sie Sie einengen, was Sie dabei empfinden, inwieweit Sie unter Druck geraten, beunruhigt und verärgert sind. Es besteht aber kein Anlaß, laut loszubrüllen. Vielmehr sollten Sie sich diesen Mechanismus ganz einfach bewußtmachen und ihn gerade dadurch entlarven.

Ob es der geliebte Mensch ist, der Sie gängelt oder bevormundet, ein Bekannter, ein Geschäftskollege, eine Freundin oder ein Mitglied Ihrer Familie – Sie können deren Verhalten durchschauen in der Gewißheit, daß es das Herz beschwert und die Liebe verhindert.

*Befreien Sie sich von Kontrolle
und Manipulation. Die Liebe kann man nicht
kontrollieren. Seien Sie innerlich
offen, und lassen Sie die Liebe zu.*

Achten Sie den Prozeß geistigen Wachstums 19. JANUAR

Warten Sie nicht auf Veränderungen von außen. Denn die Veränderung, die Sie erhoffen, wird *von innen* kommen. Sie wird sich in Ihrem Innern vollziehen. Hegen und pflegen Sie also sich selbst, um ins nächste Stadium Ihrer Entwicklung, Ihres geistigen Wachstums einzutreten.

Es ist ermüdend und lästig, in Untätigkeit zu verharren – aber aufregend, sich der eigenen Gefühle und Fortschritte bewußt anzunehmen. Dies kann für Sie zu einer positiven Herausforderung werden, die das Leben in einen dynamischen, interaktiven Prozeß verwandelt. In dem Augenblick, da Sie sich ihm völlig hingeben, geschieht etwas. Wenn Sie zum Beispiel ein ungutes Gefühl haben, das vielleicht noch von früher stammt, Sie abstumpft und behindert, oder das sich im Verlaufe Ihrer Reise ergeben hat, dann können Sie es jetzt genauso loslassen wie die damit verbundene Überzeugung: *Ich bin nicht liebenswert. Das Leben ist zwangsläufig eine Tretmühle. Ich habe es verdient, bestraft zu werden.*

Sobald wir uns von derartigen Empfindungen und Ansichten befreit haben, verändert sich auch unser Körper. Er wird gleichsam entgiftet, gewinnt an Vitalität. Sodann lernen wir eine neue Lektion. Wir stellen fest, daß wir uns für Freude, Freiheit und Versöhnlichkeit *entscheiden* können. Solche Einsichten sind ebenso wichtig wie die früheren Glaubenssätze, auch wenn jede der vielfältigen »Lehrstunden« uns Mühe, ja Kopfzerbrechen bereitet – bei der Arbeit, in Liebesbeziehungen, in allen Bereichen unseres Lebens.

Bald gelangen wir dann zu neuen Schlußfolgerungen über uns selbst und unser Leben: *Ich bin liebenswert. In schöpferischer Weise fühle ich, was Gott und Universum mir anzubieten haben. Ich bin frei. Ich kann mich mit meiner ganzen Energie einbringen in die Gemeinschaft.* Wenn so unser Inneres mitsamt seinen

Anschauungen sich ändert, bleibt auch in unserem Leben kaum etwas beim alten. Der Umschwung, den wir ersehnten, vollzieht sich tatsächlich – aber als Folge unseres eigenen Entwicklungsprozesses, und nicht weil wir darauf gewartet haben, daß jemand anders oder ein äußerer Umstand sich ändert.

Vertrauen Sie diesem Veränderungsprozeß.
Würdigen, respektieren, ehren Sie ihn.
Sie brauchen nicht mehr darauf zu warten,
daß da draußen etwas geschieht. Schon jetzt
tut sich vieles in Ihrem Innern. Akzeptieren Sie
die Verwandlung, denn es soll die Ihre sein.
Lassen Sie sich vom Leben helfen,
während Sie die Veränderungen
aktiv in die Wege leiten. Tun Sie alles,
damit dieser Vorgang lebendig,
kommunikativ und wunderbar ist.

Erkennen Sie, wann Sie sich den neuen Gegebenheiten anpassen müssen 20. JANUAR

Das Leben ändert sich ständig – genauso wie wir selbst. Aufgrund dieses Wandels müssen wir lernen, uns immer wieder neu anzupassen.

Einige dieser Umstellungen ergeben sich auf ganz natürliche Weise. Zum Beispiel bemerkte ich noch die feinsten Veränderungen, die in meinem Körper vor sich gingen, als ich von einer Klimazone in die nächste reiste. In der warmen, trockenen Luft Arizonas mußte ich mehr Flüssigkeit zu mir nehmen, meine Haut durch Sonnencreme schützen und bei der Haarwäsche ein anderes Shampoo, einen anderen Conditioner benutzen. Dann, in den höheren Bergregionen, atmete ich anders und mußte mir mehr Ruhepausen gönnen. Menschen, die an wechselnden Orten und in unterschiedlichen Kulturen leben, passen sich den klimatischen Bedingungen und charakteristischen Verhaltensweisen in ihrer Umgebung an.

Auch wir können lernen, uns auf die jeweiligen Situationen im eigenen Leben einzustellen – und ebenso auf die kontinuierlichen Entwicklungen in der äußeren Welt. Ob zu Hause, am Arbeitsplatz, in Gemeinschaften: überall finden Veränderungen statt. Die meisten von uns sind dauernd in Bewegung – treffen neue Leute, befinden sich in einer prekären Lage oder müssen mit Umständen fertig werden, die plötzlich ganz anders sind als vorher.

Es gibt Phasen, da wir nicht imstande sind, uns an die neuen Verhältnisse zu gewöhnen, selbst wenn wir uns noch so sehr bemühen. Geist und Körper wehren sich dagegen, weil ihnen ein solcher Schritt ungeeignet, ja verkehrt erscheint. Einerseits also müssen wir uns dem Wandel angleichen, andererseits aber auch klar erkennen, wann er nur Unannehmlichkeiten bereiten würde, zu denen wir uns keinesfalls zwingen sollten.

*Seien Sie empfänglich für die subtilen
wie für die dramatischen Veränderungen
in Ihrer Umgebung – und in Ihrem Innern.
Lassen Sie sich genügend Zeit und Freiheit,
um diese ungewohnten Situationen in Ihr Leben
zu integrieren und herauszufinden,
was sie im einzelnen für Sie bedeuten.
Erübrigen Sie auch Zeit,
um eventuelle Rückstände aufzuholen.
Gehen Sie sanft mit sich selbst um. Achten Sie
auf Ihre Bedürfnisse. Passen Sie sich
den Veränderungen an, die positiv
für Sie sind.*

Eine Wahrheit ist erst dann die unsere, wenn wir sie uns zu eigen gemacht haben.

Alle Wahrheiten der Welt sind ohne Belang, solange wir nicht erkennen, daß die eine oder andere tatsächlich auf uns zutrifft. Genau darum geht es auf unserer Reise. Am Ende jedes Abenteuers – ganz gleich, ob es eine Minute, eine Stunde, einen Tag oder ein Jahr dauert – stoßen wir auf eine Einsicht, eine Lektion, eine neue Überzeugung. Dieses Wissen wird uns nicht durch Bücher zuteil, obwohl sie uns manchmal auf unserem Weg weiterhelfen. Es stammt auch nicht aus irgendeinem Unterricht, aus Vorträgen oder von wohlmeinenden Freunden, sondern hat seinen Ursprung im Innern, im Herzen, in unserer tiefen, bleibenden Verbindung zu Bewußtsein und Wahrheit.

Es steigt auf aus der Mitte unseres Wesens, sobald uns eines Tages klar wird, daß wir eine neue Lebenseinstellung haben, die uns mehr Freiheit, mehr Freude schenkt und lebensbejahender ist als unsere frühere. Vielleicht werfen wir dann einen kurzen Blick zurück und fragen uns: *Warum bin ich nicht schon vorher darauf gekommen? Warum habe ich das nicht schon viel eher erkannt?* Dann gehen wir unseren Weg weiter, lachen und verstehen um so besser, daß wir eben deshalb hier, an dieser Stelle sind, weil wir nicht alles im voraus wissen sollen – und damit wir uns ohne jeden Zwang all die Lektionen zugestehen, die wir auf dieser Reise lernen müssen.

Sie sind auf einer Entdeckungsfahrt.
Finden Sie also heraus, was gut
und richtig für Sie ist.
Und vergessen Sie nicht:
Eine Wahrheit ist erst dann die Ihre,
wenn Sie sie als solche akzeptieren.

Seien Sie empfänglich für die Kraft des Trostes

22. JANUAR

Während meiner Reise lag hinten im Jeep stets meine rote, wollene Lieblingsdecke. Sie sollte mich nicht wärmen, denn ich schlief nicht draußen in der Kälte, sondern mich daran erinnern, wie wichtig Behaglichkeit und Geborgenheit sind.

Seien Sie innerlich ganz offen, um jenen Trost zu empfangen, der das Herz berührt und die Seele besänftigt. Viele von uns wuchsen auf und lebten ihr Leben, ohne je Zuspruch zu erhalten, ohne wirklich umhegt zu werden. Ja wir wußten nicht einmal, daß es dergleichen überhaupt gibt. Aber insgeheim haben wir uns immer danach gesehnt.

Beruhigung und Trost gehen aus von einer Mutter, die ihr Kind liebevoll umarmt und nichts anderes sieht als dessen Schönheit; die darauf achtet, was es braucht, und ihm jede nur erdenkliche Fürsorge zuteil werden läßt. Diese Verhaltensweise kündet von höchster Anerkennung und Liebe.

Seien Sie ganz und gar bereit,
Trost zu empfangen – und spenden Sie
ihn auch anderen Menschen. Er ist Balsam
für unsere Seelen. Möge er Sie
auf all Ihren Wegen begleiten wie
eine Decke, die Sie sehr gern bei sich haben.

Respektieren Sie Ihre körperlichen Bedürfnisse 23. JANUAR

Gönnen Sie sich so viele Ruhe- und Regenerationsphasen wie nötig. Erübrigen Sie, gerade zu Beginn der Reise, aber auch im weiteren Verlauf, genügend Zeit, um auf Ihren Körper zu achten. Wenn Sie ihn respektieren, respektieren Sie auch Ihre Seele.

Sie haben hart an sich selbst gearbeitet, an Ihrem geistigen Wachstum. Sie schreiten voran, entwickeln sich in atemberaubendem Tempo. Lassen Sie deshalb Ihrem Körper Zeit, damit er Schritt halten kann. Er ist kein Feind, sondern ein Verbündeter. Er weiß, was er braucht – und auch, was die Seele braucht.

Nehmen Sie Ihren Körper ganz bewußt wahr. Hören Sie in ihn hinein. Lassen Sie ihn einfach machen, wenn er sich an gewissen Tagen den neuen Gegebenheiten anpaßt, Kräfte sammelt, sich verändert, eben weil Sie innerlich wachsen und gefühlsmäßig wie geistig gesunden. Ignorieren Sie ihn niemals. Zwingen Sie ihn zu nichts. Gehen Sie vielmehr sanft mit ihm um. Erkennen Sie die feinen Schwankungen, denen er unterliegt. Erkundigen Sie sich danach, was ihm fehlt. Saft? Vitamine? Entspannung? Bewegung? Er soll es Ihnen mitteilen. Und übernehmen Sie sich dann auch nicht. Erledigen Sie Aufgaben, die Ihnen leichter fallen als andere, die Sie am betreffenden Tag auch wirklich bewältigen können.

Nach einem geistigen »Wachstumsschub« ist unser Körper eifrig damit beschäftigt, die Giftstoffe herauszuspülen, die durch die emotionale Reinigung und Heilung anfielen. Nach einem Tag, einer Woche oder einem Monat intensiver Persönlichkeitsentwicklung ist er erschöpft, weil er viele Gefühle verarbeiten, viele Veränderungen durchmachen mußte. Wenn Sie seine Verbindung mit diesen inneren Prozessen in Frage stellen und ihn unter Druck setzen, wo er doch eigentlich eine Pause benötigt, dann leugnen Sie damit auch die Bedeutung und die Konsequenzen der spirituellen Arbeit, die Sie leisten.

Indem Sie Ihrem Körper die notwendige Achtung zuteil werden lassen und seine Bedürfnisse, seine Veränderungen respektieren, können Sie über ihn verfügen wie nie zuvor. Ruhe und Fürsorge helfen ihm, schnell wieder sein Gleichgewicht zu finden. Auf diese Weise profitieren Sie von einem gesunden Geist und einem Körper, der sich auf diesen Heilungsprozeß einstellen konnte. Sie werden die Einheit von Geist, Seele und Körper schätzen lernen und diese neu entdeckte Verbindung stets anerkennen.

Wenn Sie sich Zeit für Ihre körperlichen Bedürfnisse nehmen, befriedigen Sie damit auch Ihre seelischen Bedürfnisse.

Widmen Sie sich stets dem Hier und Jetzt 24. JANUAR

Bleiben Sie im gegenwärtigen Augenblick, denn er allein birgt die Wunder des Lebens.

Wie sehr es uns doch überfordert, die künftigen Geschehnisse ins Auge zu fassen, alles zu berücksichtigen, was bewältigt werden muß: die Aufgaben, die Arbeit, die möglichen Probleme, die Verpflichtungen. Und wie es uns doch ermüdet, darüber nachzudenken, was bereits getan ist, zu rekapitulieren, welche Energie wir aufgewandt, welch unbefriedigende Ergebnisse wir erzielt haben.

Gewiß, um in der Gegenwart zu verweilen, müssen wir manchmal einen Abstecher in die Vergangenheit machen, ein Gefühl von früher aufarbeiten, eine alte, engstirnige Überzeugung korrigieren oder ablegen – aber das braucht nicht allzu lange zu dauern. Und bisweilen müssen wir auch über die Zukunft sinnieren, um uns zu engagieren, um zu planen und eine Vorstellung davon zu bekommen, wohin wir eigentlich gehen. Aber wenn wir uns allein auf das Morgen fixieren, kann viel Unruhe entstehen. Oft zerstören wir so gerade den jetzigen, kostbaren Augenblick. Bleiben Sie lieber in der Gegenwart, dann nehmen Vergangenheit und Zukunft wie von selbst den Ort ein, der ihnen im Leben gebührt.

Genießen Sie den jetzigen Moment,
und der Zauber kehrt wieder zurück.

Halten Sie fest an Ihren Lieblingsorten

Diese Welt ist reich an stillen, jederzeit zugänglichen Kraftquellen, wo man sich regenerieren kann.

»Ich zum Beispiel gehe wahnsinnig gern in Stoffgeschäfte«, sagte eine Frau kürzlich zu mir. »Für mich ist es einfach eine Lust, all die bunten Gewebe zu berühren, sie in die Hand zu nehmen und hin und her zu wenden. Dann fühle ich mich richtig wohl, ja glücklich.«

Und ein Mann erzählte mir: »Eines tue ich am allerliebsten – nämlich den ganzen Nachmittag in der Bibliothek verbringen. Wenn ich im Leben nur eine Sache machen, nur an einer Stelle sein könnte, dann würde ich mich immer für *diese* entscheiden. Zwischen den Seiten der Bücher vergesse ich mich selbst. Sie entführen mich an entfernte Schauplätze, die ich noch nie gesehen habe. Und wenn ich dann abends aus der Bibliothek komme, ist mir, als wäre ich zutiefst berührt und verwandelt worden.«

Welche Orte in Ihrer kleinen oder großen Stadt möchten Sie denn gerne aufsuchen? Macht es Ihnen Spaß, sich in einer Buchhandlung umzusehen und zu schmökern? Gibt es in Ihrer Nachbarschaft ein Einkaufszentrum, das Sie bevorzugen, weil dort die Ladeninhaber oder Angestellten ein wenig freundlicher lächeln und die Auslagen Ihr Herz erfreuen? Haben Sie ein Lieblingscafé, wo Ihre Stimmung sogleich besser wird, wenn Sie eine Tasse Tee trinken? Schätzen Sie diese vertrauten Plätze, an denen Sie sich so gerne aufhalten – und seien Sie offen für neue Entdeckungen.

Die innere Heilung braucht gar nicht aufwendig oder kostspielig zu sein und auch nicht nach den üblichen Methoden abzulaufen. Manchmal wird man schon allein dadurch gesund, daß man an Orte geht, die einem guttun.

Betrachten Sie das Leben mit den Augen Ihrer Seele 26. JANUAR

Vor vielen, vielen Jahren wachte ich einmal mitten in der Nacht auf. Allerdings war ich nicht wirklich im Bett. Ich schwebte unter der Zimmerdecke und schaute hinunter auf meinen Körper, der im Bett lag. Ich musterte mich, ein wenig überrascht darüber, wie seltsam ich, von oben betrachtet, aussah. Und ich weiß noch, daß ich mich dann wieder im Bett befand. Meine Seele hatte sich erneut mit dem Körper verbunden. Diese Erfahrung war der Beginn einer Reise, auf der ich allmählich begriff, daß ich mehr bin als nur Körper, daß ich eine Seele besitze. Ich beschritt zum ersten Mal einen Weg, der mich mit dieser Seele unmittelbar in Kontakt bringen und mir offenbaren sollte, wie ich sie von allem Ballast befreien kann.

Während meines ganzen Lebens hatte ich immer bestimmte Wünsche und Erwartungen. Ich wollte dieses, wollte jenes. Meine Angelegenheiten sollten wie durch Zauberhand geordnet werden. Mit der Zeit habe ich jedoch eingesehen, daß die Reise, die ich unternehme, nicht darauf abzielt, in meinem Leben eine bestimmte Ordnung herzustellen, die ich dann immer beibehalten kann. Bei allem, was ich erlebe, was ich suche, handelt es sich vielmehr um eine Reise, die die Seele selbst unternimmt.

Vieles im Leben kann uns Unbehagen und Kummer bereiten, wenn wir die Dinge nur aus dem Blickwinkel unseres Bewußtseins betrachten. Transzendieren wir sie jedoch, so sehen wir allmählich mit den Augen der Seele. Diese Lektionen sind wirklich profund. Oft brauchen wir einige Zeit, um sie zu lernen. Dabei erfahren wir etwas über innere Kräfte, über Liebe, Mut und Abschied. Wir empfinden eine tiefe Liebe zu uns selbst – und bejahen sie vorbehaltlos.

Lernen Sie, das Leben mit den Augen Ihrer Seele zu betrachten. Nehmen Sie

alle Gefühle in Ihrem Innern wahr.
Entdecken Sie Ihre Wahrheiten.
Streben Sie ganz bewußt und so oft wie möglich
danach, in Frieden zu leben –
und bemühen Sie sich auch um den
inneren Frieden.
Gestatten Sie Ihrer Seele, daß sie Sie
über Bergwiesen und dann tief hinab
in die Täler führt, denn alle Ihre Erfahrungen
sind nichts anderes als wechselnde Stationen
auf einer geheimnisvollen Seelenreise.

Schließen Sie Ihr Inneres auf, so oft es nötig ist

27. JANUAR

Sich ganz und gar zu öffnen ist keine Sache, die man nur ein- oder zweimal tut, sondern eine Grundeinstellung, eine Lebensform. Wie schnell einem doch etwas widerfährt, das dazu verleitet, einfach wegzulaufen oder sich zu verschließen! Aber unser Wille, auch weiterhin für alles empfänglich zu sein, hat kaum etwas mit dem zu tun, was wir erleben; er hängt vor allem davon ab, wie wir leben möchten. Das heißt: Wir sehnen uns nach Offenheit, Liebe, Sicherheit. Und wir fühlen uns deshalb geborgen, weil wir wissen, daß Fähigkeit und Bereitschaft zur Liebe aus unserem Innern kommen. Dies ist die entscheidende Lektion, durch die wir uns der ureigensten Kraft versichern.

Vor langer Zeit, als Sie noch jung waren, haben Sie sich vielleicht eingeredet, daß es riskant sei, zu lieben, zu fühlen, zu vertrauen. Sie haben sich möglicherweise gesagt, daß jeder, dem Sie Vertrauen schenken, Sie am Ende enttäuschen wird. Und oft genug stellte sich dann ja auch heraus, daß Sie recht hatten. Aber jetzt ist die Zeit reif, um diese Überzeugung zu revidieren. Sie müssen daran glauben, daß das Gegenteil zutrifft – daß es riskant ist, *nicht* zu lieben, *nicht* zu fühlen, *nicht* zu vertrauen.

Ihre Sicherheit kommt nicht daher,
daß Sie sich auf andere verlassen,
sondern daß Sie Ihrem Herzen
vertrauen und sich selbst.
Verschließen Sie sich nicht aufgrund von
schlechten Erfahrungen. Öffnen Sie vielmehr
Ihre innere Welt, so oft es für Sie nötig ist.

Nur allzuleicht bringen wir uns davon ab, etwas Neues auszuprobieren, sitzen dann zu Hause herum und jammern, wie langweilig uns ist. Aber ebenso einfach – und viel lustiger – ist es, sich für eine interessante Tätigkeit zu entscheiden.

Lernen Sie zum Beispiel, aus Kiefernnadeln einen Korb zu basteln. Oder werden Sie in Ihrer Freizeit zum Höhlenforscher. Besuchen Sie einen Steptanz-Kurs. Machen Sie den Pilotenschein, oder schnitzen Sie einen Spazierstock. Nehmen Sie Unterricht auf jenen Musikinstrumenten, die Sie immer schon spielen wollten. Außerdem können Sie sich beibringen, Ihr Haar zu flechten, ein Gedicht zu schreiben oder in einem Theaterstück aufzutreten.

Haben Sie sich gerade die Aktivitäten ausgeredet, an denen Sie sonst oft Freude hatten? Würden Sie gerne einmal etwas völlig anderes erlernen oder erforschen – etwas, das Ihnen früher schon sehr reizvoll erschien?

Dann gehen Sie auf Entdeckungsreise. Finden Sie heraus, wo Ihre Interessen liegen. Diese sollten nicht nur mit Ihrer Arbeit oder Ihrem geistigen Wachstum verknüpft sein. Sie steigern Ihre Kreativität dadurch, daß Sie sich der Welt und allem, was sie anzubieten hat, öffnen. Wenn Sie Ihre Neigungen entdecken und sich gestatten, ihnen nachzugehen, dann wird dies in erheblichem Maße zu Ihrer geistigen Entwicklung beitragen.

In der Welt gibt es viele wunderbare Tätigkeiten – und Menschen, die Sie gerne darin unterrichten. Haben Sie ein Auge dafür, was alles zu tun ist. Gehen Sie nach draußen, lassen Sie den Alltag hinter sich, und entdecken Sie Ihre Interessen.

In Kalifornien fuhr ich die kurvenreiche Straße zum King's Canyon hinunter, ohne zu wissen, was mich erwartete. Ich kam an Hügeln vorbei, die mit Lavendel bewachsen waren, und erreichte schließlich einen reißenden, rauschenden Fluß, dessen Wellen überall aufschäumten. »Vorsicht! Starke Strömung!« lautete die Warnung auf dem Schild. Ich parkte den Jeep, stieg aus und ließ dieses Naturschauspiel lange auf mich wirken. Bald wußte ich – fühlte ich –, wohin die Straße mich geführt hatte.

An den Ort des Seelenfriedens.

Widmen Sie sich solch friedlichen Augenblicken. Engagieren Sie sich für sie. Bestehen Sie auf ihnen. Geben Sie sich nicht damit zufrieden, daß sie von den äußeren Umständen oder von besonderen Bedingungen abhängen. Fahren Sie die gewundene Straße hinunter, und entdecken Sie jene große Ruhe inmitten der Berge, die die untergehende Sonne dunkelrot färbt. Und empfinden Sie den geistigen Frieden auch dann, wenn die wilden Wasser durch Ihr Leben hindurchbrausen.

Das ist der Friede, den das Universum
für Sie bereithält. Begnügen Sie sich
nicht mit weniger.

Setzen Sie sich in die Sonne, und wärmen Sie sich auf.

Ja, gehen Sie hinaus ans Licht. Saugen Sie die Wärme und die Liebe der Welt ein, die Sie umfängt. Geben Sie dann beides ab in Ihr alltägliches Leben. Seien Sie empfänglicher für die Menschen, die Sie sehen und grüßen, denen Sie begegnen und innige Gefühle entgegenbringen. Üben Sie sich darin, herzlich, liebevoll und offen zu sein. Hegen Sie nicht nur zärtliche Gedanken. Bringen Sie sie auch zum Ausdruck! Nehmen Sie sich nicht nur vor, jemand anders etwas Gutes zu tun. Schreiten Sie zur Tat!

Die Furcht ist kalt, unbarmherzig. Manchmal haben wir eine solche Angst vor dem Leben, vor den Leuten, vor uns selbst, daß wir ganz gefühllos werden. Unser Gegenüber berührt uns ebensowenig wie das Dasein überhaupt oder die Höhere Macht. Vielleicht ist uns das nicht einmal bewußt. Wir sind schon so lange frostig, daß wir es gar nicht mehr merken. Unsere gesamte Einstellung ist von Kälte und Angst geprägt. Dementsprechend reagieren wir dann auf unsere Mitwelt. Und so ist es jetzt an der Zeit, Warmherzigkeit und Leidenschaft in all unsere Verhaltensweisen und Gesten wieder mit einfließen zu lassen.

Lassen Sie nicht zu, daß die Angst Sie
zu einem kalten, unnahbaren Menschen macht.
Setzen Sie sich in die Sonne, und tanken Sie Wärme.
Strahlen Sie sie dann aus, damit Ihre Umgebung
sie empfangen kann. Erwärmen Sie sich
für die Menschen, für das Leben,
für die eigene Person.

Vertrauen Sie Ihrer Verbindung zur Wahrheit

31. JANUAR

Vertrauen Sie Ihrem Wissen. Nicht jenem, das Sie zu besitzen meinen, sondern dem Wissen, das aus Ihrem Herzen kommt.

Oft wissen wir die Wahrheit, lange bevor wir sie uns eingestehen, lange bevor wir bereit sind, sie anzuerkennen. Wir ignorieren und verdrängen die Weisheit des Herzens aus vielerlei Gründen – dazu gehören unsere Angst, falsches Timing oder andere Probleme, die zu zahlreich sind, um sie hier alle aufzuzählen. Doch die Wahrheit läßt sich nicht so einfach verdrängen. Sie läßt uns keine Ruhe, sie verfolgt uns. Und selbst wenn wir vor ihr wegzulaufen versuchen, führt uns die Erfahrung schließlich doch wieder zu ihr zurück.

Das Leben kann uns Steine in den Weg legen, denen wir nur allzu gerne ausweichen, obwohl sie im Grunde doch wichtige Aufgaben darstellen, die gemeistert werden müssen. Aber unsere eigentliche Herausforderung besteht darin, uns selbst und dem, was wir als wahr erkannt haben, zu vertrauen. Vielleicht hat uns einmal jemand weisgemacht, daß man auf uns nicht bauen könne. Das ist sehr schlimm. Aber noch schlimmer ist es, daß auch wir allmählich davon überzeugt waren und anfingen, dergleichen uns einzureden.

Auf die Stimme des Herzens können Sie sich
verlassen. Zweifeln Sie nicht an ihr.
Denn sie bringt Sie zwangsläufig mit der Wahrheit
in Berührung. Empfinden Sie genügend Liebe
für sich selbst, um Ihrem Wissen zu vertrauen.
Und bleiben Sie dann stets
mit der Wahrheit verbunden.

Februar

[illegible]

[illegible]

[illegible] Sie [illegible] gemerkt, und eben [illegible]

[illegible]

[illegible]

Es steht Ihnen jetzt frei, eine einzigartige Reise zu unternehmen und wie nie zuvor das Leben in seiner ganzen Neuheit, Frische und Herrlichkeit kennenzulernen.

Dabei gelten nur jene Beschränkungen, die Sie sich selbst auferlegt haben. Ihr Gefängnis wurde von *Ihnen* errichtet. Aber machen Sie sich deswegen keine Vorwürfe. Das Leben hat Ihnen bestimmte Probleme bereitet – allerdings nicht, um Sie einzusperren, sondern um Sie zu befreien. Um Sie mit Lektionen, Erfahrungen und Situationen zu konfrontieren, die Ihnen helfen sollten, sich weiterzuentwickeln und gesund zu werden. All dies hat Sie herausgefordert, angespornt und dazu gedrängt, innerlich zu wachsen, sich anzustrengen, zu lernen, zu genesen. Das Leben war immer bestrebt, Sie aus Ihrer einsamen Zelle herauszuholen.

Befreien Sie sich jetzt endgültig. Gestatten Sie sich diese Reise, deren großes Thema die Liebe ist. Machen Sie sich Notizen. Seien Sie wirklich präsent – und offen für alles, was mit Ihnen geschieht. Lernen Sie Ihre Lektionen. Lieben und lachen Sie – und weinen Sie auch, wenn Ihnen danach ist. Ruhen Sie sich aus, wann immer Sie müde sind. Packen Sie eine Taschenlampe ein, um im Dunkeln besser sehen zu können. Aber nehmen Sie vor allem sich selbst mit – und marschieren Sie dann los.

Sie sollten diese Reise, die Ihnen viel Freude bescheren wird, jetzt *antreten.*

Seien Sie dankbar für die heutigen Lektionen 2. FEBRUAR

»Ich bin untröstlich wegen meiner Scheidung«, sagte der Mann. »Vier Jahre lang habe ich mich nach einer anderen Frau umgesehen, wollte eine neue Familie gründen und die Scherben wieder zu einem Ganzen zusammenfügen. Aber diese verzweifelte Suche hat mir nur noch mehr Kummer und Leid gebracht. Ich habe anderen weh getan, und mir selbst auch. Und jetzt habe ich es satt, die Leute zu manipulieren, nur um meine persönlichen Bedürfnisse zu befriedigen und von meiner eigenen Trauer abzulenken.«

Einige von uns wollen vielleicht unbedingt genauso leben wie früher einmal. Aber Angst, Schmerz und Verzweiflung führen nicht zur gewünschten Lösung des Problems. Verzweiflung erzeugt nur noch mehr Verzweiflung, und ebenso verhält es sich mit Angst und Schmerz. Auf diese Weise geht es immer nur weiter bergab.

Gewiß, jeder Verlust ist schmerzlich – und manchmal auch das Leben im allgemeinen. Aber derlei Erfahrungen sind nicht zu vermeiden. Daß man krampfhaft die Einzelteile wieder zusammenkleben will, ist durchaus verständlich – aber es funktioniert nicht. Das Gestern kann und darf das Heute nicht überlagern. Vielmehr müssen wir einen Schritt nach vorn tun.

Machen Sie sich Ihre Zwangsvorstellungen klar, und lassen Sie sie dann los. Fühlen Sie Ihre Verzweiflung, und befreien Sie sich von ihr. Kehren Sie zu den Lektionen des heutigen Tages zurück. Zwar unterscheiden sie sich von den gestrigen, sind jedoch genauso wertvoll.

Auf unserem Weg müssen wir viele Verluste erleiden. Geliebte Menschen verschwinden aus unserem Leben; die Karriere bricht plötzlich ab, wir büßen Geld und so manches andere Kostbare ein; Hoffnungen und Träume lösen sich in Luft auf. Aber es bringt nichts, schnell irgendeinen Ersatz zu suchen, um so das

Leid zu verdrängen. Dadurch versäumen wir nur eine wichtige Lektion: Ehe wir aufbrechen, müssen wir die Trauer über den Verlust bewußt empfinden. Denn Verluste verlangen, daß wir sie akzeptieren.

Zur rechten Zeit wird Ihnen das Leben
neue Menschen und neue Träume bescheren.
Schätzen Sie diese Zwischenphase,
die auch ein Lern- und Wachstumsvorgang ist.
Seien Sie froh über das, was das Universum
Ihnen heute beibringt.

Manchmal sträuben wir uns gegen neue Lektionen. Aber wahrscheinlich müssen wir gerade das am dringendsten lernen, was wir am stärksten ablehnen.

Gewöhnlich ergeben sich diese Lektionen aus einem inneren Konflikt. Der Schritt, den wir unternehmen, die Vorstellung, die wir uns zu eigen machen sollten, wird durch irgendeine Art von Widerstand abgeblockt. Da ist eine Hemmschwelle, eine Barriere, die wir überschreiten müssen, um den Lernprozeß in die Wege zu leiten. Meistens befinden sich diese Hindernisse nicht außen, sondern innen. Um etwas dazuzulernen, müssen wir die üblichen Gefühle, die allzu vertrauten Überzeugungen loslassen – sonst bliebe ja tatsächlich alles beim alten, sonst bräuchten wir unseren Horizont nie zu erweitern. Oftmals müssen wir eben genau das tun, was uns die größten Schuldgefühle verursacht, den Ort aufsuchen, der unseren stärksten Widerwillen hervorruft, mit jener Person in Kontakt treten, die wir am liebsten überhaupt nicht sehen wollen, oder jenes Verhalten an den Tag legen, das uns am meisten zu schaffen macht.

In vielen Fällen ist die Lektion ganz anders, als wir dachten. Deshalb müssen wir offen sein für Überraschungsmomente und die Geheimnisse des Lebens willkommen heißen in dem Maße, wie sie sich entfalten, wie die Lehre sich abzeichnet, wie wir uns weiterentwickeln und verändern.

Tun Sie alles Nötige, um Ihre inneren Widerstände zu überwinden. Oft geschieht das einfach schon dadurch, daß Sie sie als solche erkennen. Und vergessen Sie nicht: Der Widerstand ist häufig dort am größten, wo man am meisten lernen kann.

Menschen, die sich als Opfer sehen, fühlen sich immer im Recht. Jede Erfahrung, die sie machen, bestätigt sie in ihrer Ansicht. Sie sind nicht offen für die Lektionen, die Entwicklungsmöglichkeiten, die wunderbaren Dinge, die ihnen jede Situation bietet. Sie meinen ständig, daß sie schikaniert werden.

Viele von uns haben hart daran gearbeitet, ihre starren Überzeugungen hinsichtlich der eigenen Opferrolle zu überdenken und zu ändern. Dabei erkannten wir, daß sich unsere Lebensumstände ebenfalls wandelten. Sobald wir an etwas anderes glauben, tauchen vor unseren Augen tatsächlich andere Dinge auf.

Aber auch Menschen, die sich für stark halten, sind im Recht. Obwohl sie wissen, daß sie vieles nicht beeinflussen, geschweige denn steuern können, ist ihnen doch klar, daß sie die Kraft haben, zu denken, zu fühlen, zu entscheiden und für sich selbst, für ihr eigenes Leben, die Verantwortung zu übernehmen. Sie entdecken allmählich ihr schöpferisches Potential – sowie ihre Fähigkeit, zu lieben, insbesondere auch sich selbst. Sie bejahen diese Energie, die sie dazu treibt, innerlich zu wachsen, sich zu ändern, vorwärts zu schreiten. Sie wissen, daß sie sich zu ihrem Leben bekennen und in jeder nur erdenklichen Situation für sich einstehen können. Obwohl ihnen manchmal einige heftige Schläge versetzt werden, haben sie doch gelernt, auch noch etwas anderes zu sehen – nämlich des Lebens Schönheit, seine Geschenke, seine Lektionen, seine geheimnisvolle Grundstruktur und seine manchmal magische Wirkung.

Auf dem Weg in Richtung Freiheit haben wir vielleicht einen Zwischenstopp eingelegt. Wir sahen uns als Opfer und glaubten uns im Recht. Jetzt sind wir weiter. Wir wissen, daß wir über eine ganz besondere Kraft verfügen, daß wir immer wählen können. Und so müssen wir nicht länger recht behalten, sondern einfach nur frei sein.

Finden Sie heraus, wie stark Sie sind!

Gewöhnen Sie sich daran, mit unerledigten Angelegenheiten zu leben 5. FEBRUAR

Ob Sie sich nun vorgenommen haben, ein Kleid zu nähen, ein Buch zu lesen oder zu schreiben, ein Haus zu bauen, eine weitere grundlegende Lektion zu lernen: Sie sollten sich auch dann wohl fühlen, wenn die Arbeit noch nicht fertig ist. Ganz gleich, womit Sie sich gerade beschäftigen oder was erst zur Hälfte erledigt ist – es muß nicht in der richtigen Reihenfolge beendet sein, es müssen nicht alle noch offenen Fragen beantwortet sein, damit Sie sich glücklich fühlen können.

Zu viele Jahre waren wir unruhig und besorgt und versagten uns jedes Glück, solange nicht alles vollständig vor uns lag, solange wir nicht die ganze Lektion begriffen hatten, nicht jedes i mit einem Punkt versehen hatten. Infolgedessen waren wir dauernd im Streß, weil wir nur darauf gewartet haben, daß die betreffende Sache endlich fertig würde.

Doch Sie sollten jede Phase Ihres Arbeitsprozesses genießen: den Augenblick, da Ihnen die entscheidende Idee kommt; die Zeit vor dem eigentlichen Beginn, wenn der schöpferische Keim noch in Ihnen schlummert, bereit, zu wachsen und zu gedeihen; den ersten Schritt und auch all die Tage im mittleren Stadium; jene öden Tage, an denen es ganz danach aussieht, als würden Sie nicht weiterkommen, nie den Durchbruch schaffen; und dann die aufregenden Tage, wenn das Projekt, die Lektion, das Leben, das Sie gestalten, sich allmählich deutlicher abzeichnet und feste Formen annimmt.

> *Seien Sie* jetzt *glücklich. Gönnen Sie sich* heute *Freude am kreativen Prozeß, durch den Sie Ihr Leben, sich selbst und Ihr momentanes Projekt ausformen. Genießen Sie die Arbeit und das Leben nicht erst dann, wenn Sie etwas vollenden, sondern immer auch schon in den Zwischenstadien.*

Konzentrieren Sie sich auf das, was stimmt

6. FEBRUAR

Nehmen Sie sich Zeit, um herauszufinden, was in Ordnung ist – in Ihrem Charakter, bei anderen Menschen und in der Welt ringsum. Denn oft sind wir so eifrig damit beschäftigt, uns selbst zu korrigieren, daß wir uns nur noch auf das konzentrieren, was nicht in Ordnung ist – ja, daß wir nach Fehlern regelrecht suchen. Allein die Frage: *Was ist verkehrt?* genügt schon, um uns zum Kritikaster zu machen.

Es gibt Zeiten, in denen es angebracht ist, daß wir uns Rechenschaft ablegen und eine innere Bestandsaufnahme machen, um dazuzulernen und uns weiterzuentwickeln. Aber Spiritualität und Freude rühren nicht daher, daß wir im Schmutz herumwühlen und aufzählen, was bei anderen, bei uns selbst und im Leben überhaupt schiefläuft. Wir müssen weder die Fehler und Irrtümer anderer Menschen aufdecken noch uns selbst kritisieren und schlechtmachen, um die eigene Entwicklung weiter voranzutreiben. Dieses ewige Herumstochern und Herumhacken ist nur verletzend. Die Lektionen, die wir zu bewältigen haben, werden uns zur rechten Zeit offenbart und ergeben sich auf ganz natürliche Weise. Dann stellt sich auch das geistige Wachstum wie von selbst ein.

Gönnen Sie sich eine Pause, und fragen Sie sich,
was richtig, gut, wahr und schön ist.
Oft besteht die Lektion gerade nicht darin,
Fehler zu finden, sondern darin,
zu erkennen, daß die Welt ganz in Ordnung ist,
daß auch bei Ihnen alles stimmt.

Erfahren Sie, was es heißt, sich selbst zu lieben

7. FEBRUAR

Um die Liebe zu entdecken, muß man sie zunächst einmal in sich selbst entdeckt haben. Dann erst wird alle Welt sie widerspiegeln. Sehen Sie, wie die Leute Sie anlächeln? Spüren Sie deren Zärtlichkeit, Zuneigung, Achtung? Machen Sie sich bewußt, daß jeder und jedes liebevoll auf Sie reagiert, wenn Sie sich selbst lieben.

An den Menschen und Dingen ist ablesbar, wie Sie sich selbst wahrnehmen. Infolge der in vielen Jahren angehäuften Überzeugungen blieben Sie im Irrglauben befangen, abseits zu stehen, ja völlig isoliert zu sein. Da Sie zögerten, sich selbst die nötige Liebe entgegenzubringen, spiegelte sich dies auch in den Augen der anderen wider. Aber Sie sind weder allein noch entfremdet noch losgelöst von der Gemeinschaft. Vielmehr sind Sie ein Teil des Ganzen und auf vielerlei Weise mit allem Leben verbunden.

Gehen Sie aus sich heraus, akzeptieren und genießen Sie diese Verbindung. Sagen Sie ja zum Leben. Betrachten Sie den Sonnenaufgang. Atmen Sie den Duft der Zypressen, eines Blumenbeetes, eines Obstgartens mit Apfelbäumen. Spüren Sie auf der Wange die sanfte Brise, im Haar den Regen – und unter den Füßen die Erde.

Bleiben Sie stets offen. Lieben Sie sich
auch weiterhin. Machen Sie sich klar, daß
Sie ein wichtiger Teil des lebendigen Universums sind.
Achten Sie darauf, wieviel positiver
und freundlicher das Leben ist, sobald
Sie mehr und mehr Ihren Frieden finden
und im Einklang mit sich selbst sind.
Erkennen Sie, daß Ihnen die Welt
wesentlich mehr Liebe schenkt,
seit Sie beschlossen haben,
sich selbst zu lieben.

Unsere innere Stimme, jene Instanz, die uns behutsam führt, wird uns auf unserem Weg begleiten und dafür sorgen, daß wir unserem Schicksal folgen und stets im Gleichgewicht sind.

Wenn wir dieser Stimme nicht lauschen und vertrauen, kommt es zu extremen Spannungen. Wenn wir handeln, ohne sie vernommen zu haben, entsteht große Verwirrung. Und wenn wir ignorieren, was sie uns sagt, wenn wir vor ihr weglaufen oder sie zum Schweigen bringen wollen, hat das nur Kummer und Schmerz zur Folge. Trotzdem fragen wir uns, wie wir uns selbst vertrauen sollen. Doch die Frage müßte eher lauten: Wie sollten wir uns *nicht* vertrauen?

Wut, Zorn und bitterster Groll machen sich bei uns bemerkbar, wenn wir lieber anderen Menschen Vertrauen schenken als uns selbst. Gewiß, einige wichtige Hinweise kommen von außen. Das Universum ist lebendig und voll magischer Kraft, es reagiert sofort und weist uns den richtigen Weg. Aber letztlich muß die Antwort immer in unserem Innern Widerhall finden, immer aus unserem Herzen, unserer Seele, unserem Wesen aufsteigen. Deshalb sollten wir manchmal anderen Menschen zuhören, bis wir dann aufgewühlt genug sind, um der eigenen inneren Stimme Gehör zu schenken und ihr zu vertrauen.

Es erscheint notwendig, das stille Zuhören zu üben, dann erst lernen wir, auf uns selbst zu hören und die daraus gewonnenen Informationen zu deuten. Sich auf die Stimme des Herzens einzustellen, in die weiten Räume der Seele hineinzuhorchen, ist weder Zeitverschwendung noch Nebensache. Vielmehr liegt darin einer der Gründe unseres Daseins. Hier offenbart sich unser Schicksal, unsere Berufung, unser Lebenszweck.

Unsere gelungenste Arbeit, unsere schönsten Momente, unsere intensivsten Freuden

resultieren daraus, daß wir zentriert sind,
uns selbst zuhören und vertrauen,
uns von Herz und Seele leiten lassen.
Sie ergeben sich, wenn wir uns gestatten,
ganz und gar und voller Liebe
wir selbst zu sein.

Verschließen Sie sich nicht, selbst wenn Ihnen nicht das zuteil wird, was Sie gerne möchten.

Es ist leicht, für die Wunder des Lebens und all dessen Möglichkeiten empfänglich zu sein, wenn man schon besitzt, was man immer haben wollte. Aber gerade wenn das Gegenteil der Fall ist, wenn viele Wünsche unerfüllt bleiben, ist es eine große Herausforderung und absolut notwendig, die innere Offenheit zu bewahren.

Noch die erfreulichste Reise birgt gewisse Unwägbarkeiten. Pläne werden über den Haufen geworfen. Situationen ändern sich, Dinge sind nicht mehr da, wo sie einmal waren. Durch diese Verlagerungen und Bewegungen fallen einige Türen ins Schloß, gehen Beziehungen zu Ende, tauchen Hindernisse auf, entstehen Frustrationen. Für den Augenblick nehmen wir nur diese Phänomene wahr und sind tief enttäuscht. Wir bekommen nicht, was wir ersehnen, und das schmerzt. Infolgedessen neigen wir vielleicht dazu, innerlich »zuzumachen«, nichts mehr zu fühlen, alles zu vergessen, was wir gelernt haben.

Und trotzdem: Bleiben Sie stets offen. Gewiß, Sie können weglaufen, den Menschen den Rücken zukehren, sich abschotten, aber das ist gar nicht nötig. Sie sind jetzt an einem Wendepunkt angelangt. Wenn Sie sogar unter widrigen Umständen gewillt sind, Ihr Inneres aufzuschließen, so wird ein ums andere Mal ein Wunder geschehen.

Machen Sie sich für jetzt eines bewußt:
Obwohl Sie vielleicht nicht haben,
was Sie erträumen, sollten Sie auch weiterhin
aufnahmebereit und interessiert sein.
Später dann
werden Sie klarer sehen, erkennen,
wie sich die Dinge fügten und
wie alles seine Richtigkeit hatte.

Machen Sie sich frei von allen Manipulationsversuchen 10. FEBRUAR

Lernen Sie, verdeckte Manöver und versteckte Attacken der anderen schon im Ansatz zu erkennen. Lassen Sie sich nicht davon überraschen, daß gewisse Leute etwas im Schilde führen; daß sie versuchen, Sie zu kontrollieren oder zu manipulieren. Gelingt ihnen das nämlich, dann fühlen Sie sich irgendwie verpflichtet, solchen Wünschen nachzukommen, und entwickeln womöglich Schuldgefühle. In Ihrer Konfusion geben Sie in vielen Dingen nach, ohne zu wissen, warum eigentlich. Und so irren Sie umher, sind unsicher, unausgeglichen, unstet.

Dennoch geht es im Grunde gar nicht um die anderen, sondern um die eigenen Reaktionen. Wenn das Verhalten anderer, wenn ihre Energie uns derart stark beeinflussen kann, dann wohl deshalb, weil mit *uns* etwas nicht stimmt, weil eine Stelle in *unserem* Innern verheilen muß. Das heißt: Wir sehen nicht klar, sind immer noch durcheinander wegen irgendwelcher Schuldgefühle oder Ängste, die von früher herstammen und sich doch schon längst überlebt haben.

Sobald wir geistig und seelisch wieder gesund sind, können wir diese »Fremdenergie« abblocken; dann wissen wir auch, wie wir dem manchmal arglistigen Verhalten der anderen begegnen und ihre Kontrollversuche unterbinden können. Letztlich sollten wir ihnen dankbar dafür sein, daß sie unseren Heilungsprozeß in Gang gebracht und so zu unserer Weiterentwicklung beigetragen haben.

Alles, was Ihnen widerfährt, ist Bestandteil
Ihrer Reise. Folglich können auch alle Geschehnisse
in Ihren Heilungsprozeß integriert werden.
Und: Alle Wege führen zu geistigem Wachstum.

Im Universum ist alles reichlich vorhanden 11. FEBRUAR

Nehmen Sie sich vor der Gier in acht – ganz gleich, ob es um Geld, Hilfeleistungen oder Liebesdinge geht. Die Gier kann uns mit der Zeit völlig verderben. Sie kann allmählich über unser Leben bestimmen. Und gemeinsam mit der Angst kann sie unsere Verbindung zum Universum und seiner Liebe stark beeinträchtigen.

Fürchten Sie sich nicht mehr wie in der Vergangenheit davor, vieles entbehren zu müssen und dauernd benachteiligt zu werden. Ihr Problem wird nicht dadurch gelöst, daß Sie immer mehr besitzen, sondern daß Sie sich von Ihren Ängsten befreien. Werfen Sie doch einmal einen liebevollen Blick auf Ihr Leben und auf die Menschen, mit denen Sie zu tun haben. Wenn Sie sich wirklich öffnen und auch vor nichts zurückschrecken, wird Ihnen klarwerden, daß Sie jetzt mit allem Notwendigen versorgt sind.

Gehen Sie in sich. Lassen Sie sich auf Ihrem Weg nicht von Habgier und Angst, sondern von der Liebe leiten. Vertrauen Sie Ihrem Wunsch, anderen zu dienen, damit sie von Ihren Geschenken, heilbringenden Botschaften, Tröstungen und Talenten profitieren können. Besinnen Sie sich so oft wie nötig auf Ihre Innenwelt. Vergessen Sie nie, was ehrenhaft und wahr ist. Und sagen Sie denen, die Sie lieben: *Das schenke ich dir. Es kommt von Herzen.*

Im Universum herrscht an allen Dingen Überfluß.
Tun Sie das Ihre, nehmen Sie Ihren Platz ein,
damit der große Austausch von Liebe
stattfinden kann. Kehren Sie zurück
in Ihr Inneres. Schenken Sie von Herzen.
Dann wird das Universum Sie
in der gleichen Weise beglücken.

Bringen Sie Farbe und Schönheit in Ihr Leben 12. FEBRUAR

Bereichern Sie Ihr Leben mit den Farben, Stoffen, Düften und Objekten, die Ihnen gefallen, die eine bestimmte Bedeutung für Sie haben. Vergessen Sie nicht, daß wir mit unserer Umwelt aufs engste verbunden sind. Gegenstände und Farben besitzen eine Energie, einen Sinn, und beeinflussen uns in mannigfacher Weise.

Je mehr uns diese Verbindung bewußt wird, desto sorgfältiger und gewissenhafter suchen wir die Dinge aus, die unser Heim und – wenn möglich – auch unseren Arbeitsplatz schmücken sollen, eben weil sie zum Ausdruck bringen, wie wir uns fühlen und was für uns wichtig ist.

Ja, jedem Ding wohnt eine Kraft inne. Sie existiert bereits, wenn wir es erwerben, und sie wird noch gesteigert durch die Bedeutung, die wir ihm beimessen. Wählen Sie also behutsam aus, welche Objekte Sie um sich haben möchten, denn sie sagen viel über Ihr Leben, über Sie selbst.

Welches Ambiente bevorzugen Sie bei sich zu Hause und am Arbeitsplatz? Gibt es einen Gegenstand, der Sie ständig begleitet – der auf dem Schreibtisch, im Spind oder in Ihrer Tasche Platz hat? In welcher Weise spiegelt er Ihre innere Welt wider, Ihre momentanen Sorgen, Ihr gegenwärtiges Entwicklungsstadium?

Entscheiden Sie sich für solche Gegenstände und Farben, die Ihnen große Freude schenken.

Lassen Sie sich von niemandem etwas einreden

13. FEBRUAR

Respektieren Sie die Macht der Worte und Gedanken, ganz gleich, ob es die eigenen oder die der anderen sind.

Manchmal verdanken wir unsere Ideen und Inspirationen den Menschen ringsum oder äußeren Umständen. Aber wenn wir nicht aufpassen, können gewisse Personen uns leicht irgendwelche Vorstellungen und Vorsätze »einimpfen« und uns auf diese Weise in ihren Bann ziehen. Zum Beispiel sagen sie: *Du bist nicht sehr kreativ. Und auch nicht wirklich offen. Außerdem bist du nicht so gesund, wie du immer meinst. Ohne meine Hilfe wirst du es nie zu etwas bringen. Überhaupt hast du den Erfolg gar nicht verdient. Im Grunde steht er dir gar nicht zu …* Oft bemerken wir nicht, was da eigentlich abläuft, haben die Worte anderer Leute im Kopf und halten sie für die unseren, nehmen sie für bare Münze und billigen, daß derlei Ansichten unsere Überzeugungen und unser Leben prägen.

Wir brauchen uns von anderen nicht so stark beeinflussen zu lassen. Wir sind nicht gezwungen, alles zu glauben, was sie sagen.

Welche Worte haben andere Ihnen gegenüber benutzt? Wie haben sie versucht, Ihre Aufmerksamkeit zu fesseln, über Sie zu bestimmen? Welche Sätze gehen Ihnen immer wieder durch den Kopf – und von wem stammen sie eigentlich? Machen Sie sich diese Worte einmal bewußt; wenn es nicht die Ihren sind, sollten Sie sie ganz schnell vergessen.

Wörter besitzen eine große Macht. Lassen Sie sich deshalb von anderen nichts einreden.
Und überlegen Sie sich genau, was Sie anderen mitteilen.

Verschicken Sie liebevolle Botschaften 14. FEBRUAR

Wenn wir jenen Menschen liebevolle Botschaften zukommen lassen, die uns am Herzen liegen, so ist das für alle Beteiligten eine lohnende Erfahrung. Einen Stift zur Hand zu nehmen und die eigenen Gedanken zu Papier zu bringen, kann uns und anderen viel bedeuten. Aber es gibt noch eine weitere Methode, derartige »Liebesbriefe« zu verschicken. Sie nimmt ebensoviel Zeit und Aufmerksamkeit in Anspruch wie die Niederschrift, erfordert jedoch weder Stift noch Papier, sondern konzentriertes Nachdenken.

Ein unsichtbarer Energiestrom fließt durch das gesamte Universum und setzt uns alle miteinander in Beziehung. Ist Ihnen schon einmal aufgefallen, daß Sie oft auch dann genau wissen, ob eine bestimmte Person Ihretwegen gekränkt oder wütend ist, wenn Sie sie gar nicht gesehen oder gesprochen haben? Sie können den Ärger des anderen fühlen, obwohl es zu keiner direkten Begegnung kam. Gedanken besitzen große Kraft, besonders jene, die mit viel emotionaler Energie aufgeladen sind. Wenn wir böse, bittere Gedanken haben, so ist das etwa so, als würden wir eine gehässige Mitteilung durch den Äther senden. Wir verüben gewissermaßen einen Anschlag auf die Psyche des anderen.

Warum übermitteln wir nicht liebevolle Gedanken, die von positiven Gefühlen durchdrungen sind? Wir können nämlich diese geheimen Verbindungsdrähte zwischen uns und den Menschen ganz bewußt dazu benutzen, ihnen unsere Liebe zu zeigen. Schicken Sie ihnen also erfreuliche Gedanken, Segenswünsche, Frieden und Beistand, zumal in schwierigen Zeiten – indem Sie zum Beispiel für sie beten oder sich einfach auf etwas Wohltuendes, Heilsames besinnen, diese Botschaft mit Liebe aufladen und sie dann durch die übernatürlichen Kanäle an andere weitergeben.

Wenn Sie an jemanden denken, den Sie gut kennen oder lieben, oder gar an jemanden, der Ihnen nahezu unbekannt ist – der in einem anderen Teil des Landes oder der Welt lebt, der gerade eine bestimmte Krise durchmacht –, und Ihnen ist nicht klar, was Sie für diesen Menschen tun können, dann sollten Sie ihm eine geistige Botschaft übermitteln, die von Liebe zeugt.
Ihre zärtlichen Gedanken werden ihn berühren, und er wird alle Ihre Segenswünsche erwidern.

Sie sind an einem bestimmten Punkt Ihrer Reise angelangt. Inzwischen haben Sie gelernt, andere Menschen um Hilfe zu bitten, wenn dies notwendig ist. Auch wissen Sie, wie Sie Gott – *Ihren* Gott – um das bitten, was Sie brauchen. Jetzt aber gehen Sie außerdem noch mit dem Universum eine wichtige, lebendige und wechselseitige Verbindung ein. Damit verfügen Sie über eine weitere Instanz, die Ihnen Unterstützung gewährt, sobald Sie sich darum bemühen.

Sprechen Sie zum All, wenn möglich mit erhobener Stimme. Sagen Sie: *Zeige mir den Weg, führe mich, hilf mir. Dieses möchte ich gerne, jenes brauche ich. Laß mich wissen, was ich dafür tun muß*. Ja, sprechen Sie auch mit anderen Menschen, denn auch sie gehören der gleichen Welt an wie Sie. Und richten Sie Ihr Wort an Gott. Aber vergessen Sie nie, laut und deutlich ins Universum zu sprechen.

Dann lauschen Sie Ihrer inneren Stimme. Achten Sie darauf, was diese Ihnen mitteilt, und glauben Sie es. Die Antworten offenbaren sich auf ganz unterschiedliche Weise, kommen aus vielerlei Quellen, aus allen möglichen Richtungen. Ihr Herz weiß, welche Antwort für Sie die richtige ist, denn Sie *fühlen* es, wenn diese *wahr* ist.

Sprechen Sie zum All. Bitten Sie es um Unterstützung.
Dann horchen Sie in sich hinein;
das Universum antwortet Ihnen
durch die sanfte Stimme des Herzens.

Die richtige Antwort ist oft zum Greifen nah

16. FEBRUAR

Es war spät am Abend. Ich war gerade in Chimayo, New-Mexico, angekommen. Die Straßen waren nur schwach beleuchtet, die Hinweisschilder kaum zu sehen. Mir schien, als sei ich schon stundenlang herumgekurvt, um eine bestimmte Adresse ausfindig zu machen. In meiner Verzweiflung parkte ich irgendwo, stieg aus und hielt einen anderen Wagen an. Der Mann hinterm Steuer konnte mir auch nicht weiterhelfen. Ich war mit meinem Latein am Ende. Plötzlich drehte ich mich um und starrte, völlig genervt, auf den Briefkasten vor mir. Zu meiner Überraschung befand ich mich genau dort, wo ich hin wollte.

Wie viele Male wir doch verzweifelt und panisch mit den Armen rudern – und sicher sind, daß uns die Antwort, die Einsicht, die kurze Information, die wir brauchen, nie zuteil werden wird. Trotzdem haben wir die gewünschte Lösung oftmals direkt vor Augen.

Etwas in uns erkennt deutlich, wohin wir gehen müssen, was wir benötigen, welcher Schritt als nächstes zu tun ist. Unser Herz wird uns führen, unsere Seele uns vorantreiben, und unsere Instinkte werden uns den Weg nach Hause weisen wie ein Radarsignal, dessen Strahl uns in Sicherheit bringt.

Fühlen Sie Ihre Aufregung, Ihre Enttäuschung.
Aber halten Sie stets auch Augen und Sinne offen.
Sie sind der Lösung möglicherweise näher,
als Sie denken; Sie könnten sie direkt
vor sich haben.

Die meisten von uns brauchen Menschen um sich, die ihnen Kraft geben, so daß sie das Gefühl haben, leistungsfähig, auf dem richtigen Weg, im Gleichgewicht und voller Hoffnung zu sein. Wir alle sind angewiesen auf Leute, die uns sagen, daß wir es schon schaffen werden, und die, selbst wenn sie nichts sagen, an uns glauben. Das spüren wir dann auch. Wir betrachten sie und sehen in ihnen unsere eigene Kraft widergespiegelt.

Manchmal jedoch treffen wir auf Menschen, die uns statt dessen von *ihrer* Kraft überzeugen wollen, davon, daß *sie* die richtige Antwort für uns parat haben, daß wir *sie* brauchen, um klarer zu sehen, daß wir ohne *sie* verloren sind. Sie glauben nicht an uns, sondern nur an sich selbst. Das allerdings ist keine Bestätigung, keine Anerkennung, keine Unterstützung. Das ist der Versuch, eine oft sehr ungesunde Abhängigkeit zu erzeugen.

Pflegen Sie also Beziehungen zu Menschen, die Ihnen zu verstehen geben, daß Sie vieles bewältigen können, die Ihnen versichern, daß Sie richtig liegen und jetzt genau an dem Punkt angelangt sind, der Ihrer inneren Entwicklung entspricht. Verbringen Sie Ihre Zeit mit denen, die Ihnen klarmachen, daß Sie sich selbst vertrauen können.

Suchen Sie sich Leute aus, die Ihnen Kraft geben.
Und lernen Sie, jene, die Sie lieben, zu unterstützen.
Erkennen Sie,
wenn einmal niemand in Ihrer Nähe ist,
daß Sie sich selbst auch helfen können.

Körper, Geist, Seele und Gefühl sind nicht nur miteinander verbunden, sie sind eins. Indem wir den Körper stärken, tun wir auch etwas für den Geist, die Seele, das Gefühl. Und indem wir dem Geist Nahrung geben, tragen wir zum Wohlbefinden von Körper, Seele und Gefühl bei. Zwischen diesen Bereichen besteht ein tiefer, kontinuierlicher Zusammenhang; sie bilden ein durchgängiges, lebendiges Ganzes.

Fühlen Sie sich innerlich zerrissen? Haben Sie einen Teil von sich verleugnet? Wenn ja, dann sollten Sie ihn jetzt annehmen. Vielleicht haben Sie sich zu sehr auf eine Facette Ihrer Persönlichkeit konzentriert und dabei die anderen vernachlässigt. Sie können ein Weltklasseathlet sein und trotzdem keine Ahnung davon haben, was in Ihrer Seele vorgeht. Möglicherweise verstehen Sie es, mit jedem Ihrer Gefühle richtig umzugehen, erkennen aber nicht die feine Verbindung zwischen diesen Regungen und Ihrem Bewußtsein. Oder Sie sind so darauf fixiert, Ihre geistigen Bedürfnisse zu befriedigen, daß Sie sich nicht mehr um Ihren Körper kümmern – ja ihn sogar ablehnen und als eine Art Handicap betrachten.

Lassen Sie keinen dieser Aspekte außer acht. Bemühen Sie sich darum, Ihren Geist zu hegen und zu pflegen, indem Sie zum Beispiel beten oder meditieren oder durch die freie Natur wandern. Setzen Sie sich mit Ihren Vorstellungen und Ansichten auseinander; machen Sie sich die Gedanken bewußt, die Ihnen durch den Kopf schießen. Unterstützen Sie Ihr Gefühlsleben. Befreien Sie sich von Empfindungen, die der Vergangenheit angehören, und arbeiten Sie daran, auf dem laufenden und klarsichtig zu bleiben. Nehmen Sie die Signale Ihres Körpers wahr, und geben Sie ihm, was er braucht – er ist weder abgetrennt von Ihnen noch ein lästiges Anhängsel, sondern jene Gestalt, die Ihr Geist erschaffen hat, um des Lebens teilhaftig zu werden.

Schenken Sie all Ihren spirituellen, emotionalen und physischen Eigenschaften das gleiche Maß an Aufmerksamkeit. Dann zeigt sich das Leben von seiner wunderbarsten Seite, und Sie erkennen, was Sie glauben und hoffen. Ihre Gefühle werden Sie nicht quälen, sondern Ihnen Kraft geben und Ihr Leben mit Leidenschaft und Freude erfüllen. Ihr Körper wird Sie instinktiv dorthin führen, wo Ihre Wünsche in Erfüllung gehen, und Sie von dem fernhalten, was Ihnen mißfällt. Und je weiter Sie auf Ihrer Reise voranschreiten, desto mehr werden Sie entdecken, desto mehr werden Sie Ihrem Herzen vertrauen.

Zuallererst sollten Sie Ihre innere Einheit empfinden.
Wenn Sie sich selbst lieben
und Ihren Weg weitergehen,
werden Sie bald auch deutlich erkennen,
was innere Einheit bewirken kann.

Gehen Sie mit Ihrer Innenwelt sanft um

19. FEBRUAR

Auf diesem Weg, dieser Reise ins Herz, werden Sie mehr sehen, mehr fühlen und ein vollständigerer Mensch sein als je zuvor.

Ihr Herz ist offen, Ihr Geist ist lebendig. Sie sind empfänglich für alles, was das Leben, das Universum und Gott Ihnen offerieren. Aufgrund dieser großen Aufnahmebereitschaft reagieren Sie sensibler denn je auf Menschen, auf unsichtbare Kräfte, auf Orte und Dinge. Viel bewußter als früher erkennen Sie, welche inneren Probleme bei Ihnen und bei den anderen noch ungelöst sind. Sie offenbaren Ihr Inneres, wann immer die Möglichkeit dazu besteht.

Lassen Sie es sich gutgehen. Hüllen Sie sich ein in die warme Decke der Liebe und der Hoffnung. Denken Sie daran, daß Sie vieles sehen, fühlen und aufnehmen werden. Machen Sie sich klar, daß Ihr Heilungsprozeß auf tieferen Ebenen stattfinden wird, als Sie es bisher je erfahren haben. Meistens wird dies sehr erfreulich für Sie sein. Aber ein offenes Herz ist alles andere als einseitig – es kennt nicht nur die Freude. Schaffen Sie in Ihrem Herzen, in Ihrem Leben auch Platz für andere Gefühle – für Wut, Trauer, Angst, Überschwang, Zärtlichkeit, Enttäuschung –, und erübrigen Sie genügend Zeit, um diese Gefühle in ihrer ganzen Bandbreite empfinden zu können.

Sie sind offener denn je. Behandeln
Sie sich liebevoll und fürsorglich.
Gehen Sie mit Ihrer Innenwelt
sanft um.

Breiten Sie Ihre Flügel aus, und fliegen Sie 20. FEBRUAR

In Idaho saß ich neben einem Feldweg, der von einer der Hauptstraßen abzweigte. Ich lehnte mich gegen einen Baum und beobachtete eine Adlermutter mit ihren Jungen im Nest über mir. Aufgeregt ihre Brut beschützend, ließ sie mich nicht aus den Augen, reagierte mit ihrem Ruf auf jedes Geräusch. In diesem Augenblick war sie genauso fürsorglich wie wachsam, aber eines Tages würde sie die Kleinen aus dem Nest stoßen und ihnen das Fliegen beibringen.

Viele von uns wurden auf unliebsame Weise aus dem Nest geworfen. Damit hatten wir überhaupt nicht gerechnet; unser Leben änderte sich von heute auf morgen. Vielleicht haben wir dann mit aller Macht versucht, ins Nest zurückzukehren und die gewohnte Geborgenheit und Sicherheit wiederzufinden. Aber das Leben hatte uns nach draußen versetzt. Uns blieb keine andere Wahl, als die Flügel zu bewegen und so gut wie möglich fliegen zu lernen.

Ist Ihnen eigentlich bewußt, welche Wunder seither geschehen sind? Wieviel Sie dazugelernt haben? Trotz all Ihrer Ängste und Widerstände war dies eine großartige, wichtige Zeit. Unsicher schlugen Sie mit den Flügeln, wußten nicht, wem Sie Vertrauen schenken sollten. Sie verließen sich auf andere, stellten dann aber fest, daß das nichts nützt. Schließlich ging Ihnen ein Licht auf. Die Lektion bestand darin, an sich selbst zu glauben.

Sie lernten, auf die innere Stimme zu hören und ihr zu vertrauen. Sie brachten sich bei, der Welt mit offenen Augen zu begegnen. Und auch wenn Sie manchmal ängstlich waren, so haben Sie doch Ihre Sache sehr gut gemacht. Sehen Sie nur, wie tiefgreifend Sie sich verändert haben!

Wissen Sie eigentlich, wie stark Sie nun sind? Außerdem wurden Sie sich Ihrer Heilkräfte, Ihrer kreativen Fähigkeiten bewußt. Sie erkennen und fühlen die Dinge so deutlich, wie es

Ihnen früher unmöglich erschien; heute empfinden Sie diese Hellsicht als ebenso wunderbar wie selbstverständlich. Ihre Instinkte und Ihre Intuition reagieren auf alles, was geschieht. Ihre innere Stimme spricht völlig klar. Und ungeachtet Ihrer Befürchtungen, von aller Welt verlassen zu werden, wissen Sie jetzt, daß die Menschen Sie lieben.

Wenn Ihnen das Leben einen Schubs, einen Stoß gibt,
so ist das weder Strafe noch Mißhandlung.
Sie werden einfach aus dem Nest befördert.
Breiten Sie also Ihre Schwingen aus, und heben
Sie ab. Schauen Sie nur, wie gut Sie fliegen
können!

Man kann die Liebe nicht beherrschen. Das ist einfach unmöglich. Versucht man es dennoch, dann ist das etwa so, als würde man durch Schreien, Kreischen und Betteln versuchen, eine Rose dazu zu bringen, sich schneller, weiter und anders zu öffnen.

Liebe ist Energie – eine aktive, lebendige Kraft, die alle Bereiche des Lebens, ja das gesamte Universum durchdringt. Wir können nicht über sie bestimmen. Es liegt nicht in ihrer Natur, sich durch irgend etwas oder irgend jemanden kontrollieren zu lassen. Daher ist es sinnlos, die Hände in den Hosentaschen zu vergraben, auf den Boden zu stampfen und zu sagen: *Ich allein lege fest, wie sich diese Liebe weiterentwickelt,* oder: *Ich unterwerfe mich meiner Partnerin beziehungsweise meinem Partner, weil ich Angst habe, daß sonst unsere Liebe zu Ende geht.*

Statt dessen können wir unser Inneres aufschließen, die Liebe empfangen und durch uns hindurchfließen lassen. Wir können mit offenen Augen durch die Welt gehen und ringsum die allgegenwärtige Liebe entdecken – zumal dort, wo wir sie bisher nie vermuteten. Wir können unsere Seele wachrütteln und erkennen, daß all unsere Erfahrungen nichts anderes waren als Lektionen der Liebe. Dabei lernten wir nämlich den Mut kennen, den Glauben, die Geduld. Wir erfuhren, was es heißt, sich selbst zu lieben – auch dann, wenn man meint, von niemandem geliebt zu werden.

Wir haben gelernt, der Liebe freien Lauf zu lassen, uns bewußtgemacht, was das im einzelnen bedeutet, und sind jetzt stets offen dafür, in welche neue Richtung sie uns führen wird. Wir gelangten zu der Einsicht, daß die Liebe tatsächlich eine enorme Macht darstellt, die das All genauso lenkt wie uns selbst.

Respektieren Sie die Stimme des Herzens,
dann respektieren Sie auch
die Stimme der Liebe.

Im Bundesstaat Washington verließ ich den Hoh Rain Forest und machte in der Nähe moosbedeckter Bäume eine kleine Pause. Mein Spaziergang durch den Moses Park hatte mich wirklich in eine Art Zauberwald geführt.

Jahrhundertealte Bäume erzählten mir ihre ehrwürdigen Geschichten. Gefällte Stämme luden mich dazu ein, sie zu berühren, auf ihnen zu sitzen und eine Weile auszuruhen. Das Sonnenlicht schimmerte durchs Unterholz. Überall roch es so herrlich nach Sägemehl. Die Erde war warm und feucht. Auf dem Weg tanzten und spielten frohgelaunte Naturgeister. Die Vögel brachten mir mit ihren Rufen, Pfeiftönen und Melodien ein Ständchen, so als bliese jemand auf einer geheimnisvollen Flöte. Kurzum: Die Luft war von Zauber erfüllt.

Wir können Orte aufsuchen, die eine magische Kraft auf uns ausüben, verwunschene Wälder, die uns an die Wunder des Lebens erinnern. Und wir können sie verlassen in der Gewißheit, daß wir ihren Zauber auch weiterhin in uns tragen.

Dann entdecken wir die wunderbaren Seiten des Lebens mehr und mehr in uns selbst, in anderen Menschen, in unserer näheren Umgebung. Und wir begegnen genau zur richtigen Zeit den richtigen Personen, die uns genau jene Worte sagen, deren wir bedürfen. Ein Buch vermittelt uns eine wichtige Botschaft. Wir erkennen plötzlich, wie wir unser Geld anders verdienen können. Unter Umständen verläßt uns ein geliebtes Wesen, um eigene Wege zu gehen, und eine neue Liebe bahnt sich an. Wir sind fähig, alte Probleme endlich zu lösen. Wir lernen einen Heiler kennen. Ganz unerwartet haben wir großartige Ideen. Dies sind Geschenke, die das Universum uns macht. Sie werden uns zuteil, wann immer wir es möchten und wohin wir auch gehen.

Begleiten Sie mich in den Zauberwald.
Vertrauen Sie der Magie, die in der Luft
liegt; sie existiert tatsächlich. Nehmen
Sie sie mit auf allen Ihren Wegen – denn
das Wunderbare, das Sie ersehnen und fühlen,
ist stets vorhanden, wenn Sie
ganz einfach daran glauben.

Gestatten Sie Ihren inneren Kräften, sich ganz allmählich und behutsam zu entwickeln.

Gehen Sie sachte Ihren Weg, und schauen Sie sich um. Machen Sie sich Ihre Definition von »Kraft« bewußt. Dabei sollte vor allem die Stimme des Herzens zu Wort kommen.

Sie glaubten immer, besonders stark zu sein, wenn Sie sich gegen Ihre Gefühle sträubten, wenn Sie etwas unterdrückten und nichts nach außen dringen ließen. Sie dachten, Ihre Standhaftigkeit resultierte aus der genauen Vorstellung, wie Sie sein sollten, und nicht daraus, wie Sie wirklich sind. Inzwischen haben Sie jedoch begriffen, daß Ihre eigentliche Kraft nur dann spürbar wird, wenn Sie Ihr wahres Gesicht zeigen.

Inzwischen haben Sie vielerlei Fähigkeiten in sich entdeckt – zum Beispiel taktvoll, liebenswürdig und freundlich zu sein; sich selbst zu heilen, eine sanfte Ausstrahlung zu haben und andere zu trösten; die Wahrheit zu erkennen und zu akzeptieren und manchmal tiefer zu blicken, als es mit bloßem Auge möglich ist. Sie sind nun imstande, Ihre ureigenste Stelle im Kreislauf der Liebe einzunehmen, der das Universum beherrscht, und darauf hinzuwirken, daß dieses immer auch für Sie da ist und Ihnen Gutes tut.

Diese Kräfte und Fähigkeiten sind Geschenke.
Sie haben sie kennengelernt, verstanden.
Sie wissen, daß sie wirklich vorhanden sind.
Es liegt jetzt ganz bei Ihnen, sie anzunehmen
und zu nutzen.

Wenn wir rastlos und hektisch sind, geschehen keine Wunder, und die Magie des Lebens entfaltet sich nicht; derlei erfahren wir erst, wenn wir Ruhe, Frieden, Gelassenheit und Vertrauen ausstrahlen.

Jeder von uns hat seine Lieblingsdinge, kennt seine bevorzugten Orte, die dazu beitragen, daß wir die innere Harmonie wiederfinden. Was besänftigt Ihren Geist? Ein Spaziergang im Park? Ein bestimmtes Plätzchen mitten in der Stadt? Ein stilles Zimmer? Ein altes Kleid aus Chenille? Ein Edelstein, ein Kreuz, ein Bild, eine angezündete Kerze?

Ganz gleich, worauf Sie zurückgreifen – entdecken Sie dadurch die Stille in Ihrem Innern. Fühlen Sie, welche Kraft sie besitzt. Dann macht diese Kraft sich auf ganz sanfte Weise bemerkbar – wie die Sonne, die morgens aufgeht; wie die Sterne, die abends am Firmament erscheinen.

Nehmen Sie sich jeden Tag Zeit, um die Stille zu erfahren, um Ihren geheiligten Ort ausfindig zu machen. Geist und Seele sollen sich dabei entspannen und wohl fühlen. Jagen Sie dem Wunderbaren nicht hinterher. Sobald Sie von Schweigen umgeben sind, werden Freude und Zauber, die Sie suchen, sich wie von selbst ergeben.

Ich fühle eine Schwere in den Lungen, fast einen Schmerz; am nächsten Tag breche ich in Weinen aus, lade Kummer und Trauer von früher ab. Ein anderes Mal verspüre ich ein heftiges Stechen im Magen; innerhalb weniger Tage kommt die verdrängte Wut zum Ausbruch, und der Schmerz läßt nach. Mein Kopf tut weh, dröhnt, pocht; Stunden später macht sich die Angst bemerkbar, die ich nicht wahrhaben wollte. Ich stelle fest, wie die Energie in meinem Körper zirkuliert, sich verändert, neue Formen annimmt; während der nächsten Monate werde ich mit einem neuen Lebensrhythmus konfrontiert, in einen neuen Lebensabschnitt geführt.

Einige der Schmerzen und Krankheiten, an denen wir leiden, verweisen auf akute körperliche Probleme. Sie lassen darauf schließen, daß es unserem Körper wirklich schlechtgeht und daß wir ärztliche Hilfe benötigen. Aber viele unserer Leiden sind Symptome eines tieferen Prozesses, bei dem Herz und Seele gereinigt und geheilt werden.

Dieser Genesungsprozeß wird durch unsere täglichen Erfahrungen in Gang gebracht. Jemand sagt etwas, das uns wütend oder ängstlich macht, das ein ähnliches Gefühl auslöst, wie wir es vor Jahren unterdrückten. Oder ein Gespräch zwingt uns dazu, an ein Erlebnis zurückzudenken, das uns vor langer Zeit verletzt hat – und dann befreit sich unser Körper allmählich von dem Schmerz dieser Emotion. Manchmal sind unsere Beschwerden Signale dafür, daß ein bestimmtes Gefühl jetzt zum Vorschein kommen kann. Wir müssen dieses Gefühl zulassen, seine Energie empfinden, es durch uns hindurchziehen lassen, erkennen, was wir daraus lernen sollen, und wahrnehmen, wie das Leid nach und nach verschwindet.

Wenn wir unserem geistigen Wachstum verpflichtet sind, wird unser Körper bald jedes Ereignis als eine Art Heilmittel benutzen. Haben Sie Vertrauen zu sich selbst, seien Sie aufmerksam, dann wissen Sie auch, was jeweils zu tun ist. Sie werden Heiler finden und andere Hilfen, die Ihnen Rückhalt geben, während Sie weiter Ihre Seele entdecken und ihr vertrauen.

Vergessen Sie nicht, der einfachen Alltagsweisheit
Ihres Körpers zu vertrauen.
Er ist das Barometer Ihrer Seele.

Akzeptieren Sie auch die Lektionen der Nacht

26. FEBRUAR

In Wyoming erreichte ich spät abends – viel später als geplant – den Yellowstone Park. Das Areal war riesig, und ich wußte nicht, wie ich meine Unterkunft finden sollte. Es begegnete mir kein Mensch, den ich nach dem Weg hätte fragen können. In meiner Müdigkeit und Erschöpfung wurde ich auch aus der Karte nicht schlau. Ich kurvte ziellos durch die Gegend und drehte fast durch.

Plötzlich erspähte ich hinter den Baumspitzen ein helles Licht. Schön, dachte ich, das muß das Ferienhotel sein. Ich fuhr ein Stück weiter, hielt an und war von Ehrfurcht ergriffen. Was ich sah, dämpfte meine innere Erregung sofort, ja beruhigte mich zutiefst.

Über dem Yellowstone Lake glühte zwischen zwei Berggipfeln der riesige weiße Vollmond – der größte, den ich je gesehen habe. Ich stellte den Wagen auf der Seitenspur ab und beobachtete, wie der Mond langsam hinter den Bergen versank. Dies war das schönste, atemberaubendste Naturschauspiel der ganzen Reise.

Allerdings hätte ich es nicht erlebt, wenn ich tagsüber angekommen wäre. Nie wäre mir dieser Mond zu Gesicht gekommen, wenn ich mich nicht verfahren hätte. Ich war zur rechten Zeit am rechten Ort. Vielleicht bin ich doch nicht so verkehrt hier, dachte ich, und vielleicht bin ich auch gar nicht zu spät dran. Kann gut sein, daß ich ganz einfach eine wunderbare nächtliche Fahrt unternehmen sollte.

Wenn wir uns verirrt haben und der Weg vor uns immer finsterer wird, sehen wir manchmal Dinge, die bei klarem Tageslicht unsichtbar wären. Bisweilen sind die Lektionen, die wir in der Dunkelheit lernen, die aufregendsten und herrlichsten überhaupt.

Genießen Sie das Sonnenlicht, aber geben Sie sich auch der Dunkelheit hin. Sie sollten sie nicht nur ertragen, sondern bewußt erfahren und zu schätzen wissen.

Seien Sie offen für den Zauber des Lebens

27. FEBRUAR

»Ich werde nie vergessen, was meine Mutter mir sagte, als sie mich das erste Mal zum Hoh Rain Forest mitnahm«, erzählte mir eine Frau, als sie erfuhr, daß ich dorthin fahren wollte. »Wir waren gerade im Begriff, diesen großen Wald zu betreten, als sie plötzlich innehielt und sich mir zuwandte. ›Hier ist alles von Zauber erfüllt‹, sagte sie. Es waren weniger ihre Worte, die mir Eindruck machten, sondern die absolute Gewißheit und Sachlichkeit, mit der sie sie aussprach – so, als hätte sie mir mitgeteilt: ›Du, das Essen ist fertig.‹«

Ja, wir sind von einer magischen Stimmung umgeben. Und eben diese markiert die nächste, notwendige Station unserer Reise. Bisher haben wir bestimmte Hindernisse aus dem Weg geräumt, um irgendwann nicht mehr nur durch die Gegend zu stapfen, sondern tatsächlich etwas zu erfahren. Dieser Weg führt zum Wunderbaren – zu einer von Magie erfüllten Seinsweise. Der Zauber, der in der Luft liegt, ist keine Illusion, kein Trick. Sie haben das Ihre getan, haben sich nicht in die Irre führen lassen. Jetzt kommt die Zeit, sich zu freuen und die magischen Seiten des Lebens näher kennenzulernen.

Setzen Sie Ihren Weg ganz unbeschwert fort. Betreten Sie den Zauberwald. Schauen Sie sich um. Halten Sie Augen und Ohren offen. Erzählen Sie anderen, was Sie erleben. Die Reise ins Herz gewährt Ihnen immer wieder Augenblicke voller Geheimnis und Ehrfurcht.

»Die alten Bäume erwarten Sie«,
sagte mir die Frau. »Wenn Sie dort sind,
dann grüßen Sie sie bitte von mir.«
Seien auch Sie empfänglich für das Wunder
des Lebens. Es verlangt von Ihnen
nichts weiter, als daß Sie es wahrnehmen.

Der richtige Lebensrhythmus sollte sich ganz von selbst ergeben 28. FEBRUAR

Ich saß in meiner kleinen Bleibe in Chimayo, New-Mexico. Die Stunden verflogen im Nu, aber mein Vormittag war träge, stockend. Ich fühlte mich überfordert, ja verloren. Für die Arbeit fehlte mir die nötige Kraft. Ich hatte keine Ahnung, wo ich anfangen sollte. So hockte ich nur herum und kam nicht weiter.

Genera, die Wirtin der Pension, in der ich wohnte, klopfte um die Mittagszeit an meine Tür. »Ist alles in Ordnung?« fragte sie. »Kommen Sie, trinken Sie Kaffee mit uns, und essen Sie ein wenig Obst.« Ihre ruhige, liebenswürdige Art, ihr ehrliches Interesse und der Gedanke daran, mit einer netten Bekannten einfach nur zu essen und zu trinken, brachten mich wieder ins Gleichgewicht.

Es gibt eine Energie, eine treibende Kraft, eine Dynamik, die unsere Ängste und Hoffnungen, unsere Grenzen und Erschöpfungszustände, ja sogar unsere Verwirrung übersteigt. Da existiert ein Pulsschlag, ein Rhythmus, der das Leben und das gesamte Universum prägt. Er ist sanft, unbeschwert und völlig natürlich – und macht sich in unserem Innern genauso bemerkbar wie eine nette Bekannte, die leise an die Tür klopft und fragt, ob wir uns wirklich wohl fühlen, ob wir vom Weg abgekommen sind.

Jeder Schritt, den wir unternehmen, hat einen Zweck, eine Bedeutung, einen Rhythmus. Jede Aktion, jedes Gefühl, jede Bewegung im Leben stellt eine weitere Station auf jener Reise dar, die ins Zentrum unserer selbst führt.

Machen Sie sich keine Sorgen,
wenn Sie nicht weiterwissen
und den richtigen Lebensrhythmus nicht finden.
Seien Sie einfach offen.
Dann wird er sich von selbst einstellen.

Nehmen Sie die ganze Landschaft wahr

29. FEBRUAR

Gehen Sie doch einmal in die Berge, und besteigen Sie einen Gipfel. Was sehen Sie von dort aus? Täler – und weitere Berge.

Wenn Sie oben auf dem Gipfel stehen, denken Sie nicht: *Es gibt nur diesen Berg*. Und auch wenn Sie durch ein heißes, staubiges Tal fahren, denken Sie nicht: *Es gibt nur dieses Tal*. Sie wissen, daß da immer noch etwas anderes ist. Sie kennen die Wahrheit, nämlich daß beide: Berg und Tal, gleichzeitig existieren – und noch manches mehr.

Das Leben an sich basiert nicht auf dem Prinzip Entweder-Oder. Bemühen Sie sich darum auch nicht allzusehr, alles immer nur gut, entzückend, erfreulich und angenehm zu machen. Denn wenn Sie dann einmal die Talsohle erreichen, werden Sie zutiefst unglücklich und überzeugt sein, daß das Leben nur aus Katastrophen und Kümmernissen besteht. Sie vergeuden ganz einfach Ihre Kraft, wenn Sie glauben, sich auf das eine oder auf das andere Extrem fixieren zu müssen.

Lassen Sie lieber den Blick in die Ferne schweifen. Nehmen Sie die ganze Landschaft wahr: die Täler und Ebenen, die Flüsse und Meere – und, ja, auch die Berggipfel. Denn auch das Leben ist so beschaffen, es umfaßt *alles*.

Genießen Sie die Aussicht.

März

Entdecken Sie die heilenden und magischen Kräfte in sich selbst 1. MÄRZ

Sie war eine Schamanin vom Stamm der Osagen. Auf ihrem Stück Land bei Cathedral Rock in Sedona, Arizona, befanden sich ein Totempfahl, eine Feuerstelle, eine Brücke, die zu ihrem Haus führte, und Gärten mit Blumen und Steinen. Das Grundstück wurde von einem kleinen Fluß durchschnitten, dessen Rauschen all jene tief berührte, die ruhig genug waren, ihm zuzuhören. Ganz in der Nähe stand ein Wigwam, in dem die indianischen Schwitzkuren stattfanden.

Bei einer dieser Zeremonien hatte ich sie erstmals kennengelernt. Einige Zeit später kehrte ich zurück, um mit ihr zu sprechen. Sie hieß mich herzlich willkommen – genauso wie all die Menschen, die immer wieder hierher zurückkehren. Sie spricht nicht von *ihrem* Land, sondern von *dem* Land, denn sie geht davon aus, daß es uns allen gehört.

»Du brauchst diese Reise nicht zu machen«, sagte sie zu mir. »Du brauchst nicht herumzufahren und nach spirituellen Orten zu suchen. Alle Weisheit, alle Erfahrungen, alle mit Energie geladenen Stellen, die du entdecken möchtest, sind in dir.«

Obwohl es Vergnügen bereitet, irgendwohin aufzubrechen, müssen wir doch, um das zu finden, was wir eigentlich suchen, gar nicht das Auto mit allen möglichen Sachen volladen und dann losfahren. Die Orte der Kraft, die uns Trost, Freude, Weisheit, Schweigen, Genesung, Frieden bescheren, sind *in uns*. Die Stellen, die wir immer wieder aufsuchen, reflektieren diese Qualitäten, verstärken sie noch und erinnern uns daran, daß derlei tatsächlich existiert. Aber im Grunde sind die äußeren Schauplätze nur Spiegel, Manifestationen unserer inneren Welt.

Die Heilung und die Magie, die wir erstreben, finden wir nicht irgendwo draußen, sondern in uns – in unserer Innenwelt.

Respektieren Sie Ihre Vergangenheit

Sie sollten Ihre Vergangenheit und all die Lektionen, die Sie bisher gelernt haben, wirklich zu schätzen wissen.

Oft jedoch neigen wir dazu, die Bedeutung unserer Vergangenheit herabzumindern und frühere Erlebnisse mit einem äußerst kritischen Auge zu betrachten. Wir sehen nur unsere Fehler und versteifen uns darauf, daß wir dieses oder jenes doch wirklich hätten wissen müssen, und betonen, was wir hätten besser machen können. Dabei vergessen wir ganz, daß wir nur deshalb jetzt viel klarer sehen, weil uns mit der Zeit so vieles klargeworden ist. Häufig resultiert unser Wissen aus eben jenen Erfahrungen, die wir bereuen.

Seien Sie also froh um die Einsichten, die Ihnen zuteil wurden. Jede Lektion zog eine weitere nach sich. Jedes Ereignis war von unschätzbarem Wert, denn es half Ihnen, sich zu entwickeln und zu dem Menschen zu werden, der Sie heute sind. Jede Ihrer früheren Phasen, jede Person, die Ihren Weg kreuzte, sich mit Ihnen austauschte, trug dazu bei, daß Sie dem Leben, der Liebe, Gott, anderen und sich selbst mit mehr Offenheit begegneten. Selbst jene Erfahrungen, die Sie als Irrtümer ansehen, waren für Ihren Werdegang wichtig und notwendig. Ja manchmal bildeten gerade sie Ihre wesentlichen Eigenschaften stärker aus, weil sie in Ihrem Innern Mitgefühl und Verständnis erzeugten. Ihre Vergangenheit brachte Ihnen bei, zu lieben – die Menschen und auch sich selbst. Dadurch wurden Sie zu einem Gefäß göttlicher Liebe und zu einer Kraft, die das Gute in die Welt trägt.

Wenn Sie auf Ihre Vergangenheit zurückblicken,
sollten Sie dabei stets zärtlich und sanft
gestimmt sein. Schauen Sie mit den Augen der
Seele. Erkennen Sie, daß jede Erfahrung
notwendig war, um Sie
in Ihr Inneres zu führen.

Erachten Sie Ihre Erfahrungen als wertvoll

3. MÄRZ

Sammeln Sie Erfahrungen – und betrachten Sie sie wie kostbare Edelsteine.

Der Zweck dieser Reise besteht nicht darin, sich selbst abzuschirmen und einzuschränken, sondern darin, Neues dazuzulernen. Ihre Seele bringt Ihnen etwas bei, leitet Sie – und nicht umgekehrt. Sie trägt Ihnen auf, Flüsse zu durchwaten, über Wiesen zu schlendern, in tiefe Täler hinabzusteigen und hohe Berggipfel zu erklimmen. Sie führt Sie über enge, gewundene Landstraßen und über schnelle, dreispurige Autobahnen. Sie zeigt Ihnen winzige Cafés, belebte Städte und abgelegene Herbergen, wo die Leute das Brot brechen und erzählen, was sie alles gesehen haben.

Gestatten Sie sich jede Erfahrung. Limitieren und verurteilen Sie weder sich selbst noch Ihre früheren Abenteuer. Alle diese waren notwendig, wichtig – und ein jedes formte Ihre Persönlichkeit. Ihr Herz gibt den Weg vor, den Sie beschreiten sollen. Fürchten Sie nicht, in die Irre zu gehen. Und sorgen Sie sich nicht, daß Sie etwas falsch machen oder zur falschen Zeit am falschen Ort sein könnten.

Ja, sammeln Sie Erfahrungen. Kosten Sie sie ganz aus. Erkennen Sie, was wertvoll an ihnen ist. Hören Sie anderen Menschen zu, wenn sie von ihren Erlebnissen und Abenteuern berichten, ihre inneren Schätze und Wahrheiten offenbaren. Wenn Sie dann das Brot und die Suppe mit ihnen teilen, gehen auch Sie aus sich heraus und schildern, was Ihnen bisher widerfahren ist.

Leben bedeutet: Erfahrungen machen.
Lieben bedeutet: Erfahrungen mit anderen teilen.
Genießen Sie beides.

Schritt für Schritt gehen Sie weiter. Sie können und Sie müssen immer nur jeweils einen Schritt machen.

Gewiß, Sie haben genaue Vorstellungen davon, wo Sie hin möchten. Aber nicht mit einem einzigen Satz, sondern Stück für Stück erreichen Sie Ihr Ziel. Nach und nach werden Ihnen die entsprechenden Unterweisungen zuteil. Und Sie verarbeiten eine nach der anderen.

Festigen Sie Ihren Glauben. Er hilft Ihnen, die Zeit zwischen den Schritten zu überbrücken. Wenn er stark genug ist, blicken Sie nicht voller Angst in die Zukunft und fragen sich auch nicht, ob Sie die nötigen Fingerzeige erhalten, ob Sie an Ihrem Bestimmungsort ankommen werden. Eben weil Sie davon vollkommen überzeugt sind, tun Sie den nächsten Schritt. Das macht Ihnen Freude, denn Sie wissen genau, daß Sie geführt werden. Sie setzen voraus, daß die einfachen Schritte, die die göttliche Seele Ihnen zeigt, Sie sicher ans Ziel bringen.

Einen Schritt nach dem anderen. Auf diese Weise
gelangen Sie dorthin, wo Sie gerne
sein möchten. Alle Ihre Schritte werden
in die richtige Richtung gelenkt.

Gehen Sie von Ihren Wünschen aus, nicht von Ihrem Willen

5. MÄRZ

Es gibt Phasen, in denen wir uns regelrecht zwingen müssen, einen Fuß vor den anderen zu setzen und die notwendigen Dinge zu erledigen. Aber wenn wir diese Methode allzu lange anwenden, kann es sein, daß wir unserer Innenwelt entfremdet werden, daß wir jeden Kontakt verlieren zu unseren Wünschen, Instinkten und natürlichen Neigungen, zu jenem Teil unserer selbst, der lebendig ist, der lieben möchte – und zur tief empfundenen Freude.

Nachdem ich jahrelang den frühen Tod meines Sohnes betrauert hatte, mußte ich irgendwie wieder ins Leben zurückkehren. Aus diesem Grunde war ich gezwungen, den Alltag zu bewältigen, jene Tätigkeiten zu verrichten, die mir und meiner Tochter ein einigermaßen angenehmes Leben ermöglichen konnten. Ich bot meine ganze Willenskraft auf, um mit aller Macht den Wunsch zurückzudrängen, einfach aufzugeben. Allerdings bemerkte ich dann nach einiger Zeit, daß es mir schon zur Gewohnheit geworden war, mich ständig anzutreiben. An einem bestimmten Punkt hatte ich vergessen, mich auch einmal zu entspannen, auf die Stimme des Herzens zu hören und darauf zu vertrauen, daß gerade meine innersten Wünsche mir helfen würden, das Ganze durchzustehen. Allmählich war ich es leid, mich immer wieder anzustacheln und vorwärtszudrängen.

Aber ich erkannte noch etwas anderes: Es würde mir in keiner Weise schaden, diese zwanghaften Bemühungen zu beenden. Ich war in den Abgrund gestürzt, hatte das Schlimmste bereits hinter mir. Nun begann das Leben von neuem. Also war es auch richtig, innerlich loszulassen, die Zeichen und Wünsche meines Herzens zu berücksichtigen. Ohne nachteilige Folgen fürchten zu müssen, konnte ich mich erholen und das Leben wieder genießen, mich darüber freuen, daß ich überhaupt noch hier war.

Wenn auch Sie einmal alles von Ihrem Willen abhängig gemacht haben, so wahrscheinlich deshalb, weil die damalige Situation es erforderte. Dadurch konnten Sie überleben, die notwendigen Lektionen lernen und dorthin gelangen, wo Sie heute sind. Aber dieses Vorgehen ist nicht länger angebracht, schon gar nicht auf einer Reise, die der Freude dient und die mitten ins Herz führt.

Geben Sie Ihren Wünschen und Neigungen Vorrang vor Ihrem Willen. Lassen Sie sich von Herz und Seele leiten. Vertrauen Sie darauf, daß Sie auf diese Weise tatsächlich an die richtige Stelle geführt werden und Ihre Lebensfreude wiederfinden.

Ihre Sexualität sollte mit Ihrem Herzen verbunden sein 6. MÄRZ

Er war ein gutaussehender Mann, eine stattliche Erscheinung. Schauspieler. »Irgendwas ist in letzter Zeit mit mir geschehen«, sagte er zu mir. »Es betrifft meine Sexualität. Normalerweise hatte ich Sex, wann und wo immer mir danach war. Das ist jetzt vorbei. Nicht, weil ich Angst vor Aids habe, obwohl das sicherlich auch eine Rolle spielt. Mir ist einfach klargeworden, daß meine Sexualität mit meinem Herzen verbunden ist.«

Schämen Sie sich nicht wegen Ihrer Sexualität. Akzeptieren Sie sie genauso wie Ihre Sensibilität. Schätzen Sie Ihre fünf Sinne – das Hören, Sehen, Riechen, Schmecken, Tasten. Respektieren Sie aber auch Ihre Intuition, Ihre Spiritualität, Ihre Reaktionen auf die Welt um Sie herum. Seien Sie empfänglich für Farben, Stoffe, Gerüche und Töne.

Erschließen Sie all Ihre Energien, auch die sexuelle. Erkennen Sie bereitwillig an, daß es stets wunderbar ist, wenn Sie Ihre Liebe, Ihr Sein zum Ausdruck bringen können. Und lernen Sie ohne Umschweife, Liebe in sinnlicher Weise zu schenken und zu empfangen, eben so, wie es für Sie am besten ist.

Schämen Sie sich nicht mehr Ihrer Sexualität! Vertrauen Sie Ihrem Körper, seinen Bedürfnissen und Wünschen. Jeder Mensch ist ein in sich zusammenhängendes Ganzes. Öffnen Sie sich. Entdecken Sie Ihre Sexualität, und lassen Sie sie mit dem Gefühl verbunden sein.

Definieren Sie das Wort »Dienstleistung« neu

7. MÄRZ

Es ist wichtig, anderen Menschen zu dienen. Darin liegt der Schlüssel zur Freude, zur Liebe – und besonders auch zu unserer Reise ins Innere.

Wie lange haben wir doch gemeint, Dienst sei gleichbedeutend damit, alles für alle zu tun. Wie lange haben wir geglaubt, das Dienen würde uns viel Mühe kosten, uns auslaugen, uns langweilen – und daß wir etwas gegen unseren Willen tun müßten, um jemandem zu helfen, der vielleicht gar keine Hilfe wollte.

Jetzt verstehen wir unter »Dienst« etwas ganz anderes. Er beschert uns Freude. Er bezeichnet eine Einstellung, eine tiefe Überzeugung, eine bestimmte Art, uns selbst und unser Leben zu betrachten. Unser ganzes Sein ist im Grunde ein Dienst an den Menschen. Dieser Akt ergibt sich spontan aus der wahren Selbstliebe. Er entspringt unserem innersten Wesen, unserem Bestreben, das zu tun, was wir gerne tun möchten. Und was *uns* am meisten beglückt, ist auch *für die Welt* von größtem Nutzen. Wenn wir uns dagegen zu etwas zwingen, dann bleiben wir – wie auch die Welt ringsum – unbeteiligt, unbeeindruckt, ungerührt.

Der Dienst am Menschen ist Liebe und Freude
und läßt die eigene Persönlichkeit
zum Vorschein kommen. Lieben Sie sich selbst
ohne jeden Vorbehalt, dann wird es Ihnen
ein natürliches Bedürfnis sein, den anderen
beizustehen. So erst wird die Hilfe
gerne geleistet und empfangen
und ist für beide Seiten wirklich heilsam.

Eine Frau erzählte mir einen ihrer Träume, der sie zutiefst beunruhigte. »Und was bedeutet er Ihrer Meinung nach?« fragte sie am Ende.

»Ich weiß es nicht«, erwiderte ich. »Außerdem spielt es keine Rolle, was ich darüber denke. Wichtig ist, was *Sie* darüber denken. Wie interpretieren Sie ihn denn?«

Es gibt zwei verschiedene Arten von Träumen – die im Wachzustand und die im Schlaf. Beide enthalten wesentliche Botschaften des Unterbewußtseins. Die Bilder, die während des Schlafs durch unseren Kopf geistern, geben zahlreiche Hinweise auf unser Leben, unsere Entwicklung, unsere Vergangenheit, unsere Zukunft, unseren seelischen Genesungsprozeß und unsere Beziehungen zu anderen Menschen. Sie können unterdrückte Gefühle zum Vorschein bringen, kommende Ereignisse teilweise ankündigen und jene Wahrheiten sinnbildlich darstellen, über die wir uns gerade klarzuwerden versuchen.

Aber auch unsere Wachträume sind von großer Tragweite. Täglich haben wir bestimmte Erwartungen, Bedürfnisse, Wünsche, Hoffnungen – und schmieden im Innern Pläne für die Zukunft. Diese Träume machen wir uns vielleicht gar nicht richtig deutlich. Möglicherweise wissen wir nicht einmal, daß wir sie auf unser Leben projizieren – wie wir eben manchmal nicht mehr wissen, was wir letzte Nacht geträumt haben.

Wenn wir die eigenen Träume genauso bereitwillig wie bewußt wahrnehmen, so gibt uns das viel Kraft. Was teilen sie uns mit über unsere Wünsche und Ängste, über unsere Hoffnungen und Sehnsüchte? Wenn wir ihnen Ausdruck verleihen, sind wir sowohl mit unserem Unterbewußtsein als auch mit unserem höheren Bewußtsein verbunden – und kommen in Berührung mit unserer schöpferischen Energie. Die Träume erschließen bedeutet: die Kreativität erschließen, die sich aus der gewaltigen kreativen Kraft des Universums herleitet und uns hilft, neue Projekte in Angriff zu nehmen und das Leben wirklich zu meistern.

Träumen macht stark –
ob im Wachzustand oder im Schlaf.
Nehmen Sie sich genügend Zeit,
um Ihre Träume ernst zu nehmen
und ihnen Ausdruck zu verleihen.

Lassen Sie sich von Ihren Visionen leiten

9. MÄRZ

Eine Vision ist etwas anderes als ein Traum. Sie repräsentiert ein Bild, das aus der Seele steigt und durch das Gefühl an Kontur gewinnt, faßbar wird.

Eine Vision ist eine Art Lichtschein, der uns den Weg weist. In ihr blitzen Dinge auf, die noch gar nicht geschehen sind. Deshalb kann sie uns etwas mitteilen über den heutigen Tag – oder über die Zeit in zehn Jahren. Sie taucht dann auf, wenn unsere Seele die Lebensplanung überblickt, wenn sie ahnt, wohin wir gehen, und dem Herzen zu verstehen gibt, wie wir dieses Ziel am besten erreichen. Je bewußter, klarer und direkter wir sind, desto genauer können wir uns auf unsere Innenwelt einstellen und die bestmögliche Vision für das eigene Leben entwerfen.

Was möchten Sie? Was würde Ihnen zusagen? Was sollten Sie Ihrer Meinung nach tun? Seien Sie bei der Beantwortung dieser Fragen genauso scharfsichtig wie präzis; dann lassen Sie das Gewünschte wieder los. Manchmal, wenn wir keine Träume mehr haben, müssen wir auf unsere Visionen bauen, auf diese schwachen Leuchtspuren, die unseren Weg ein wenig erhellen. Lernen Sie also, diese Visionen in Ihrem Innern zu erkennen und ihnen auch zu vertrauen. Arbeiten Sie an ihnen. Gestatten Sie ihnen, sich allmählich zu offenbaren. Und gewöhnen Sie sich daran, mit diesen aufflackernden Lichtern zu leben, zumal dann, wenn der Weg im Dunkel liegt.

Lassen Sie sich von Ihren Visionen dorthin führen, wo Sie sich heimisch fühlen.

Klatsch und Tratsch sind ein verlockender Zeitvertreib, der die Menschen genauso verletzen kann wie uns selbst. Manchmal haben wir dabei nichts Böses im Sinn; leichtfertig und fröhlich plaudern wir über die Erlebnisse von irgendwelchen Leuten, ohne sie wirklich zu verletzen. Dann wieder sind wir nicht gar so unschuldig; unsere abfälligen Bemerkungen zeugen von Wut, Neid, Verrat, ja Haß. Wir fühlen uns benachteiligt, betrogen, gekränkt, und so wollen wir auch dem andern Leid zufügen.

Würden Sie etwa Wurfpfeile auf jemanden werfen? Oder ein Messer nehmen und es dieser Person in den Rücken stoßen? Ich glaube nicht. Doch wenn wir tratschen, tun wir, bildlich gesprochen, genau das gleiche. Wörter – besonders jene, die emotional aufgeladen sind – besitzen eine große Kraft, die sich bisweilen zerstörerisch auswirkt. Wenn wir jemanden verletzen, verletzen wir auch uns selbst. Den Schaden haben immer beide. Deshalb müssen wir uns mit unserer Wut, unserem Schmerz, unserer Treulosigkeit, unserem Neid auseinandersetzen, ehe diese Gefühle durch Klatsch und Tratsch zu schlimmen Waffen werden.

Im Verlauf dieser Reise
müssen Sie sich der Gefahren,
die am Wege lauern, bewußt werden.
Dazu gehört auch das Geschwätz.
Verarbeiten Sie Ihre unterschwelligen Gefühle,
damit Sie, völlig unbeschwert,
liebevoll sprechen können.

Nur allzuleicht reden wir uns ein: *Ich werde mich immer und ewig so fühlen wie jetzt.* Aber wie schnell sich doch die äußeren Umstände ändern!

Wenn man im Südwesten der USA über einen Highway fährt, kann man innerhalb weniger Stunden die unterschiedlichsten Landschaften sehen: Berge, Wüsten, einen versteinerten Wald, ein Tafelland mit ergiebigen Eisenvorkommen. Ebenso kann man im Laufe eines einzigen Tages den Mut, den Glauben, die Verzweiflung, die Trostlosigkeit, den Zorn, die Genesung und die Freude kennenlernen. Wenn es einen wahren Grundsatz gibt, dann diesen: Die Welt ist im stetigen Wandel begriffen und einer kontinuierlichen Entwicklung unterworfen.

Das gleiche gilt für die Minuten, Stunden und Tage unseres Lebens. Wir ändern uns ständig, sind immerzu in Bewegung. Jedes Teilchen des großen Mosaiks – jede Emotion, jede Einstellung, jede Erfahrung – verweist auf das nächste. Und was ergibt sich, wenn all das zusammengefügt wird? Eine große, aufregende Reise, die zu unternehmen sich lohnt, die an Orte führt, wo der Aufenthalt in jedem Moment etwas sehr Kostbares ist.

Schauen Sie nur, wie schnell sich die äußere Landschaft ändert, und freuen Sie sich über immer neue Ausblicke.

Sie haben die Kraft, Ihre Welt neu zu definieren 12. MÄRZ

Auf unserer Reise ins Innere erlangen wir die Fähigkeit, unsere Überzeugungen zu ändern. Wir lernen, die Dinge aus einem neuen Blickwinkel zu betrachten.

Gewöhnlich haben wir für die meisten Lebensbereiche – vor allem, wenn es um Arbeit, Liebe, Geld und um die eigenen Belange geht – gewisse Definitionen, die uns jedoch nicht immer bewußt sind. Die Erfahrungen, die wir machen, können diese zutage fördern und uns klarer zu erkennen geben, wie wir die einzelnen Bereiche genauer bestimmen. Dieser Prozeß wird allgemein als *geistiges Wachstum* bezeichnet. Er vollzieht sich ganz spontan, während wir unseren Weg fortsetzen, und beinhaltet, daß wir uns immer wieder von neuem festlegen. Aber es besteht auch die Möglichkeit, an solchen Definitionen bewußter und gezielter zu arbeiten.

Fragen Sie sich einmal, ob Sie jetzt, in diesem Augenblick, einen Menschen oder eine Sache gerne anders definieren würden als bisher. Unter Umständen bereitet Ihnen das Verhältnis zu einem Arbeitskollegen oder eine Liebesbeziehung, ein bestimmtes Projekt oder ein Problem besonderen Kummer. Und dann stellen Sie sicherlich auch fest, daß es in Ihrer Macht steht, die betreffende Angelegenheit mit anderen Augen zu sehen, damit Sie weitaus weniger oder kaum noch leiden müssen.

Ein befreundeter Arzt und Psychotherapeut brachte mir eine Methode bei, die man bei jeder zu definierenden Sache anwenden kann. Halten Sie auf einem Blatt Papier alle Ansichten fest, die Sie im Hinblick auf ein spezielles Thema oder ein dringendes Problem haben, und vermerken Sie insbesondere auch alle hierbei auftauchenden negativen Gesichtspunkte. Führen Sie außerdem sämtliche Sätze auf, die mit »Ich kann das nicht, weil …« oder »Warum ist es nicht so, daß …« beginnen. Das ist Ihre gegenwärtige Definition.

Auf ein zweites Blatt Papier schreiben Sie dann, wie Sie diesen Bereich und Ihren Part darin gerne anders definieren würden. Vermerken Sie alle diesbezüglichen Wünsche, und legen Sie dar, welche Lösungsmöglichkeit Ihnen am passendsten erscheint und was Sie für absolut wahr halten.

Anschließend verbrennen Sie das Blatt mit der ersten Definition und behalten das mit der zweiten. Im weiteren achten Sie darauf, wie diese neue Definition allmählich Wirklichkeit wird und Ihr Leben beeinflußt.

Sie brauchen sich durch Ihre früheren
Definitionen des Lebens, der Liebe, der
Höheren Macht und der eigenen Person
nicht mehr beeinträchtigen zu lassen.
Es steht Ihnen frei, das von Ihnen
gewünschte Leben zu entwerfen
und zu gestalten. Sie haben das Recht,
die Dinge mit anderen Augen zu sehen.

Kommen Sie in Kontakt mit Ihrer Kreativität

Je offener Sie der Welt gegenüberstehen, je tiefer Sie sich mit ihr verbunden fühlen, desto kreativer werden Sie sein.

Diese Kreativität macht sich in Ihrer geistigen Entwicklung ebenso bemerkbar wie in Ihrer Lebensweise. So können Sie Probleme, die bei der Arbeit oder in der Freizeit auftauchen, konstruktiver lösen. Bereitwilliger probieren Sie etwas Neues aus – ob es nun darum geht, das Flötenspiel zu erlernen, einen Zaun aus Steinen zu errichten, ein Pferd zu reiten oder Ihren Vorgarten nach japanischem Muster anzulegen. Sie stellen fest, daß Sie eher geneigt sind, die Schwierigkeiten mit geliebten Menschen zu überwinden und dabei unkonventionellere Methoden anzuwenden als jene, die Sie früher in Betracht zogen. Sie merken, daß Ihnen neue Einsichten, Informationen und Heilverfahren aus Quellen zuteil werden, die Sie vorher vielleicht übersehen hatten. Bei all Ihren Tätigkeiten sind Sie nicht mehr so beherrscht, sondern viel spontaner.

Außerdem nehmen Sie bewußter wahr, was das Weltall Ihnen eingibt. Sie verfügen über eine reichere Phantasie. Sie achten auf Ihre Intuition, auf die Stimme des Herzens. Sie entdecken ganz neue Möglichkeiten. Und eben weil Sie empfänglich sind für die Hinweise, die von innen kommen, ist Ihnen auch klar, was Sie wann tun müssen.

Je stärker Ihre Verbindung mit dem Universum,
mit dem Leben, mit der eigenen Innenwelt,
desto schöpferischer sind Sie.

Nehmen Sie sich selbst ganz bewußt wahr. Das ist keine strenge Ermahnung, sondern eine Aufforderung zur Introspektion, die auf unserer Reise ein unerläßliches Hilfsmittel ist.

Wenn Sie gefangen sind in einem Verhaltensmuster, einem Gedanken, einem Gefühl, wenn Sie mit der Arbeit, einer Beziehung oder einem bestimmten Ort nicht mehr klarkommen und keine Ahnung haben, wie Sie aus dieser Zwangslage herauskommen, dann sollten Sie sich auf sich selbst besinnen. Wenn Sie alles mögliche versucht und andere Alternativen ausprobiert haben und die Gefühle von früher trotz Ihres Widerstandes ebenso wiederkehren wie die üblichen Reaktionen, dann sollten Sie in sich gehen. Wenn Sie verzweifelt sind und meinen, daß sich in Ihrem Leben nie etwas ändern wird, wenn Sie sich nicht selbst helfen können und es ganz danach aussieht, als wären auch die anderen dazu nicht fähig, dann sollten Sie sich dem eigenen Ich widmen.

Diese neutrale Selbstbeobachtung, die weder Vorurteil noch Vorwurf kennt, kann den Wandel mit herbeiführen. Wenn alle Ihre bisherigen Versuche in dieser Richtung vergeblich waren, dann sollten Sie genau darauf achten, was mit Ihnen geschieht – was Sie sagen, was Sie denken, wie Sie sich fühlen, wie Sie agieren und reagieren. Legen Sie sich keine Zügel an. Fällen Sie keine Urteile über die eigene Person. Beobachten Sie sich einfach nur. Und tun Sie das so lange wie nötig. Meistens jedoch geht es Ihnen dann schon nach kurzer Zeit wieder besser.

Beobachten Sie sich selbst – und erkennen Sie,
wie Sie sich entwickeln und verändern.

Manchmal müssen wir uns losmachen und weggehen. Einige dieser Abschiede kommen ganz unerwartet, ohne Vorwarnung. Andere kündigen sich vorher an. Abschiede können uns erleichtern, aber sie können uns auch großen Kummer bereiten. Wir verabschieden uns von Menschen, Dingen, Orten, von verstaubten Ansichten und alten Verhaltensmustern.

Gelegentlich müssen wir auf unserer Reise auch noch etwas anderes zurücklassen – nämlich unsere Träume.

Träume sind sehr wertvoll – und tief verwurzelt in unseren Gedanken und Gefühlen. Haben sie sich überlebt, so tut es oft weh, sie loszulassen. Aber wenn wir nicht aufpassen, können tote Träume, die wir immer noch mit uns herumtragen, unser inneres und äußeres Leben schwer beeinträchtigen. Dann versuchen wir auch weiterhin, Personen und Sachen in die Leerstellen unserer Träume einzufügen. Im Grunde sind es eben diese Illusionen, die nicht nur unsere Gefühle blockieren, sondern insgesamt über uns bestimmen. Dann sind wir unfähig, neue Visionen zu entwerfen, neue Träume zu erfinden.

Wenn Sie wegen Ihrer gestrigen Träume das Heute oder das Morgen nicht klar vor Augen haben, so ist es wohl an der Zeit, sie zu begraben. Nehmen Sie also jene kostbaren Träume, großen Hoffnungen und hohen Ziele, die nicht mehr zu Ihnen passen, weder jetzt noch in Zukunft, und legen Sie sie behutsam ins Grab. Sagen Sie ihnen, wie teuer sie Ihnen waren und sind. Aber sagen Sie ihnen auch, daß es Zeit ist, Abschied zu nehmen. Bedecken Sie sie mit Erde, und wischen Sie sich die Tränen ab.

Und werden Sie offen für die Hoffnungen
und Träume des heutigen Tages.

Wir öffnen uns nicht, wenn wir uns für unangreifbar halten. Wir können nichts aufnehmen, wenn wir unsere Gedanken verheimlichen. Unser Inneres schließen wir nur dadurch auf, daß wir unsere Gefühle bewußt empfinden, daß wir verletzlich, ehrlich und sanft sind.

Mit der Zeit sind wir ja so stark und unabhängig geworden. *Damit komm' ich schon zurecht*, sagen wir. *Keine große Sache. Ich geh' auch weiterhin meinen Weg.*

Doch vieles, was wir durchgemacht haben, und manches, was wir im Moment erleben, hinterläßt Wunden in unserem Herzen. Einige kleine, aber auch große, die wirklich weh tun. Vielleicht waren bestimmte Menschen früher nicht für uns da oder sorgen sich jetzt nicht in der Weise um uns, wie wir es gerne hätten. Möglicherweise hat uns jemand enttäuscht, ohne es zu wollen, oder uns absichtlich betrogen. *Ich werd' damit schon fertig*, reden wir uns ein. *Ich versteh' schon. Sie haben selber ihre Probleme. Ich verzeih's ihnen …*

Gewiß, jeder hat seine Schwierigkeiten. Und wir sind nachsichtig. Aber jetzt ist es wohl an der Zeit, auch uns selbst die nötige Versöhnlichkeit und Zärtlichkeit, das bisher fehlende Mitgefühl und Verständnis entgegenzubringen.

Wir sind nicht empfänglich, wenn wir unsere Wunden ignorieren oder verdrängen. Vielmehr sollten wir mit unseren Fingern – in der Gewißheit, daß Gott sie führt – sanft die schmerzenden Stellen berühren und bei jeder sagen: *Genau, da ist sie. Ja, ich spüre sie.*

Ich bin jetzt bereit, mein Herz zu heilen.

In Idaho kam ich in die Nähe einer herrlichen kleinen Stadt. Der See, der sich am Highway entlangzog, war so blau und klar, daß ich meinen Jeep auf den Seitenstreifen steuerte und anhielt, um einfach nur zu schauen. Die Luft war völlig transparent. Die Stadt erschien mir unbeschwert, heiter, fröhlich. Ihr Name war *Hope*, Hoffnung.

Ich blieb dort nicht lange. Dazu bestand kein Anlaß. Aber ich wollte unbedingt diesen Abstecher machen, durch die Straßen fahren und eine kleine Pause einlegen, um mich auf eine weitere treibende Kraft zu besinnen, die es auf unserer Reise zu entdecken und zu schätzen gilt. Die Hoffnung selbst ist nämlich luftig, fast ungreifbar. Doch wenn wir sie *nicht* haben, merken wir es sofort. Sie ist im besten Sinne einfach. Klar. Heiter. Herz und Seele brauchen immer wieder eine beträchtliche Dosis Hoffnung, damit wir überhaupt weitermachen können.

Auch dann, wenn uns nicht das zuteil wird, was wir gerne hätten, können wir offenen Auges dieses Licht der Zuversicht erblicken, das unerwartet in eine ganz andere Richtung scheint – so wie ich diese kleine Stadt erblickte, die mich in ihren Bann zog.

Nähren Sie Ihre Hoffnung. Sie macht den Geist lebendig und heiter, erhellt und erleichtert den Tag.

Am Ende meines Aufenthalts in Sedona, Arizona, ging ich zur Rezeption des Ferienhotels, in dem ich wohnte, und gab den Zimmerschlüssel zurück. Sodann holte ich meinen Fotoapparat hervor und machte eine Aufnahme von Marianne. Wir kannten uns erst seit acht Tagen, aber ich fühlte mich ihr tief verbunden. Wir hatten zusammen einige Dinge erlebt, die mich prägten, ja veränderten, und die ich wohl nie mehr vergessen werde.

Als wir uns beim Abschied umarmten, bat ich sie, nicht zu weinen – aber sie konnte dann die Tränen genausowenig zurückhalten wie ich. »Melde dich, wann immer du magst«, sagte sie. »Ich bin für dich da.« Ich wußte, was sie meinte. Sie dachte weniger daran, daß ich sie anrufe, obwohl ich auch das natürlich jederzeit tun konnte, sondern eher daran, daß ich sie innerlich rufe und im Geiste mit ihr spreche.

Es mag sein, daß wir in unseren Beziehungen zu Menschen und Orten lange Zeit nicht auf die Stimme des Herzens gehört haben. Vielleicht bestanden diese Beziehungen nur deshalb weiter, weil uns Not oder Angst dazu zwangen, weil wir einige Dinge nicht zum Abschluß bringen konnten oder einfach nicht bereit waren, eine bestimmte Person zu verlassen und ganz bewußt neue Verbindungen herzustellen. Vielleicht hatten wir auch überhaupt keinen engeren Kontakt zu anderen Leuten.

Jetzt aber ist eine neue Zeit angebrochen. Von heute an sollten Sie nur dann eine Verbindung eingehen, wenn Sie sie tief im Innern wirklich bejahen. Öffnen Sie sich. Hören Sie genau hin.

Ignorieren Sie nicht, was Sie wissen
und fühlen. Hören Sie auf die innere
Stimme, und tun Sie, was sie Ihnen rät.
Die Liebe ist nicht an Ort und Zeit
gebunden, sofern sie tief
aus dem Herzen kommt.

Wann immer Sie merken, daß Sie abdriften, den Kontakt zu sich selbst verlieren, die Gegenwart außer acht lassen, um irgendwo in der fernen Zukunft zu leben, dann sollten Sie sich schleunigst wieder auf Ihren Körper besinnen.

Wenn wir vor etwas Angst haben oder uns in einer sehr unangenehmen Situation befinden, neigen wir instinktiv dazu, unseren Körper gewissermaßen zu verlassen, zumindest eine Zeitlang. Wir machen innerlich zu, schalten unser Bewußtsein ab, ignorieren uns selbst – oder geben uns sogar ganz auf.

Manchmal ist es völlig normal, keine großen Regungen zu zeigen, damit man den Belastungen so lange standhalten kann, bis sich die Wogen wieder geglättet haben. Das ist einfacher, als ständig leiden zu müssen. Aber wenn wir es schon gewohnt sind, Körper und Gefühl abzutöten und so die eigene Person zum Verschwinden zu bringen, kommen wir nie dort an, wo wir hin sollen – nämlich im Herzen. Offen zu sein heißt auch, wirklich dazusein und alles zu fühlen, was gefühlt werden kann und muß.

Sie sind jetzt weitaus weniger gefährdet als früher. Sie wissen, wie Sie Ihre Kräfte nutzen können, wie Sie am besten Sorge tragen für sich selbst. Ihnen ist klar, daß Sie auf die Hilfe der Höheren Macht und des Universums genauso vertrauen können wie auf sich selbst.

Kehren Sie also ganz bewußt in Ihren Körper zurück. Spüren Sie Ihren Kopf, Ihre Arme und Beine, Ihre Zehenspitzen. Hören Sie auf Ihren Herzschlag. Reiben Sie Ihre Schultern. Massieren Sie Ihre Füße.

Sie sind jetzt stark – und eng verbunden
mit sich selbst. Drum konzentrieren Sie sich
wieder voll und ganz auf Ihren Körper.
Kehren Sie ins Leben zurück.

Manchmal legen wir uns selbst herein. Wenn wir unglücklich, besorgt oder ängstlich sind, versteifen wir uns wie besessen auf das, was unserer Meinung nach Besserung verspricht. In unserer Furcht oder Verzweiflung greifen wir nach irgendeinem Heilmittel, das den Schmerz lindern oder am besten gleich ganz beseitigen soll. Also suchen wir uns einen neuen Job; verdienen mehr Geld; gehen eine Beziehung ein; heiraten. Und wir sagen uns: *Wenn ich das, was ich brauche, erst einmal habe, dann werde ich ein glücklicher Mensch sein. Dann hat alles Leid ein Ende.*

Manchmal ist es ja wirklich so, daß die Lösung eines bestimmten Problems unsere Lebensqualität erhöht. Wenn wir genug Geld haben, können wir so manche Sache wieder hinbiegen. Wenn es in unserem Leben Menschen gibt, die wir lieben und die uns lieben, mag das durchaus zu unserem Glück beitragen. Und wenn wir eine Arbeit haben, die uns nicht nur sinnvoll erscheint, sondern auch Freude macht, fühlen wir uns bedeutend wohler in unserer Haut.

Aber wenn wir – aus welchem Grund auch immer – leiden, dann wird uns die entsprechende Heilmethode nicht durch Menschen oder Dinge zuteil. Äußere Umstände können innere Qualen nicht zum Verschwinden bringen. Selbst wenn wir das bekommen, was wir erträumen, bleibt die schmerzliche Empfindung, die wir aus Kraft- oder Mutlosigkeit nicht zuzugeben wagten, auch weiterhin bestehen.

Man kann den Kummer nur auf eine Weise unterbinden – nämlich indem man ihn zuerst einmal fühlt und ihn dann losläßt. Er ist immer *Ihr* Kummer – und auch die Angst, die Verzweiflung, die heftige Abneigung ist stets die *Ihre*. Alle diese Gefühle sind ein Teil von Ihnen. Empfinden Sie sie, lernen Sie aus ihnen – und befreien Sie sich dann von ihnen.

Gehen Sie beherzt Ihren Weg, der ins Innerste führt. Und freuen Sie sich über die Geschenke, die das Universum Ihnen macht, wenn es Ihnen eine neue Liebe, etwas Geld oder eine gute Arbeit zukommen läßt. Doch seien Sie sich im klaren, daß der Schlüssel zum wahren Glück nicht in äußeren Dingen liegt, sondern in Ihnen selbst. Empfinden Sie alle Ihre Gefühle ganz bewußt. Und lernen Sie, sich selbst zu heilen.

Respektieren und unterstützen Sie Ihre inneren Rhythmen 21. MÄRZ

Beobachten Sie die Vorgänge in der Natur, und lernen Sie ihre Rhythmen, Jahreszeiten und Zyklen kennen. Achten Sie darauf, wie die Natur während des kalten Winters in eine Art Schlaf sinkt, ruht und diese Zeit nutzt, um sich zu regenerieren. Nehmen Sie bewußt wahr, wie sie im Frühjahr in einem langen Crescendo aus grünen und leuchtenden Farben Blätter und Blüten hervortreibt und sich am neuen, unaufhaltsamen Wachstum erfreut. Schauen Sie, wie die Natur im Laufe der Sommermonate alles verschenkt, was sie besitzt, welch wunderbares Schauspiel sie veranstaltet, ehe sie dann im Herbst dazu übergeht, sich einem letzten Rausch wechselnder Farben hinzugeben. Erkennen Sie, wie sie allmählich langsamer macht, zur Ruhe kommt und sich in sich selbst zurückzieht, um in der Tiefe erneut Kraft zu schöpfen.

Unsere Innenwelt ist dem gleichen Rhythmus unterworfen. Es gibt Phasen, in denen wir aktiv sind und uns intensiv darum bemühen, etwas zu schaffen und zu vollbringen, teilzunehmen an dem, was ringsum geschieht, und alles zu geben. Dann wieder gibt es ruhigere Phasen, die uns auf diese Tätigkeiten vorbereiten. Wir können uns nicht ständig verausgaben; von Zeit zu Zeit müssen wir uns ganz einfach erholen und Energie tanken. Und schließlich gibt es Phasen, da wir uns behutsam weiterentwickeln, da in unserem Leben die ersten Grashalme, die ersten Anzeichen des Frühjahrs zum Vorschein kommen, die darauf hindeuten, daß wir ein neues Stadium persönlichen Wachstums erreicht haben oder in einer Liebesbeziehung ein weiteres Kapitel beginnen – oder daß bei einem von uns initiierten Projekt »frühe, zarte Knospen« sichtbar werden.

Jeder Zeitraum, jeder rhythmische Ablauf geht in den jeweils nächsten über.

Jeder Tag, jeder Abschnitt Ihres Lebens
hat einen bestimmten Zweck und Wert.
Widmen Sie sich den Phasen, in denen Sie
handeln und etwas hervorbringen –
und schätzen Sie jene ruhigeren Zeiten,
in denen Sie in sich gehen. Je genauer
Sie die Natur studieren, desto mehr
erfahren Sie über sich selbst. Vertrauen Sie
den Rhythmen Ihrer Seele, und fördern Sie sie.

Lassen Sie sich durch die Liebe zu nichts zwingen

22. MÄRZ

Wenn die Liebe dazu benutzt wird, zu kontrollieren und zu manipulieren, so bringt das Kummer und Schmerz – für die »Opfer« genauso wie für die »Täter«.

Meistens ist eine so starke Beeinflussung des Partners gar nicht beabsichtigt. Die Menschen greifen zu diesem Mittel, weil sie es schon so gewohnt sind und weil sie ihre eigenen Bedürfnisse auf diese Weise befriedigen wollen. Ihre Beweggründe spielen im einzelnen kaum eine Rolle, obwohl man natürlich eher Mitgefühl hat mit dem, der unbewußt kontrolliert, als mit jenem, der die Macht der Liebe genauso brutal wie böswillig mißbraucht.

Entscheidend ist vielmehr, wie Sie reagieren, wenn Ihnen so etwas angetan wird – und daß Sie es nicht jemand anders antun.

Seien Sie aufmerksam und registrieren Sie, was da wirklich abläuft. Machen Sie sich von allen Kontroll- und Manipulationsversuchen frei. Wenn eine Person Ihnen Zügel anlegt, indem sie Ihre Liebe ganz egoistisch für sich beansprucht oder Ihr Bedürfnis, geliebt zu werden, ausnutzt, dann sollten Sie das zur Kenntnis nehmen. Und Sie sollten auch klarsichtig genug sein, *Ihre* diesbezüglichen Absichten sofort zu bemerken. Sobald Sie die Mechanismen durchschauen, können Sie sich ihrer entledigen.

Um Herz und Seele zu befreien, genügt es oft schon, einfach nur die Wahrheit anzuerkennen. Alles weitere ergibt sich dann von selbst.

Die Liebe hat keinen Preis. Sie ist nur dann echt, wenn sie geschenkt *wird.*

Ich fuhr durch Montana in Richtung einer kleinen Stadt, die im Reservat der Flathead-Indianer liegt. Dort befindet sich ein altes, 1928 eröffnetes und für seine Heilquellen bekanntes Hotel, das ich aufsuchen wollte. Als ich vom Highway abbog und meinen Jeep über staubige Straßen steuerte, umgab mich eine Landschaft, wie ich sie noch nie gesehen hatte.

Vor mir lagen hohe, mit zartgrünem, grasigem Moos bedeckte Erdhügel. Sie waren weder steil noch spitz, sondern eher rundlich und leicht ansteigend. Von ihnen ging eine große Ruhe, eine sanfte Energie aus, die Empfindungen wie Güte oder Liebe noch übertraf. Ich fühlte mich ausgeglichen, geborgen – ja fast so, als hätte mich Mutter Natur an ihren Busen genommen. Mein ganzer Körper entspannte sich. Mein Geist schwang sich in ungeahnte Höhen auf. Wärme, Fürsorge, Pflege, Trost – all das wurde mir zuteil.

Wir können dieses Wohlbehagen so oft verspüren, wie es eben nötig ist. Obwohl es uns auch durch gewisse Orte und Dinge vermittelt wird, finden wir es doch vor allem im eigenen Innern. Einige von uns hielten es vielleicht für reine Zeitverschwendung, sich solchen Gefühlen hinzugeben, aber jetzt wissen wir, daß das Wohlbehagen eine enorme Kraft besitzt, die wirklich heilsam ist. Wir brauchen es uns nicht länger vorzuenthalten, brauchen auf die fürsorgliche Wärme nicht länger zu verzichten. Wir können uns selbst etwas Gutes tun – und auch anderen Menschen davon abgeben.

Was bereitet Ihnen Wohlbehagen?
Was gibt Ihnen das Gefühl von Sicherheit,
Geborgenheit, Wärme, Liebe? Lernen Sie,
sich selbst zu hegen und zu pflegen.
Akzeptieren Sie es, wenn andere Sie umsorgen,
und tun Sie mit ihnen das gleiche.
Geben Sie sich diesem tröstlichen Gefühl hin,
wann immer es nötig ist.

Das Leben ist nicht, wie Sie früher vielleicht geglaubt haben, etwas, das jenseits Ihrer Reichweite liegt und mit Ihnen nicht direkt verbunden ist. Vielmehr werden Sie von der Kraft des Lebens bewegt, gelenkt, geführt und inspiriert. Sie sind eins mit dem Leben, mit der universellen Energie.

Tun Sie genau das, was Ihnen Auftrieb gibt, was Ihre Seele stärkt. Lassen Sie das Licht der Sonne in sich einströmen. Genießen Sie Farben und wunderbare Klänge. Tauchen Sie ein in die Natur, in eine Welt, die erfrischt, wiederbelebt, erneuert. Machen Sie sich keine Sorgen über die Aufgaben oder Tage, die vor Ihnen liegen, über Arbeit, Liebe und Freizeit, über Probleme und Entscheidungen, die anstehen. Wenn Sie Ihre inneren Batterien aufladen, sich regenerieren, wird die Tatkraft genauso selbstverständlich aus Ihnen hervorströmen wie Wasser aus einer Quelle.

Schauen Sie sich um. Welche Maßnahme erscheint Ihnen am geeignetsten? In welcher Richtung sollten Sie weitergehen? Vertrauen Sie der leisesten Ahnung. Geben Sie Ihrem Drang nach, folgen Sie den Hinweisen, die bereits vorhanden sind – einmal, immer wieder. Schon bald werden Sie sich im Zustand vollkommenen Gleichgewichts befinden.

Sie werden über alle nötigen Unterweisungen,
Ideen, Energien und Fähigkeiten verfügen,
um zu tun, was Sie tun sollen.
Und Sie werden auch die Kraft haben,
sich daran zu erfreuen.

Durchbrechen Sie Ihre inneren Blockaden

25. MÄRZ

Mit schnellen Schritten ging ich über den sandigen Colony Beach, als es geschah, ganz plötzlich. Ich fing an zu rennen, legte im Eiltempo die längste Strecke meines Lebens zurück. Und ich klappte nicht keuchend zusammen, sondern lief immer weiter, strengte mich noch mehr an, bot meine ganze Energie auf. Als ich meiner Erschöpfung nachgab, lagen mehr als anderthalb Kilometer hinter mir. Bisher war ich nie weiter gelaufen als ein kurzes Stück in meinem Wohnviertel.

Dieser Kraftakt war völlig unbeabsichtigt. In Sachen Körperertüchtigung fühlte ich mich derart blockiert, daß ich ein solches Unterfangen für unmöglich hielt. Irgendwo durch die Gegend zu rennen, bedeutete mir nichts. Ich hatte mir lediglich angewöhnt, regelmäßig spazierenzugehen und so einigermaßen in Form zu bleiben. Gerade weil ich nicht zu den Fitneß-Fanatikern gehöre, war ich von mir selbst überrascht. Aufgrund chronischer Krankheiten durfte ich weder als Kind noch als Jugendliche an sportlichen Übungen oder Aktivitäten teilnehmen. Und als Erwachsene habe ich meinen Körper viele Jahre lang vernachlässigt. Erst seit kurzem bemühte ich mich darum, ihn näher kennenzulernen und – ziemlich stümperhaft – ein wenig zu trainieren. Aber joggen? Nicht mit mir. Zumindest dachte ich das immer.

Als ich mich das nächste Mal auf den Weg machte, war ich zaghaft, ja fürchtete mich allein schon vor dem Versuch, loszurennen. Ich fragte mich, ob mein voriges Erlebnis nicht einfach auf einen glücklichen Zufall zurückging. Doch keineswegs. Ich rannte erneut, und immer wieder. Inzwischen bildet der Langlauf einen festen Bestandteil meiner »Leibeserziehung«, der mich wirklich in Hochstimmung versetzt.

Manchmal sind wir in einem bestimmten Bereich so gehemmt, so unfrei, daß wir einen Durchbruch gar nicht in Betracht ziehen. Ja wir sind in einer Weise blockiert, daß wir nicht einmal unsere Blockaden erkennen. Bleiben Sie also offen. Legen Sie sich keine Zügel an. Etwas, das gestern noch unmöglich und außerhalb jeder Reichweite zu sein schien, kann Ihnen morgen, im nächsten Monat, im nächsten Jahr – oder vielleicht schon heute – leicht von der Hand gehen, ohne weiteres zur Verfügung stehen. Der Durchbruch ereignet sich möglicherweise ganz unerwartet auf einem Gebiet, dem Sie bis dato keinerlei Bedeutung beigemessen haben oder das Ihnen sonst viel Mühe bereitete, das ständige Arbeit erforderte.

Das Leben besteht nicht nur aus Rückschlägen,
und es ist alles andere als statisch. Seien
Sie froh darüber, daß Sie schon so weit
gekommen sind. Doch treten Sie ohne Zögern
ins nächste Stadium ein, wenn die Zeit
reif dafür ist. Und feiern Sie jeden
Ihrer Durchbrüche, wenn er sich ereignet.
Achten Sie auf diese leise Stimme im Innern,
auf diesen flüchtigen Gedanken, der sagt:
Warum probierst du es nicht einfach mal …?
– selbst wenn Sie dergleichen noch nie versuchten.

Erachten Sie jeden Augenblick als kostbar

26. MÄRZ

»Ein Foto wird nicht *in* einem Augenblick gemacht«, hieß es in der Broschüre des Cottonwood-Hotels in Colorado, »sondern *von* einem Augenblick.«

Es dauerte lange, bis ich diese grundlegende Wahrheit begriffen hatte. Über Jahre versuchte ich, mein Leben in eine bestimmte Ordnung zu zwängen, die immer beibehalten werden sollte – so als ob es ein zusammengeschnürtes Päckchen wäre, das man irgendwo deponiert, damit es dann ewig da bleibt. Ich brauchte eine ganze Weile, um zu verstehen, was das eigentlich bedeutet: dem Augenblick leben.

In vielerlei Hinsicht gleicht unser Leben einer Filmrolle, die sich aus einzelnen Bildern zusammensetzt, aus Momentaufnahmen, die eine genaue Abfolge bilden. Frühere Augenblicke festhalten zu wollen ist reine Zeitverschwendung. Sobald wir nach ihnen greifen, sind sie auch schon verschwunden. Und genauso unergiebig ist der Versuch, Augenblicke zu erhaschen, die noch gar nicht eingetreten sind, eben weil sie der fernen Zukunft angehören.

Bleiben Sie im jetzigen Augenblick,
in dem Bild, das Ihre gegenwärtige
Situation darstellt. Nur hier
können Sie Glück und Liebe finden. Und:
Machen Sie aus jedem Augenblick
etwas ganz Besonderes, Kostbares.

Ressentiments sind für alle Beteiligten verletzend

27. MÄRZ

Nur wir leiden unter unserem Groll? Weit gefehlt. Die anderen auch.

Wenn wir schmollen und zulassen, daß die Wut immer heftiger wird und uns allmählich aufzehrt, strahlen wir eine negative, von Boshaftigkeit durchdrungene Energie aus, die die anderen verletzt. Je bewußter und intensiver wir das tun, desto mehr leiden sie. Und je enger unsere Beziehung zu ihnen ist: zu den Familienmitgliedern, geliebten Menschen, Freunden oder Geschäftskollegen, desto unheilvoller sind diese Ressentiments – für sie, aber auch für uns.

Wenn Sie also voller Ingrimm an einen Menschen denken, der Ihnen privat oder geschäftlich nahesteht, sollte Ihnen auch bewußt sein, daß Sie ihm damit weh tun. Die Qual ist um so größer, je stärker Ihre Gedanken emotional aufgeladen sind, je tiefer Sie sich dem anderen verbunden fühlen. Dadurch können Sie ihn behindern, ja regelrecht unterdrücken. Selbst wenn Sie Ihrem Ärger nicht Luft machen, wenn Sie Ihre Gefühle verheimlichen – die Energie ist im Raum und schadet Ihnen beiden. Deshalb müssen Sie daheim und am Arbeitsplatz genauso darauf achten, daß die Atmosphäre nicht durch Wut vergiftet wird, wie Sie auch sonst möglichst nur frische, nicht verpestete Luft einatmen.

Vergessen Sie nicht: Wenn Sie Gefühle wie Haß, Neid oder Groll hegen, sind Ihre Beziehungen derart belastet, daß alle Beteiligten leiden müssen. Befreien Sie die anderen aus dieser Zwangslage. Lassen Sie Ihre Ressentiments los. Mit der Zeit werden dann auch Sie selbst wieder innerlich frei sein.

Machen Sie sich neue Auffassungen zu eigen 28. MÄRZ

Die Fahrt vom Zion National Park zum Bryce Canyon in Utah dauerte nicht lange. Ich hatte diese Strecke schon einige Male zurückgelegt. An einem bestimmten Paß hatte es bisher immer geregnet, auch wenn der Tag sonnig und wolkenlos war. Über jenem Straßenabschnitt schien stets eine kleine, dunkle, nahezu unsichtbare Wolke zu schweben.

Genauso verhält es sich vielleicht in einem unserer Lebensbereiche. Eine Grundüberzeugung ist so tief in unserem Innern verwurzelt, so sehr mit gewissen äußeren Umständen verknüpft, daß sich an dieser Stelle dauernd ein Unwetter zusammenbraut, selbst wenn sonst eitel Sonnenschein herrscht. Was ist das für eine Wolke, die über Ihnen schwebt? Könnte es sein, daß sie durch *Sie* dort hingekommen ist?

Manche unserer Ansichten – zum Beispiel: *Ich treffe ständig schlechte und falsche Entscheidungen* oder *Mit mir stimmt einfach was nicht* – erzeugen oft eine düstere Schwere, die dann über uns hängt wie ein Damoklesschwert. Möglicherweise sind solche Vorstellungen derart untergründig, daß wir sie nicht einmal bemerken. Wir nehmen lediglich einen dumpfen Schmerz wahr, eine schleichende Angst. Allerdings ist uns dabei nicht klar, daß wir gerade durch unsere Denkweise diesen Status quo überhaupt erst schaffen und beibehalten.

Wahrscheinlich müssen wir gar nicht lernen, bessere Entscheidungen zu fällen oder ein besserer Mensch zu werden, sondern schlicht und einfach unsere Überzeugungen ändern. Treffen Sie also erneut die Wahl. Entdecken Sie andere, bessere, positivere Überzeugungen für sich selbst und für Ihr Leben.

Sie sind wirklich ganz in Ordnung –
und waren es auch immer schon.

Gewöhnen Sie sich allmählich eine versöhnliche Einstellung an

29. MÄRZ

»Mir war nie bewußt, wie sehr ich mich schuldig fühlte und haßte. Ich habe nie bemerkt, wieviel Scham und Selbstverachtung ich durch einige negative Erfahrungen empfand, bis ich mir selbst verzieh und spürte, wie gut das tat«, erzählte mir eine Frau.

Sich selbst lieben, sich selbst verzeihen, sich selbst akzeptieren – dadurch fühlen wir uns ganz anders, als wenn wir uns selbst verurteilen. Viele von uns sind oft so hart mit sich ins Gericht gegangen, daß ihnen die daraus resultierenden Gefühle schon ganz selbstverständlich erscheinen. Wir meinen, daß wir zu dieser Tristesse einfach verdammt seien. Daher erkennen wir erst dann, wie notwendig, heilsam und wunderbar eine versöhnliche Einstellung gegenüber uns selbst ist, wenn wir sie tatsächlich praktizieren.

Viele Jahre lang habe ich solcher Nachsicht mißtraut. Ich dachte, damit sei immer auch eine Art Verurteilung verbunden. Und da ich wußte, daß es falsch sei, zu verurteilen, brauchte ich mir auch nicht zu verzeihen. Das Problem indes bestand darin, daß ich mich, ob es nun richtig oder falsch war, bereits verurteilt hatte. Und gerade deshalb bedurfte ich der Vergebung.

Aufgrund der Urteile, die wir über uns selbst fällen, isolieren wir uns vom Rest der Welt. Wenn wir uns dagegen verzeihen, verbinden wir uns mit der Welt, mit Gott, mit der eigenen Person.

Wir können uns all das vergeben, was wir falsch oder nicht gut gemacht haben oder was wir unserer Meinung nach hätten besser machen können. Das heißt, wir können uns über unsere harschen Urteile hinwegsetzen.

Gehen Sie doch behutsam über
zu einer versöhnlichen Einstellung.

Lieben, vergeben und akzeptieren
Sie sich selbst. Und spüren Sie, wie Sie so
mit Ihrem Innern in Verbindung treten.
Erkennen Sie, wie frei Sie eigentlich
sind – und es immer schon waren.
Nehmen Sie wahr, wie sehr es Ihnen
bessergeht!

Wer oder was beansprucht Ihre Aufmerksamkeit?

30. MÄRZ

Lernen Sie, genau darauf zu achten, welche Menschen und Dinge behutsam oder lautstark auf Sie einwirken, wodurch Ihre Kraft, Ihre Zeit, Ihre Gefühle beansprucht werden. Denn vergessen Sie eines nicht: Sie sind im Begriff, zu sich selbst, zur Welt und zu Gott eine so tiefe Beziehung herzustellen, wie sie vorher noch nie bestand.

Ein fast unmerkliches Signal in unserem Bewußtsein kann uns zu verstehen geben, was jeweils zu tun ist. Wir denken etwa an eine alte Freundin und erwägen, sie anzurufen, tun es dann aber doch nicht. *Laß doch*, sagen wir uns. *Warum sollte ich sie gerade jetzt behelligen?* Doch vielleicht wünscht sich diese Freundin nichts sehnlicher, als daß wir uns bei ihr melden. Oder wir haben ein Problem, das wir bisher nicht lösen konnten. Die Sache beschäftigt, ja quält uns und bringt unseren Tagesablauf durcheinander. Doch möglicherweise merken wir instinktiv, daß es nun wirklich an der Zeit ist, dieses Hindernis aus dem Weg zu räumen.

Wir leben heute anders als früher, sind offener für das Wunderbare, fühlen uns unbeschwerter und handeln mehr von innen heraus. Eben indem wir bewußt wahrnehmen, wie unsere Kraft in eine bestimmte Richtung gelenkt wird, wissen wir, daß wir – notfalls auch entgegen unserem Termin- oder Zeitplan – konkret etwas unternehmen müssen. Wenn wir diese feinen Impulse spüren und dann darauf vertrauen, daß wir im Grunde immer erkennen, welche Maßnahmen wann zu ergreifen sind, werden wir in Harmonie leben mit uns selbst und mit der Welt.

Wer oder was beansprucht Ihre Aufmerksamkeit?
Was sollten Sie Ihrer Meinung nach tun?
Gehen Sie jetzt noch einen Schritt
weiter, und kommen Sie der Lösung
näher: Was rät die Stimme des Herzens?

Manchmal brauchen wir ein wenig Druck, um in Gang zu kommen, oft aber belasten wir uns einfach zu sehr. *Ich muß das jetzt machen*, denken wir, *und zwar besser und schneller als beim letzten Mal*. Allmählich gelangen wir zu der Überzeugung, daß wir diese Sache nur durch Sorge, Angst und Zwang schaffen können – ob es nun darum geht, sich innerlich weiterzuentwickeln, eine wichtige Entscheidung zu fällen oder eine bestimmte Aufgabe zu bewältigen.

Unter Druck arbeiten wir jedoch weder besser noch schneller. Wir sind nur angespannt, ja beklommen, und unsere Kreativität sinkt auf den Nullpunkt. Zuviel Zwang kann dazu führen, daß wir den gegenwärtigen Augenblick überhaupt nicht mehr wahrnehmen, daß unsere Lebenskraft, der innere Energiefluß ins Stocken gerät; dann rauscht es in unserem Kopf so sehr, daß wir die Stimme des Herzens überhören.

Gewiß, wir haben unsere Verpflichtungen. Es gibt Phasen, da wir gezwungen sind, ein Projekt zum Abschluß zu bringen. Doch mag es auch noch so eilig sein – wir liefern die beste Arbeit ab, wenn wir uns entspannt fühlen. Selbst die drängendste Entscheidung treffen wir mit der größten Sicherheit und Klarheit, wenn wir innerlich völlig ruhig sind. Es bringt nichts, sich immer mehr anzutreiben. Nur bei wenigen wichtigen Dingen ist es ratsam, sich völlig zu verausgaben, Angst und Sorge zu empfinden. Also: Je dringender die Angelegenheit, desto zwingender die Notwendigkeit, auf sich selbst zu achten und dem Moment zu leben.

Lassen Sie Dampf ab. Machen Sie sich von unangenehmen Gefühlen frei. Beseitigen Sie die Hindernisse auf jenem Weg, der ins Herz führt. Die Antwort wird kommen. Sie werden die Herausforderung bestehen.

Erleichtern Sie Ihr Herz. Entledigen Sie sich Ihrer Zwänge.

April

[illegible]

[illegible] Kreaturen [illegible]

[illegible] Richtung [illegible]

[illegible]

[illegible] Strategie [illegible]

[illegible] man [illegible]

Räumen Sie die Hindernisse aus Ihrem Weg

1. APRIL

Bei den Heilquellen von Ojo Caliente, New-Mexico, lernte ich eine Frau kennen. Sie hatte eine offene, sanfte Art. Im Verlauf unserer Unterhaltung sprach sie über Rituale, Wunder, tiefgreifende Veränderungen. »Mein Mann und ich wünschten uns sehnlichst ein Kind, aber ich wurde einfach nicht schwanger«, sagte sie. »Eines Abends entschloß ich mich, es mit einem *Mikvah* zu versuchen, dem rituellen, reinigenden Bad der orthodoxen Juden. Diese Entscheidung gab mir Kraft. Aber Sie können sich nicht vorstellen, welche Hindernisse sich vor mir auftürmten. Es fing damit an, daß ich wegen dringender Angelegenheiten kaum aus dem Haus kam. Als ich es dann geschafft hatte, ging ich in die falsche Richtung und mußte wieder umkehren, um mich daheim noch einmal nach dem Weg zu erkundigen. Als ich das Bad endlich erreichte, hatte die Zeremonie gerade begonnen; jedenfalls wußte ich, daß ich daran teilnehmen *mußte*. Die Nacht bebte vor Spannung. Die Luft schien von Blitzen aufgeladen zu sein. Es war Vollmond. Ich vollzog das Ritual und kehrte nach Hause zurück. In dieser Nacht empfing ich meine Tochter. Sie ist inzwischen sieben Jahre alt.«

Oft ist unser Weg durch Hindernisse blockiert – durch Straßensperren und Barrieren, die Umwege nötig machen. Wir müssen über Dinge hinwegsteigen, um einige auch herumgehen, hier und da hindurchkriechen. Manchmal geben sie uns zu verstehen: Nein, diese Tür geht nicht auf, such dir einen anderen Durchgang! Dann wieder weisen sie darauf hin, daß der von uns gewählte Weg ein ganz besonderer ist. Wenn wir ihn beschreiten wollen, müssen wir uns Mühe geben, uns konzentrieren, all unsere Kräfte aufbieten, um der Welt zu zeigen, daß wir auf jeden Fall in dieser Richtung weitergehen. Und anschließend werden wir dann jedes Hindernis, eines nach dem anderen, tatsächlich auch überwinden.

Was sind Ihre sehnlichsten Wünsche? Sind Sie geneigt, notfalls auch einen schwierigen Parcours zu bewältigen, damit der eine oder andere in Erfüllung gehen kann? Sind Sie bereit, sich vom Universum auf die Probe stellen zu lassen? Sind Sie gewillt, sich zu konzentrieren, vorwärts zu drängen, sehr weit zu gehen?

Bisweilen ist der Weg vor uns blockiert,
doch zu unserer Reise gehört auch, daß
wir die Hindernisse beseitigen.
Finden Sie heraus, wann es an der Zeit ist,
loszulassen, zu kapitulieren, einen
anderen Weg zu suchen, einen neuen
Traum zu träumen. Aber entdecken Sie
auch, wann es gut ist, den bisherigen
Weg weiterzugehen und eventuelle
Hindernisse zu überwinden –
eben weil Ihr Wunsch, geladen mit
göttlicher Energie und Liebe,
Sie elektrisiert.

Auf meinem Weg durch das nördliche Kalifornien kam ich auch am Spirit Rock Center, einem Meditationszentrum, vorbei. Ich fuhr auf den Parkplatz und sah, wie die Leute ganz ruhig und gemächlich übers Gelände spazierten. Sie waren dabei, im Gehen zu meditieren.

Durch Meditation lernen wir, uns zu entspannen, mit unserem Körper in Verbindung zu treten, Geist und Körper eins werden zu lassen. Viele von uns haben jahrelang sich selbst, ihre Gefühle, ihre physischen Bedürfnisse völlig ignoriert. Wir waren immer nur für andere da, und deshalb ist es jetzt an der Zeit, sich voll und ganz aufs eigene Innere zu konzentrieren.

Die Meditation hilft uns, dem gewohnten Trott ein wenig zu entfliehen und das Tempo zu reduzieren. Im Ausatmen befreien wir uns bewußt von Streß, Zwang und Angst. Im Einatmen nehmen wir Licht, Schönheit, Ruhe und Liebe in uns auf. Wir verlangsamen unser Denken, unsere körperliche Aktivität, bis wir am Ort des Friedens angelangt sind. Auf diese Weise können wir uns seelisch erneuern und mit frischer Kraft in den Alltag zurückkehren.

Meditieren Sie. Nehmen Sie sich die Zeit,
Ruhe einzuatmen, Furcht auszuatmen. Dann bringen Sie
diese Erfahrung in Ihr normales Leben ein.
Gehen Sie langsam. Nehmen Sie sich selbst
bewußter und intensiver wahr denn je.
Aber Sie könnten auch Ihr Leben
gezielt in eine Geh- und Wachmeditation
verwandeln.

Legen Sie Wert auf die Verbindung mit Ihren schöpferischen Kräften 3. APRIL

Die Kreativität ist eine reale und aktive Kraft. Sie umschließt die Macht der Liebe und des Lebens – und ist ein göttliches Geschenk. Wir alle tragen sie in uns.

Öffnen Sie sich Ihren schöpferischen Energien – bei der Arbeit, in der Freizeit, in der Liebe. Bringen Sie etwas hervor, das schön anzuschauen ist. Schaffen Sie Dinge, die Sie selbst gerne sehen möchten, die Ihnen gefallen. Dazu haben Sie mannigfach Gelegenheit – ob Sie nun kochen, dekorieren, sprechen, zeichnen, schreiben oder am Strand eine Sandburg bauen. Es liegt ganz bei Ihnen, in welchem Bereich Sie kreativ sein wollen.

»Als Kind habe ich liebend gern Fotos gemacht«, erzählte mir ein Mann. »Eines Tages aber schmetterte mein Vater vor lauter Wut meinen Fotoapparat auf den Boden. Er sagte, es wäre völlig unsinnig, überall herumzufotografieren. Dann dauerte es zwanzig Jahre, bis ich wieder eine Kamera in die Hand nahm. Jetzt kann ich gar nicht mehr aufhören mit dem Fotografieren.«

Wer hat Ihnen einzureden versucht, Sie hätten überhaupt keine Phantasie, seien völlig unbegabt? Straffen Sie sich, erheben Sie Ihre Stimme, und sagen Sie diesen Leuten, daß das nicht stimmt. Bekennen Sie sich zu Ihrer Kreativität. Gestatten Sie ihr, zu gedeihen und heilsam zu wirken.

Legen Sie Wert auf die Verbindung
mit Ihren schöpferischen Kräften –
und schätzen Sie auch die Art und Weise,
wie Sie diese zum Ausdruck bringen. Denn dadurch
tun Sie Ihre Liebe kund.

Warten Sie den richtigen Zeitpunkt ab, um aktiv zu werden 4. APRIL

Schauen Sie einmal einem Surfer zu, wie er auf seinem Brett weiter hinaus paddelt, wie er genau die Wellen beobachtet, wie er den richtigen Seegang abwartet, die richtige Strömung, den richtigen Zeitpunkt. Manchmal kommt diese Welle schon sehr bald, dann wieder muß der Surfer lange und mit viel Geduld herumrudern, ausharren und aufpassen, bis er sich endlich von der Brandung ans Ufer tragen lassen kann.

Lernen auch Sie, auf den Energiewellen des Lebens zu reiten. Gewöhnen Sie sich an, für alles den besten Zeitpunkt abzuwarten. Gedulden Sie sich so lange, bis Ihre Sinne, Ihre Gefühle, Ihr Körper, das Universum Ihnen das entscheidende Signal geben. Gewiß, es gibt eine ganze Reihe von Dingen, die Sie gerne tun möchten. Aber sobald Sie Ihre Liste zusammenstellen und sich Ihre Wünsche vergegenwärtigen, lösen Sie bereits einen mächtigen Kraftstrom aus. Sie haben schon angefangen, das Universum quasi für sich einzunehmen, damit es Ihnen beschert, was Sie ersehnen. Manche Augenblicke sind einfach günstiger als andere, um eine bestimmte Aktion zu starten, einen wichtigen Anruf zu tätigen, eine schwierige Aufgabe zu vollenden.

Durch verfrühtes Eingreifen kommen Sie nicht schneller voran. Im Gegenteil: Sie vergeuden nur Ihre Energie, müssen wieder aufs offene Meer hinaus, wo Sie dann erneut auf eine geeignete Welle warten. Fassen Sie also Ihr Ziel ins Auge, bieten Sie alle Ihre Kräfte auf, und steuern Sie Ihren Kurs. Danach sehen Sie – geduldig – der richtigen Welle entgegen, der richtigen Energie, dem richtigen Zeitpunkt.

Die richtige Welle wird kommen. Dann springen
Sie auf Ihr Brett und gleiten
übers Wasser, so gut Sie nur können.

Entwickeln Sie einen Sinn für das Heilige 5. APRIL

Während meines Aufenthalts in New-Mexico fühlte ich mich immer wieder – wie magisch – zu den heißen Quellen von Ojo Caliente hingezogen. Die Anlage war ganz schlicht; der Eintritt kostete nur 8 Dollar. Aber dort fühlte ich mich geborgen, geheilt, geistig erfrischt. Während ich durchs Gelände streifte, schien es mir manchmal, als strömte eine elektrische Energie durch meinen Körper. Bei meinem dritten Besuch bemerkte ich ein kleines Hinweisschild am Rande des Parkplatzes, wodurch mir meine Gefühle begreiflicher wurden. Die Quellen waren ursprünglich eine heilige Stätte der Indianer. Die Kraft, die ich empfand, existierte also tatsächlich. Ich stand auf geweihtem Grund und Boden.

Entwickeln auch Sie einen Sinn für das Erhabene. Entdecken Sie, was für Sie heilig ist. Erkennen und fühlen Sie in Ihrem Leben die sakralen Bereiche, während Sie die Tage und Jahre durchwandern. Was wir erleben, hat oft eine fast göttliche Aura, aber unser Verstand läßt diese Vorstellung kaum zu. Ja, vieles in unserem Dasein ist heilig, obgleich wir uns das nicht wirklich bewußtmachen. Achten Sie also bei all Ihren Erfahrungen auf Ihre seelischen Regungen, hören Sie auf Ihre innere Stimme. Gestatten Sie sich diese Verbindung mit dem Übernatürlichen, das Sie berührt und ergreift.

Sprechen Sie dann nicht mehr. Seien Sie ganz still. Nehmen Sie wahr, was mit Ihnen geschieht. Lassen Sie sich von Ihrer Seele auf das Numinose aufmerksam machen, dann wird jene quasi elektrische Energie durch Sie hindurchfließen, und Ihr Inneres wird ehrfürchtig schweigen. Fühlen, sehen und erkennen Sie, auf welch wunderbarer Reise Sie sind.

Werden Sie empfänglich für das Heilige –
denn häufig stehen Sie auf geweihtem Boden.

Lernen Sie, der eigenen Person Beachtung zu schenken – so, daß Sie immer wieder Neues entdecken und Freude haben. Konzentrieren Sie sich auf Ihre Gefühle. Bekommen Sie ein Gespür dafür, wie Seele und Körper Ihnen den Weg weisen. Erkennen Sie jeden weiteren Schritt in Ihrer persönlichen Entwicklung, jede Station auf Ihrer Reise.

Schätzen Sie sich selbst – Ihre Wesensart, Ihr Denken. Ihre Sensibilität, Ihr inneres Wachstum. Denn viele Jahre lang haben Sie sich vernachlässigt, so als wären Sie sich Ihrer Person, Ihrer Empfindungen, Ihrer Überzeugungen gar nicht bewußt gewesen. Sie glaubten, dadurch einigermaßen sicher und vor Gefühlen geschützt zu sein, die Sie eher vermeiden wollten. Sie meinten, sich völlig richtig zu verhalten. Jetzt aber lernen Sie eine andere Lebensweise kennen. Es genügt Ihnen nicht mehr, einfach nur irgendwie durchzukommen. Denn Ihre innersten Bedürfnisse blieben oft unbefriedigt. Sie möchten das Leben in vollen Zügen genießen. Und zu diesem Zweck müssen Sie sich selbst bewußt wahrnehmen.

Richten Sie Ihr Augenmerk auch auf die anderen Menschen. Vergegenwärtigen Sie sich ihre geistige Verfassung, ihren emotionalen Zustand und auch die Worte, die sie Ihnen sagen – aber berücksichtigen Sie besonders, was in deren Herzen vorgeht. Sie brauchen keine Angst mehr davor zu haben, sich selbst zu verlieren, wenn Sie den Leuten nahe sind. Ohne jede Gefahr können Sie mit ihnen Umgang pflegen. Ihre Bedürfnisse und Wünsche werden Sie zwar intensiv beschäftigen; doch Sie werden sich von ihrem täglichen Tun nicht völlig vereinnahmen lassen. Wenn Sie sich selbst gegenüber aufmerksam sind, wissen Sie auch, wieviel Aufmerksamkeit Sie den anderen schenken können.

Seien Sie offen für das Leben – für die sternklaren Nachthimmel und für die zwitschernden Vögel, die die Morgensonne ansingen. Seien Sie empfänglich für die Erde und das Gras unter

Ihren Füßen, dafür, wie sich eine Schneeflocke in Ihrer Hand anfühlt. Seien Sie voller Leidenschaft für all die Wunder und Geheimnisse des Universums.

Doch achten Sie vor allem auf sich selbst.
Dann werden Sie sich wie selbstverständlich
auch den anderen und dem Leben überhaupt
zuwenden.

Seien Sie offen für *alles*, was Sie auf dieser Reise ins Innere erleben.

Gibt es Gefühle, Gedanken, Projekte, Personen, denen Sie bisher immer ausgewichen sind? Ist da ein Bereich in Ihrem Leben, mit dem Sie sich keinesfalls auseinandersetzen wollen? Sträuben Sie sich gegen etwas, das bei Ihnen nur sture Abwehrreaktionen hervorruft? Wenn Sie eine dieser Fragen mit »Ja« beantworten, sollten Sie jene Stimme im Innern ignorieren, die sagt: *Ich hab' mich nun mal so entschieden, deshalb werde ich das auch weiterhin ausklammern; ich denke einfach nicht mehr dran.* Das ist die Stimme, die nichts einsehen will und dauernd abblockt.

Seien Sie für alles empfänglich.
Gerade die Dinge, gegen die Sie sich
am meisten wehren, können Ihnen
die wertvollsten Lektionen beibringen.

Es war eine bitterkalte Nacht in Sedona, Arizona. Ein plötzlicher Schneesturm war über die sonst so angenehm warme Stadt hinweggefegt und hatte in kurzer Zeit eine weiße Schicht von mehreren Zentimetern hinterlassen. Der Strom fiel aus. Fröstelnd hockte ich in meiner Unterkunft.

Großartig, dachte ich. *Meine letzte Nacht in Sedona bringe ich damit zu, allein in der Dunkelheit gegen die Unterkühlung anzukämpfen.* Ich streifte einen dicken Pullover über, hüllte mich in eine Decke ein, stapfte durch den Schnee zu einer Telefonzelle und rief einen Freund an, um ihm mein Leid zu klagen.

»Sieh die Sache doch mal aus einem anderen Blickwinkel«, sagte er. »Tu so, als ob du vier Jahre alt wärst. Hol deine Taschenlampe hervor. Dann baust du dir in deinem Bett aus allen verfügbaren Kissen und Decken ein kleines Zelt. Genieß dieses Abenteuer!«

Zunächst sträubte ich mich dagegen; dann aber wollte ich das, was er vorgeschlagen hatte, doch einmal ausprobieren. Ich errichtete also das Zelt. Mummelte mich ein. Rasch verwandelten sich meine Klagen in Erinnerungen daran, wie es war, als Kind zu spielen, sich zu vergnügen, alles auszukosten, was das Leben einem beschert. Und schon bald schlief ich ein.

Als ich morgens aufwachte, ging die Heizung wieder, das Licht auch. Es hatte aufgehört zu schneien. Bedeckt mit dicken, weißen Flocken übte diese Stadt inmitten des Tafellandes einen gewaltigen Zauber aus. Ich hatte eine weitere Lektion gelernt, die genauso nützlich wie einfach war.

Ändern Sie Ihre Einstellung, und genießen Sie das Abenteuer. Lassen Sie das innere Kind zum Vorschein kommen, damit es sich mal richtig austoben kann.

Lassen Sie sich mehr Pflege angedeihen als je zuvor. Dazu fordert Sie die Stimme des Herzens auf.

Es hat einfach keinen Sinn mehr, sich ständig anzutreiben, die eigenen Belange außer acht zu lassen, Seele und Körper unsanft, ja grausam zu behandeln. Strafe und Kritik, Unterdrückung und Verleugnung bescheren Ihnen nicht die Gefühle, nicht die inneren Fortschritte, die Sie sich schließlich erhoffen. Je mehr Sie den Druck erhöhen, desto unerbittlicher fordern Sie Perfektion – und desto schlechter geht es Ihnen.

Entdecken Sie die Liebe zur eigenen Person. Gehen Sie zärtlich, fürsorglich, freundlich und aufmerksam mit sich selbst um. Erübrigen Sie jeden Tag immer wieder etwas Zeit, um Ihre Bedürfnisse zu befriedigen – genauso, wie Sie sich um jemanden kümmern würden, der Ihnen lieb und teuer ist. Diese Hege und Pflege in eigener Sache ist keine Zeitverschwendung, keine Fessel. Geben Sie also mehr auf sich acht, und der Zauber wird sich erneut einstellen. Sie werden ein angenehmeres Leben führen und sich insgesamt wohler fühlen.

Sorge zu tragen für sich selbst ist
eine einfache Maßnahme, die allerdings
weitreichende Folgen hat. Je öfter und
je intensiver Sie das machen, desto
mehr kommen Sie in Einklang mit
dem Universum und mit Gottes Liebe.

Seien Sie sich der Energie bewußt, die Sie umgibt

10. APRIL

In Solvang, einer Stadt in den Bergen Kaliforniens, machte ich halt vor einem kuriosen kleinen Laden. Er war vollgestopft mit Uhren, und überall tickte es. Einige spielten eine Melodie, bei manchen erschien der Kuckuck und rief, andere tickten einfach nur. »Wenn man sie aufzieht und lange genug zusammen läßt, ticken sie bald alle im Gleichklang«, sagte mir die Inhaberin mit wissendem Blick. Ich hörte ihr aufmerksam zu. Sie hatte recht.

Wir *sind* Energie und Schwingung. Wenn wir uns wirklich öffnen, beginnen wir wie selbstverständlich im Rhythmus der Menschen ringsum »zu ticken«. Wenn wir uns dagegen verschließen und isolieren, gelingt uns das nicht. Aber da wir uns entschieden haben, empfänglich zu sein, sensibel zu reagieren, stellen wir uns auch auf die Schwingungen der anderen ein. Unsere Energiefelder berühren und vereinigen sich. Dann *fühlen* wir die Eigenschaften, Rhythmen und Impulse der Personen, die sich in unserem Bereich befinden – und übernehmen sie manchmal sogar.

Achten Sie also darauf, mit wem Sie zusammenleben, essen, sich vergnügen, wer Ihnen wirklich entspricht. Treffen Sie Ihre Wahl sorgfältig. Denn nicht immer tut Ihnen die Energie dieser Leute gut. Wenn Sie im Ungleichgewicht sind, dann vielleicht deshalb, weil Sie sich inmitten negativer Spannungsfelder bewegen.

Nehmen Sie stets bewußt wahr, wen Sie mit auf Ihre Reise nehmen. Finden Sie heraus, zu wem Sie sich hingezogen fühlen, wer sich von Ihnen angezogen fühlt. Erkennen Sie, wie sehr es Ihnen bessergeht, wenn Sie sich in ein Energiefeld begeben, das von Liebe geprägt ist.

Als ich in den Yellowstone Park einfuhr, schaltete ich das Radio aus. Die Sonne ging gerade unter. Auf beiden Seiten war ich von Bergen umgeben, deren schneebedeckte Gipfel die Wolken berührten und die pfirsich-, rosa-, orangefarbenen Töne der versinkenden Sonne widerspiegelten. Dem Zwielicht ausgesetzt, wechselte allmählich die Schattierung der Wolken. Immergrüne Sträucher säumten die Straße. Einige ragten weit in die Höhe; andere neigten sich tief herab, so als wollten sie den Vorbeifahrenden einen kurzen Blick zuwerfen oder ihnen winken. Im Innern des Jeeps lag der zarte Duft von Kiefern.

Da ich den ganzen Tag gefahren war, hatte ich, um wach zu bleiben und mich zu unterhalten, ständig das Radio laufenlassen. Jetzt, wie gesagt, schaltete ich es ab. Im Auto, vor allem aber in meinem Kopf und in meiner Seele sollte sich das Schweigen ausbreiten. Schon kurz darauf glaubte ich die Farben des Sonnenuntergangs singen zu hören. Die Bäume und Berge erfüllten mich mit ihren Energien, Rhythmen, Schwingungen.

Bestimmte Töne können sehr heilsam sein – Musik, die Stimme eines Freundes, das Lachen eines Kindes. Aber es gibt Zeiten, in denen wir sie leiser stellen müssen, um der Stille zu lauschen. Auch diese kann sehr heilsam sein.

Als die Sonne hinter den Bergen verschwand und ich die Tore im Yellowstone Park passierte, wurde mir folgendes klar: Die Stille ist nicht still, sondern besitzt deutlich vernehmbare Klänge. Jeder lebendige Teil der Schöpfung singt sein eigenes Lied. Doch es bedarf eines ruhigen Geistes, einer friedlichen Seele, eines schweigsamen Herzens, um diese Lieder zu hören.

Lernen Sie, der Stille zu lauschen.
Horchen Sie in die Welt hinein,
die Sie umgibt. Dann wird die Stille
ein wunderbares Lied für Sie singen.

Öffnen Sie sich, um die Schätze des Universums zu empfangen 12. APRIL

Jeder von uns kann auf bestimmte Hilfsquellen zurückgreifen. Wir wenden uns an andere Menschen – an den Partner, an Familienmitglieder und Freunde. Oder wir wenden uns der Natur zu – Bäumen und Bergen, Flüssen und Meeren, der Sonne, dem Mond und den Sternen. Dabei brauchen wir uns jedoch nicht mehr auf eine Person, auf eine Quelle der Liebe, der Energie, des Trostes und der Unterweisung zu beschränken.

Gewisse Menschen treten für kurze Zeit in unser Leben, um uns über schwierige Phasen hinwegzuhelfen. Manche wiederum kommen, um länger dazubleiben. Bisweilen mögen und schätzen wir ein Wesen sehr und fühlen uns ihm derart tief verbunden, daß ein intensiver Austausch der Liebe und der Kraft stattfindet, der vielleicht ein ganzes Leben anhält. Das ist gut und richtig. So sollte es sein.

Obwohl es von Vorteil ist, Leute um sich zu haben, die einem beistehen, kann es doch Probleme bringen, eine Person als alleinige Stütze zu betrachten. Wir fangen an, sie zu beanspruchen, ja auszusaugen – und werden regelrecht abhängig von ihr. Möglicherweise zieht sie sich dann von uns zurück. Oder wir sind, wie es meistens geschieht, irgendwann wütend auf sie – oder auf eine bestimmte Sache –, eben weil wir unsere ganze Existenz auf sie gegründet haben. Aus den verschiedensten Gründen können wir mit unserem »Retter« in Konflikt geraten. Widrige Umstände führen oft dazu, daß unsere »Quelle« einfach versiegt.

Natürlich ist es wichtig, sich der eigenen Bedürfnisse bewußt zu werden und sie auch zu befriedigen. Aber ebenso müssen wir darauf achten, nicht einer einzigen Person die ganze Verantwortung für unser Leben aufzuladen.

Werden Sie empfänglich für eine umfassendere, reichhaltigere Quelle – nämlich für Gott.

Seine »Vorratskammer« ist das Universum. Wenn wir uns an Gott und an das Universum halten, steht uns ein unendlicher Vorrat dessen zur Verfügung, was wir brauchen – Liebe, Kraft und Beistand, Fürsorge, Unterweisung und Information. Bestimmte Menschen und Orte können uns zwar manchmal eine Hilfe sein, doch unser eigentlicher Quell der Liebe ist Gott.

Geben Sie großzügig zurück, was Sie erhalten haben

13. APRIL

Inzwischen haben wir gelernt, nicht allzu fürsorglich zu sein, nicht allzuviel zu geben, nicht allzuviel zu tun. Diese Lektionen haben wir nun wirklich begriffen. Es gab nämliche eine Phase, da wir uns selbst geradezu beaufsichtigen mußten, eben weil wir uns zwanghaft verausgabten – so als wären wir süchtig danach –, ohne zu überlegen, was wir im Grunde unseres Herzens als angemessen und korrekt empfanden; ohne Verständnis dafür, wie man sich selbst liebt. Aber das ist längst vorbei.

Heute wissen wir genau, wann es Zeit ist, aufzuhören, wann uns die Freigebigkeit zum Verhängnis wird. Uns ist völlig klar, ob unsere Fürsorglichkeit gefordert ist oder nicht, denn inzwischen kennen wir uns besser, horchen in uns hinein, haben mehr den Überblick und sind auf dem richtigen Weg.

Gehen Sie jetzt großzügig um mit Ihrer Zeit, mit Ihren Gefühlen, Ihrer Freude, Ihrer Weisheit. Lassen Sie die anderen teilhaben an Ihren Erfahrungen, Stärken, Hoffnungen. Zeigen Sie Ihnen auch Ihre Fehler und Schwächen. Geben Sie etwas ab von Ihrem Geld, Ihren Gaben, Ihrem Lachen. Geben Sie sich selbst.

Verschenken Sie, was Ihnen zuteil wurde,
und das Universum wird Sie genau
mit dem versorgen, was Sie wirklich
brauchen. Wenn Sie großzügig sind,
ist es das Universum ebenso.

Allzuoft spannen wir alle Kräfte an, verkrampfen uns, eben weil wir es nicht anders gewohnt sind. Und mit dieser Einstellung treten wir dann dem Leben gegenüber. Wenn wir eine bestimmte Aufgabe bewältigen müssen, passiert es schon ganz automatisch, daß wir die Schultern zusammenziehen, den Nacken versteifen, den Rücken krümmen, flach atmen. Aber wir leisten stets bessere Arbeit, wenn wir wirklich entspannt sind.

Lernen Sie also, lockerer zu werden. Geben Sie jedem Ihrer Körperteile den Befehl, loszulassen und sich wohl zu fühlen. Nehmen Sie eine natürliche, aufrechte Haltung ein. Seien Sie gelöst, ehe Sie sich in Bewegung setzen, handeln, sprechen: jede Aktivität sollte aus einem Zustand tiefer Entspannung resultieren.

Finden Sie heraus, was Ihnen hilft, diesen Zustand zu erreichen. Vielleicht ein heißes Bad – oder ein Dampfbad. Eine Massage. Ein Sonnenbad. Ein Spaziergang. Eine Meditation. Nehmen Sie bewußt wahr, wie Ihr Körper jeweils darauf reagiert. Prägen Sie sich dieses Gefühl ein. Üben Sie so lange, sich zu entspannen, bis Sie fähig sind, diese Erinnerung abzurufen und sie dann den ganzen Tag über präsent zu haben.

Erübrigen Sie jeden Tag immer wieder ein paar Augenblicke, um den inneren Spannungszustand zu überprüfen. Wenn Sie feststellen, daß ein Körperteil verkrampft ist, dann bemühen Sie sich gezielt darum, ihn wieder zu entkrampfen. Stellen Sie sich dabei vor, daß er von einer Wärme und Ruhe durchströmt wird, die jeden Schmerz beseitigt. Lassen Sie so jeden Druck und Streß, jede sonstige Störung von Kopf bis Fuß gleichsam abfließen. Ihr Körper möchte sich entspannen, sich wohl fühlen. Er will sich selbst heilen.

Befreien Sie sich außerdem von anstrengenden Gedanken, damit Ihr Geist genauso ausgeglichen und friedvoll ist wie Ihr Körper. Gestatten Sie ihm die Stille, die er braucht. Akzeptieren

Sie gleichmütig jeden Gedanken, und vergessen Sie ihn dann wieder. Atmen Sie positive, heilsame Energie ein. Lenken Sie den Atem in Ihren Kopf, in jede Zelle Ihres Körpers. Im Ausatmen dann entledigen Sie sich der inneren Belastung, des Unbehagens, der Angst. Wehren Sie sich nicht gegen bestimmte Gedanken oder Gefühle. Bejahen Sie sie, und lassen Sie sie anschließend einfach los. Die vitalisierende Lebenskraft kann genausowenig durch einen angespannten, verkrampften Menschen fließen wie Wasser durch einen zusammengedrückten Schlauch.

Respektieren Sie diese allgegenwärtige Energie, die Sie durchpulst – eben indem Sie sich entspannen, sich ihr öffnen und sie damit in Geist und Körper rufen.

Die einzelnen Entspannungsmethoden werden
Sie erfrischen, wiederherstellen, stärken,
damit Sie mit mehr Kraft und Schwung als je
zuvor all Ihre Aufgaben bewältigen.
Sie arbeiten um so effizienter, je
lockerer Sie sind.

Vergegenwärtigen Sie sich Ihre Wünsche 15. APRIL

Was möchten Sie? Wie wollen Sie Ihr Leben gestalten? In welcher Situation befänden Sie sich gerne? Beschreiben Sie das gewünschte »Szenario«. Stellen Sie sich alles genau vor. Oft erreichen oder bekommen wir das, was wir ersehnen, gerade indem wir es antizipieren. Dazu nehmen wir uns jedoch nur selten Zeit – und vergessen, daß das geistige Bild die Voraussetzung ist für Kreativität und Tatkraft.

Was begehren Sie? Wie könnte das aussehen, wie würde es sich anfühlen? Ihre intensiven Bemühungen – zielen sie darauf ab, daß Ihr Herzenswunsch in Erfüllung geht? Wollen Sie diese Beziehung? Diese Arbeit? Dieses Zuhause? Wenn ja, dann engagieren Sie sich dafür. Wenn nein, dann ersinnen und kreieren Sie eben etwas anderes.

Beginnen Sie stets damit, eine Idee zu entwickeln. Malen Sie sich aus, was Ihnen gefällt, Ihnen zusagt – dann haben Sie bereits den ersten Schritt unternommen, um diesen Zustand zu verwirklichen. Wenn Ihnen nicht klar ist, was Sie eigentlich wollen, so ist auch das in Ordnung. Dann sollten Sie das Universum, dann sollten Sie Gott um Beistand bitten.

Wenden Sie sich an das Universum, daß es Ihnen hilft, zu verwirklichen, was Sie brauchen und wollen. Wenn Sie ihm vertrauen, haben Sie einen zuverlässigen, gütigen Freund.

Vielleicht sind Sie der Antwort, die Sie suchen, schon viel näher, als Sie denken.

Haben Sie die entsprechende Frage gestellt? Haben Sie Gott, der Welt und sich selbst wirklich klargemacht, was Ihnen Kopfzerbrechen bereitet?

Sie wollen wissen: Was muß ich im Moment tun? Welcher Schritt ist der nächste? An welchem Punkt komme ich nicht weiter – und warum eigentlich? Was habe ich übersehen? Wie lautet die Antwort? Sie brauchen einen Wink.

Wenn Sie die richtige Frage stellen, liegt Ihnen die dazu passende Antwort oft schon auf der Zunge. Hören Sie auf Ihre innere Stimme, öffnen Sie dann Ihre Augen – und Sie werden die Lösung finden.

Die Antwort ist vielleicht in greifbarer Nähe!

Erlernen und verfeinern Sie die Kunst, Ihrer Intuition, Ihrer inneren Stimme zu vertrauen. Befolgen Sie die Weisungen Ihres Herzens. Es spricht anders als der Verstand – nämlich leise, flüsternd, während der Kopf immerzu plappert.

Der Verstand entwirft einen genauen Plan für unser Leben. Er redet wild drauflos, aber seine Vorstellungskraft ist begrenzt. Er läßt weder Raum für die geheimnisvollen Vorgänge im Universum, noch zieht er die Umwege in Betracht, die wir gehen müssen, um unser eigentliches, von der Seele anvisiertes Ziel zu erreichen. Er ist diese Stimme, die sagt: *So und nicht anders wird's gemacht.*

Das Herz, die innere Stimme, spricht anders. Manchmal flüstert sie, dann wieder zieht oder schiebt sie uns in eine bestimmte Richtung. Sie meldet sich ganz spontan, bezieht sich auf den jeweiligen Augenblick und überrascht uns immer wieder. Das Herz erwägt genau, was zu tun ist und wie wir dabei am besten vorgehen. Es respektiert die Gefühle – die Eindrücke, die Stimmungen, die Weisheit der Seele. Es führt uns zu den Lektionen, die wir hier lernen müssen, und hilft uns, sie zu bewältigen.

Unterstützen Sie Ihre innere Stimme. Gewöhnen Sie sich an, ihrem Wispern zu lauschen. Verlassen Sie sich auf Ihre Intuition, darauf, was Sie wirklich fühlen und sicher wissen. Üben Sie das alles so lange, bis Sie jene Stimme von allen anderen klar unterscheiden können.

Haben Sie Geduld und seien Sie sanft.
Bringen Sie sich bei, auf die zarte,
vertrauenswürdige Stimme Ihres Herzens
zu hören.

Manchmal gehen uns die Ideen aus. Wir denken angestrengt nach, aber es kommt nichts. Wir wissen nicht, wie es weitergehen soll. Es scheint, als wären wir in eine Sackgasse geraten. Aber dem ist nicht so. Diese Leere, dieses gefürchtete schwarze Loch ist im Grunde ein genauso wunderbarer wie geheimnisvoller Ort.

Manchmal müssen wir einfach ratlos sein, um dadurch zu neuen Einsichten zu gelangen. Wir erkennen deshalb nichts mehr, weil unsere Vorstellungen durch die Vergangenheit – durch frühere Erlebnisse, durch die ganzen alten Verhaltensmuster und Gewohnheiten – eingeengt werden. Doch wir brauchen unsere Zukunft nicht durch unsere Vergangenheit zu belasten. Das Leben weiß das. Und auch wir begreifen es allmählich. Wir befinden uns nicht in einer verfahrenen Situation. Im Gegenteil, wir stehen vor einem neuen Anfang.

Die Gegenwart ist magisch. Lassen Sie sich
vom Universum all die Dinge zeigen, die Sie noch
nie gesehen haben. Endlich sind Sie offen
und empfänglich genug, um neu zu beginnen.
Rühmen Sie die zauberkräftigen
Geheimnisse des Unbekannten. Feiern Sie
die Wunder, die sicher geschehen werden.

Unsere Emotionen und Erfahrungen »entführen« uns manchmal aus der Gegenwart. Es geschieht etwas – jemand sagt einen bestimmten Satz, uns kommt dieses oder jenes zu Ohren –, und dadurch wird in uns eine Empfindung ausgelöst. Häufig verbirgt sich dahinter ein Gefühl, das wir früher einmal hatten, eine Art energiegeladenes Teilchen, das in unserer Seele versteckt, in unserem Körper gespeichert war.

Wenn dergleichen geschieht, sind wir nicht vom Weg abgekommen, sondern genau dort, wo wir sein müssen: jenseits der inneren Mitte, außerhalb des Augenblicks. Gerade solche Situationen können wir benutzen, um uns selbst zu heilen.

Gestatten Sie sich, das bisher unterdrückte Gefühl zu empfinden und die damit verbundene Energie abzugeben. Reden Sie es sich vom Herzen. Befreien Sie sich durch Joggen. Tun Sie alles, was die innere Stimme Ihnen empfiehlt, um die negative Emotion wieder loszuwerden. Und nehmen Sie sich dafür soviel Zeit wie nötig – eine Stunde, einen Tag, einen Monat.

Am Ende dieses Prozesses werden Sie erstaunt sein. Sie sind ein ganzes Stück weitergekommen. Sie haben etwas dazugelernt. Ein neuer Zyklus hat begonnen. Das Problem gab Ihnen die Gelegenheit, gesund zu werden und innerlich zu wachsen – und dieser Heilungs- und Entwicklungsprozeß erwies sich als angenehme und willkommene Überraschung.

Ja, manche Erfahrung entfremdet uns der Gegenwart. Doch wenn wir bewußt empfinden, was in uns vorgeht, dann kehren wir immer ins Heute zurück. Verändert, unbeschwerter. Geheilte Menschen, die mehr denn je gewillt sind, zu lieben.

Durch wahre Selbstliebe wird alles besser

20. APRIL

Fühlen Sie sich ohnmächtig? Haben die Ereignisse einen für Sie unguten Verlauf genommen? Glauben Sie, die Gegenwart nicht positiver gestalten zu können? Über eine Fähigkeit verfügen Sie immer – sich selbst zu lieben.

Manchmal sieht es ganz danach aus, als wären wir überfordert. Es gibt gewisse Dinge, die wir schlicht und ergreifend nicht ändern können, ganz gleich, wie sehr wir uns darum bemühen und was wir auch tun, um irgendwie weiterzukommen. Wir schaffen es nicht, einen uns nahestehenden Menschen dazu zu bewegen, daß er sich anders verhält. In Sachen Arbeit scheint alles beim alten zu bleiben. Unsere finanzielle Situation wird sich in absehbarer Zeit nicht entscheidend verbessern. Offenbar läuft nichts so, wie wir es uns vorgestellt haben. Nicht, daß wir etwas falsch machen würden. Wir haben weder unsere Ziele aus den Augen verloren noch eine bestimmte Lektion versäumt. Dennoch ist diese Phase äußerst frustrierend. Es steht einfach nicht in unserer Macht, Abhilfe zu schaffen. Nur eines können wir tun: die jeweiligen Umstände vorbehaltlos akzeptieren und weiterhin bewußt darauf achten, was ringsum geschieht.

Trotz allem gibt es in solchen Zeiten eine heilsame Methode: sich selbst zu lieben. Gerade wenn wir glauben, keinen Funken Kraft mehr zu besitzen, können wir uns darin üben, zärtliche Gefühle für uns selbst zu hegen.

Durch wahre Liebe zu sich selbst
wird immer alles besser.
Im Rückblick auf eine gerade überstandene
Phase werden Sie sagen:
Im Grunde hab' ich schon die ganze Zeit
gelernt, die stets vorhandene heilsame Kraft
zur Selbstliebe zu entdecken.

In dem Maße, wie Sie innerlich wachsen, sich weiterentwickeln und auf Ihrem Weg voranschreiten, entdecken Sie eine ganze Reihe besonderer Fähigkeiten, Talente und Kräfte. Ihr Verständnis für Menschen und Ereignisse ist einfach viel tiefer als vorher.

Sie wissen allmählich, was in anderen Menschen vorgeht, wie es um bestimmte Orte und Dinge steht. Sie fangen an, deren Energie zu spüren, durchdringen also die äußere Gestalt, die Materie. Sie unterhalten sich einige Zeit mit einem Menschen und erkennen genau, ob er sich als Gefangener, als Opfer sieht oder ob er sich frei fühlt. Ebenso ist Ihnen klar, ob ein Ort positive oder negative Energie ausstrahlt, ob er Sie – zumindest momentan – davon abhält, elementare Bedürfnisse zu befriedigen. Sie fällen keine Urteile, sondern nehmen alles einfach ganz bewußt wahr. Sie sehen, was als nächstes zu tun ist.

Wenn wir uns öffnen, kommen verborgene Kräfte zum Vorschein. Wir entdecken die Macht der Liebe, des Trostes, des Glaubens und der Freude. Mit der Zeit lernen wir auch noch andere, oft latente Fähigkeiten kennen – etwa die, dem eigenen Wissen zu vertrauen.

Öffnen Sie Ihr Herz und lassen Sie sich
von ihm zeigen, was es alles weiß.
Vertrauen Sie Ihren Kenntnissen.
Sie sind klüger, als Sie denken.

Überwinden Sie Ihre Furcht.

Diese kann uns nämlich extrem behindern. Wir sagen, daß wir Fortschritte machen wollen – daß wir uns besser fühlen, etwas Neues ausprobieren, anders leben, die nächste Station unserer Reise erreichen möchten –, aber wenn derlei Wünsche von geheimen Ängsten begleitet sind, haben wir vielleicht oft das Gefühl, gegen eine Wand anzurennen. Uns ist nicht bewußt, daß wir eigentlich verängstigt sind; diese Empfindung sitzt so tief, daß sie kaum wahrgenommen wird. Wir wissen nur, daß wir aus unerfindlichen Gründen keinen Schritt weiterkommen, daß wir im dunkeln tappen.

Oder wir nehmen die Angst wahr, weigern uns aber, sie zu thematisieren und aufzuarbeiten. Wir umgehen jede ehrliche Auseinandersetzung, indem wir uns einreden, stark und tapfer zu sein. Obwohl es manchmal sehr nützlich ist, sich selbst unter Druck zu setzen, so sind wir doch in anderen Phasen eben dazu nicht fähig, weil die Furcht uns zurückhält. Es gibt Zeiten im Leben, da wahre Stärke gerade aus Offenheit und Verletzlichkeit resultiert – aus dem Eingeständnis: *Ja, ich habe Angst.*

Setzen Sie sich behutsam mit jedem bangen Gefühl auseinander, sobald es auftaucht. Verschaffen Sie sich Klarheit darüber. Sagen Sie sich, daß es vorhanden ist. Dann geben Sie seine negative Energie ab an den Raum.

Im Laufe der Jahre habe ich begriffen,
daß geheimnisvolle Dinge geschehen können –
und zwar besonders dann, wenn ich meine Angst
bewußt empfinde. Hindernisse, die ich vorher
nicht überwinden konnte, verschwinden wie von
Geisterhand. Und dabei mußte ich nicht mehr tun,
als meine Angst zu fühlen und zuzugeben.

Lernen Sie, sich selbst und auch die anderen Menschen wirklich zu achten.

Einerseits ersehnen wir geistiges Wachstum und persönlichen Fortschritt, genau wissend, daß das Zeit braucht; andererseits setzen wir uns genauso wie andere ständig unter Druck. Vielleicht liegt die Lösung gar nicht in dem Zwang, es noch besser zu machen, sich noch mehr anzustrengen, die Dinge noch mehr zu forcieren, sondern in der Erkenntnis und Einschätzung, daß wir unsere Sache bereits sehr gut machen, uns viel Mühe geben, einiges geschafft haben – und daß auch die Menschen unserer Umgebung ein ums andere Mal Erfolge vorweisen können.

Aus reiner Gewohnheit treiben wir uns oft derart an, daß wir uns jedes Gefühl innerer Befriedigung versagen. Egal, wieviel wir machen, wie gut wir dabei abschneiden – wir zwingen uns weiterhin dazu, mehr Kraft zu investieren, höhere Leistungen zu erzielen, zusätzliche Aufgaben zu bewältigen. Dadurch kommen wir nie zur Ruhe. Wir meinen, das alles reiche längst nicht aus.

Wenn Sie sich in dieser Weise drangsaliert haben, benötigen Sie mehr als eine kleine Kaffeepause. Sie müssen einmal richtig ausspannen. Gestatten Sie sich also, den ganzen Streß zu vergessen. Erkennen Sie die harte Arbeit an – die eigene und die der geliebten Menschen. Anstatt sich selbst zu überfordern, sollten Sie sich heute und die ganze Woche über klarmachen, wie gut Sie sind. Und anstatt von den anderen noch mehr zu fordern, sollten Sie ihnen heute und die ganze Woche über zu verstehen geben, daß auch sie ihre Sache gut machen.

Sagen Sie sich, daß Sie
Ihre Aufgaben hervorragend lösen.
Dann stellen Sie fest, daß Sie tatsächlich besser sind,
als Sie dachten.

Manchmal kann schon eine kleine Veränderung des Standpunktes erhebliche Auswirkungen auf die eigene Sichtweise haben.

Eines Morgens erstieg ich kurz nach Sonnenaufgang einen der Tafelberge in Sedona. Ich war schon am Vortag hier oben gewesen, hatte die Konturen und Formen der umliegenden Berge bewundert und auf die Stadt hinabgeschaut. Heute saß ich an einer anderen Stelle, um zu meditieren und den Blick schweifen zu lassen. Sie war von der gestrigen nur wenige Meter entfernt; trotzdem ergab sich ein völlig neuer Ausblick. Ich nahm die Tafelberge ganz anders wahr, und auch die Stadt. Ja, die ganze Welt da unten erschien mir wie eine große Unbekannte.

Oft müssen wir unseren Standort wechseln, um die Dinge aus einem bisher ungewohnten Blickwinkel betrachten zu können. Dazu müssen wir keine weiten Strecken zurücklegen, sondern uns nur ein wenig zur Seite bewegen. Möglicherweise ist unser Blick durch ein ungelöstes Problem getrübt, so daß wir die Schönheit ringsum gar nicht sehen. Oder eine fast unmerkliche Angst, ein klein wenig Selbstverachtung beeinträchtigen unsere innere Einstellung. Die Änderungen, die wir vornehmen müssen, sind oft nur geringfügig, jedenfalls weitaus weniger dramatisch, als wir dachten. Vielleicht müssen wir die Dinge einfach ohne Angst betrachten – oder einen Stimmungsumschwung herbeiführen, um ihnen mit Liebe zu begegnen.

Machen Sie eine Pause. Bewegen Sie sich.
Lernen Sie, die Dinge aus einer neuen
Perspektive zu betrachten.
Sie brauchen also gar nicht die Welt
zu verändern. Ein Wechsel des Standpunkts
genügt.

Om ah hum vajra guru padma siddi hum.
Om mani padme hum.

Buddhistisches Mantra

Gegrüßet seist du, Maria, voll der Gnade; der Herr ist mit dir; gesegnet bist du unter den Frauen, und gesegnet ist die Frucht deines Leibes, Jesus Christus. Heilige Maria, Mutter Gottes, bete für uns Sünder, jetzt und in der Stunde unseres Todes. Amen.

Ave Maria

Gib mir, Gott, die Gelassenheit,
Hinzunehmen, was ich nicht ändern kann,
Den Mut, zu ändern, was ich ändern kann,
Und die Weisheit,
den Unterschied zwischen beidem zu erkennen.

Das Gebet der Gelassenheit
(nicht konfessionsgebunden)

Die Menschen benutzen ganz unterschiedliche Methoden, die innere Stille zu suchen und zu finden. Buddhistische Mantras – Litaneien oder Gebete, durch die sich der Geist mit friedvollen Gedanken verbindet, mit dem großen Strom der Ruhe, der durchs Universum fließt – sind ein Beispiel dafür, wie man zur Mitte zurückkehrt. Kennen auch Sie ein Gebet, einen religiösen Gesang oder einen Spruch, der Ihnen hilft? Der Sie wieder auf den richtigen Weg geleitet? Der Ihren Geist an jenen Ort der Harmonie führt, wie er der Seele eigen ist?

Achten Sie diese magischen Formeln, die Sie berühren und Ihren Geist besänftigen; auf die Klänge und Gedanken, die Sie in Übereinstimmung bringen mit sich selbst. Entdecken und schätzen Sie die Gebete und Worte Ihrer Religion, die Weisheiten, die Ihnen Kraft geben, die Sie mit Ihrem inneren Zentrum vereinen. Sie tragen dazu bei, daß Sie sich Ihrer Beziehung zum Universum bewußt werden, daß Ihnen die Energie des Lebens genauso nah ist wie die Einsicht: Alles ist gut. Sie und Ihr Leben sind im Gleichgewicht. Seien Sie sich klar darüber, daß Ihnen alle Unterweisungen und Segnungen zuteil werden, die Sie benötigen.

Entdecken Sie Rituale,
die Sie vom geistigen Frieden
überzeugen, die Sie mit dem Göttlichen im Weltall
verbinden. Bitten Sie um Ruhe
und Harmonie – in einer Weise,
die Ihnen behagt.

Die Umstände und Situationen in unserem Leben entwickeln und verändern sich genauso wie die Welt um uns. Wir leben in einem lebendigen, dynamischen Universum, das ständig im Werden begriffen ist. So werden wir mit der nächsten Lektion, dem nächsten Abenteuer konfrontiert. Wir brauchen den Wandel weder zu leugnen noch zu fürchten, noch zu bekämpfen, denn er vollzieht sich ganz von selbst.

Nehmen Sie Ihren Platz ein in diesem kosmischen Tanz, diesem universellen Rhythmus. Lassen Sie die Veränderung zu. Setzen Sie sich mit ihr auseinander, während Ihr Leben sich immer weiter entfaltet. Manchmal ereignen sich Veränderungen ganz plötzlich, ähnlich einem Vulkanausbruch. Dann wieder gehen sie langsamer vonstatten – etwa in der Weise, wie Wind und Regen Landschaften formen, Berge und Täler meißeln.

Bringen Sie sich bei, Ihrem Körper zu vertrauen – seinen Signalen, seinen Warnzeichen und seinen impulsiven Reaktionen. Ebenso wie wir dichte, schwarze Wolken als Ankündigung eines nahenden Gewitters betrachten und wie wir lernen, Erdbeben zu studieren und vorherzusagen, können wir auch unseren Körper als Barometer der Seele begreifen – als Hinweis darauf, welchen Ort sie in einem ständig sich entwickelnden und verändernden Universum innehat.

Sie sind jetzt offener, sensibler denn je. Der Wechsel steht bevor. Er ist bereits im Gange. Sie können ihn spüren in der Luft, die Sie umgibt. Sie können ihn fühlen in sich selbst.

Danken Sie Ihrem Körper, daß er Ihnen hilft. Seien Sie dem Universum dankbar für das, was es gerade für Sie vorbereitet. Und statten Sie dann Gott Ihren Dank ab, denn der Wandel wird Sie der Liebe näherbringen.

Lieben heißt: keinerlei Beschränkungen auferlegen 27. APRIL

In der Liebe besteht eine der schwierigsten Lektionen darin, dem anderen genügend Freiraum zu lassen.

Lange Zeit dachte ich, Liebe sei gleichbedeutend mit Zwang: *Wenn ich dich wirklich lieben würde, könnte ich das nicht tun. Wenn du mich wirklich lieben würdest, könntest du das nicht tun.* Gewiß gibt es Zeiten, da die Liebe uns auffordert, zu wählen. Aber sie beschränkt und behindert uns nicht, wie ich früher immer meinte.

Die Liebe gewährt das große Geschenk der Freiheit. Sie bringt uns bei, dem geliebten Menschen zuzugestehen: Tu, was dir behagt. Sie lehrt uns, ihn zu ermuntern: Entscheide dich nach eigenem Gutdünken, wähle den Weg, den du gehen mußt, lerne *deine* Lektionen auf *deine* Weise und in *deinem* Rhythmus.

Wenn wir den anderen unterdrücken, so zeugt das nicht von Liebe, sondern von Unsicherheit. Wir können ihm sagen, wie wir uns nach dem, was er getan oder unterlassen hat, fühlen. Und wir können bestimmte Entscheidungen treffen, um so auf die seinen zu reagieren. Das ist unser gutes Recht – und sogar unsere Pflicht. Aber ihm Zügel anzulegen im Namen der Liebe, erzeugt keine Liebe, sondern ist Nötigung.

Lieben heißt: Jedem der beiden Partner steht es frei, der inneren Stimme zu folgen und den eigenen Weg zu beschreiten. Wenn wir wirklich lieben, werden unsere Entscheidungen dieses innige Gefühl auf ganz natürliche Weise verstärken. Sobald wir dem anderen die Freiheit lassen, befreien wir auch uns selbst.

Erübrigen Sie genügend Zeit, um sich etwas Gutes zu tun. Machen Sie daraus eine Gewohnheit, die Ihnen genauso bewußt wie selbstverständlich ist.

Viele von uns wuchsen in Familien oder mit Leuten auf, die uns nicht gerade verwöhnten. Unser gutes Benehmen wurde nicht belohnt; auch wurden wir nicht vorbehaltlos dafür geliebt, daß wir da waren, daß wir so und nicht anders waren. Obwohl wir uns oft darum bemühten, dieses Verhaltensmuster zu ändern, indem wir den uns nahestehenden Menschen Achtung und Dank erweisen, haben wir bei einem wichtigen Menschen vielleicht doch etwas Wichtiges versäumt; wir haben nämlich vergessen, uns selbst zu beschenken.

Sich selbst im Geiste zu gratulieren, daß man eine besondere Leistung vollbracht hat, ist eine Sache. Aber sich selbst gezielt und ausdrücklich zu belohnen ist eine andere. Wie lange muß es dauern, bis wir uns wirklich etwas gönnen? Wieviel Fürsorglichkeit müssen wir den anderen entgegenbringen, ehe wir bereit sind, auch uns selbst eine kleine Freude zu bereiten? Möglicherweise ist es jetzt – heute – an der Zeit, daß wir uns angewöhnen, die eigene Person zu hegen und zu pflegen.

Es kann uns sehr ermüden, ständig nach geistigem Wachstum zu streben, alles richtig zu machen, bei der Arbeit und im Leben überhaupt unser Bestes zu geben, wenn es keinerlei Belohnung dafür gibt. Unsere Begeisterung läßt doch sehr nach, wenn wir meinen, nie gut genug zu sein und wenn das Vergnügen dauernd auf irgendeinen späteren Zeitpunkt verschoben wird. Sollten Sie sich also dagegen sträuben, hart zu arbeiten, positive Resultate zu erzielen, die innere Entwicklung voranzutreiben, so wahrscheinlich deshalb, weil Sie Ihre bisherigen Fortschritte überhaupt nicht anerkannt haben. Und sollte die Welt Ihnen die verdiente Belohnung vorenthalten, so liegt dies wohl zum Teil auch an Ihnen, weil Sie selbst sich nicht entschädigten.

Hören Sie also auf, sich zu bestrafen und zu benachteiligen. Lassen Sie sich eine gelungene Arbeit, einen erfolgreichen Tag, ein großartiges Erlebnis auch durch andere nicht vermiesen. Belohnen Sie vielmehr sich selbst. Legen Sie eine Pause ein, und erfüllen Sie sich einen Herzenswunsch, tun Sie, was Sie beglückt. Kaufen Sie sich etwas Schönes: eine nette Kleinigkeit oder etwas Größeres, Teureres. Machen Sie eine Reise, die Sie immer schon vorhatten – an Ihren Heimatort oder in ein fremdes Land. Unternehmen Sie etwas Lustiges, Aufregendes oder Wunderbares, das Sie innerlich singen läßt und erbaut. Belohnen Sie sich damit, daß Sie diese Geschenke und Tätigkeiten voll und ganz auskosten. Das Sich-selbst-Belohnen soll von nun an eine *Geisteshaltung* sein.

Tun Sie sich oft etwas Gutes – etwa wenn
eine Aufgabe oder eine harte Phase
Ihres Heilungsprozesses hinter Ihnen liegt.
Belohnen Sie sich dafür, daß Sie trotz aller
Frustrationen so geduldig waren – und
manchmal auch dafür, daß Sie so sind,
wie Sie sind.

Der Trost gibt Kraft, bewirkt eine wahrhaft bejahende Einstellung und erweckt Liebe. Er kostet nichts. Er kommt tief aus unserem Herzen – und berührt zutiefst das andere Herz.

Schauen Sie nur, wie sehr es Ihnen bessergeht, wenn Sie von jemandem getröstet werden, wenn Sie sich selbst trösten, wenn Sie sich vom Universum trösten lassen. Achten Sie darauf, wie die Menschen in Ihrer Umgebung reagieren, wenn Sie ihnen Trost spenden. Dann fühlen sie sich stärker, geheilt, wirklich gut. Und wenn Sie Trost empfangen, verschwinden der Kummer und der Druck, mit dem Sie jeden Morgen aufwachten. Sie öffnen die Augen und freuen sich Ihres Lebens, freuen sich über sich selbst. Im Grunde Ihres Herzens wissen Sie, daß alles in Ordnung ist. Endlich fühlen Sie sich geborgen und sicher.

Als wir noch klein waren, rannten wir oft zu unserer Mutter, Großmutter oder Tante, damit sie unser aufgeschürftes Knie verarztete, uns von seelischen Schmerzen und Minderwertigkeitsgefühlen befreite. Jetzt sind wir erwachsen, aber es gibt auch weiterhin eine Mutter, die uns gesund macht. Manche definieren sie als den weiblichen, fürsorglichen Aspekt Gottes. Diese »Mutter« umfaßt alles, was im Weltall und in unserem Innern existiert, alles, was liebevoll, sanft und zart ist. Durch ihren Trost wird tatsächlich alles wieder gut.

Der Trost ist heilsam. Er erfreut den Geist,
erneuert die Kraft und fördert die Vitalität.
Er öffnet Sie, wie die Sonne
die Blütenblätter einer duftenden
schönen Blume öffnet. Ganz einfach: Trost
macht Sie und Ihre Mitmenschen
glücklich.

Es gibt viele Arten von Heilern, die – egal, ob traditionell oder alternativ ausgerichtet – ihre Heilkräfte auf ganz unterschiedliche Weise einsetzen: Ärzte, Homöopathen, Chiropraktiker, Masseure, Hypnotiseure. Jeder von ihnen kann vielleicht genau zur richtigen Zeit und am richtigen Ort unseren körperlichen oder seelischen Schmerz lindern. Aber nicht nur diejenigen, die in Krankenhäusern arbeiten oder die chinesische Kunst der Akupunktur beherrschen, sind imstande, heilsame Energie auszustrahlen.

Ungeachtet seines Berufes besitzt jeder Mensch die Fähigkeit, andere oder sich selbst zu heilen. Jede(r) von uns vermag diese Kraft zu wecken und sie im eigenen Tätigkeitsbereich anzuwenden. Der Mann im Feinkostgeschäft etwa kennt die Namen seiner Kunden sowie einige Details aus ihrem Leben, begrüßt sie mit einem freundlichen, ehrlichen und wohltuenden Lächeln. Die Frau, die Innenräume ausstattet, nimmt sich Zeit, um ihre Kunden genauer kennenzulernen, damit die Gegenstände und Farben im Haus die geistige Welt seiner Bewohner widerspiegeln. Familienmitglieder und Freunde benutzen ihre Intuition und Überzeugungskraft, um uns behutsam zu ermutigen und zu unterstützen; und ihr gedankliches Potential, um uns heilsame Botschaften zu übermitteln; ihr Tastgefühl, um einen steifen Hals oder eine verspannte Schulter zu massieren.

Wir können also durch eine ganze Reihe von Methoden unsere positiven Energien ins tägliche Leben mit einfließen lassen. Seien Sie neuen Heilkundigen und Heilverfahren gegenüber offen, die Ihnen guttun. Bei dieser Wahl sollten Sie sich keinerlei Beschränkungen auferlegen. Denn vergessen Sie eines nicht: Auch Sie besitzen wunderbare Heilkräfte.

Die Heilkraft ist eine Liebeskraft. Lernen Sie, diese durch sich hindurch fließen zu lassen.

Mai

Ähnlich wie Splitter manchmal unter unserer Haut festsitzen, können frühere Überzeugungen und Emotionen in uns verwurzelt sein und ihr »Gift« absondern. Vielleicht haben wir mit der Zeit einige »Fremdstoffe« angesammelt – Ansichten, die uns gar nicht bewußt sind, Gefühle, die wir nicht zu empfinden wagten, sowie andere negative Stimmungen und Reize, die von außen in uns eindrangen.

Jetzt ist es an der Zeit, sich all dessen zu entledigen; jetzt müssen wir Geist, Seele und Körper reinigen.

Welche Anschauungen und Gefühle müssen Sie »ausmustern«? Betrachten Sie Ihr Leben einmal genauer. Was denken Sie? Worüber sprechen Sie? Welche Probleme tauchen in Ihrem Alltag auf? Wer sind Ihre Gesprächspartner? Woran erinnern Sie sich ganz besonders? Wer ist zu Ihnen zurückgekehrt? Was bereitet Ihnen Kummer? Ist Ihnen dieses Gefühl schon hinlänglich bekannt? Wann haben Sie es zuletzt gehabt?

Sobald Sie sich Ihrer unangenehmen Gedanken und Gefühle bewußt geworden sind, lassen Sie sie los. Deren Energie soll aus Ihrem Körper herausströmen. Aber vergessen Sie eines nicht: Sie können noch soviel darüber reden, was mit Ihnen los ist – dadurch befreien Sie sich genausowenig von dieser Energie wie von einem Splitter. Vielmehr müssen Sie ihn wirklich herausziehen, und das tut ein bißchen weh. Auf der gedanklichen und gefühlsmäßigen Ebene verhält es sich nicht viel anders. Aber keine Sorge. Der Schmerz hält nicht lange an. Und bald schon werden Sie sich so gut fühlen wie lange nicht mehr.

Oft kann dieser innere Läuterungsprozeß so natürlich und sanft vonstatten gehen wie der Wachstumsprozeß einer Blume oder eines Baumes, die durch Sonnenschein und Regen gedeihen; es genügt, ein klein wenig fruchtbare Erde zu haben, das Unkraut zu jäten und die Äste zu beschneiden.

Ihre innere Entwicklung kann jetzt reibungslos ablaufen und viel Freude machen. Atmen Sie das Neue ein. Und atmen Sie das Vergangene aus: alte Gefühle und Vorstellungen und sonstiges »Gift«. Hinaus damit. Lassen Sie die Veränderung zu.

Sie war eine hochbetagte Frau, vielleicht schon neunzig Jahre alt. Sie wirkte genauso zerbrechlich wie viele ältere Menschen, die man so kennt, besaß aber eine sprühende Lebenskraft. Neben einer jüngeren Frau saß sie im Café und frühstückte.

»Sie haben viel mitmachen müssen«, sagte die Jüngere. »Seit dem Tod Ihres Mannes hatten Sie's bestimmt sehr schwer. Wie geht es Ihnen denn jetzt?«

Die andere schluckte ein kleines Stück Toast hinunter und erwiderte: »Mir geht's gut. Alles, was geschehen ist, hat mich unserem Herrgott noch näher gebracht.«

»Wie meinen Sie das?« fragte die Jüngere verdutzt.

»Genauso, wie ich's sage. In allem, was mir begegnet, sehe ich mehr von Gott. In den Menschen. In der Welt ringsum. In mir selbst. Ich bin ihm einfach näher.«

Ich lächelte in mich hinein, lauschte nicht länger dem Gespräch der beiden und beendete mein Frühstück. Jeder Glaube hat zwar seine eigene Sprache, sein eigenes Bezugssystem, aber im Grunde verfolgen sie alle das gleiche Ziel – nämlich daß wir unseren Platz einnehmen im ewigen Lebensrhythmus, daß wir in der Totalität – in anderen Menschen, in uns selbst, ja in allen Schöpfungen des Weltalls – die Gottheit erkennen.

Werden Sie offen für Ihre Verbindungen zur Welt ringsum. Erkennen Sie, daß wir alle eins sind. Gott – beziehungsweise das Göttliche, wie Sie es verstehen – knüpft das Band zwischen uns. Und die Liebe verstärkt es noch.

Auf unserer Reise begegnen wir vielen Menschen, mit denen wir in einer Weise interagieren und Energie austauschen, daß es unserem und ihrem geistigen Wachstum sehr förderlich ist. Gemeinsam lernen wir bestimmte Lektionen. Wir essen vom gleichen Brot. Wir lieben uns. Dennoch kommt dann oft der Augenblick, da wir voneinander Abschied nehmen müssen.

Diese Trennung kann plötzlich, völlig unerwartet, ohne große Vorwarnung erfolgen. Zuweilen kann sie auch antizipiert oder eingeplant werden und eine gewisse Zeit beanspruchen. Wie lange diese Phase dauert, spielt keine Rolle. Wichtig ist, wie wir sie – und unsere Gefühle – bewältigen.

Wir können beim Abschied offen sein und dem anderen Menschen für all das danken, was wir gelernt haben – oder aber uns verschließen und bitter darüber klagen, daß wir wieder einmal die Verlierer sind. Wir können fortgehen mit einer Einstellung, die von Vertrauen, Zuversicht und Liebe geprägt ist, und daran glauben, daß unsere Herzen uns zusammenführten, um das Leben zu feiern und uns innerlich weiterzubringen – oder aber harte Urteile fällen und uns dauernd fragen, was mit uns nicht stimmt, warum sich unsere Wege trennen. Es gibt die Möglichkeit, beim Abschied alles bewußt wahrzunehmen: die Trauer, auch die Sehnsucht, die Freude – oder aber die eigenen Gefühle zu unterdrücken und zu sagen: So ist nun mal das Leben.

Manchmal ist der Moment gekommen, sich voneinander zu verabschieden. Wir bestimmen zwar nicht immer den genauen Zeitpunkt, aber wir sollten dabei auf jeden Fall unsere innere Stimme zu Wort kommen lassen.

Und manchmal ist es kein Abschied für immer –
sondern nur, bis wir einander wiedersehn.

Warten Sie nicht mehr auf diesen einen Augenblick, der Ihr ganzes Leben verändern soll. Schätzen Sie lieber *jeden* Augenblick. Für einen Kaktus in der Wüste, der nur einmal im Jahr kurz blüht, ist die ganze übrige Zeit nicht verloren, sondern notwendig und wichtig. Er weiß, daß er auch dann schön ist, daß er sich auch sonst seines Daseins erfreuen kann.

Jeder Augenblick zählt. Der Augenblick der Stille, der Augenblick der Langeweile und der Einsamkeit, der Augenblick des Miteinanderseins, der Augenblick, da wir eine aufregende Entdeckung machen, da wir ein Gefühl von Größe empfinden – und der Augenblick der Qual, der Trauer, der Wut oder der Verwirrung. Jeder Augenblick hat seine besondere Bedeutung. Warten und hoffen Sie also nicht auf die eine Sache, die eine Person, die eine Erfahrung, die Sie verändern könnte – und die Sie ständig in die Zukunft, in die Welt der Träume abdriften läßt. Besinnen Sie sich vielmehr darauf, daß jeder Augenblick Veränderung, Entwicklung und Verwandlung mit sich bringt.

Die meisten von uns genießen ihre wunderbaren geistigen Erlebnisse, ihre großartigen Entdeckungen, ihre wichtigen Umbruchphasen. Aber derlei geschieht nicht allzuoft. Im Grunde beinhaltet jeder Augenblick eine spirituelle Erfahrung, eine wesentliche Veränderung.

Messen Sie jedem Augenblick Wert bei. Jeder Tag im Leben soll Ihnen jene tiefen Einsichten bescheren, die Sie ersehnen. Allein Sie haben die Fähigkeit, sich zu entwickeln und zu verändern. Das von Ihnen gewünschte Leben spielt sich nirgendwo anders ab als im Hier und Jetzt. Ihr Schicksal offenbart sich in diesem Augenblick.

Respektieren Sie alle Ihre Momente.
Öffnen Sie sich der Bedeutung und Schönheit,
die jeder von ihnen besitzt.

Achten Sie Ihren Verstand – die Fähigkeit, bewußt und klar zu denken. Alle bisherigen Ausführungen über die Bedeutung der Sensibilität, der Aufnahmebereitschaft sollten weder das klare Denken abwerten noch die geistige Offenheit, die Bewußtseinserweiterung. Im Gegenteil: Wenn wir unser Inneres aufschließen, hat das den großen Vorteil, daß auch unsere Vorstellungen klarer werden.

Ähnlich wie wir den Weg zum Herzen »freiräumen«, indem wir fühlen, indem wir frühere Empfindungen zum Ausdruck bringen und dann loslassen, »säubern« wir auch den Weg zum Verstand. Der Körper ist mit dem Geist ebenso verbunden wie das Herz. Wenn der Körper verkrampft, wenn das Herz eine schwere Last zu tragen hat, sind oft auch unsere Gedanken verschwommen. Mit einem verschlossenen Herzen können wir einfach keine gedankliche Klarheit erlangen. Versuchen wir es dennoch, fühlen wir uns hinterher vielleicht noch unwohler, noch frustrierter.

»Denk nicht so angestrengt nach«, belehrte mich ein weiser alter Mann. »Dadurch bekommst du nur Kopfschmerzen, und dein Geist wird auch nicht klarer. Entspann dich lieber. Verausgab dich nicht mehr so. Sei innerlich offen. Dann werden auch deine Gedanken klarer. Der Verstand ist mit dem Herzen verbunden.«

Wenn Sie also trübe und verwirrt sind und die richtigen Antworten nicht finden, sollten Sie aufhören, sich unter Druck zu setzen. Bewegen Sie sich und sorgen Sie dafür, daß die Energie ungehindert durch Ihren Körper fließen kann. Versuchen Sie dann ganz zwanglos, für alles, was ringsum geschieht, empfänglich zu werden. Möglicherweise ist das Ergebnis mehr als erfreulich. Ohne jedes Muß, ohne jeden Streß wird Ihr Denken wieder klar. Sie brauchen Ihre Gedanken, Ideen, Vorstellungen nicht zu forcieren und sind dadurch auch nicht enttäuscht. Das alles geschieht wie durch Zauberhand, auf ganz natürliche Weise.

Herz und Verstand sind untrennbar miteinander
verbunden. Schätzen Sie, daß Sie klar
denken können. Achten Sie die Fähigkeiten
des Geistes, indem Sie die Kraft und
die Weisheit eines offenen Herzens achten.

Seien Sie auch weiterhin offen für das Leben 6. MAI

Ich neige manchmal zu einer etwas dogmatischen Einstellung. Wenn mir etwas Unangenehmes widerfährt, stelle ich mich auf die Hinterbeine und erkläre: *Ich will das nicht noch einmal durchmachen. Das tue ich nie wieder.* Wenn ich vor etwas Angst habe oder etwas nicht verstehe, schiebe ich es von mir, ohne noch einmal genauer darüber nachzudenken. *Das bringt mir sowieso nichts*, sage ich – manchmal bevor ich wirklich davon überzeugt bin. Durch solchen Dogmatismus werden wir halsstarrig – und verlieren jeden Sinn für die Realität.

Trotzdem stellt das Universum unsere Vorurteile auf die Probe. Ohne zu wissen, wie uns eigentlich geschieht, machen wir plötzlich genau das, was wir niemals machen wollten – und finden sogar Gefallen daran und hören diese leise Stimme, die von innen kommt und fragt: *Und, was meinst du jetzt?* Wenn wir offen sind, tun wir auf einmal Dinge, allein oder mit anderen, und lassen Erfahrungen zu, die wir immer für unmöglich gehalten hatten.

Öffnen Sie Herz und Verstand. Und nehmen Sie alles in sich auf, was das Leben Ihnen zu bieten hat. Lassen Sie vor allem Ihre allzu strikten Grundsätze hinter sich.

Die Wut rangiert auf der Liste der verwirrenden, unangenehmen Gefühle ganz oben. Wir möchten freundlich und liebevoll sein, doch dann spüren wir plötzlich einen inneren Ruck, und unsere Stimme hat einen verärgerten Unterton. Vielleicht wurde irgend etwas in der Tiefe berührt – ein Gefühl von früher, das uns bisher nicht bewußt war oder das wir damals nicht zu empfinden wagten. Möglicherweise gibt es auch einen ganz unmittelbaren Anlaß: Heute haben wir etwas erlebt, das uns einfach in Rage bringt.

O nein, denken wir, *das kann ich jetzt aber gar nicht brauchen*. Doch wir werden nicht froher, indem wir die Wut verdrängen. Sie zu verheimlichen ist einfach keine Lösung. Dadurch richtet sie sich vielleicht sogar gegen uns selbst. Jedenfalls verschwindet sie nicht deshalb, weil wir sie nicht fühlen; ihre Energie ist weiterhin vorhanden, macht uns das Leben schwer und wirkt sich – fast unmerklich – auch auf andere negativ aus. Ehe wir sie nicht zugeben, thematisieren, loslassen, bringt sie uns aus dem Gleichgewicht, so daß wir ständig in einer kritischen Lage sind – und sehr gereizt. Infolgedessen müssen wir uns gestatten, alle Gefühle, auch die Wut, wirklich zu empfinden.

Das heißt allerdings nicht, daß wir uns die Erlaubnis geben, herumzutoben, alles kurz und klein zu schlagen und die Menschen zu beschimpfen. Wir müssen Mittel und Wege finden, unseren Zorn mit Anstand und Würde zum Ausdruck zu bringen. Stellen Sie irgendwo Ihren Wagen ab, kurbeln Sie die Scheiben herunter und brüllen Sie los. Suchen Sie ein einsames Plätzchen, wo Sie sich sicher fühlen, und sprechen Sie mit lauter Stimme über Ihren Gefühlszustand. Beschreiben Sie ihn auf einem Blatt Papier. Machen Sie Ihrem Ärger Luft an den Geräten in der Turnhalle oder beim Joggen.

Die Wut kann uns den Weg weisen. Kreativ genutzt, hilft sie uns zu entscheiden, in welche Richtung wir gehen sollten – und in welche nicht. Sie führt uns vielleicht auch zur nächsten Station unseres Lebens. Wenn wir sie wahrnehmen und in angemessener Weise herauslassen, nähern wir uns dem inneren Ort der Kraft.

Wenn Sie wütend sind, so lassen Sie
dieses Gefühl auch tatsächlich zu. Dann befreien Sie sich
von ihm sowohl geistig als auch körperlich.
Hinterher fühlen Sie sich wieder ganz klar.
Sie wissen, was als nächstes zu tun ist.
Der Weg ins Innere tut sich deutlich auf.
Manchmal haben Sie es eben einfach nötig,
zornig zu werden.

Egal, was geschieht – lieben Sie sich selbst!

Empfinden Sie dieses Gefühl sogar dann, wenn anscheinend alle Welt von Ihnen genug hat; wenn diejenigen, auf die Sie am meisten zählten, sich von Ihnen entfernen; wenn Sie sich allmählich fragen, ob Gott Sie im Stich gelassen hat.

Sobald Sie mutterseelenallein dasitzen und glauben, die Reise sei zu Ende, der Zauber sei verschwunden, dann sollten Sie sich selbst um so mehr lieben. Sobald Sie verwirrt sind und wütend darüber, wie die Dinge laufen oder gelaufen sind, dann sollten Sie sich besänftigen und lieben. Was Ihnen auch widerfährt, wo Sie auch landen – finden Sie zu wahrer Selbstliebe. Ob Sie die Richtung kennen oder nicht, ob Sie davon überzeugt sind, daß da noch irgendwo ein Platz für Sie ist – seien Sie liebevoll sich selbst gegenüber.

Die momentane Situation wird sich ändern,
diese Phase wird vorübergehen – und
der Zauber wird zurückkehren wie
der Glaube und die Freude. Sie werden
sich erneut verbunden fühlen mit
Ihrem Innern, dem Leben, dem Universum, Gott.
Doch als erstes müssen Sie sich selbst
lieben. Dann wird sich alles Gute,
das Sie ersehnen, schon ergeben.

Achten Sie auf jeden Schritt, den Sie auf dieser Reise unternehmen. Wir machen keine Riesensprünge von hier nach da. Vielmehr gehen wir immer wieder ein kleines Stückchen weiter und werden mit jeweils einer Erfahrung, einem Gefühl, einer Überzeugung konfrontiert.

Manchmal, wenn wir um ein Wunder bitten, wünschen wir uns eigentlich nur, daß uns dabei geholfen wird, einzelne Schritte auszulassen; daß uns eine Abkürzung gezeigt wird. Allein schon dadurch, daß wir die Dinge akzeptieren, wie sie sind, und uns immer wieder auf jeden einzelnen Abschnitt unseres Weges konzentrieren, geschieht vielleicht, was wir für fast unmöglich hielten. Dann wird uns die Wahrheit bewußt: Wir selbst können jederzeit ein Wunder bewirken – und zwar indem wir eine bejahende Einstellung zum Leben entwickeln. Wir können gehen, wohin wir wollen – Schritt für Schritt.

Schenken Sie jedem Ihrer Schritte
Aufmerksamkeit. Vertrauen Sie jedem
Stadium. Ihnen stehen viele
Möglichkeiten offen, wenn Sie
akzeptieren, daß Sie mit der Methode:
Einen Schritt nach dem anderen
am schnellsten vorwärtskommen.

Nicht alle Abschnitte des Weges, den wir beschreiten, sind gepflastert, eben, problemlos zu bewältigen. Wahrscheinlich bevorzugen wir eine gerade, gut begehbare Strecke, aber manchmal tauchen auch Steigungen, Hindernisse, Schlaglöcher auf – und zwar über mehrere Kilometer.

Das macht nichts. Das heißt weder, daß Sie sich verlaufen haben, noch daß es ewig so weitergeht. Sie marschieren trotzdem in die richtige Richtung.

Entspannen Sie sich. Lockern Sie Ihre Schultern ein wenig. Machen Sie sich bereit, denn Sie unternehmen die Reise Ihres Lebens. Achten Sie auf die Unebenheiten, tun Sie nicht so, als gäbe es sie nicht. Nicht immer läuft alles reibungslos. Hier und da *müssen* Stolpersteine auftauchen. Verlangsamen Sie dann nötigenfalls das Tempo, aber bleiben Sie nicht stehen.

Bejahen Sie jede Station Ihrer Reise.
Finden Sie sich damit ab, daß jede
Wegstrecke so ist, wie sie sein soll.

Gehen Sie so liebevoll mit sich selbst um, daß Sie sich auch einmal ausruhen 11. MAI

Unser Körper reagiert ganz unterschiedlich auf die äußere und innere Welt. In gewisser Weise ähnelt er einem Schwamm, kann also positive Energie aufsaugen – oder aber negative Energie in Form von Druck und Streß speichern. Einige von uns haben sich schon so daran gewöhnt, ihren Körper zu belasten und quasi einzuschnüren, daß sie gar nicht mehr merken, wie sehr er schmerzt, wie sehr die Muskeln angespannt sind.

Kommen Sie in Kontakt mit Ihrem Körper. Spüren Sie seine Verkrampfungen. Nehmen Sie sich im Laufe des Tages immer wieder etwas Zeit, um herauszufinden, wo es weh tut, welcher Muskel verspannt ist. Obwohl Unruhe und Anstrengung natürlich den ganzen Körper in Mitleidenschaft ziehen können, machen sie sich doch meistens an bestimmten Stellen bemerkbar, die dann verhärten und starke Schmerzen verursachen. Dazu gehören besonders Nacken, Schultern und Rücken. Erkunden Sie Ihren Körper, und achten Sie darauf, wo Sie sich unwohl fühlen.

Lernen Sie dann, sich zu entspannen. Probieren Sie verschiedene Methoden aus – Massage, Selbsthypnose, Meditation. Nehmen Sie ein heißes Bad, oder gehen Sie ins Dampfbad. Treiben Sie Sport. Setzen Sie die Kraft geistiger Bilder ein. Widmen Sie sich Tätigkeiten, die Ihnen Spaß machen. Wenn Sie sich bemühen, einige dieser Techniken zu erforschen und einzuüben, werden Sie sich auf angenehme – und preiswerte – Art entspannen.

Wenn Sie sich zuviel Streß zugemutet haben,
müssen Sie unbedingt einmal Pause machen.
Lassen Sie zu, daß Ihr Körper
heilsame Energie aufnimmt. Empfinden
Sie genügend Liebe für sich selbst, um ihm
zur Entspannung zu verhelfen.

Entdecken Sie Orte, die Sie inspirieren

Manchmal sind wir derart in unserem täglichen Trott gefangen, daß wir ganz außer acht lassen, wie schön und anregend diese Welt eigentlich ist. Wir vergessen, welch großen Einfluß die Inspiration auf uns hat.

Ein kleiner Aussichtspunkt neben der Royal Gorge Bridge in Colorado, der höchsten Hängebrücke der Welt, ist der Ort, welcher mich am meisten inspiriert. Von dort hat man einen herrlichen Blick in den Grand Canyon – auf die Schlucht, auf Täler, Berge, Gipfel und Ebenen. Im Bryce Canyon schaut man von einem ebenso atemberaubenden Plateau in gigantische Täler hinab. Man sieht wunderbar geformte Windungen in jener rotbraunen, dem Canyon so eigentümlichen Farbe, umgeben von den helleren, schwefelfarbigen Sandsteingipfeln.

Was inspiriert Sie? Entdecken Sie Ihre »Inspirationspunkte« – diese hochgelegenen Orte des Geistes, von wo aus Sie mehr sehen, klarer sehen, schönere Dinge sehen. Bemühen Sie sich darum, das Leben in seiner ganzen Pracht wahrzunehmen. Entdecken Sie, wie beruhigend und wie ergreifend es ist. Achten Sie darauf, wie Sie dann voller Tatendrang, Begeisterung und Leidenschaft wieder ans Werk gehen.

Suchen Sie Orte auf, die Ihrer Seele neue Nahrung geben, die Ihnen helfen, den größeren Zusammenhang zu erkennen. Machen Sie diese Stellen ausfindig in Ihrem Zuhause, in Ihrer Gemeinschaft, in Ihrem weiteren Umkreis – und tief im Innern, dort, wo Sie göttliche Eingebungen haben, wo Seele und Herz das All umfassen, wo Sie und Ihre Ideen lebendig werden, wo Sie die Verbindung zwischen sich und der Welt herstellen. Ja, erschließen Sie den Kraftquell der Inspiration!

Es gibt unzählige Orte, die einem neue Impulse verleihen.
Wenn Sie wirklich nach Inspiration suchen,
werden Sie sie auch finden.

Ist es nicht wohltuend, sich selbst zu verzeihen? Sie brauchen weder Angst davor zu haben noch sich dagegen zu sträuben. Durch diesen Akt erklären Sie sich keineswegs für unfähig, sondern bewirken gerade Ihre innere Befreiung.

Mit der Zeit kann es durchaus passieren, daß sich in unserem Innern viele Schuldgefühle »ansammeln«. Vielleicht machen wir uns verantwortlich für all die Dinge, die schiefgelaufen sind – und dafür, daß wir mit ihnen nicht fertig wurden. Allmählich hegen wir dann einen tiefen Groll gegen uns selbst. Wir können uns überhaupt nichts verzeihen, denn unserer Meinung nach käme das dem Eingeständnis gleich, daß wir dauernd Fehler begehen, ja daß wir schlechte Menschen sind. Aber wenn wir die so dringend notwendige Versöhnung von vornherein ausschließen, machen wir immer wieder die gleichen negativen Erfahrungen.

Sich selbst vergeben bedeutet, jene Orte hinter sich zu lassen, die einengend und schädlich sind. Es bedeutet, sich nicht länger für seine wirklichen oder eingebildeten Irrtümer zu bestrafen.

Es besteht kein Grund mehr, sich diese vorzuwerfen. Genausowenig brauchen Sie sich die Freude, den Trost, die Liebe, die bejahende Einstellung vorzuenthalten. Viel einfacher ist es, sich zu sagen: *»Ich hab' einen Fehler gemacht. Das war nicht gut für mich. Das ist verkehrt.«* Und dann verzeihen Sie es sich selbst.

Verzeihen Sie sich Ihre Fehler
und Mißverständnisse. Verzeihen Sie
sich sogar dann, wenn Sie nichts falsch
gemacht haben. Achten Sie darauf,
welch positive Wirkung diese
versöhnliche Einstellung auf Sie hat.
Und fühlen Sie sich völlig frei.

Auf meiner Lebensreise habe ich schon viele Überraschungen erlebt – und manchmal waren sie sehr angenehm.

Einige der Orte, deren Besuch mir empfohlen worden war, weil sie angeblich Freude und Genuß bereiten, erwiesen sich eher als enttäuschend; sie berührten mich nicht oder brachten mich ganz durcheinander. Ich versuchte zwar, ein Erlebnis daraus zu machen, aber es wollte einfach nicht gelingen. Am Ende fragte ich mich, warum das nicht funktionierte, warum ich mit dem Ganzen nichts anfangen konnte – im Gegensatz zu anderen, denen diese Orte viel gegeben hatten.

Andere Orte wiederum – jene, an die ich nicht die geringsten Erwartungen knüpfte – hielten Überraschungen für mich bereit. Sie zogen mich wie magisch an, berührten mich zutiefst, veränderten mich in einer Weise, wie ich es nie und nimmer gedacht hätte. All das erstaunt mich auch heute noch.

Es ist ganz normal, bestimmte Erwartungen zu hegen. Trotzdem sollten Sie für Überraschungen stets offen sein. Lassen Sie nicht zu, daß Ihre Träume und Hoffnungen das, was Sie als wahr erkannt haben, negativ beeinflussen. Vertrauen Sie Ihren Wahrnehmungen, Ihrem Gefühl. Wenn Sie glaubten, eine bestimmte Sache würde hundertprozentig klappen, und sie geht dann doch daneben, müssen Sie dies so akzeptieren. Und wenn ein Erlebnis Sie bewegt und geistig wie seelisch weiterbringt, müssen Sie es sehr ernst nehmen.

Lassen Sie sich durch Ihre Erwartungen
oder Vorurteile weder beeinflussen noch verwirren.
Sie werden vielleicht angenehm überrascht sein,
gerade dort Freude zu finden,
wo Sie es am wenigsten erwartet haben.

Die Phase des Trübsinns, der körperlichen, geistigen, und seelischen Schwere, ist vorbei. Diese Niedergeschlagenheit, die viele von uns früher empfanden, gehört jetzt ein für allemal der Vergangenheit an. Es ist jetzt Zeit, innerlich aufzuklaren.

»Plötzlich war er ein ganz anderer Mensch«, sagte sie. »Fröhlich, glücklich – einfach so, daß man ihn gerne um sich hatte. Alles, was ihm sonst immer schwer zu schaffen machte, berührte ihn irgendwie nicht mehr.« Die Frau sprach über ihren Ehemann, mit dem sie nur drei Jahre verheiratet war. Vorher hatte sie schon eine längere Beziehung mit ihm gehabt. Dann, nachdem er infolge eines Herzinfarkts fast gestorben wäre, veränderte er sich von Grund auf. Die beiden heirateten und verlebten die schönsten drei Jahre ihres Lebens, ehe er starb.

Diese wunderbare Zeit war nur deshalb möglich, weil er gelernt hatte, die Dinge zu genießen, weil ihm klargeworden war, wie kostbar die Liebe ist.

Wir brauchen indes nicht darauf zu warten, daß wir uns eines Tages öffnen werden, daß wir irgendwann wahre Freude empfinden und alles ein wenig leichter nehmen werden. All das ist schon heute möglich. Wir wissen, daß wir Vertrauen haben können, daß es uns freisteht, jedes Stadium unseres Lebens in aller Offenheit und mit einem großen Maß an Liebes- und Tatkraft zu bewältigen.

*Befreien Sie sich von Ihrer inneren Schwere.
Erstreben Sie die Leichtigkeit. Und geben
Sie sich der Freude hin. Ihr Körper
und Ihre Seele werden Sie führen, wenn Sie auf
sie hören. Gehen Sie unbeschwert Ihren Weg.
Sprechen und lachen Sie ungezwungen
und so oft wie möglich. Nehmen Sie
einfach alles leichter.*

Was Sie heute glauben, wird morgen Wirklichkeit sein

16. MAI

Wir können Dinge realisieren, indem wir sie uns vorstellen, an sie glauben, von ihnen sprechen. Gerade auch diese Fähigkeit eignen wir uns auf dieser inneren Reise an.

Vieles, was im Leben, im universellen Prozeß geschieht, entzieht sich unserem unmittelbaren Zugriff. Trotzdem können wir darauf Einfluß nehmen, indem wir in unserem Bereich tätig werden und unsere ureigensten Kräfte einsetzen – also bestimmte Wünsche hegen. Wenn wir dagegen glauben, daß wir gegen die ganze Welt ankämpfen müssen, daß wir isoliert und einsam sind, daß wir die meisten Menschen als unsere Feinde betrachten müssen, die ihrerseits nichts anderes im Sinn haben, als uns zu verletzen, dann wird das wohl auch tatsächlich so sein.

In dem Maße, wie wir weiter voranschreiten, Erfahrungen sammeln, Abenteuer bestehen, ändern sich beispielsweise unsere Vorstellungen davon, was wir verdient haben – oder von Gott. Ebenso aber können wir schon jetzt eifrig versuchen, sie zu revidieren und jene Welt zu kreieren, die uns begehrenswert erscheint.

Wovon sind Sie wirklich überzeugt? Hören Sie einmal in sich hinein. Achten Sie auf Ihre Gedanken, auf Ihre Worte, auf Ihre Reaktionen. Machen Sie sich während der Unterhaltungen mit anderen Leuten bewußt, wie Sie über das Leben sprechen, was für Mißgeschicke Sie erwähnen, die *»immer«* nur *»Ihnen«* passieren. Welche Ihrer Fähigkeiten heben Sie hervor, welche Ihrer Schwächen und Fehler? Das, was Sie sich da sagen hören, ist zugleich das, was Sie glauben. Und das, was Sie glauben, entspricht wahrscheinlich ziemlich genau dem, was Sie erleben.

Gehen Sie doch einmal von ganz anderen Grundpositionen aus. Bitten Sie Gott und Universum um Beistand, damit Sie Ihre Überzeugungen korrigieren können. Bemühen Sie sich aktiv,

Ihre Welt zu gestalten. Bringen Sie Ihre neuen Ansichten zum Ausdruck – mit erhobener Stimme. Und schreiben Sie sie auf.

Glauben Sie daran, daß Sie viel Liebe
verdient haben, daß die universelle Liebe
Ihnen zuteil wird! Dann werden Sie sehen,
daß genau dies auch geschieht.

Oft vergessen wir, uns die Frage zu stellen: Was brauche ich für mein Glück?

Könnten Sie konkret etwas unternehmen, das Sie froh und zufrieden macht, Ihnen neuen Schwung gibt, Sie innerlich lächeln läßt? Viele von uns haben darüber nicht genügend nachgedacht – und einige überhaupt nicht. Oder wenn wir es taten, gelangten wir nicht zu schlüssigen Antworten. Vielmehr suchen wir verzweifelt nach dem richtigen Weg, nach einer Methode, mit der wir diese oder jene Situation sowie das Leben überhaupt meistern können – ohne je zu überlegen, was uns wirklich gefallen und dem Glück näherbringen würde. Und dann wundern wir uns, warum wir es immer so schwer haben und nie belohnt werden.

Sobald wir herausfinden, was uns in eine freudige und angenehme Gemütsverfassung versetzt, können wir jedes Hindernis überwinden, mit den stilleren Augenblicken im Alltag fertig werden, wichtigere, weitreichendere Entscheidungen treffen, in der Arbeit größere Fortschritte erzielen. Und dies um so mehr, wenn wir tief nach innen blicken und aufrichtig sind hinsichtlich unserer Wünsche.

Was also würde Sie glücklich machen? Das ist eine einfache Frage, von der jedoch viel abhängt. Wenn Sie sie stellen und beantworten, dann entsprechend handeln, sind Sie meistens schon auf jenem Weg, der allerhand Vorteile gewährt und Sie wohlbehalten zur nächsten Station führt. Damit willigen Sie ein in Ihr Schicksal, in Ihr Glück.

Fragen Sie sich oft: Was würde mir große Freude bereiten? Und überlegen Sie sich die Antwort genau. Dann stellen Sie wohl fest, daß sie gar nicht so schwer ist.

Sie sollten sich nicht nur akzeptieren und tolerieren, sich nicht nur ertragen und erdulden, sondern sich wirklich lieben.

Es gab eine Zeit in meinem Leben, da genügte es mir einfach nicht mehr, mich nur irgendwie hinzunehmen. Ich hatte mit anderen über Selbstliebe gesprochen. Ich hatte mir immer wieder deutlich gemacht, daß ich mich selbst liebe. Diese Worte taten gut, aber sie schienen nicht der Wahrheit zu entsprechen. Also war ich gezwungen, diese Liebe am eigenen Leibe zu erfahren und ständig einzuüben. Das war der Schritt, den ich als nächstes unternehmen mußte.

Um mit den Geheimnissen des Lebens und des Weltalls in Berührung zu kommen, haben wir in Sachen Selbstliebe gar keine Wahl – sie ist absolute Voraussetzung. Um die leise Stimme des Herzens zu hören und genau zu wissen, wann sie spricht, um die eigenen Gedanken zu erfassen und zu erkennen, was wir glauben, um dem Inneren zu vertrauen und ganz offen zu sein, müssen wir zuallererst uns selbst lieben.

Schätzen Sie die Art und Weise, wie Sie mit den Dingen umgehen. Respektieren Sie Ihre ganz unverwechselbare Methode, sich neue Kenntnisse anzueignen, das geistige Wachstum zu fördern, einen eigenen Standpunkt zu entwickeln. Würdigen Sie Ihre vorigen Entwicklungsphasen, Ihre früheren Tätigkeiten – und ebenso Ihre jetzige Entwicklungsphase, Ihre momentane Tätigkeit.

Lieben Sie Ihr Aussehen, Ihren Geruch, Ihre Ausstrahlung. Lieben Sie Ihre Augenfarbe, Ihre Haarfarbe und Ihren inneren Glanz. Lieben Sie Ihr Lachen, Ihr Weinen, Ihre Fehler und Ihre Leistungen. Lieben Sie das alles. Lieben Sie sich voll und ganz.

Gehen Sie dazu über, sich selbst zu lieben,
und das Universum wird Ihnen
diese Liebe bestätigen.

Fürchten Sie sich nicht vor möglichen Fehlern! Denn aus Angst machen Sie vielleicht erst welche – oder mehr als nötig. Außerdem vergeht Ihnen jede Lust an der Arbeit. Sie blockieren Ihre kreativen Fähigkeiten, und dabei kommt nichts Gutes heraus.

Manchmal ist es wichtig, ja notwendig, Fehler zu machen, ungeschickt herumzufummeln und schlecht abzuschneiden, damit es das nächste Mal besser werden kann. Ganz gleich, was Sie gerade tun oder lernen – Sie müssen irgendwo anfangen. Werfen Sie doch einmal einen Blick zurück. Sie haben neue Einsichten gewonnen, indem Sie herumprobierten, stolperten, hinfielen, wieder aufstanden und es abermals versuchten. Aber Sie wären nicht da, wo Sie heute sind, hätten Sie damals nicht irgendwo angefangen.

Nur zu, legen Sie los – und erledigen Sie Ihre Aufgabe so gut Sie nur können. Zerbrechen Sie sich nicht den Kopf darüber, daß etwas schieflaufen könnte, sondern setzen Sie alle Kräfte ein, die Sie im Moment besitzen. Falls Sie etwas verkehrt machen oder kaum etwas Brauchbares zustande bringen, dann fangen Sie eben wieder von vorne an. Sobald Sie mit einer liebevollen Einstellung ans Werk gehen, werden Sie auch Erfolg haben. Dabei lernen Sie Ihre Tätigkeit immer besser kennen – vor allem aber auch sich selbst und das Leben im allgemeinen.

Lieben Sie sich genug, um einen Versuch zu riskieren. Gestatten Sie sich Raum für Irrtümer. Sagen Sie sich, daß Sie nicht zur Perfektion gezwungen sind. Haben Sie Freude am Lernprozeß. Fangen Sie jetzt an und geben Sie Ihr Bestes. Dann werden die Fortschritte bald erkennbar sein.

Nicht immer kennen Sie sogleich den besten Weg. Doch wenn Sie sich auch weiterhin bemühen, werden Sie schnell begreifen, wann Sie auf dem richtigen Wege sind.

Auf dem Weg durch das nördliche Kalifornien stoppte ich an einer kleinen Tankstelle, um vollzutanken und eine Tasse Kaffee zu trinken. »Wußten Sie, daß wir in dieser Stadt den weltweit größten Hersteller von Duftstoffen für therapeutische Zwecke haben?« fragte der Tankwart. Seine Bemerkung erinnerte mich schlagartig daran, wie stark der Geruchssinn auf unseren Gefühlszustand einwirken kann. Wir sind von unzähligen Gerüchen umgeben, aber solange sie nicht wirklich unangenehm oder stechend sind, nehmen wir sie meistens gar nicht wahr. Zugleich unterschätzen wir den heilsamen Einfluß, den bestimmte Wohlgerüche auf uns haben können.

Aktivieren Sie Ihren Geruchssinn so weit, daß er empfindlicher reagiert denn je. Nutzen Sie seine Kraft, um gesund zu werden. Nehmen Sie dafür zum Beispiel ein Bündel getrockneten Salbei, und lassen Sie ihn in einer Muschel auf dem Tisch verglimmen. Atmen Sie am Kamin ein klein wenig den Rauch von brennendem Zedernholz ein. Plazieren Sie in Ihrer Wohnung einen Kegel mit Räucherstäbchen, und zünden Sie sie an. Geben Sie Lavendelöl in Ihr Badewasser – oder sprengen Sie ein paar Tropfen Eukalyptusöl in die Dusche, damit sich sein starkes Aroma mit dem Dampf vermischt. Stellen Sie auf Ihren Nachttisch eine Kerze, die köstlichen Vanilleduft verströmt. Inhalieren Sie nach dem Regen den Geruch des Waldes – oder die salzige, feuchte Meeresluft. Schnuppern Sie einmal an einem Kiefernzapfen. Erinnern Sie sich an die tröstlichen Gerüche der Kindheit – von frisch gebackenem Brot, von Schokoladenkuchen, von Brathähnchen. Und vergessen Sie nicht die Gerüche der geliebten Menschen – den Duft ihres Haars, ihrer Kleidung, ihres Parfüms.

Schätzen Sie Ihren Geruchssinn – und die Art und Weise, wie er Sie mit sich selbst, mit der Erinnerung, mit dem Gefühl, mit der äußeren Welt und dem Universum verbindet. Benutzen Sie ihn, um herauszufinden, was gut und richtig für Sie ist. Umgeben Sie sich mit den Düften dieser Welt – und lassen Sie sich von ihnen heilen.

Die Frau auf dem Campingplatz im Olympic National Forest lud mich ein: »An manchen Abenden, wenn die Becken für die Hydrotherapie geschlossen und die Gäste in ihre Unterkünfte zurückgekehrt sind, machen die Angestellten ein Lagerfeuer, setzen sich drumherum und singen. Wenn Sie also Musik hören wollen, sind Sie herzlich eingeladen, mitzumachen. Das wird Ihnen sicher viel Spaß machen.«

Die Welt lädt uns immer wieder ein, der Musik zu lauschen und mitzuspielen, mitzusingen. Wie oft schon haben wir sie vernommen, schreckten dann aber aus irgendwelchen Gründen davor zurück, uns zu beteiligen? Wir brauchen nicht abseits zu stehen, zuzuschauen, wie die anderen musizieren, lachen und Spaß haben. Ob da eine Gruppe von Freunden ist, die ein *Karaoke* veranstalten, oder eine Gesellschaft, in der man sich einfach nur amüsiert und liebevoll miteinander umgeht – wenn die Musik erklingt, ist es gut, mit einzustimmen. Ich verbrachte einige der schönsten Momente meines Lebens, als ich mit den mir nahen Menschen um ein Klavier saß und Musik machte. Und unvergeßlich sind mir jene Erlebnisse, da ich meine Ängste und meine Befangenheit soweit vergaß, daß ich mich entspannen konnte und mit den Leuten ringsum viel Freude hatte.

Wir sind überall von Musik umgeben. Lauschen Sie und folgen Sie den Tönen, die irgendwo erklingen. Sie sind jederzeit willkommen, mitzumachen. Und sorgen Sie sich nicht, ob Sie immer richtig singen oder den ganzen Text kennen. Sie wurden eingeladen ans Lagerfeuer. Kommen Sie. Stimmen Sie mit ein. Sie werden eine wunderbare Zeit verleben.

Stellen wir uns einen Augenblick lang vor, wir hätten einen Freund, der die meiste Zeit bei uns ist. Er beobachtet uns, achtet darauf, wie wir unseren Tag verbringen, was wir in bestimmten Situationen tun, und gibt dann seinen Kommentar ab: »*O, das ist ganz schlecht! Schrecklich. Das ist einfach unmöglich. Du könntest es viel besser. Du machst deine Sache nicht sehr gut. Was ist los mit dir? Warum hast du das getan?*« Dieser Freund ist nicht gerade angenehm, aber viele von uns hatten so einen lange Jahre an ihrer Seite.

Jetzt wollen wir uns eine andere Person vorstellen – nämlich einen Freund, einen ständigen Begleiter mit frohem Gemüt. Er lacht über Verkehrsstaus, Verspätungen, lange Warteschlangen. Ja er lacht sogar über Niederlagen und Mißerfolge. Natürlich macht er sich nicht lustig über uns, wenn wir leiden. Vielmehr ist er mitfühlend und sanft – und völlig offen. Und doch bringt er uns zum Lachen, wenn wir Kummer haben, wenn wir in Not sind.

Dieser Freund – und selbstverständlich kann es auch eine Freundin sein – kennt die Kunst des Lebens und die Kunst, alles zu genießen.

Wir sollten den Freund bei uns haben,
der weiß, wie man sich vergnügt,
und uns diese Kunst dann beibringt.

Seien Sie gewiß, daß Ihnen der richtige Weg gezeigt wird 23. MAI

Vertrauen Sie dem Wissen, das Sie jetzt besitzen, und handeln Sie dementsprechend.

Einige unserer Lebensabschnitte kommen uns so vor wie lange, asphaltierte Autobahnstrecken. Wir sehen genau, wohin wir unterwegs sind, und haben einen guten Überblick. Dann wieder scheint es, als würden wir in Dunkelheit und Nebel über eine kurvenreiche, holprige Landstraße mit nur einem Scheinwerfer fahren. Unsere Sichtweite beträgt nur wenige Meter.

Machen Sie sich keine Sorgen, wenn Sie kaum etwas erkennen, wenn Sie sich im schwachen Lichtschein vorwärtstasten müssen. Schalten Sie einen Gang zurück. Hören Sie auf die Stimme des Herzens. Sie wird Ihnen die richtigen Hinweise geben. Vertrauen Sie ihnen. Tun Sie einfach, was Ihnen leichtfällt. Unternehmen Sie einen weiteren Schritt. Gehen Sie so weit, wie es eben möglich ist.

Besinnen Sie sich dann erneut auf Ihr Inneres, und Sie werden erfahren, was als nächstes ansteht. Vielleicht sollen Sie sofort eine bestimmte Maßnahme ergreifen – oder aber ganz bewußt passiv bleiben. Denn manchmal ist es nötig, zur Ruhe zu kommen, abzuwarten und sich auf die nächsten Unterweisungen vorzubereiten.

Verlassen Sie sich auf Ihre momentanen Kenntnisse, und handeln Sie entsprechend. Alles weitere findet sich dann.

Ich machte halt bei einem Franziskanerkloster, um es kurz zu besichtigen. Drinnen kaufte ich einen Schlüsselanhänger, kehrte zu meinem Wagen zurück und bemerkte plötzlich, daß ich meine Autoschlüssel liegengelassen hatte. Also ging ich wieder zum Kloster und sprach kurz mit dem Bruder an der Pforte. In diesem Augenblick erschien ein kleiner Priester und nahm an unserer Unterhaltung teil. Er trug eine weite schwarze Kutte; sein kahler Schädel war von einem feinen Haarkranz umgeben. »Ich will Ihnen zeigen, was ich mache, wenn ich etwas verloren habe«, sagte er. »Ich bitte den heiligen Antonius um Hilfe.«

Er drehte sich schnell im Kreis und klatschte in die Hände, während er mit froher Stimme folgendes Gebet sprach: »Heiliger Antonius, heiliger Antonius, schau dich bitte um. Etwas ging verloren, niemand weiß, warum.« Daraufhin blieb er stehen, warf mir einen Blick zu und lächelte: »Jetzt werden Sie Ihre Schlüssel finden«, sagte er. Und er behielt recht. Innerhalb von dreißig Sekunden entdeckten wir die Schlüssel. Sie befanden sich auf einem Verkaufstisch, den wir vorher schon zweimal abgesucht hatte. Aus irgendeinem Grund hatten wir sie einfach übersehen.

Auf diese Weise kam ich nicht nur wieder in den Besitz meiner Schlüssel, sondern in Berührung mit dem Wunderbaren in Gestalt dieses reizenden Menschen, der seine reine Freude in einem Ritual zum Ausdruck bringt, das ihm selbst und anderen das Leben erleichtert.

Gibt es Rituale, die für Sie wichtig sind, die Ihr Herz erfreuen, um es mit Einfalt und Glauben zu erfüllen? Gestatten Sie sich, diese Rituale zu vollziehen und im Alltag auch wirklich anzuwenden? Welche Rituale liebten Sie als Kind, eben weil sie Ihnen Trost spendeten? Erinnern Sie sich noch daran? Widmen Sie sich derartigen Zeremonien, nutzen Sie ihre heilsame Energie, und lassen Sie andere an ihnen teilhaben – genauso, wie jener Priester mich mit einbezog.

Rituale festigen unseren Glauben. Durch sie sind wir überzeugt von unserem Tun. Sie erinnern uns daran, wie tief wir mit Gott verbunden sind, und tragen so zur Selbstfindung bei.

Seien Sie offen für das Mysterium des Lebens 25. MAI

Akzeptieren Sie die Tatsache, daß das Leben geheimnisvoll ist. Sie brauchen nicht alles genau zu wissen, nicht alles verstandesmäßig zu erfassen. Sie benötigen auf Ihrer Reise keine Gebrauchsanweisung, kein Regelwerk. Und Sie müssen nicht auf jede Frage eine Antwort parat haben.

Lernen Sie das Leben wirklich kennen. Halten Sie sich, wenn nötig, an der Lenkstange fest, aber lassen Sie sie so oft wie möglich wieder los, um die Fahrt zu genießen. Empfinden Sie alle Gefühle, die dabei zum Vorschein kommen: die Angst, die Freude, die Hochstimmung. Spüren Sie den Wind in Ihrem Haar und die Sonne auf Ihren Schultern. Nehmen Sie aufmerksam wahr, wie die Lebensenergie durch Ihren Körper fließt – und welche Vitalität, welche Dynamik die Welt ringsum besitzt.

Achten Sie darauf, wie sich das Wunder Ihrer Existenz gerade auch in den Höhen und Tiefen offenbart. Erkennen Sie, wie Ihr Bewußtsein sich immer mehr erweitert. Seien Sie offen für neue Einsichten, wann immer dazu Gelegenheit besteht. Lassen Sie sich nichts entgehen!

Bejahen Sie das Geheimnis des Lebens – sowie das Geheimnisvolle und Wunderbare in Ihrem Innern.

Werden Sie sich Ihrer inneren Zufriedenheit bewußt 26. MAI

Eines Tages werden Sie sehen, daß Ihr Leben genau so ist, wie Sie es insgeheim immer ersehnten und erhofften.

Natürlich können Sie nicht immer Ihren Kopf durchsetzen – oder alles planmäßig verwirklichen. Aber Sie werden sich Ihrer Träume bewußt werden – Ihrer Träume von Liebe und Freude, von geistigem Frieden und Freiheit.

Sie werden sich keine Illusionen mehr machen, und Sie werden die Grenzen Ihrer früheren Überzeugungen überwinden. Sie werden aufwachen und feststellen, daß Ihre Vergangenheit genau so verlief, wie es nötig war. Sie werden erkennen, daß Sie heute genau an dem Punkt stehen, der Ihrer Entwicklung entspricht, und merken, daß Sie viel lächeln, lachen und auch weinen.

Voller Ruhe, Glaube und Hoffnung werden Sie in die Zukunft blicken – wissend, daß Sie in jeder erdenklichen Situation gewisse Möglichkeiten haben, Ihren Einfluß geltend zu machen, auch wenn manches sich Ihrer Kontrolle entzieht. Die inneren und äußeren Kämpfe, die Sie so viele Jahre lang durchstehen mußten, sind zu Ende. Sie fühlen sich jetzt sicher, eins mit sich selbst und mit Ihrem Ort in der Welt.

Eines Tages wird Ihnen bewußt, wie zufrieden Sie eigentlich sind. Das kann sogar schon heute der Fall sein.

Hören Sie auf, sich mit Angstgefühlen zu bestrafen 27. MAI

Wir müssen jetzt aufhören, uns selbst zu bestrafen. Wir dürfen uns nicht mehr quälen mit Angstgefühlen.

Das Szenario sieht ja meist folgendermaßen aus: Wir empfinden eine unbestimmte Furcht, werden uns ihrer mehr und mehr bewußt, sind dann wie besessen von ihr und denken: *Es wird etwas Schlimmes passieren. Ein Unheil bahnt sich an, das mich schwer erschüttern wird.* Blitzartig erinnern wir uns an frühere Traumata und gelangen schließlich zu der Überzeugung: *Ja, es ist gut möglich, daß dieses schreckliche Ereignis eintreten wird.*

So leben wir ängstlich und beklommen vom einen Augenblick zum nächsten. Wir befürchten, daß das Schlimmste geschehen könnte – und sicherlich auch geschehen wird. Allmählich glauben wir sogar, daß es vor der Haustür lauert, um sich auf uns zu stürzen, um unsere Lebensfreude und Ruhe und Harmonie zu zerstören, um uns zu vertreiben von jenem Platz, den wir in der Welt einnehmen.

Da wir diese Angst schon ganz verinnerlicht haben, ist sie ständig präsent. Was uns die Kehle zuschnürt, braucht gar nicht wirklich einzutreten: dennoch existiert es, eben weil wir uns bereits dazu zwingen, es zu durchleiden.

Gewiß, Ihnen und mir sind schon viele gräßliche Dinge widerfahren, die uns großen Kummer machten. Aber das bedeutet nicht, daß wir die Schönheit des jetzigen Augenblicks opfern müssen für etwas, das noch gar nicht vorgefallen ist. Doch selbst wenn es nicht vermieden werden kann, haben wir aufgrund unserer abgrundtiefen Angst doppelt soviel Zeit damit zugebracht wie nötig.

Erkennen Sie Ihre Angst, und geben Sie sie offen zu. Befreien Sie sich dann von ihr, und lassen Sie diese negative Energie aus sich herausströmen. Hören Sie auf, sich selbst zu peinigen. Obwohl das Leben nicht immer gerecht ist, kann man ihm doch vertrauen. An jedem Tag, ja in jedem noch so unglücklichen Moment gibt es die Möglichkeit, inneren Frieden und Freude zu empfinden.

Lassen Sie sich durch die Angst vor dem, was sein könnte, nicht die Freude verderben an dem, was ist.

Wer oder was ist Ihre Kraftquelle? Womit sind Sie innerlich verbunden?

Beobachten Sie sich selbst, während Sie durchs Leben gehen. Woher erhalten Sie geistige Nahrung, Unterstützung, Energie? Kommt das alles von *einer* Person? Oder aus ganz verschiedenen Bereichen? Betrachten Sie Gott – oder das Göttliche im allgemeineren Sinne – als höchste »Hilfsquelle«?

Es gab eine Zeit, da sich viele von uns auf eine einzige Quelle bezogen. Das ist jetzt vorbei. Obwohl bestimmte Menschen uns in ganz spezifischer Weise unterstützten, bestand doch eine wichtige Lektion für uns darin, unseren Horizont zu erweitern, und das heißt: in Beziehung zu treten zum Universum und für all die Liebe und Hilfe offen zu sein, die uns zu Gebote steht. Nur *eine* Person, nur *eine* Arbeit, nur *einen* Ort oder *eine* Situation als Quelle zu nutzen, bringt uns oft in Schwierigkeiten. Nach vielen Quellen zu suchen ist dagegen ein Zeichen geistigen Wachstums – und ein Beweis dafür, daß wir unsere innere Reise fortsetzen.

Schätzen und würdigen Sie also jene Menschen in Ihrem Leben, die Ihrer Seele Nahrung geben, die Ihnen Gutes tun – und die auch für Sie wichtig sind, weil Sie sie gern mögen. Seien Sie zugleich offen für die Gaben des durch und durch lebendigen Universums, für die Liebe der Höheren Macht.

Machen Sie sich ferner folgendes klar: Wenn Ihnen ein Mensch oder eine Sache nicht das geben kann, was Sie brauchen, dann deshalb, weil das Universum eine andere Person oder Sache für Sie bereithält, die Ihren Bedürfnissen und Ihrer Entwicklung mehr entspricht.

Mit wem oder womit fühlen Sie sich verbunden? Sind Sie nun bereit, mit dem Weltall in Kontakt zu treten?

Öffnen Sie Ihr Herz, Ihren Geist, Ihre Seele –
und lassen Sie sich vom Universum über die

göttliche Liebe unterrichten. Beschränken Sie sich nicht mehr auf eine *Quelle,* einen *Menschen, der Sie unterstützt, sondern seien Sie empfänglich für den Überfluß an Beistand und Energie, wie ihn allein das Universum zu gewähren vermag. Profitieren Sie davon!*

Lassen Sie frühere Momente auf sanfte und zärtliche Weise los.

Die Liebe kann Ihnen nie wirklich abhanden kommen. Sie brauchen sich nicht an sie zu klammern. Wenn Sie Ihre Lektion gelernt haben, wenn es Zeit ist, weiter voranzuschreiten, dann sollten Sie sich von der Vergangenheit befreien. Widmen Sie sich der Gegenwart. Entdecken Sie alles, was sie Ihnen bietet. Wenn Sie dagegen an Menschen, Gefühlen und Lehren aus Ihrem früheren Leben festhalten, so bleiben Sie stets in einem Zustand der Angst, der Verwirrung, der Müdigkeit gefangen.

Vergießen Sie die Tränen, die Sie nicht zurückhalten können. Indem Sie den Kummer empfinden, bereiten Sie Ihre innere Verwandlung vor.

Nehmen Sie Abschied. Seien Sie froh über die Erfahrungen, die Ihnen vergönnt waren, und dankbar für alles, was Sie gelernt haben – über sich selbst, über die Liebe. Doch dann begeben Sie sich behutsam ins Hier und Jetzt.

Denken Sie nicht mehr ständig an Ihre Verluste,
glauben Sie wieder ans Leben! Und lassen Sie das Gestern
auf sich beruhen. Wenden Sie sich
voller Sanftmut dem Heute zu.

Die Frau lachte so sehr, daß ich kichern mußte. »Sind Sie etwa immer so fröhlich, so gut aufgelegt?« fragte ich sie. »Sind Sie die ganze Zeit glücklich?«

»Meine inneren Wunden sind verheilt, und nun bin ich für alles offen«, erwiderte sie. »Ich lache oft. Aber oft weine ich auch.«

Wer empfänglich ist, nimmt jede Regung bewußt wahr. Wenn Sie leiden, dann weinen Sie eben. Danach sehen Sie wieder klarer. Die Tränen reinigen die Augen – und das Herz. Lassen Sie ihnen freien Lauf, sooft es Sie danach drängt.

Aber lachen Sie auch, wann immer Sie Lust dazu haben. Lachen Sie mit Freunden – und aus vollem Halse. Neue Einsichten gewinnen, die eigene seelische Entwicklung fördern, die Nähe zu anderen Menschen herstellen, sich ihnen mitteilen – all das braucht keine ernste, trübsinnige Angelegenheit zu sein. Gerade im Lachen erkennen wir oftmals die Wahrheit, knüpfen eine engere Beziehung oder werden uns der Liebe bewußt.

Lachen und weinen Sie häufig! Lassen Sie sich vom Leben in dessen Geheimnisse einweihen. Seien Sie bereit für die Liebe, dafür, daß sie durch Ihr Inneres strömt und alles berührt, was Ihnen durch Lachen und Weinen widerfährt. Glücklich ist nicht, wer in der Lotterie gewinnt – denn er hat einfach nur Glück gehabt. Das wahre Glück wird uns erst zuteil, wenn wir unser Herz aufschließen und mit dem Mysterium des Lebens näher vertraut werden.

Im Frohsinn und in der Trauer zeigt sich
ein offenes Herz.

Als ich nach der schweißtreibenden Zeremonie bei jener Schamanin in Sedona (Meditation vom 1. März) zu meiner Unterkunft zurückfuhr, war ich in Hochstimmung. Meine innere Erregung resultierte weniger aus der unmittelbaren Erfahrung, die ich gerade gemacht hatte, sondern eher daraus, daß ich mir endlich gestattete, intensiver zu leben. Denn lange Zeit hatte ich meine Alternativen auf ein Minimum reduziert, meine innere und äußere Freiheit extrem eingeschränkt.

Haben auch Sie sich immer wieder eingeredet, Ihr Handlungsspielraum sei begrenzt? Haben Sie sich selbst dadurch eingeengt, daß Sie behaupteten, Sie wüßten doch schon alles, Sie hätten alles getan, was in Ihrer Macht steht? Haben Sie Ihr ganzes Leben blockiert und sich dann gewundert, warum Ihnen so viele Hindernisse im Weg stehen?

Machen Sie sich frei! Gestatten Sie sich, die Dinge besser kennenzulernen und mehr auszukosten. Sie sind hier, um Ihr Leben zu leben – in vollen Zügen, mit allem, was dazugehört, leidenschaftlich. Auf Ihrer Reise geht es nicht nur um innere Reinigung und Heilung und um geistiges Wachstum. Sie besitzen einen Körper, Sie haben Gefühle, Begierden, Gedanken. Daher sollen Sie auch jede dieser Facetten zum Ausdruck bringen, sie alle miteinander verbinden – und tief eintauchen in dieses Dasein.

Machen Sie sich den Reichtum des Universums zu eigen.
Sie nehmen sozusagen an einem Festmahl teil.
Genießen Sie alle Speisen. Und hören Sie auf,
zu kontrollieren, zu inspizieren, zu limitieren.
Erleben Sie soviel, wie es nur geht.

Juni

Der Körper kann uns wertvolle Signale geben, die uns in die richtige Richtung lenken.

Wir kennen solche Formulierungen wie: *Ich fühle mich hingezogen zu …* oder *Ich fühle mich abgestoßen von …* Wenn wir zentriert und ausgeglichen sind, wird uns der Körper zeigen, was wir wirklich wollen. Wir werden uns buchstäblich dem zuneigen, was wir möchten, und uns von dem abwenden, was wir nicht möchten. Früher haben wir unseren Körper meistens in Situationen und Energiefelder »gepreßt«, vor denen er zurückwich, gegen die er sich sträubte. Hinterher fragten wir uns dann, warum wir uns unwohl oder gar verletzt fühlten.

Je mehr wir dem eigenen Körper Beachtung schenken, desto genauer weist er uns den Weg, desto selbstverständlicher unterstützt er uns auf dieser Reise, indem er unsere Herzenswünsche und Träume zum Ausdruck bringt. Und je mehr wir ihm vertrauen, desto leichter kommen wir in Einklang mit unserem natürlichen Rhythmus, mit den Zyklen und Veränderungen unseres Lebens.

Lernen Sie also, die subtilen Hinweise und Botschaften Ihres Körpers zu empfangen, durch die er Ihnen mitteilt, was er bevorzugt und was er ablehnt. Finden Sie heraus, wohin er Sie führen will. Sprechen Sie mit ihm. Fragen Sie ihn, was er braucht. Lassen Sie ihn seine Bedürfnisse artikulieren. Respektieren Sie ihn soweit, daß Sie auf ihn hören.

Je enger wir mit unserer Physis verbunden sind, desto näher sind wir unserem Herzen, unserer Seele – und dem Göttlichen, das uns auch mittels des Körpers Orientierungshilfen gibt. Je aufmerksamer wir mit ihm umgehen, desto unmittelbarer werden uns diese zuteil.

Vertrauen Sie dem Wissen Ihres Körpers,
denn oft scheint in ihm
das Wissen der Seele auf.

Warum bringen Sie jede Stunde, jeden Tag so schnell wie möglich hinter sich – und hetzen wie wahnsinnig durchs Leben?

Diese Hektik verselbständigt sich, wird immer mörderischer, so daß wir vieles übersehen und verpassen. Sie belastet uns enorm. Sie hat nichs zu tun mit dem natürlichen Ablauf, der tiefinneren Ordnung der Welt. Machen Sie also langsamer. Finden Sie zurück zum ursprünglichen Rhythmus, gewöhnen Sie sich wieder an das Ihnen eigene Tempo, während Sie sich durchs Leben bewegen.

Wenn wir uns abhetzen, ist das etwa so, als würden wir nicht zur Musik tanzen und kämen dabei völlig aus dem Takt. Unser Körper ist angespannt und schmerzt. Wir können nichts mehr genießen. Wir sind zu sehr damit beschäftigt, blind irgendwohin, ja in alle Richtungen gleichzeitig zu rasen. Wir treiben uns so sehr an, daß wir gar keine Zeit haben, uns am Ziel auszuruhen und froh zu sein. Denn wir sind schon auf dem Weg zum nächsten.

Bleiben Sie im Takt der Musik, im Rhythmus der Seele. Er wird Sie dorthin führen, wo Sie gerne sein möchten; so können Sie alle notwendigen Aufgaben bewältigen und jenen Weg beschreiten, der geistiges Wachstum, Gesundheit, Erfüllung und Freude gewährt.

Auch werden Sie dabei mehr Spaß haben,
eben weil Sie nicht in Eile waren.

»Andere Leute *nicht* zu verurteilen, ist etwas, das man täglich üben muß«, erklärte mir eine Freundin. »Denn jeder macht mal irgendwas, das man beanstanden könnte. Wenn wir anfangen, Urteile zu fällen, tun wir es andauernd.«

Sie hat recht. Aber um solche Urteile zu vermeiden, bedarf es nicht nur der Übung, sondern auch einer neuen inneren Einstellung.

Früher war ich häufig damit beschäftigt, andere zu kritisieren. Ich dachte immer, es gäbe nur zwei Kategorien, nämlich »richtig« und »falsch«. Ich glaubte, die Trennlinie klar ziehen zu können, indem ich meine Urteile verkündete. Und ich ging davon aus, daß dies auch meine Aufgabe wäre. Inzwischen ist mir jedoch einiges klargeworden hinsichtlich dieses Verhaltens wie auch meines seelischen Zustandes. Denn ich verurteile die anderen gerade dann, wenn ich mich ängstlich, unsicher und eingeengt fühle, wenn ich davor zurückschrecke, meine Liebe zu zeigen, und die Liebe der anderen nicht annehmen kann, eben weil ich *mich* nicht annehme. Und vor allem habe ich gelernt, daß es gerade nicht meine Aufgabe ist, andere zurechtzuweisen. Sobald ich über sie richte, richte ich über mich selbst.

Gewiß, es gibt Dinge, die nicht in Ordnung sind, die der kritischen Auseinandersetzung bedürfen. Viele von uns haben seltsame, ja schreckliche Gewohnheiten, die sie sehr lange beibehalten – oder überhaupt nicht mehr ablegen. Aber darüber Urteile zu fällen, hat keinen Sinn. Denn Urteile behindern den anderen nur, verdammen ihn. Er denkt dann: *Meine Vergangenheit ist nicht so, wie sie hätte sein sollen. Ich mache alles verkehrt. Mein Leben ist ein einziger Irrtum.* Urteile machen unfrei, egal, in welcher Situation sie ausgesprochen werden und wen sie betreffen.

Diese aggressiven Bemerkungen kommen aus dem Verstand. Liebe und Freiheitsgefühl aber entstammen dem Herzen. Wenn

Sie Ihre Urteile hinter sich lassen, streifen Sie Ihre inneren Fesseln ab. Lernen Sie, sich selbst mit Liebe zu betrachten – Ihren Charakter, Ihre jetzige Lage, Ihre früheren Verhältnisse. Und bringen Sie eben diese Liebe auch den Menschen entgegen.

Wenn wir die anderen voll und ganz akzeptieren, akzeptieren wir uns selbst.

Durch Urteile werden Mauern errichtet.
Lassen Sie Ihre Urteile hinter sich, und
Sie sind ein freier Mensch.

Irgendwann im Verlaufe meiner Reise geschah es. Ganz im stillen, unmerklich, fast ohne daß ich mir dessen bewußt war. Ich entspannte mich. Fühlte mich wohl mit mir selbst. Fing an, mich zu freuen, mich zu akzeptieren, das Leben zu bejahen, es zu lieben. Ja, ich entdeckte die Freude.

An irgendeinem Punkt Ihrer Reise wird es Ihnen auch so ergehen.

Die Freude ist ein Geschenk. Sie erscheint lautlos, ohne Vorwarnung – wie ein Strahl der aufgehenden Sonne, der in unser Schlafzimmer dringt –, aber fast ebenso zwangsläufig. Gehen Sie weiterhin jenen Tätigkeiten nach, die Ihrer inneren Heilung und Ihrem geistigen Wachstum förderlich sind. Beschreiten Sie auch künftig Ihren Weg. Seien Sie immer liebevoll – sich selbst und auch anderen gegenüber.

Sorgen Sie sich nicht darum, ob Sie die Freude entdecken werden, denn eines schönen Tages wird die Freude Sie entdecken.

Sie brauchen niemandem – nicht einmal Ihrem eigenen Ego – etwas zu beweisen.

An jener Stelle, wo die Angst, die innere Anspannung und das Bedürfnis, mehr zu leisten und mehr darzustellen, entspringen, verbirgt sich oft der unbewußte Wunsch, sich etwas zu beweisen. Damit verbunden ist die quälende Vorstellung, nicht gut genug zu sein und irgendeine Schwäche kompensieren zu müssen, damit man seinen Platz in der Welt einnehmen kann.

Wir glauben vielleicht, daß wir uns diesen Platz, und das heißt: unsere Existenzberechtigung, erst einmal verdienen müssen – so als ob wir ständig beobachtet, beurteilt, benotet würden.

Aber in Wirklichkeit brauchen wir überhaupt nichts unter Beweis zu stellen. Wir sind schon ganz in Ordnung. Wir besitzen viel Kraft und Vitalität. Wir verfügen über bestimmte Fähigkeiten und Talente. Und wir haben die bisherigen Lektionen im Leben wirklich gut bewältigt.

Versuchen Sie nicht mehr, den anderen etwas
zu beweisen: Ihren Eltern oder jenen Menschen,
die früher oder heute in Ihrem Leben
eine gewisse Rolle spielten oder spielen.
Könnte es sein, daß Sie dabei eigentlich
sich selbst etwas beweisen wollen?
Die Lösung dieses Problems ist einfach:
Akzeptieren und lieben Sie sich so, wie Sie jetzt sind.
Treten Sie dann hervor, und nehmen Sie
Ihren Platz in der Welt ein.

Schon allein dadurch, daß Sie hin und her gehen, kann sich der Energiezustand in Ihrem Körper verändern. Wenn Ihre geistigen Kräfte erlahmen, brauchen Sie einfach ein wenig Bewegung. Machen Sie einen Spaziergang, nehmen Sie ein heißes Bad, trinken Sie ein Glas Wasser, toben Sie sich in der Turnhalle aus. Damit tun Sie nicht nur etwas für Ihren Körper – Sie beeinflussen und verstärken den inneren Energiefluß.

Hören Sie auf Ihren Körper. Er wird Ihnen zu erkennen geben, was er braucht, was er möchte, was ihm hilft. Wenn Sie ihm seine Freiheit lassen, wird er sich sogar von selbst dem zuwenden, was ihm guttut. Atmen Sie tief ein und aus. Rufen Sie einen Freund an. Meditieren Sie. Erzählen Sie einem Arbeitskollegen den neuesten Witz. Sie brauchen weder in Ihrer Erschöpfung zu verharren noch das Opfer Ihres momentanen Gefühlszustandes zu sein.

Auf dieser Reise lernen wir auch, daß wir die Fähigkeit besitzen, unsere Kräfte umzuwandeln, umzulenken, immer wieder neu zu sammeln. Wenn wir in einer bestimmten Emotion oder Reaktion oder Einstellung gefangen sind, wenn wir uns allzusehr verzetteln, zu hitzig werden, dann können wir viel Zeit sparen, indem wir unsere ureigene Energie in andere Kanäle leiten, anstatt mit aller Macht die äußere Situation ändern zu wollen. Werden Sie sich klar darüber, wann dieser innere Eingriff erforderlich ist. Und finden Sie dann heraus, welche kleineren und größeren Tätigkeiten Ihnen dabei am nützlichsten sind.

Gehen Sie behutsam mit sich um,
wenn Sie einmal nicht weiterkommen.
Lernen Sie, Ihre Energie
im rechten Moment umzuwandeln
und neu zu bündeln.

Auf meiner Reise hielt ich mich in verschiedenen Nationalparks auf. Die Unterkunft dort war meistens sehr angenehm, aber Umgebung und Atmosphäre entsprachen nicht so ganz meinem Geschmack. Ich suchte kleinere, stillere Orte. Irgendwann sagte ich mir: *Nie mehr werde ich in einem Nationalpark übernachten.* Doch kurz darauf fand ich mich in einem gemütlichen Zimmer im Olympic State Park im Staate Washington wieder. Es zählte zu den schönsten, ruhigsten, heilsamsten Orten, die mir je zu Gesicht kamen. Ich mußte über mich selbst lachen. Fast hätte ich mir durch mein *Nie* diese interessante Erfahrung vorenthalten.

Bitte sagen Sie niemals *nie*. Dieses Wort erzeugt nur innere Widerstände, stellt das Leben, ja das Schicksal in Frage und schließt Türen, die eigentlich weit offenstehen.

Nie ist dogmatisch und impliziert ein Urteil. Es läßt auf Engstirnigkeit schließen. Und im Grunde bedeutet es soviel wie *wahrscheinlich*.

Wenn wir *nie* sagen, dann oft deshalb, weil wir im voraus etwas verurteilen, das wir noch gar nicht kennen, oder weil uns eine bestimmte Sache beziehungsweise eine bestimmte Person zu einem früheren Zeitpunkt unangenehm war. Mit unserem *Nie* geben wir zu erkennen, daß wir in dieser Richtung auch weiterhin nur Ärger und Verdruß erwarten. Es läßt keinen Platz für Veränderungen, für neue, ganz anders geartete Erfahrungen.

Lernen Sie aus früheren Fehlern.
Und vertrauen Sie sich selbst.
Vertrauen Sie Ihren Erfahrungen – auch jenen,
die unerfreulich waren. Aber sagen Sie
niemals nie. Bleiben Sie stets
offen für alles, was das Universum
Ihnen zu bieten hat.

Als ich hinter dem Zion National Park die Grenze nach Utah überquerte, hatte ich ein äußerst sonderbares Gefühl, das zugleich aus der Erde und in mir selbst aufzusteigen schien. Es war zart, wunderschön, leicht. Den ganzen Abend hatten Rehe, aus den Wäldern hervorkommend, meinen Weg gekreuzt. Da fiel es mir wieder ein. Im indianischen Medizin-Tarot sind Rehe das Symbol für Sanftheit und Liebe. Diese Schwingung in der Luft war nichts anderes als Sanftheit, Freundlichkeit und Liebe.

Das Universum wollte mich an etwas Bestimmtes erinnern, nämlich an jene Stelle tief in mir, die ich früher schon einmal entdeckt hatte, die ganz zart ist und Liebe ausstrahlt. Im Verlaufe meiner Lebensreise mit all ihren Problemen, beruflichen Aufgaben, Umstellungen und Erfahrungen war mir diese Sanftheit abhanden gekommen. Jetzt aber erschien es ganz natürlich, mich wieder auf sie zu besinnen – darauf, mit mir und mit anderen Menschen liebevoll und freundlich umzugehen.

Sanftmut, Freundlichkeit und Liebe sind innere Orte, die wir nicht nur aufsuchen können, sondern die wir überallhin mitnehmen.

Glauben Sie an das Leben, nicht an den Verlust

9. JUNI

Wenn wir an das Leben glauben, vertrauen wir ihm und seinem inneren Rhythmus, der ständig Veränderungen bewirkt. Dann sind wir überzeugt davon, daß alles im Wandel begriffen ist und einen bestimmten Zweck hat.

Dieses Ja zum Leben bedeutet, daß wir uns von der Vergangenheit nicht knechten lassen. Egal, was wir getan und welche Entscheidungen wir getroffen haben – wir nehmen uns jetzt die Freiheit, uns selbst zu vertrauen. Wir bauen auf die eigenen Gefühle, Gedanken, Einsichten – und darauf, daß wir wissen, was als nächstes zu tun ist. Wir gehen davon aus, daß die Lektionen, die wir lernen, eine tiefe Wahrheit enthalten, daß sie wertvoll sind und gottgewollt – selbst dann, wenn sie Schmerz verursachen.

Wenn wir jedoch davon überzeugt sind, daß wir immer nur Verluste erleiden müssen, sehen wir in bestimmten Ereignissen nur den Kummer, die Qual, die Tragödie, das Unausweichliche. Wir fixieren uns auf das, was uns genommen wurde, was wir falsch gemacht haben. Wir gehen hart mit uns ins Gericht. Wir verzetteln uns, kommen nicht weiter. Wir fürchten uns davor, einen Menschen, einen Ort oder einen Gegenstand innerlich loszulassen, selbst wenn er uns gar nicht mehr guttut. Wir wollen eben nicht noch einmal etwas verlieren.

Was also erachten Sie als das Wesentliche – den Verlust oder das Leben?

Wenn wir an das Leben glauben, können wir
jederzeit loslassen und unseren bisherigen Erfahrungen
genauso vertrauen wie unseren jetzigen.
Das heißt, wir sind im Moment
genau da, wo wir sein sollen.
Glauben Sie an das Leben!

Erfreuen Sie sich am Sommer, an dieser wunderbaren warmen Jahreszeit, da alles in voller Blüte steht.

Der Sommer dauert nicht ewig, und gerade deshalb sollten Sie vermeiden, ihn durch irgendwelches Getue kaputtzumachen. Vergessen Sie den Winter, der hinter Ihnen liegt, und denken Sie nicht an den Herbst, der herannaht. Tauchen Sie ein in die Fülle des Sommers, widmen Sie sich ganz den schönen Dingen.

Wir haben uns vielleicht schon so an die anderen, kälteren Phasen gewöhnt, daß wir gar nicht mehr wissen, wie man die Sonne, die Wärme, die freie, angenehme Zeit genießt. Jeder Augenblick unseres Lebens ist kostbar, jeder beinhaltet eine spirituelle Erfahrung. Um ein von wahrer Freude erfülltes Leben zu führen, müssen wir lernen, sowohl die unbeschwerten Tage und Wochen auszukosten als auch die stürmischen, anstrengenden Perioden heil zu überstehen. Aber die meisten von uns können nur eines: sich zusammenkauern und der Kälte standhalten. Deshalb ist es jetzt wirklich an der Zeit, es anders zu machen und ein neues Verhalten einzuüben.

Ziehen Sie Ihren schweren Mantel aus. Nehmen Sie Ihren Strohhut, und aalen Sie sich in der Sonne. Die künftigen Aufgaben werden Sie schon meistern.

Heute besteht die Lektion darin,
den Sommer zu genießen.

Was fühlen Sie tief im Innern? Unter der Wut, dem Zorn, unter der Gleichgültigkeit, die Sie sagen läßt: *Ist mir egal, macht überhaupt nichts.* Fühlen Sie sich wirklich ängstlich? Verletzt? Verlassen? Dringen Sie tiefer in sich und in Ihre Gefühle ein, als Sie es je getan haben. Um ins Herz zu gelangen, um der Freude teilhaftig zu werden, müssen Sie sanft, zärtlich, liebevoll und ehrlich sein. Sie kommen nicht aus ohne Verletzlichkeit.

Sie brauchen Ihre Tapferkeit und Stärke gar nicht so sehr unter Beweis zu stellen. Und es zwingt Sie auch niemand, immer mit erhobenem Haupt herumzugehen und zu sagen: *Das schaff' ich doch. Ich hab' schon Schlimmeres durchgemacht.*

Werden Sie wütend, wenn Anlaß dazu besteht! Fühlen Sie Ihren Zorn, wenn er nicht länger zu verheimlichen ist. Seien Sie ungerührt, wenn die Situation es verlangt. Gehen Sie dann ein kleines Risiko ein, und tasten Sie sich hinab in Ihre Innenwelt, Stück um Stück, immer weiter. Schauen Sie sich um, achten Sie auf Ihre Regungen und Stimmungen. Wagen Sie es, verwundbar zu sein.

Lieben Sie sich selbst und alle Ihre Empfindungen.
Seien Sie gegen sich selbst so ehrlich wie möglich.
Sagen Sie, wie Sie sich wirklich fühlen.

Ruhen Sie sich aus, wenn Sie müde sind. Legen Sie eine Pause ein, wenn das Leben Sie auslaugt. Nehmen Sie sich Zeit, um Ihre innere Batterie neu aufzuladen.

Sie *haben* nicht nur Energie, Sie *sind* Energie. Wenn Sie immer nur geben, ohne für Nachschub zu sorgen, erlahmen Ihre Kräfte. Sie fühlen sich überlastet, erschöpft. Aber Sie brauchen nicht länger mit einer leeren Batterie »zu funktionieren«, denn Sie wissen jetzt, daß es auch anders geht.

Sich zu erholen, zu erfrischen und zu regenerieren ist keine Zeitverschwendung. Tanken Sie Kraft. Wählen Sie sorgfältig aus, was Ihnen neuen Schwung gibt: ein Spaziergang in der freien Natur, ein Lied, die Stimme eines Freundes; ein Nickerchen, ein heißes Bad, eine Tasse Tee; Ihre Lieblingssendung im Fernsehen; ein Kinofilm, der Sie zum Lachen oder zum Weinen bringt; ein Dauerlauf, ein Gebet, ein Gedicht; ein Buch, das zu Ihrer Seele spricht.

Von Energie getragene Aktionen bereiten weniger Schwierigkeiten, gehen tiefer und versprechen mehr Erfolg. Arbeiten und lieben Sie also mit Energie und mit wachem Geist.

Haben Sie Geduld mit sich selbst. Aufgaben zu bewältigen, Probleme zu lösen, Lektionen zu lernen, braucht Zeit. Je wichtiger die Lektion, desto länger dauert es, bis man sie durchgearbeitet und begriffen hat.

Wir leben zwar im technischen Zeitalter, aber unsere Seele ist keine Maschine. Sie ist weiterhin direkt mit allem Organischen verbunden. Wir entwickeln und verändern uns genauso wie die Natur. Deshalb sollten wir ihre Methoden und Prozesse, ihre Jahreszeiten und Zyklen näher kennenlernen und uns bewußt werden, daß unsere Innenwelt dem gleichen Rhythmus unterliegt. Das persönliche Wachstum ist damit vergleichbar, daß Sie einen Samen setzen und beobachten, wie er keimt, gedeiht und allmählich zur Blume erblüht.

Worum bemühen Sie sich gerade? Um ein bestimmtes Projekt? Um eine innere Wandlung? Eignen Sie sich neue Kenntnisse an, probieren Sie etwas Neues aus? Versuchen Sie, sich auf eine tiefgreifende Veränderung einzustellen, die in Ihrem Leben stattgefunden hat? Arbeiten Sie daran, eine alte Gewohnheit abzulegen? Wollen Sie eine Liebesbeziehung oder Freundschaft beginnen beziehungsweise beenden?

Jedes Entwicklungsstadium ist wichtig: die ersten Augenblicke, da uns die Idee kommt oder da wir die Veränderung in die Wege leiten; und dann jene längeren Phasen, da wir die Idee weiterentwickeln und in die Tat umsetzen; da wir die Veränderung durchführen. Hat sich in Ihrem Leben ein Wandel angekündigt, den Sie bereits deutlich wahrnehmen? Denken Sie immer wieder an ihn, sprechen Sie oft darüber, ohne jedoch die nötigen Schritte zu unternehmen, eben weil Sie noch nicht wirklich bereit dazu sind? Auch diese Phase ist bedeutsam. Sie hegen und pflegen die Samen der Veränderung.

Die Natur braucht Zeit, um die Lebewesen
ihrer Bestimmung zuzuführen.
Es dauert eine Weile, bis die Dinge
sich entwickeln. Haben Sie also Geduld
mit sich selbst und mit dem Leben.
Vertrauen Sie dem Wachstumsprozeß.

Machen Sie sich klar, wie wichtig der Respekt ist 14. JUNI

Gespannt beobachtete ich, wohin mich meine Reise in diesem Frühjahr führte. Jeder Ort, den ich aufsuchte, hielt eine Lektion für mich bereit. Bestimmte Menschen erschienen genau zur richtigen Zeit am rechten Ort, um deutlich zu formulieren und mir zu verstehen zu geben, was ich an dieser Stelle hören mußte. Manchmal war die Botschaft klar und sofort verständlich. Dann wieder kam die Einsicht nur sehr langsam – und gerade dann, als ich sie am wenigsten erwartete und mich schon fragte, ob es hier überhaupt etwas zu lernen gab, ob die ganze Sache wirklich einen Sinn hatte. Alles, was ich sah und erlebte, bestätigte letztlich mein Vertrauen zu Gott, zum Universum und zu meiner inneren Stimme. Schließlich hatte ich diese Reise völlig spontan angetreten, ohne die Route festzulegen – und dann folgte ein wunderbares Erlebnis nach dem anderen. Als sie zu Ende war und ich den Wagen zu Hause in die Einfahrt lenkte, hatte ich nicht nur gelernt, dem inneren und äußeren Prozeß zu vertrauen, sondern ihn vor allem *zu respektieren.*

Auch Sie sollten dieser Reise ins Herz nicht nur vertrauen, sondern so ergriffen von ihr sein, daß Sie sie zu würdigen wissen. Achten Sie Ihre Gefühle und die Art und Weise, wie sie sich rechtzeitig bemerkbar machen. Respektieren Sie aber auch die dunkleren Momente, die schwierigeren Phasen, in denen Sie sich unsicher fühlen und keine Ahnung haben, wie es weitergehen soll. Achten Sie stets auf das richtige Timing, während Sie im Leben weiter voranschreiten, Ihre Reise fortsetzen. Murren Sie nicht darüber, daß dieses oder jenes so und nicht anders ist. Seien Sie offen für jede Entwicklung, die Sie durchmachen.

Lernen Sie, Ihren eigenen Weg genauso zu respektieren wie den der anderen.

Es ist in Ordnung, auch einmal etwas nicht zu wissen

Manchmal wissen wir nicht, was wir eigentlich wollen, was als nächstes zu tun ist oder welchen Verlauf unser Leben nehmen soll. Das ist durchaus in Ordnung. Wenn Sie bei diesem oder jenem Punkt denken: *Ich weiß es einfach nicht,* dann sagen Sie das auch, mit deutlich vernehmbarer Stimme. Finden Sie sich damit ab, daß Ihnen einiges – zumindest eine Zeitlang – unklar ist.

Manchmal sind wir deshalb so ratlos, weil das, was da auf uns zukommt, sich grundlegend von dem unterscheidet, was hinter uns liegt. Selbst wenn wir über genauere Kenntnisse verfügten, könnten wir mit der neuen Situation nichts anfangen, da sie so anders und völlig überraschend ist.

Dann wieder sind wir unschlüssig, weil dieses Neue im Moment zu schwierig, zu verwirrend für uns ist. Es würde uns aus dem gegenwärtigen Zustand regelrecht herausreißen, so daß wir uns den Kopf darüber zerbrächen, wie wir es kontrollieren könnten oder was wir tun müßten, um es zu realisieren. Infolge dessen fühlten wir uns ängstlich und überfordert und hätten keinen Kontakt mehr zum Hier und Jetzt.

Bisweilen weiß die Seele etwas, das der Verstand noch nicht wissen soll. Wäre ihm alles schon klar, würden wir nicht jene notwendigen Erfahrungen machen, durch die wir die gesuchte Antwort allmählich herausfinden. Außerdem gibt es Phasen, in denen es wichtiger ist, Vertrauen zu haben, eine Sache bis zum Ende durchzustehen und daran zu glauben, daß die Wahrheit irgendwann zum Vorschein kommt, als immer genau Bescheid zu wissen.

Wir können diesem Lernprozeß, der uns vom Nichtwissen zum Wissen führt, durchaus vertrauen. Denn durch ihn entwickeln wir uns weiter und verändern uns. Es ist in Ordnung, etwas nicht zu wissen, und dann sich das Wissen anzueignen. Wir müssen darauf vertrauen, daß uns zur rechten Zeit alles klar ist.

Erstreben Sie in der Liebe Freiheit und Gleichberechtigung 16. JUNI

Gibt es in Ihrem Leben jemanden, dem Sie sich fügen? Wenn wir einen anderen Menschen über uns bestimmen lassen, dann übertragen wir ihm damit auch die Verantwortung für unser Glück, unser Wohlergehen, unsere Freude, unser geistiges Wachstum und unsere Entscheidungen.

Der Wunsch, umsorgt zu werden, ist völlig normal, ja sogar heilsam. Der Partner kann uns das Leben erleichtern, einige Bürden von uns nehmen. Deshalb begegnen wir Liebenden, Freunden und Helfern. Denn die göttliche Liebe bemächtigt sich derer, die uns nahestehen, damit sie uns den nötigen Beistand leisten. Wenn wir solchen Beistand in aller Offenheit akzeptieren, fühlen wir uns wohler, sind fröhlicher und glücklicher. Aber Hilfe anzunehmen ist nicht das gleiche, wie kontrolliert zu werden. Und genauso macht es einen großen Unterschied, ob wir uns der Liebe hingeben oder uns dem anderen völlig ausliefern.

Dieser Prozeß, in dem wir quasi auf unser Selbstbestimmungsrecht verzichten, kann fast unbemerkt vonstatten gehen, aber er hat weitreichende Folgen. Allmählich gelangen wir dann zu der Überzeugung, daß wir unsere Freiheit eingebüßt haben. Wir merken, daß wir ihrer regelrecht beraubt wurden – und daß der andere der Übeltäter ist. Wir fühlen uns eingeengt, unterdrückt.

Überlassen Sie es nie jemand anderem, Ihre Grenzen zu definieren. Es ist allein Ihre Aufgabe, für Ihre Entscheidungen, Ihr Kommen und Gehen, Ihr Wohlbefinden, Ihren Lebensweg die Verantwortung zu tragen. Wenn Sie meinen, Ihre Macht und Ihre Freiheit preisgegeben zu haben, dann erobern Sie sie zurück. Sie brauchen sich niemandem zu unterwerfen. Die Zeiten, in denen Sie kontrolliert wurden, sind endgültig vorbei. Sie können sich umsorgen lassen, ohne daß eine Beeinflussung stattfindet. Und Sie können die Liebe annehmen, ohne blind zu gehorchen.

Machen Sie sich frei.
Denn Liebe gibt es nur dort,
wo Freiheit herrscht. Gestalten Sie
Ihre Beziehungen so, daß beide Seiten
gleiche Rechte und Pflichten haben.
Nur so finden Sie die Liebe, die Sie suchen.

Gewöhnen Sie sich an, zu berichten anstatt zu verurteilen 17. JUNI

Zwischen *berichten* und *verurteilen* besteht ein himmelweiter Unterschied.

Wenn Sie berichten, sagen Sie nur, was vorgefallen ist: »*Ich mache gerade eine schwierige Zeit durch. Ich habe das getan. Sie hat jenes getan. Ich fühle mich unwohl.* Wenn Sie jedoch verurteilen, schwingen in Ihren Bemerkungen gewisse Empfindungen und Wertungen mit: *Ich mache gerade eine schwierige Zeit durch; denn ich bin einfach unfähig. Ich habe das getan; deshalb stimmt mit mir was nicht. Sie hat jenes getan; deshalb ist mit ihr was verkehrt. Ich fühle mich unwohl; deshalb bin ich ein schlechter Mensch.*

Der Bericht schafft Klarheit und hilft uns, weiterzukommen. Teilen Sie deshalb mit, was in Ihrem Leben geschieht, sooft Sie es für nötig halten. Aber versuchen Sie, keine Urteile zu fällen. Dadurch nämlich begrenzen, behindern und verdammen Sie sich selbst und andere Menschen. Sie bringen zum Ausdruck, daß an Ihrem Charakter, Ihrem Verhalten, Ihrer momentanen Situation so ziemlich alles falsch ist. Es bleibt dann nur noch wenig Platz für Fortschritte – und noch weniger für eine bejahende Einstellung.

Wenn wir berichten, ohne zu beurteilen, heißt das nicht, daß wir mit dem, was passiert, völlig einverstanden sind oder daß wir dabei nichts empfinden und uns alles gefallen lassen. Aber immerhin können wir so die Dinge *akzeptieren.* Eine solche Haltung wirkt befreiend; sie ist die Voraussetzung für unser geistiges Wachstum, unsere innere Wandlung.

Wenn Wahrheit und bejahende Einstellung
vorhanden sind, ohne durch die Angst vor Urteilen
beeinträchtigt zu werden, dann ist auch die Liebe gegenwärtig.
Schaffen Sie sich Ihre eigene Welt,
die von Liebe geprägt ist.

Sorgen nützen überhaupt nichts. Noch nie haben sie eine unserer Katastrophen abwenden. Oft haben sie nur eines verhindert: daß wir uns freuen. Sorgen resultieren aus unserer Angst. Wir sagen: *Ich werde besorgt und ängstlich sein, bis meine Probleme gelöst sind; erst dann kann ich mich wieder entspannen und vergnügen.* Unsere Sorgen sind eine Art Selbstbestrafung; sie haben zur Folge, daß wir uns nicht verzeihen, nicht lieben, nicht vertrauen.

Vielleicht denken wir, dadurch den unangenehmen Dingen aus dem Weg gehen zu können, aber das ist eine Illusion. Manchmal beschwören die Sorgen das Unheil geradezu herauf, eben weil wir so sehr in unserer Angst gefangen sind, daß wir nicht die dringend erforderlichen Maßnahmen ergreifen. Indem wir so unser ganzes Leben vernachlässigen, bringen wir uns in unnötige Schwierigkeiten.

Wir müssen ganz einfach Vertrauen haben. Dann können wir unsere Ängste loslassen in der Gewißheit, daß das, was wir brauchen und wünschen, uns auch zuteil wird. Außerdem glauben wir daran, daß wir, wenn es hart auf hart geht, über die nötigen Hilfsmittel verfügen werden, um selbst solche Phasen heil zu überstehen. Durch Vertrauen kommen wir erst einmal zur Ruhe – und bekommen dann, was uns fehlt, und erkennen, was die Zukunft bringt.

Sorge und Angst sind der Liebe diametral entgegengesetzt. Drum lieben Sie sich mehr denn je. Lieben Sie sich so sehr, daß Sie nicht mehr besorgt sind und sich geistigen Frieden gönnen.

Ihre innere Stimme wird Sie über alle Hindernisse hinwegführen 19. JUNI

Wenn Sie sich verwirrt und allein fühlen, wenn Sie nicht wissen, was als nächstes zu tun ist, dann müssen Sie an jenen Ort zurückkehren, der Ihnen Sicherheit gibt – und das ist Ihr Herz. Egal, ob es um Liebe, Arbeit, Geld oder Freizeit geht – besinnen Sie sich auf Ihr Inneres.

Sie können mit all Ihren Problemen fertig werden, wenn Sie vom Herzen ausgehen. Seine Stimme wird Sie sanft und sicher, liebevoll und weise den Weg entlang führen, der für Sie am besten ist. Sind Sie ganz durcheinander? Fragen Sie sich, warum nichts so richtig klappt? Zweifeln Sie an Ihrer Reiseroute, an Ihrem nächsten Schritt? Haben Sie keine Ahnung, wie Sie sich aus dem Chaos der Vergangenheit befreien können?

Die Antwort finden Sie nicht außerhalb Ihrer selbst, obwohl manchmal natürlich auch nützliche Winke von anderen kommen. Sie finden die Antwort auch nicht im Verstand, sondern allein im Herzen. Auf jeden Fall muß die Antwort oder die Unterweisung, die Sie suchen, Ihnen richtig erscheinen. Sie muß im Einklang stehen mit Ihrem Innern. Ihr Herz ist das Zentrum, der Ort des Gleichgewichts, wo Gefühl, Verstand und Seele sich harmonisch verbinden. Dort sind Sie völlig geborgen.

Besinnen Sie sich wieder auf die Stimme des Herzens.
Sie wird Sie immer heimwärts führen.

Bei Ihnen sind Yin und Yang vollkommen im Gleichgewicht 20. JUNI

Mühsam stapfte ich auf den Gipfel des Tafelberges in Sedona. Eine Frau, der ich kurz vorher begegnet war, sagte mir, worauf ich dort oben achten solle. Und da war sie auch schon: eine Felsformation, eine von der Natur erschaffene Statue. Auf der linken Seite glich sie einer Frau, einer ägyptischen Göttin mit Halskette und Brüsten. Auf der rechten Seite aber trug sie männliche Züge. Ich entdeckte sie sofort, diese Skulptur mit den zwei unterschiedlichen Partien und Gesichtshälften – einer weiblichen und einer männlichen.

Viele Jahre lang leugnete ich den weiblichen Aspekt Gottes, des Universums, meiner selbst. Ich dachte, meine Kraft und meine Stärke müßten aus anderen Teilen meines Innern kommen. Ich ärgerte mich über meine Weiblichkeit, ja war regelrecht wütend auf sie, weil ich sie mit Hilflosigkeit und Ohnmacht identifizierte. Mit der Zeit aber wurde ich eines Besseren belehrt. Das Feminine ist ebenso kräftig und standhaft wie das Maskuline. Wir tragen beide Aspekte in uns, die nicht nur wertvoll sind, sondern einander ergänzen.

Stärke, Mut, Beschützerinstinkt und die Fähigkeit, Entscheidungen zu treffen, zu organisieren, zu planen, zu ordnen und auszuwählen, sind Ausdruck männlicher Energie. Kreativität, Sensibilität, Verletzlichkeit, Intuition und die Instinkte der Pflege und der Fürsorglichkeit spiegeln die Weisheit der weiblichen Seite wider.

Schätzen und würdigen Sie also die weibliche und die männliche Energie, das Yin und das Yang in Ihrem Innern, in den Menschen Ihrer Umgebung, im Weltall. Beide Kräfte sind ganz wesentlich, und beiden kann man vertrauen. Sorgen Sie dafür, daß sie harmonisch zusammenwirken.

Ersteigen Sie den Gipfel des Berges.

Blicken Sie um sich. Entdecken Sie
das vollkommene Gleichgewicht
zwischen Männlichem und Weiblichem.
Lassen Sie diese Harmonie
auch in Ihrem Innern zu.

Sie haben genau jenes Stadium Ihrer Entwicklung erreicht, das Ihnen bestimmt war, Sie befinden sich jetzt an dem Punkt Ihres Weges, der für Sie am besten ist, und Sie werden auch weiterhin wie von unsichtbarer Hand geführt.

Auf meiner Reise habe ich oft abrupt halt gemacht in der Überzeugung, niemals jenen Ort zu finden, den ich suchte – nur um dann zu erkennen, daß ich schon die ganze Zeit direkt davorstand. Instinktiv war ich in die richtige Richtung gegangen und da angelangt, wo ich hin mußte.

Etwas in uns weiß, wo wir uns aufhalten sollen, und begreift sehr wohl, wohin es uns zieht. Es gibt eine Instanz in unserem Innern, die im Besitz der Landkarte ist und mit ihr umzugehen weiß, selbst wenn unsere Augen und unser Verstand nichts erkennen können, wenn wir nicht herausbekommen, was vor uns liegt, und nicht sicher sind, ob das Gewünschte überhaupt existiert.

Wenn Sie sich im Kreise drehen, sich verloren und verwirrt fühlen und festzustellen versuchen, wo Sie hingehören und wohin Sie unterwegs sind, dann sollten Sie einfach kurz stehenbleiben. Atmen Sie tief ein und aus. Lassen Sie Ihren Blick schweifen.

Sie sind genau da, wo Sie sein sollen.
Und vielleicht waren Sie
die ganze Zeit schon an diesem Punkt.

Verzeihen Sie Ihrem inneren Kind, daß es so große Angst hat 22. JUNI

Ganz gleich, wie intensiv wir an uns selbst gearbeitet haben, wie sehr wir uns für die innere Heilung engagieren – sobald wir mit anderen Leuten umgehen, fühlen wir uns manchmal wie Vierjährige. Und wenn wir mit bestimmten Situationen konfrontiert sind, empfinden wir tief im Innern Kälte, Angst, Ohnmacht und Einsamkeit.

Gewiß, wir sind gut angezogen, wirken reif, seriös und professionell, aber hinter dieser Fassade verbirgt sich ein vierjähriges Kind. Es fürchtet sich davor, die Stimme zu erheben, loszulassen und das zu sein, was *wir* sind: starke, sensible, kreative, kompetente, intelligente und weise Erwachsene.

Achten Sie – bei sich und bei anderen – auf die Regungen und Verhaltensweisen dieses vierjährigen Geschöpfs. Seien Sie ihm gegenüber sanft, freundlich, mitfühlend. Verzeihen Sie Ihm, daß es so große Angst hat. Es hat seine Gründe, die durchaus legitim, verständlich und bisweilen sogar edel sind. Doch diese stammen aus einer weit zurückliegenden Vergangenheit. Inzwischen ist eine andere Zeit angebrochen. Wir leben im Hier und Heute.

Wir sind jetzt erwachsen, kraftvoll, frei. Wir brauchen uns mit unangenehmen Dingen nicht weiter zu beschäftigen, wir können unseren Standpunkt deutlich machen, lachen und mitteilen, wie wir uns fühlen. Und wir kommen uns auch nicht mehr verlassen vor, eben weil wir wissen, wie man sich auf eigene Füße stellt.

Passen Sie auf Ihr vierjähriges Kind auf.
Es wird sich vielleicht nie ganz
von Ihnen trennen, aber deshalb brauchen Sie ihm
nicht gleich alles zu gestatten.

Diese mitternächtliche Stimmung um den zugefrorenen See im Yellowstone Park (siehe die Meditation vom 26. Februar) wird mir immer unvergeßlich bleiben. Am Himmel stand der Vollmond, der größte, den ich je gesehen habe. Der See war eine blanke Eisfläche, ein ruhender Spiegel zwischen den Bergen. Selbst die Kiefern bewegten sich nicht. In jenem Augenblick *sah* ich die Stille – die Lautlosigkeit, die Reglosigkeit – und begriff, welche Macht sie besitzt.

Schweig und wisse, daß ich der Herr bin. Wie oft schon habe ich diesen Vers aus der Bibel gehört. Aber obwohl ich ihn so gut kannte, verstand ich doch nur sehr wenig von der Stille. Sie unterscheidet sich von der Einsamkeit, vom Alleinsein, und sie entsteht nicht automatisch dadurch, daß wir die Stereoanlage abdrehen oder leise sprechen.

Die Stille ist ein Ort. Sie können sie in der Wüste finden oder in den Bergen; manchmal auch, wenn Sie sich zurückziehen oder sogar wenn Sie in der Gesellschaft von Menschen sind. Ganz gleich, wo Sie sich befinden oder was Sie gerade durchmachen – die Stille erwartet Sie überall, denn sie ist ein Ort in Ihrem Innern. Machen Sie also langsamer. Atmen Sie tief ein und aus. Werden Sie ganz ruhig. Gewöhnen Sie sich an dieses wunderbare Schweigen. Und nehmen Sie sich Zeit, um zu erfahren, welch großen Einfluß es auf Sie hat.

Von diesem Ort der Stille aus werden Sie den nächsten,
den richtigen Schritt untersuchen.
Von hier aus werden Sie sich der Gegenwart zuwenden.
Denn dort finden Sie neue Kraft,
dort wird auch Gott Sie finden.

Stellen Sie Ihr natürliches Gleichgewicht wieder her 24. JUNI

Bemühen Sie sich um die innere Heilung, tanken Sie neue Kraft, erfrischen Sie Ihren Geist, wann immer Sie merken, daß das notwendig ist. Sie brauchen sich nicht dazu zu zwingen, etwas zu geben, zu tun oder zu leisten, wenn Körper, Geist und Seele nur eines wünschen – nämlich gesund zu werden.

Versuchen Sie, Ihr natürliches Gleichgewicht zu finden und es dann auch ganz bewußt zu bewahren. Hören Sie auf Ihren Körper, auf Ihre Seele, und beide werden Ihnen mitteilen, was sie wann benötigen. Wenn Sie nicht genau wissen, was Ihnen fehlt, dann fragen Sie Ihren Körper. Fragen Sie die Seele, was Sie als nächstes tun sollen. Bitten Sie Gott und Universum um Hilfe.

Entdecken Sie jene gesunde Balance, die Ihnen entspricht. Seien Sie offen für Ihre eigenen Bedürfnisse. Sobald Sie angespannt, erschöpft und aus dem Tritt sind, und wenn Sie sich besser fühlen möchten, dann müssen Sie sofort Hilfsmaßnahmen ergreifen. Hegen und pflegen Sie sich, bis Sie wieder im Einklang mit sich selbst sind.

Atmen Sie tief ein und empfangen Sie, atmen Sie tief aus und geben Sie zurück. Ihr natürliches Gleichgewicht ist genauso notwendig wie das Atmen. Im Einatmen nehmen Sie den Strom des Lebens auf, im Ausatmen lassen Sie Ihr Sein dem Raum zuteil werden. Das eine bedingt das andere. Und genauso verhält es sich mit unserem Heilungsprozeß, mit unserer Lebensenergie. Sie können sie nicht abstrahlen, wenn Sie sie vorher nicht verinnerlicht haben.

Lassen Sie das innere Gleichgewicht
zum Normalzustand werden. Erkennen Sie,
wieviel mehr Sie dann schaffen und innerlich reicher sind.
Sehen Sie doch wie gut Sie sich fühlen,
wenn Ihre Lebenskraft vital bleibt.

Stehen Sie mit beiden Beinen auf der Erde

25. JUNI

Unsere Entwicklung ist zum großen Teil spiritueller Natur. Manchmal heben wir regelrecht ab, unsere Seele schwingt sich in den Himmel empor, berührt das Wunder des Lebens, entschwebt in hohe geistige Regionen. So soll es sein. Aber wir müssen auch mit beiden Beinen auf der Erde stehen. Selbst der größte Baum, der weit in den Himmel ragt, hat Wurzeln, die tief in die Erde reichen. Je höher wir auf der geistigen Ebene gelangen wollen, desto mehr müssen wir uns um einen festen Untergrund bemühen.

Sie sind Geist und Seele, aber Sie haben außerdem einen Körper. Nähren Sie Ihren Geist und besinnen Sie sich auf ihn, doch schenken Sie auch Ihrem Körper Aufmerksamkeit. Verbinden Sie sich mit allem Physischen, mit der Kraft der Erde.

Fördern Sie Ihr geistiges Wachstum, aber verankern Sie es im Alltag und in den Dingen der Erde. Dadurch bleiben Sie »geerdet«, dadurch achten Sie Ihren Körper und bleiben stets in Beziehung mit ihm. Entwickeln Sie Ihre geistigen Fähigkeiten, doch sollen diese auch das konkrete Leben widerspiegeln und feiern. Genauso wie der Rumpf, die Tragflächen und Funktionsweisen eines Flugzeugs der Idee des Fliegens Gestalt verleihen, so schenkt Ihr Körper der Seele eine äußere Form, in welcher sie sich völlig frei fühlen kann. Aber selbst Flugzeuge müssen manchmal landen.

Finden Sie heraus, wann Ihr Körper und Ihre Seele
wieder zur Erde zurückkommen müssen.
Nehmen Sie sich Zeit, um festen Boden unter den Füßen zu haben.
Dann sind Sie auch fähig,
sich in die Lüfte zu erheben.

Wenn wir gemeinsam mit einem anderen Menschen durchs Leben gehen, kommen wir manchmal an einen Kreuzweg. Für den einen mag es am besten sein, in *dieser* Richtung voranzuschreiten, um bestimmte Erfahrungen zu sammeln, neue Lektionen zu lernen, den eigenen Horizont zu erweitern; für den anderen hingegen, in *jene* Richtung zu gehen. Das ist eine Phase großer Herausforderungen und schwieriger Entscheidungen.

Immer nebeneinander zu gehen, ist manchmal nicht das Beste oder sogar unmöglich. Zwar können wir den anderen auf seiner Reise begleiten, aber das hat vielleicht seinen Preis: Wir verzichten auf unsere Reise und werden allmählich zu passiven Beobachtern. Auch können wir darum bitten oder darauf bestehen, daß der Partner sich uns anschließt; aber unter Umständen ist er dann die meiste Zeit genauso gelangweilt und ruhelos, wie wir selbst es wären, wenn wir in seiner Haut steckten. Es gibt Momente, da wir einfach loslassen und Abschied nehmen müssen.

Diese Wendepunkte haben oft etwas Überraschendes. Sie können schon früh auftauchen oder erst nach vielen Jahren – ob in Liebesbeziehungen, Freundschaften, Geschäftsbeziehungen oder mit Familienmitgliedern. Und obwohl wir kaum mit einer Trennung rechnen, ist sie doch gewöhnlich keine Katastrophe, sondern eine wichtige Station auf unserer Reise.

Empfinden Sie jedes Ihrer Gefühle ganz bewußt. Auch wenn Sie eine Zeitlang auf Ihren Partner wütend sind, sollten Sie sich doch so schnell wie möglich von Ihren Ressentiments befreien. Verabschieden Sie sich von ihm in Liebe, wünschen Sie ihm alles Gute, und danken Sie ihm für das, was er Ihnen beigebracht hat. Denken Sie daran, daß der Fluch, den Sie vielleicht gegen ihn ausstoßen wollen, letztlich Ihnen selbst schaden wird.

Betrauern Sie Ihren Verlust. Lösen Sie sich vom anderen. Und lassen Sie ihn dann jenen Weg beschreiten, den er für richtig hält. Sich an ihm festzuklammern, nutzt überhaupt nichts. Stellen Sie es ihm und sich selbst frei, die weitere Route allein zu planen, dem eigenen Schicksal zu folgen, das Leben unabhängig voneinander zu genießen.

> *Behindern Sie den andern nicht, wenn er jenen Weg gehen und meistern möchte, der ihm das höchste Glück beschert – dann werden auch Sie frei genug sein, den Ihren zu finden.*

Ich fühlte mich innerlich unruhig und angespannt, als ich im Norden Kaliforniens auf den Redwood Highway fuhr. Ursprünglich hatte ich, um schneller zu meinem Zielort zu gelangen, eine andere Straße nehmen wollen, aber sie war landschaftlich nicht so schön. Im letzten Moment entschied ich mich für jenen Weg, der zwischen den Bäumen hindurchführte.

Tausende von rothölzernen Bäumen ragten hoch in den Himmel empor. Einige standen ganz stramm und aufrecht; andere schienen sich vornüber zu beugen, um auf den Highway zu schauen. Manche hatten ihre Wurzeln ineinandergeschlungen, so als ob sie eine Familie bildeten. Hier und da gab es auch »Einzelgänger«. Kilometer um Kilometer, in jeder Richtung und so weit das Auge reichte, war ich von unzähligen Bäumen umgeben. Ihre Energie und ihre Botschaft drängten sich förmlich auf. Sie kündeten von Ruhe, Geduld und Wachstum.

Seit Hunderten von Jahren stehen sie schon hier und harren der Dinge, die da kommen. Kaum etwas konnte sie aus dem Gleichgewicht bringen. Sie taten in dieser ganzen Zeit nichts anderes, als stetig, geduldig, friedlich und still zu wachsen. Sie haben schon genug erlebt, genug mitgemacht, um zu wissen, daß jede Sorge überflüssig ist, daß alles schon irgendwie klappt – daß das Leben sich ständig entwickelt und wandelt.

Lernen Sie etwas von diesen rothölzernen Bäumen.
Lassen Sie sich von ihnen zeigen, wie wichtig
Geduld und Ruhe sind. Das Leben
geht weiter. Die Menschen ändern sich.
Die Zeit geht voran. Da sind Geschichten,
die durchlebt, und Geschichten, die erzählt
werden müssen – wir aber können gelassen sein
und wissen, daß immer alles gut ist.

Sie brauchen mit Ihren Gefühlen nichts Besonderes zu unternehmen. Machen Sie sich das klar und seien Sie sich dessen gewiß. Es sind tatsächlich »nur« Gefühle. Aber ihre Energie spielt eine ganz wesentliche Rolle; und ebenso wichtig ist es, diese nicht zu blockieren, nicht zum Stillstand zu bringen, nicht zu verdrängen, nicht zu unterdrücken, sondern sie zu achten und zu schätzen wie uns selbst.

Jedenfalls müssen Sie in dieser Richtung nicht *aktiv* werden, das heißt, nicht auf alle Gefühle einwirken. Sie brauchen sie weder zu kontrollieren noch sich von ihnen kontrollieren zu lassen. Früher, ja, da waren Sie dauernd am Tun und Machen, um die Dinge in den Griff zu bekommen. Jetzt aber empfinden Sie einfach nur, was in Ihnen vorgeht. Werden Sie sich Ihrer Gefühle voll und ganz bewußt. Gehen Sie verantwortungsvoll damit um, und lassen Sie sie dann los. Entledigen Sie sich Ihrer emotionalen Energie.

Bald werden Sie genau wissen, was als nächstes zu tun ist, welche Lektion gerade ansteht. Und so unternehmen Sie instinktiv den Schritt, der am besten zu Ihnen paßt.

Sie müssen mit ihren Gefühlen nur eines tun:
sie wirklich empfinden.

Manchmal gestehen wir den anderen – und auch uns selbst – nicht ein, was wir fühlen

Auf dieser Reise geschieht vieles, was uns mitnimmt oder gar provoziert. Dann sind wir vielleicht verärgert, wütend oder ängstlich. Im Innern staut sich emotionale Energie auf. Wenn wir uns nicht die Zeit nehmen, sie »abfließen« zu lassen, erstarrt das Gefühl zu einer Art Klumpen. Dadurch ist der Weg zum Herzen, zu uns selbst blockiert und die Verbindung zu anderen Menschen und zu Gott unterbrochen.

Wir denken vielleicht, es sei höflich und rücksichtsvoll, die eigenen Emotionen nicht zum Ausdruck zu bringen. Möglicherweise gehen wir davon aus, daß die meisten unserer Gedanken und Gefühle derart unbedeutend sind, daß es reine Zeitverschwendung wäre, sie im einzelnen zuzugeben und auszusprechen. Gewiß, einige sind kaum der Rede wert, viele aber fallen doch ins Gewicht. Wir müssen uns also immer wieder damit beschäftigen, die Vorstellungen, Überzeugungen und Empfindungen, die uns wichtig sind, näher zu untersuchen und uns gegebenenfalls davon freizumachen.

Geht es in einer Ihrer Beziehungen nicht vor und nicht zurück? Haben Sie manchmal den Eindruck, jedem Gespräch aus dem Weg zu gehen? Dieses Gefühl wird nicht einfach verschwinden. Seine Energie existiert weiterhin: Solange wir diese nicht nach außen abgeben, bleibt das Verhältnis gespannt. Selbst wenn wir unsere Gefühle verheimlichen – der andere ist klüger, als wir denken. Und ganz unabhängig davon, was wir sagen – unser Körper reagiert allmählich auf die dauernde Verdrängung, erzeugt Unbehagen und Mißstimmung.

Viele von uns arbeiten mit der Methode, sich positive Botschaften zu übermitteln, die der eigenen Weiterentwicklung förderlich sind. Aber auch hier läuft oft alles nach dem altbekannten Schema ab: Wir sagen uns zwar, daß wir uns lieben, machen uns innerlich jedoch ständig Vorwürfe und verhalten uns dann so, als würden wir uns nicht mögen. Das ändert sich erst, wenn wir uns von der negativen Energie befreit haben.

Wie fühlen Sie sich im Moment? Nein, was fühlen Sie *wirklich*? Stellen Sie sich diese Frage sooft wie nötig. Und erübrigen Sie dann etwas Zeit, um die Empfindung, den Gedanken, die Ansicht bewußt wahrzunehmen und loszulassen.

> *Sie sind verbunden mit Ihrem Innern. Sie stehen*
> *in Beziehung mit der Welt, die Sie umgibt.*
> *Achten Sie deshalb darauf, daß diese Verbindungen*
> *nicht durch Unklarheit getrübt werden.*

Schätzen Sie Ihre Verbindung mit dem Universum 30. JUNI

Früher hatte ich eine völlig andere Beziehung zum Universum. Ich fühlte mich isoliert, verlassen, abgetrennt vom Rest der Welt. Auch Gott stellte ich mir ganz anders vor. Gewöhnlich sah ich ihn, weitab von allem Geschehen, einsam auf einem Thron sitzen. Zwar ist er für mich auch weiterhin die höchste schöpferische Kraft, aber der Abstand verringert sich, seine Sonderstellung verändert sich, wandelt sich um in etwas Neues. Heute betrachte ich Gott, die göttliche Energie und Liebe, als Kern all dessen, was existiert, als den Hauch, der jedes Lebewesen durchströmt.

In der Vergangenheit dachte ich immer, die Welt bestünde aus voneinander unabhängigen Einzelteilen. Dementsprechend gab es auch zwischen den Menschen keine Verbindung; in dieser von Gott losgelösten Welt waren sie auf sich allein gestellt und eigentlich ohnmächtig. Jede Person, jedes Ding, jede Handlung »funktionierte« nur für sich und hatte keinen Bezug zum Ganzen.

Jetzt erkenne ich, daß die vielen Menschen auf diesem Planeten mit dem Übernatürlichen verbunden sind, daß ein göttlicher Faden alles, was war, ist und sein wird, zusammenhält, daß dieses Universum lebendig und magisch ist – durchwoben von überall wirksamer göttlicher Liebe.

Gehen Sie mit dem Weltall eine Beziehung ein,
die genauso lebendig, aktiv und aufregend ist
wie jede andere Beziehung. Machen Sie sich
bewußt, daß Sie mit der Welt und allem, was
sie beherbergt, verbunden sind. Seien Sie
sich klar darüber, daß die universelle,
die göttliche Liebe wirklich existiert
und daß Sie an ihr ganz wesentlichen
Anteil haben.

Juli

Akzeptieren Sie jeden Abschnitt Ihres Lebens

Es dauerte lange, bis ich damit einverstanden war, eine Brille zu tragen. Und immer noch bin ich überrascht, wenn ich sie aufsetzen muß, um die Speisekarte zu lesen oder eine Nummer im Telefonbuch zu suchen. Manchmal schaue ich in den Spiegel und denke, Gesicht und Körper müßten genauso sein wie in meiner Jugend, denn diese habe ich in sehr guter Erinnerung. Sie ist auch heute noch ein Teil meiner selbst.

Inzwischen habe ich gelernt, das Älterwerden zu akzeptieren, weil jeder Lebensabschnitt bestimmte Herausforderungen, Freuden, Kümmernisse und Lektionen für uns bereithält. Allmählich vertraue ich dem, was ich aus jedem Zyklus lerne. Ich habe keine Angst vor dem Alter, da ich weiß, daß es ebenso zu meinem Leben dazugehört wie die Jugend, daß es ebenso wichtig ist.

»Meine Mutter ist gerade siebzig geworden«, sagte mir eine Frau in dem Ferienhotel, wo ich wohnte. »Da haben meine Schwester und ich sie gefragt, was sie sich zum Geburtstag wünscht. Und stellen Sie sich vor: Sie wollte einen Taucheranzug, weil sie sich beim Wasserski am Rücken verletzt hatte.«

Und was verbinden Sie mit dem Älterwerden?

Jugend und Alter sind die beiden Seiten ein und derselben Münze. Jeder Augenblick ist ein Teil des Lebens, Ihres Lebens. In jedem Abschnitt lernen Sie etwas Neues. Holen Sie Ihre Brille hervor, wenn Sie sie brauchen, aber lachen Sie auch einmal darüber. Denken Sie stets daran, jeden Moment als etwas Wertvolles zu betrachten.

Warum bemühen Sie sich nicht um Ihr Glück? Hat Ihnen jemand gesagt, Sie könnten nicht glücklich sein; Sie seien unfähig, sich vom Leben helfen lassen? Es spielt keine Rolle, wer Ihnen einzureden versuchte, daß Ihre Wünsche nie in Erfüllung gehen würden. Es kommt einzig und allein darauf an, ob *Sie* weiterhin der gleichen Meinung sind.

Gewiß, es gibt viele Situationen im Leben, da wir leer ausgehen, da wir bestimmte Aufgaben erledigen und Entbehrungen auf uns nehmen müssen, um ein bestimmtes Ziel zu erreichen. Aber wir haben – wesentlich öfter, als wir vielleicht denken – auch die Möglichkeit, das zu bekommen, was wir wollen. Es gibt Momente, in denen unsere Wünsche im Vordergrund stehen.

Werfen Sie einen Blick nach innen. Fragen Sie sich, was Sie gerne hätten. Was würde Ihnen guttun? Was würde Ihnen Freude bereiten? Hat es irgendeinen Nutzen, sich weiterhin diese oder jene Sache vorzuenthalten? Seien Sie erfinderisch. Schauen Sie sich einmal um. Auf welche Weise könnten Sie sich das beschaffen, was Sie ersehnen? Was könnten Sie machen, um das Leben so zu gestalten, daß es Ihnen wirklich gefällt?

Es ist nicht egoistisch, sich seine Wünsche selbst zu erfüllen. Vielmehr zeigt man den anderen damit, daß auch sie das Leben mehr genießen könnten.

Lassen Sie Ihrer Phantasie freien Lauf.
Und stellen Sie sich vor, was Sie glücklich
machen würde. Achten Sie darauf,
welche Empfindungen Sie dabei haben
Legen Sie dann eine kleine Pause ein
und lächeln Sie. Denn Sie ahnen
bereits, was Ihnen durch Gott
alles zuteil werden kann.

Eine Frau, der ich im Bundesstaat Washington begegnete, gab mir ein Geschenk. Es war ein wunderbares Herz, das ihr Sohn, ein Bildhauer, gestaltet hatte, und das aus vielen einzelnen Teilen bestand – die Risse dazwischen waren quasi zugeheilt und wieder zusammengewachsen.

»Das hat mein Sohn gemacht«, sagte sie. »Ich möchte es Ihnen schenken.« Ich bedankte mich dafür. Dieses Herz ist jetzt immer bei mir; es erinnert mich daran, ein offenes Herz zu bewahren.

Seien auch Sie stets empfänglich. Sorgen Sie dafür, daß Sie aufgrund irgendwelcher Probleme nicht abstumpfen. Wenn Sie sich verschließen, werden Sie Ihre Begeisterung, Ihre Leidenschaft, Ihre Lebensfreude und Ihren Glauben verlieren.

Nehmen Sie alles in sich auf, was Ihnen widerfährt. Wenn hier und da Gefahren lauern, werden Sie es schon merken. Aber machen Sie nicht einfach zu. Bewegen Sie sich lieber in eine andere Richtung. Fürchten Sie sich nicht davor, daß Ihnen jemand das Herz brechen könnte. Manchmal passiert das eben; es ist der Preis für Ihre Offenheit und Ihre Risikobereitschaft. Wenn Sie großen Kummer haben, lassen Sie die Wunde in Ihrem Innern verheilen, und geben sich dann erneut dem Leben hin.

Erinnern Sie sich an diese Skulptur.
Sie gibt Ihnen zu verstehen, daß ein gebrochenes
und dann verheiltes Herz
ein wunderbares Kunstwerk ist.

Wir müssen uns beibringen, wie man innerlich losläßt, wie man abschaltet.

Tun Sie etwas, das Sie entspannt, beruhigt, ins Gleichgewicht bringt. Setzen Sie sich in die Sonne. Genießen Sie ein heißes Bad. Unternehmen Sie einen Kurzausflug zu einer nahegelegenen heißen Quelle oder zu einem Mineralbad. Setzen Sie sich auf einen Hügel oder oben auf einen Berg, und lassen Sie den Blick übers Land schweifen.

Bleiben Sie dort so lange wie möglich. Bewahren Sie den Zustand der Ruhe, solange er Ihnen behagt. Bewegen Sie sich zwischendurch ein wenig, wenn Sie das Bedürfnis dazu haben. Kehren Sie dann wieder an Ihren Ort zurück, und gehen Sie an die Arbeit.

Machen Sie das nicht nur einmal, sondern immer wieder. Gestatten Sie sich, völlig zu entspannen. Geben Sie sich die Möglichkeit, Abstand zu gewinnen. Bald werden Sie dann herausfinden, welche Methode dafür am besten ist.

Achten Sie auf Ihre Gedanken und Gefühle, während Sie versuchen, sich von Ihren Spannungen zu befreien. Nehmen Sie sich unter die Lupe, wie ein neutraler Beobachter es tun würde – ohne Vorurteil, ohne Vorwurf. Was kommt Ihnen in den Sinn? Wie fühlen Sie sich? Was geht tief in Ihrem Innern vor?

Erforschen Sie Ihre Gedanken und Gefühle so genau wie möglich. Sitzen Sie so lange still, wie Sie nur können. Wenn Ihr Körper dann genug hat, wird er's Ihnen schon signalisieren.

Als ich eines Morgens aufwachte, befand ich mich in einem etwas seltsamen Zustand. Anstelle des erwarteten Schmerzes durchströmte mich ein ungewohntes Gefühl. Ich war glücklich, völlig ruhig und begeistert darüber, am Leben zu sein. Natürlich kannte ich solche Stimmungen, aber sie hatten nie lange angehalten. Jetzt wußte ich, daß die Empfindung tief aus meinem Innern kam und daß sie von Dauer war. An ihr konnte ich ablesen, wie weit ich auf meiner Reise inzwischen gekommen war.

Seien Sie von Leidenschaft erfüllt. Sie ist nichts anderes als pulsierende, positive, lebenspendende Energie, ursprüngliche Spannkraft. Fühlen Sie, wie sie durch Ihre Adern fließt. Diese Erregung unterscheidet sich fundamental vom Kummer der vergangenen Jahre – aber Sie und ich, ja wir alle haben von Geburt an einen Anspruch darauf. Diese lebendige Energie ist die Belohnung dafür, daß wir uns stets für unseren Lern- und Entwicklungsprozeß engagiert haben.

Befreien Sie sich auch weiterhin von alten, negativen Gefühlen und verstaubten Ansichten. Fahren Sie fort, Ihre Seele zu entdecken und zu heilen, selbst wenn Sie im Zweifel sind, ob sich das überhaupt lohnt, ob Sie in der richtigen Richtung gehen, ob es überhaupt ein Ziel gibt. Lieben Sie sich, lieben Sie die andern. Lieben Sie sich dann noch etwas mehr, bis Sie die Lebenskraft, diese anregende, ungewohnte Energie, deutlich empfinden.

Bemühen Sie sich weiterhin um Ihr persönliches Wachstum. Denn eines Morgens werden Sie aufwachen und sich fragen:
Was ist das nur für ein sonderbares Gefühl?
Dann wissen Sie: Es ist die Freude.

Machen Sie sich bewußt, wie jede Seele Sie berührt

6. JULI

Oft ermessen wir den Wert einer Beziehung erst, wenn sie zu Ende ist. Dann verstehen wir, in welcher Hinsicht uns der andere Mensch geholfen hat, wie er uns ins nächste Entwicklungsstadium führte und uns auf die neu zu lernende Lektion vorbereitete. Außerdem wird uns klar, inwieweit wir ihn formten und weiterbrachten.

Eines Abends, kurz vorm Einschlafen, hatte ich eine Vision. Vor meinem geistigen Auge sah ich deutlich die Wechselwirkungen, die zwischen uns Menschen stattfinden. Und tief im Innern wußte ich, welch spürbaren und prägenden Einfluß jedes Lebewesen auf mich hatte. Jede bisherige Interaktion – egal, ob sie sich stillschweigend vollzog, ob ich sie kaum wahrnahm oder ob sie auf einer engeren Verbindung beruhte – war wichtig gewesen. Jeder frühere Augenblick – der schmerzliche genauso wie der freudige – hatte mir genutzt. Die eine Person berührte die andere, tauschte sich mit ihr aus. Wir alle waren in vielfältigster Weise miteinander verwoben, nahmen teil an einem gemeinsamen Tanz, bei dem wir ständig dazulernten und uns weiterentwickelten. Die Choreographie ließ nichts zu wünschen übrig, denn wir befanden uns jeweils mit dem richtigen Partner zur richtigen Zeit am richtigen Platz.

Ich konnte förmlich beobachten, wie wir uns heiter aufeinander zubewegten – glücklich über die besonderen Umstände, die unser Zusammensein ermöglicht hatten, froh darum, daß wir uns gegenseitig die inneren Lektionen – Mut, Liebe, Versöhnlichkeit, Sanftheit – erklärt hatten.

Ehren Sie die Heiligkeit der Liebe
und die Lektionen des Planeten Erde
sowie die Menschen, die Ihnen helfen,
diese Lektionen zu lernen.

Manchmal gibt uns das Universum Warnzeichen.

Ich fuhr auf einer Landstraße in New-Mexico und hielt den nötigen Sicherheitsabstand ein. Plötzlich trat der Fahrer vor mir auf die Bremse, um einer großen Wasserlache auszuweichen, die sich auf der Straße gebildet hatte. Auch ich bremste abrupt, aber das Auto hinter mir war zu dicht aufgefahren und stieß gegen meinen Jeep.

Ich stieg aus und überprüfte den Schaden. Der Jeep hatte nichts abgekriegt. Am anderen Fahrzeug war nur die Stoßstange verbeult. Niemand hatte sich verletzt. Ich stieg wieder ein und dachte, die Angelegenheit sei damit erledigt. Doch als ich losfuhr, wurde ich nachdenklich. Irgendwie ließ der Unfall mir keine Ruhe.

Einige Wochen später steuerte ich meinen Jeep über einen zweispurigen, schnell befahrenen Highway. Hinter mir fuhr ein großer Sattelschlepper, der Autos geladen hatte, vor mir eine Reihe anderer Fahrzeuge. Ganz vorn befand sich ein Schulbus. Die Geschwindigkeit betrug mindestens 90 Stundenkilometer.

Plötzlich sah ich die Bremslichter der vorderen Wagen. Der Schulbus hatte angehalten, um ein Kind aussteigen zu lassen. Ich stoppte ebenfalls. Im gleichen Augenblick fiel mir ein, was ich aus jenem Unfall gelernt hatte – nämlich daß der Fahrer hinter mir nicht immer rechtzeitig bremsen kann.

Ich schaute in den Rückspiegel. Der Fahrer des Sattelschleppers versuchte verzweifelt, das Tempo zu drosseln. Ich fuhr auf den Seitenstreifen, damit er eine weitere Autolänge als Bremsweg zur Verfügung hatte. Mit quietschenden Reifen kam er direkt hinter dem Wagen vor mir zum Stehen. Hätte ich nicht aufgepaßt, um sogleich auszuscheren, wäre ein schlimmer Auffahrunfall passiert – mit all den Kindern im Bus …

*Manchmal geschehen Unfälle ohne jede Vorwarnung,
dann wieder gibt uns das Universum ein Signal,
ja einen leichten Schubs. Wir brauchen zwar
nicht ständig Angst zu haben und zu glauben,
jedes Ereignis kündige Unheil an, aber wir
können doch davon ausgehen, daß wir ein
deutliches Warnzeichen auch erkennen.*

Seien Sie weder überrascht noch bestürzt, wenn Sie an ein Schlagloch oder eine Umleitung kommen, wenn der Weg holprig, ja steinig wird. Machen Sie etwas langsamer. Haben Sie Geduld. Es geht nicht immer so weiter. Auch dieser Abschnitt ist Bestandteil Ihrer Reise ins Innere. Andererseits lernen Sie auch dann dazu, entwickeln Sie sich weiter, entdecken Ihre Gefühle und sammeln Erfahrungen, wenn Sie ein völlig unbeschwertes, ungebundenes Leben führen. Trotzdem kann es jederzeit passieren, daß erneut eine schwierigere Phase beginnt.

Glücklich sein heißt weder, daß man die ganze Zeit fröhlich ist noch daß man stets problemlos vorankommt, sondern daß man alles fühlt, was gefühlt werden muß, und jedes Stück Weg akzeptiert – auch dann, wenn eine Richtungsänderung notwendig ist.

Nehmen Sie alle Ihre Gefühle bewußt wahr.
Empfinden Sie Ihre Angst und Ihre Frustration,
wenn Sie plötzlich einen Gang herunterschalten
müssen, und gewöhnen Sie sich an
das neue Tempo. Sie kommen vielleicht
nicht so schnell vorwärts, wie Sie gerne
möchten, aber die Reise ist weder
unterbrochen noch beendet. Sie
machen nichts falsch. Sie gehen einfach
nur langsamer, bleiben jedoch in Bewegung.

»Ich bin aus einem ganz bestimmten Grund in dieses Ferienhotel gekommen«, sagte die Frau im Breitenbush Retreat des Willamette Forest. »Ich habe meine Fidel mitgenommen, und ich werde nicht eher abreisen, als ich eine Bluegrass-Melodie spielen kann. Wenn ich also je wieder von hier weg will, muß ich üben, üben und nochmals üben.«

Es gibt Phasen, in denen wir uns öffnen sollen, um fast wahllos alles in uns aufzunehmen, was die Welt für uns bereithält. Dann grübeln wir nicht lange nach, sondern beschreiten genauso gelassen, locker und staunend wie ein Kind jene Wege, die uns von der inneren Stimme gewiesen werden.

Aber es kommt auch eine Zeit, da wir hellwach sein sollen, um uns auf das zu konzentrieren, was wir gerne erreichen möchten. Anstatt uns mit wirren Gedanken oder vagen Möglichkeiten herumzuquälen, entscheiden wir uns für eine bestimmte Sache und handeln dann dementsprechend. Zwar behalten wir unseren natürlichen Rhythmus bei, sammeln uns aber und richten unsere ganze Aufmerksamkeit auf das jeweilige Ziel.

Dazu müssen wir unsere Zerstreutheit in den Griff bekommen, jede Ablenkung vermeiden. Gerade indem wir unsere inneren Widerstände überwinden, sind wir fähig, unsere Aufgabe in Angriff zu nehmen und zu meistern; so lernen wir zum Beispiel, ein schwieriges Musikstück auf der Fidel zu spielen.

Haben Sie Lust auf eine spezielle Tätigkeit? Drängt es Sie, etwas Neues zu lernen, eine Herausforderung zu bestehen, zu verreisen? Setzen Sie sich ein Ziel. Bündeln Sie Ihre Energien. Bleiben Sie so lange am Ball, bis Sie Ihre Idee verwirklicht haben.

Ziehen Sie sich an einen einsamen Ort
zurück, und verlassen Sie ihn erst wieder,
wenn Sie Ihren Plan ausgeführt haben.

Vertrauen Sie darauf, daß Ihre Lektionen zeitlich aufeinander abgestimmt sind 10. JULI

Wenn wir eine Lektion lernen, neue Einsichten gewinnen und den wirklichen Sachverhalt allmählich erkennen, neigen wir nur allzuoft dazu, uns zu kritisieren und zu verurteilen, eben weil wir das alles nicht früher durchschaut oder zu lange verdrängt haben. Diese Haltung ist jedoch genauso falsch wie unnötig. Wir haben keinen Fehler gemacht, denn bisher mangelte es uns einfach an Verständnis und Klarsicht.

Wir brauchen die Wahrheit immer erst dann zu erfahren, wenn die Zeit reif dafür ist. Jedes harsche Urteil über unsere Unwissenheit hat nur zur Folge, daß wir uns verschließen und gar nicht merken, was das Leben uns im gegenwärtigen Augenblick offenbart. Wir sind hier, um uns Kenntnisse anzueignen, unsere ureigenen Wahrheiten zu entdecken und Abenteuer zu bestehen.

Sträuben Sie sich also nicht gegen Ihre Erfahrungen. Bejahen Sie jede Lektion, die Ihnen gerade beschert wird. Verdammen Sie sich nicht dafür, daß Sie sie nicht schon eher begriffen haben. Seien Sie vielmehr dankbar und froh, ja begeistert, sobald sie sich ergibt.

Glauben Sie dieser sanften inneren Stimme,
wenn sie Ihnen etwas Wahres mitteilen will.
Seien Sie dankbar, daß Sie sie hören können,
und tun Sie, was sie Ihnen aufträgt.
Vertrauen Sie Ihrem Timing.

Geben Sie Ihre inneren Widerstände auf 11. JULI

Von meinem Fenster aus beobachtete ich den Geysir *Old Faithful* im Yellowstone-Nationalpark. Er brodelte und stieß kleine Dampfwolken aus. Dann machte er seinem Namen alle Ehre und spie – zuverlässig und pünktlich wie immer – mehrere tausend Liter heißen Wassers in die Luft.

Eine ganze Reihe aufwallender Emotionen und Reaktionen säumen den Weg ins Innere. Wir müssen sie alle empfinden – die Wut, den Schmerz, die Trauer, die Irritation –, um schließlich die Freude zu entdecken. Wir müssen sie alle akzeptieren, um das Leben mit all seinen Wundern kennenzulernen.

Es ist gut, den kurzzeitigen Ärger genauso bewußt wahrzunehmen wie die tiefen Verletzungen, die das Leben einem manchmal zufügt. Wenn wir nur angenehme Gefühle zulassen, blockieren wir den Weg, der ins Herz führt. Auf diese Weise ignorieren wir all die anderen, ebenso heftigen Gefühle.

Jedes Gefühl ist wichtig, jedes muß bewußt gemacht werden. Wir müssen diese emotionale Energie anerkennen, um uns dann von ihr zu befreien. Dadurch entsteht Raum für die Liebe. Alle Empfindungen, die ihr vorausgehen, reinigen das Herz, damit es in aller Unschuld und Freiheit das Glück genießen kann.

Vertrauen Sie all Ihren Gefühlen. Denn diese bringen Sie nicht vom Weg ab, sondern führen Sie stets in die richtige Richtung. Und das heißt: ins Innerste. Lassen Sie sie ungehindert durch sich hindurchströmen. Und mit der gleichen Sicherheit, wie Old Faithful heißes Wasser speit, wird Ihr Herz allmählich seine Leuchtkraft entfalten.

Fühlen und erkennen Sie, wie die Lebenskraft, der Pulsschlag des Universums, Sie mitreißt, vorantreibt, weiterführt. Ja, es gibt Phasen, da wir uns mühsam den Weg bahnen, die ganze Willenskraft aufbieten und den alltäglichen Trott bewältigen müssen. Aber sie gehen relativ schnell vorüber. Jedenfalls befinden wir uns jetzt in einem ganz anderen Zustand, der genauso wunderbar wie geheimnisvoll ist. Sobald wir einmal auf der Stelle treten, zweifeln, Fragen stellen, müde und verwirrt sind, so gibt uns das Weltall neue Kraft und weist uns die Richtung.

Wenn Sie sich erschöpft fühlen, ruhen Sie sich aus; wenn Sie traurig sind, weinen Sie; wenn Sie Durst haben, trinken Sie ein großes Glas Wasser; wenn die Verzweiflung Sie übermannt, nehmen Sie es bewußt wahr. Aber machen Sie sich deutlich, daß dies nur momentane Empfindungen sind. Wenn Sie in Ihrer Konfusion nicht weiterwissen, setzen Sie sich mit ihr auseinander – so lange, bis Sie wieder klarsehen, bis Sehnsucht, Hoffnung, Entschlossenheit erneut zum Vorschein kommen. Sie brauchen sich nicht mehr so verbissen durchzukämpfen. Es ist nicht länger nötig, sich ständig vorwärtszupeitschen.

Erholen Sie sich, bis Sie im Gleichgewicht sind, und setzen Sie dann behutsam Ihren Weg fort. Lassen Sie sich vom Universum helfen. Öffnen Sie die inneren Augen und schauen Sie, wohin Sie gehen. Fühlen Sie es, spüren Sie, was als nächstes zu tun ist. Achten Sie darauf, wie die magische Kraft des Universums Sie trägt, auch wenn Sie ausgelaugt oder durcheinander sind. Sie sind verbunden mit dieser kosmischen Urmacht, mit Gott – und mit sich selbst.

Stellen Sie das Gerede im Kopf ab. Regenerieren Sie sich körperlich und seelisch. Nehmen Sie alle heilsame Energie der Welt auf.

Und lassen Sie sich dann vom Universum den Weg zeigen.

Ich fuhr durch den versteinerten Wald Arizonas, ein Land, in dem einst Dinosaurier herumwanderten, und steuerte den Jeep dann in die weißlich schimmernde Wüste. Ein feiner Schneestaub bedeckte den Sand und die Sträucher. Diese von der Natur geschaffene Szenerie überraschte mich, ja flößte mir Ehrfurcht ein.

Die Natur ist ständig aktiv, entfaltet ihre Kräfte in mannigfacher Weise. Tornados jagen übers Land. Hurrikans suchen die Küsten heim. Blitze zucken vom Himmel. Staubstürme erfüllen die Luft. Das Holz versteinert, Bäume werden zu wunderschönen Kristallfelsen, die organische Muster in irisierendem Rot und Orange aufscheinen lassen. Im Laufe der Jahrhunderte entstehen Brücken aus Stein, wobei keine anderen Kräfte am Werk sind als Wind, Regen und Wasser, das von anderen Felsen herabfließt. Und manchmal verwandelt sich die Wüste in eine Schneelandschaft.

Auch in unserem Leben geschehen viele Dinge. Einige von ihnen sind wahrscheinlich, folgerichtig. Andere sind unvorhersehbar, scheinen aus heiterem Himmel zu kommen. Alle Ereignisse fügen sich zu einem Muster, formen uns, zeichnen den Lebensweg vor, bestimmen über unser Schicksal. Manchmal werden wir durch ein traumatisches Erlebnis zutiefst geprägt. Dann wieder können scheinbar zufällige Begebenheiten unser Leben von Grund auf ändern.

Wir brauchen nicht alles zu verstehen; vielleicht soll uns auch einiges verborgen bleiben. Und wir müssen auch nicht auf alle Stürme vorbereitet sein. Bisweilen machen wir gerade dann einen wichtigen Lernprozeß durch, wenn wir völlig perplex sind, wenn wir überrumpelt werden.

Trotzen Sie den Stürmen. Lassen Sie sie vorüberziehen. Bewahren Sie Ihr Gleichgewicht, so gut es nur geht. Vergessen Sie nicht, flexibel zu sein und sich im Wind zu wiegen wie die hohen Bäume im Wald. Vertrauen Sie auch den Zufällen, jenen Momenten, wenn es in der Wüste schneit. Versöhnen Sie sich mit Ihrem Schicksal.

Ich saß mit meiner Freundin, die in einer Buchhandlung in meinem Heimatort arbeitet, abends auf einer Bank, direkt am Ufer des Pazifischen Ozeans. Ein paar Sterne und die kleine Mondsichel tauchten den Himmel in ein weiches Licht. Wir tranken Kaffee und schauten aufs Meer. »Ich mag das Meer«, sagte sie. »Ich muß es einfach immer wieder anschauen. Durch diesen Anblick erinnert uns die Natur an die Ewigkeit.«

Manchmal fixieren wir uns auf einzelne Details und sehen folglich nur einen kleinen Ausschnitt – die Probleme, Sachfragen und speziellen Aufgaben, die am betreffenden Tag zu erledigen sind. Das sind die ganz konkreten Dinge, die im Zentrum unseres Lebens stehen. Es ist gut, sie stets ins Auge zu fassen und sich dann um sie zu kümmern – aber es gibt auch Momente, da wir einen Schritt zurücktreten müssen, um den größeren Zusammenhang zu erkennen.

Besuchen Sie, wann immer die Möglichkeit besteht, jene Orte, die Sie an die Ewigkeit erinnern. Blicken Sie zu den Sternen auf. Machen Sie einen Spaziergang zwischen alten Bäumen. Stehen Sie am Meeresufer. Lassen Sie sich von der Natur und vom Leben zeigen, was unvergänglich ist – und zwar so, daß Sie sich innerlich angesprochen fühlen.

Hören Sie auf, sich ständig zu kritisieren, zweifeln Sie nicht mehr daran, ob Sie gut genug sind, und fragen Sie sich nicht, was die Leute wohl denken werden, wenn Sie ihnen Einblick in Ihr Inneres gewähren. Man wird nur eines sehen, nämlich daß Sie ein liebenswertes und entzückendes Geschöpf sind, ein wunderbares Kind Gottes.

Seien Sie eins mit Ihrem Ich, akzeptieren Sie sich – samt Warzen und Hüftspeck, einfach alles. Sie müssen gar nicht immer völlig gerade sitzen, geschniegelt und gebügelt sein, und Sie brauchen auch keine Angst davor zu haben, wie Sie auf andere wirken. Zeigen Sie Ihre Fehler! Geben Sie sie offen zu! Lieben Sie sich trotzdem! Lassen Sie los, damit Ihr Charakter zum Vorschein kommen kann! Dann werden Sie ein von Freude erfülltes Leben führen und darüber hinaus die Menschen beglücken.

Diejenigen, die mit sich im reinen sind, die ihre Schwächen genauso bejahen wie ihre Stärken, besitzen eine angenehme und positive Ausstrahlung, so daß jeder sich in ihrer Gesellschaft wohl fühlt. Betrachten Sie nur einmal die Werke der Natur: einen Canyon, eine Blume, einen Vogel – oder einen Berg, einen Waldweg. Wo beginnt die Vollkommenheit, wo endet die Unvollkommenheit? Aus beider Kombination entstehen Harmonie und Schönheit. Und so ist es auch bei Ihnen.

Entspannen Sie sich. Befreien Sie sich
von Ihren Scham- und Angstgefühlen.
Im ganzen betrachtet, sind Sie vollendet –
und wirklich in Ordnung.

Nach Einbruch der Dunkelheit erreichte ich den Willamette National Forest in Oregon. Plötzlich gabelte sich die Straße. Rechts befand sich ein verschlossenes Tor mit der Aufschrift »Nur für Fußgänger«. Links war der Weg frei, aber auf einem Schild stand: »Naturschutzgebiet. Durchfahrt nur mit Genehmigung«.

Verwirrt starrte ich erst auf das eine Schild, dann auf das andre und steuerte den Wagen schließlich nach links. Weit und breit war keine Unterkunft zu sehen, und so fühlte ich mich allmählich unwohl – eben wie jemand, dem es gar nicht erlaubt ist, diese Straße zu benutzen. Also fuhr ich im Rückwärtsgang wieder zur Gabelung, wendete und setzte meine Reise in der Richtung fort, aus der ich gekommen war.

Zwei Stunden später hatte ich mein Ferienhotel immer noch nicht gefunden. Ich war müde und machte mir Sorgen, daß mir das Benzin ausgehen könnte. Ich versuchte, mir ins Gedächtnis zurückzurufen, was ich gelernt hatte, nämlich daß Verzweiflung nur noch mehr Verzweiflung bewirkt. Dadurch konnte ich mich ein wenig entspannen; ich stellte mir vor, wie ich die Unterkunft finde, den Zimmerschlüssel bekomme und mich in einem Bett ausstrecke, um einzuschlafen. Ich bemühte meine Einbildungskraft so lange, bis ich die Szene genau vor mir hatte.

Bald kam ich erneut an die Gabelung. *Ich hab' ja nichts Böses im Sinn*, dachte ich. *Und so werd' ich noch mal diese Straße durchs Naturschutzgebiet benutzen, obwohl sie für Unbefugte verboten ist.* Ich kam zu der Stelle, wo ich vorher schon gewesen war, und beschloß dann, noch ein kleines Stück weiterzufahren. Schon hinter der nächsten Kurve tauchte das Gesuchte auf – der Parkplatz, das Hotel, die Rezeption, an der mir der Nachtportier meinen Zimmerschlüssel aushändigte. Und nach zwanzig Minuten lag ich im ersehnten Bett.

Manchmal müssen wir einfach weitergehen.

Ich saß mit meinem Freund in einem Lokal. Während wir über persönliche Stärke sprachen, spielte ich mit einer leeren Dose Mineralwasser herum, die vor mir auf dem Tisch stand. Plötzlich schnappte er sich die Dose und warf sie in die Luft, fing sie auf, warf sie erneut hoch. »Siehst du, wie einfach es ist, dir deine Kraft zu nehmen?« sagte er. »Merkst du, daß du sie mir gerade übertragen hast?«

Ich schaute ihm zu, verwundert darüber, wie schnell ich meine Macht preisgegeben hatte, wie verletzbar ich im Grunde war.

Dann lächelte er und stellte die Dose ab. »Keine Sorge«, sagte er. »Das war nur Hokuspokus. Es handelt sich hier ja nicht um deine Stärke, sondern nur um eine leere Dose. Glaub bloß nicht, daß irgend jemand deine Kraft rauben könnte.«

Im Verlaufe dieser Reise in Richtung Freiheit müssen wir vor allem auch darauf achten, in unseren Beziehungen eine gesunde Ausgewogenheit herzustellen. Viele Jahre lang waren wir vielleicht der Ansicht, in der Liebe oder in der Arbeit seien die Gewichte ungleich verteilt. Wir glaubten, daß der andere weitaus mehr wisse als wir – oder daß wir auf alles eine Antwort parat hätten. Aber niemand kann über uns verfügen. Derlei reden wir uns nur ein. Die Verwirrung geht dann manchmal so weit, daß die Person, die wir für stärker halten, tatsächlich meint, *wir* hätten die Fäden in der Hand.

Vergessen Sie also nicht: Wenn Sie auf Ihre Macht verzichten oder davon überzeugt sind, der andere übe Macht über Sie aus, werden Sie immer öfter meckern, sabotieren und gemeine Dinge tun, um mit ihm gleichzuziehen und sich genauso stark zu fühlen. Es gibt jedoch eine andere, bessere Methode, die Ihnen hilft, ein harmonisches Leben zu führen.

Bemühen Sie sich, mit dem anderen auf gleicher Stufe zu stehen.

Von unterwegs aus rief ich meinen Freund an. Während meiner Abwesenheit kümmerte er sich um Max, meinen Afrikanischen Graupapagei. »Und wie geht's Max?« fragte ich. »Ist er wohlauf?«

»Nun«, erwiderte mein Freund, »er ist ein wenig verwirrt. Ich hab' ihn nach draußen gebracht, auf die Terrasse. Er grüßt alle Seemöwen, die vorbeifliegen, und wundert sich, daß sie ihm nicht antworten.«

Max bringt mich immer wieder zum Lachen – genauso wie mein Freund und viele andere Menschen in meinem Leben. Wir lachen oft, wenn wir zusammen sind. Gute Laune zu bewahren und selbst die Mißgeschicke des Alltags mit Humor zu nehmen, kommt uns bei dieser inneren Reise sehr zugute.

Schätzen Sie Ihren Sinn für Humor, denn er ist ein Geschenk. Das Leben muß gar nicht so düster und schrecklich sein, und weder die spirituelle Suche noch die Arbeit ist eine todernste, traurige Angelegenheit. Lernen Sie ganz einfach, den Dingen mit heiterer Gelassenheit zu begegnen. Bemühen Sie sich um diese Einstellung, entdecken Sie sie, und erfreuen Sie sich an ihr. Umgeben Sie sich mit Leuten, die gern lachen. Dann wird Ihnen bewußt, wie wichtig der Humor für Sie selbst ist. Lachen ist nämlich ansteckend. Eine fröhliche Gesellschaft übt eine geradezu magnetische Anziehungskraft aus – und wirkt äußerst heilsam.

Es gibt keine Situation, die nicht durch Lachen verbessert werden könnte. Manchmal hilft uns der Humor sogar, ein Problem zu bewältigen, das sonst unerträglich gewesen wäre. Das Lachen ist kein Luxus, sondern Balsam für die Seele.

Bisweilen besteht unsere nächste Lektion gerade darin, mal wieder zu lachen.

Alles, was wir erleben, ist eine Lektion in Liebe.

Gewöhnlich wissen wir nicht, worin die Lektion eigentlich besteht, über die wir uns gerade klarzuwerden versuchen. Das ist auch gut so, denn wenn wir schon alles genau wüßten, bräuchten wir nichts mehr dazuzulernen. Wir würden die gewonnenen Einsichten bereits in die Praxis umsetzen. Aber auch wenn uns der »Lernstoff« unbekannt ist, können wir doch sicher sein, daß er kein anderes Thema hat als die Liebe.

Mutig sein; einen festen Glauben haben; Geduld aufbringen; sich selbst mögen, auch wenn es ganz danach aussieht, als würde niemand einen beachten; noch einmal von vorn beginnen, obwohl man meint, das schon oft genug getan zu haben; eine versöhnliche Einstellung entwickeln; Mitgefühl, Sanftmut, Freude empfinden und zum Ausdruck bringen – all das sind Lektionen in Liebe.

Bei vielen von uns besteht das Problem ja nicht darin, daß ihnen die Liebe vorenthalten wurde, sondern darin, daß sie sie nicht wirklich verstanden haben. Deshalb sollten wir erkennen: Die Lektionen handeln nicht nur von der Liebe, sie *sind* Liebe.

Arbeiten Sie Ihre Gefühle auf. Tauchen Sie ein in Ihre Innenwelt. Setzen Sie sich mit Ihrer Situation auseinander. Der hohe Kraftaufwand, den dieser Lernprozeß erfordert, ist keineswegs nebensächlich, sondern wesentlich – er trägt entscheidend dazu bei, das eigene Dasein zu begründen, dem Schicksal zu folgen, das Lebensziel zu erreichen. Durchleben Sie also die dunklen, verwirrenden Momente, und vertrauen Sie darauf, daß Licht und Klarheit irgendwann zum Vorschein kommen.

Sie sind verbunden mit der Liebe. Sie stehen in Beziehung zu Gott. Deshalb zeugen auch die Lektionen, die Sie lernen, von Liebe.

Seien Sie froh, mit der schöpferischen Kraft verbunden zu sein

20. JULI

Jahrelang hatte ich die Schachteln mit den Kleidern und Lieblingssachen meines verstorbenen Sohnes in der Garage aufbewahrt. Ich wollte mich von all dem nicht trennen, obwohl es ja gar nicht mehr gebraucht wurde. Eines Tages kam mir dann eine Idee. Ich sprach mit einer Frau, die sich sehr für Stoffe und Textilien interessiert und die mit großem Geschick Patchworkdecken näht. Sie war gerade dabei, eine solche aus den abgetragenen Bluejeans ihrer Kinder anzufertigen; auf diese Weise verwertet sie die Hosen und schenkt zugleich ihrer Familie eine Decke, in die vielerlei Erfahrungen und Erinnerungen »eingewoben« sind. Diese wärmt dann nicht nur, sondern vermittelt ein Gefühl tiefen Wohlbehagens, eben weil das Gewebe die Energie des Lebens speichert.

Das gab mir zu denken. Der Tod meines Sohnes lag schon einige Jahre zurück; Shane weilte nicht mehr unter uns. Aber die Kleidungsstücke bewahrten seine physische und seine spirituelle Existenz. Auch ich konnte ja aus ihnen eine Patchworkdecke herstellen, die die Erinnerung an meinen Sohn wachhielt und mir Trost spendete.

Wer oder was bringt uns auf eine Idee? Andere Menschen, Ereignisse, die bestimmte Assoziationen erwecken, und unsere eigene Phantasie. Wir sind verbunden mit der schöpferischen Kraft. Sie durchströmt das Weltall – und auch uns selbst. Wenn wir dem Innern vertrauen, wird die Intuition uns zeigen, was wir wann tun müssen. Und wenn wir uns lieben, werden wir genügend Selbstvertrauen besitzen, um zuversichtlich und freudig diese Hinweise in die Tat umzusetzen.

Das Universum wird Ihnen zeigen,
wie Sie vorgehen müssen, und Ihnen in jeder
Hinsicht weiterhelfen.

Wir müssen die einfachen Aufgaben genauso ernst nehmen wie die Arbeit, mit der wir unser Geld verdienen, einen bestimmten Zweck erfüllen und der Welt unsere Gaben darbringen.

Im Leben gibt es viel zu tun; wir haben Verpflichtungen gegenüber anderen Menschen – Familienmitgliedern, Vorgesetzten, Geschäftskollegen – und auch gegenüber uns selbst. Die Arbeit, die wir leisten, um unseren Alltag zu bewältigen, ist stets wertvoll, ja ehrwürdig.

Wenn wir mit Freude unsere Aufgaben ausführen – sei es, daß wir Sorge tragen für uns selbst, sei es, daß wir anderen voll und ganz zur Verfügung stehen –, so kommen wir in Berührung mit den Abläufen und Rhythmen des Lebens und des Weltalls. Eine ganze Reihe wichtiger Lektionen in Sachen Spiritualität ist auf die Arbeit bezogen. Deshalb sollte man diese nicht als eine Art Ausflucht betrachten, als Möglichkeit, dem Leben zu entfliehen, sondern ihr mit einer Einstellung begegnen, die von Hochachtung, Liebe und Freude geprägt ist. Auf diese Weise leisten wir einen wichtigen Beitrag zu unserer geistigen Entwicklung.

Die Arbeit kann uns mit dem Leben in Einklang bringen. Sie kann dazu führen, daß wir einerseits den Menschen einen Dienst erweisen, andererseits zu uns selbst zurückfinden. Bei unseren Tätigkeiten brauchen wir die eigenen Bedürfnisse, Wünsche, Erwartungen keineswegs auszuklammern; vielmehr sind wir in der Lage, unser ganzes Wissen mit einfließen zu lassen und immer wieder etwas Neues dazuzulernen.

Vergessen Sie also nie, Ihre kleineren und größeren Arbeiten zu respektieren und zu schätzen. Ob Sie nun das Geschirr spülen, die Wäsche zusammenlegen, eine geschäftliche Besprechung abhalten oder den Rasen harken, jede Aufgabe ist wichtig.

Schätzen Sie Ihre Tätigkeiten, und kommen Sie dadurch in Einklang mit dem Leben.

An den heißen Quellen von Ojo Caliente, New-Mexico, begegnete ich drei Frauen. Zwei waren in den Fünfzigern, eine in den Sechzigern. Sie planschten im Dampfbecken herum, wirkten lebendig und glücklich. »Unser Wohnort ist nur zwei Stunden entfernt, aber zweimal im Jahr kommen wir hier zusammen«, erzählte die Älteste. »Diese Mineralquellen heilen uns, schenken uns viel Kraft; wie neugeboren kehren wir dann ins Leben zurück.«

Gibt es einen Ort, den Sie gerne aufsuchen würden? Können Sie sich von Ihrer Arbeit freimachen, haben Sie Zeit, die Sie in kreativer Weise nutzen wollen? Liegt ein verlängertes Wochenende vor Ihnen? Was würden Sie an diesen Tagen gerne tun?

Ferien und Ausflüge sind wichtig. Sie geben uns die Möglichkeit, einmal wegzukommen, fremde Orte zu besichtigen, auszuruhen und uns geistig und körperlich zu regenerieren. Solche Reisen gehen oft mit tiefgreifenden Entwicklungs- und Veränderungsprozessen einher. Sie tragen dazu bei, daß wir unsere bisherigen Erfahrungen genauso bejahen wie unsere momentane Situation. Sie können eine ganz neue Phase persönlichen Wachstums einläuten. Wenn wir den Drang verspüren, irgendwo hinzufahren, so verbirgt sich dahinter oft das Bedürfnis, im Leben eine andere Richtung einzuschlagen.

Nehmen Sie den Wunsch, zu verreisen
und den Horizont zu erweitern, ernst.
Schätzen Sie ihn, denn er offenbart
Ihre Sehnsucht, im Leben neue
Horizonte zu erschließen.

Manchmal müssen wir in der Arbeit, in der Liebe, ja in der gesamten Lebensplanung noch einmal von vorn beginnen – auch dann, wenn wir uns dagegen sträuben, wenn wir damit nicht gerechnet haben und meinen, daß das unfair sei.

Vielleicht sind wir gezwungen, eine Beziehung zu beenden, den Arbeitsplatz zu wechseln, eine andere berufliche Laufbahn einzuschlagen oder einen neuen Lebensabschnitt zu beginnen, der uns so fremd erscheint, als hätte er mit unserer Vergangenheit überhaupt nichts zu tun. Alles ist anders. Wir sind im Umbruch. Das Leben zeigt sich von einer ganz unbekannten Seite. Wir stehen wieder am Anfang.

Bisweilen haben wir dann den Eindruck, völlig losgelöst zu sein, auf nichts zurückgreifen zu können. Obgleich wir den Dingen, die da kommen, mit Spannung entgegensehen, haben wir doch auch ein wenig Angst. *Nicht schon wieder! Ich pack' es einfach nicht. Dazu hab' ich wirklich keine Lust.* Diese Reaktion ist verständlich. Wir ermüden, sind ängstlich, fühlen uns unsicher.

Respektieren Sie alle Ihre Gefühle, alle Ihre Regungen. Besinnen Sie sich auf jede Lektion, die Sie bisher gelernt haben. Räumen Sie den Weg frei, der zum Herzen führt. Und beschließen Sie dann, das ganz andere zu wagen.

Es ist Zeit für einen Neubeginn.

Die Frau war Mitte Fünfzig, vielleicht Anfang Sechzig. Sie hatte der Großstadt den Rücken gekehrt und arbeitete jetzt als Bedienung in einer Kleinstadt Montanas. Sie sah aus, als würde sie allein leben, als hätte sie bereits eine ganze Reihe von Enttäuschungen, glücklichen Augenblicken und spirituellen Erfahrungen hinter sich. Sie brachte die bestellten Spiegeleier mit Speck und lächelte mich strahlend an. »Was für ein herrlicher Tag heute«, sagte sie.

»In der Tat«, erwiderte ich. Ich musterte sie. »Sind Sie glücklich, hier zu sein?«

Sie überlegte einen Augenblick und antwortete dann gutgelaunt: »Ja. Ja, das bin ich.«

Die Freude ist der Schlüssel zum Glück. Freude am Morgen, Freude den ganzen Tag über, Freude in der Dämmerstunde, Freude in unseren Wach- und Schlafträumen. Allzu lange waren wir davon überzeugt, diese frohe Stimmung hinge von äußeren Umständen ab, vom positiven Ausgang einer Situation oder von der Anwesenheit beziehungsweise dem Verhalten einer bestimmten Person. Obwohl es zu unserem Wohlbehagen beiträgt, wenn wir bekommen, was wir wünschen, und wenn wir mit denen zusammen sind, die wir lieben, haben wir doch auch eine tiefere Freude kennengelernt. Sie ist von Dauer und gibt uns Kraft, schwierige Phasen heil zu überstehen.

Freude kommt nicht von außen, auch wenn natürlich die Energien des Weltalls und der kosmischen Liebe unsere Glückseligkeit steigern und den inneren Quell heftiger sprudeln lassen. Freude stellt sich dann ein, wenn wir in jedem Augenblick den göttlichen Willen ausführen, wenn wir stets in Einklang mit uns selbst sind. Wir *entscheiden* uns für die Freude, indem wir das Leben akzeptieren und voll auskosten – in der Gewißheit, daß jeder Tag, jedes Ereignis eine Bedeutung hat.

Froh und zufrieden sind wir dann,
wenn wir dem Moment vertrauen.
Das ist das Geheimnis der Freude.
Empfinden Sie sie jetzt, und geben Sie
sie dann mit einem Lächeln und mit einem netten Wort
an all jene weiter, denen Sie begegnen.

Ich zog die Landkarte hervor. *Ich werde dahin fahren*, dachte ich, *und dorthin. Ich will erst diesen Ort besuchen, dann jenen.* Meine Gedanken überschlugen sich angesichts all der Stätten, die ich noch besichtigen wollte. Aber trotz meiner Begeisterung kamen mir doch Zweifel, ob ich diese Reisepläne in der verbleibenden Zeit realisieren konnte. Plötzlich fühlte ich mich müde, ja ohnmächtig, und beachtete gar nicht mehr die Landschaft, durch die ich gerade fuhr – den Wald am Fuße des Mount Olympus im Olympic State Park.

Überstürzen Sie nichts. Es gibt viele wunderbare Orte, die Sie aufsuchen, viele Erfahrungen, die Sie machen, viele Menschen, die Sie treffen und liebgewinnen werden. Doch im Moment sind Sie noch nicht soweit. Außerdem werden Sie weitere Schicksalsprüfungen zu bestehen, neue Lektionen zu lernen haben. Aber auch das ist Zukunftsmusik.

Bleiben Sie im gegenwärtigen Augenblick. Er birgt die Erfahrung, die Sie gerade machen müssen, das Glück, das Sie suchen. Indem Sie sich dem Hier und Jetzt widmen, es voll und ganz auskosten, gelangen Sie ins nächste Stadium, das wiederum eine Erfahrung, ein Abenteuer, einen Menschen, ein Gefühl für Sie bereithält. Schätzen Sie diesen Moment. Empfinden Sie alles, was in Ihnen vorgeht. Nehmen Sie alles wahr, was um Sie herum geschieht.

Lernen Sie die Lektionen des heutigen Tages, und Sie werden vorbereitet sein auf die Ereignisse und Freuden von morgen.

Bleiben Sie im Hier und Jetzt.
Das ist der einzige Ort, an dem
Sie sich aufhalten müssen. Von hier aus
stehen Ihnen alle Möglichkeiten offen.

Entdecken Sie Orte, an denen Sie sich erholen können 26. JULI

Ich fuhr auf einem Highway in Nevada und war gereizt und angespannt, als ein Schild mit der Aufschrift »Zum Naturschutzgebiet« auftauchte. Die erste Ausfahrt ließ ich noch aus, die zweite nahm ich dann. Und schon nach wenigen Metern wechselte die Szenerie: Der flache, öde Highway verwandelte sich in ein Gelände voll friedlicher Stille. In einem kleinen, von Bäumen umgebenen See schwamm und badete eine Entenfamilie. Winzige Zaunkönige pickten im Kies. Ein etwa dreizehnjähriger Junge saß mit seinem Lunchpaket auf dem Steg und angelte. Innerhalb von Minuten war meine innere Unruhe verschwunden. Ich hatte einen wundersamen Erholungsort entdeckt.

Wenn Sie sich angespannt, ängstlich, verwirrt fühlen, dann ruhen Sie sich aus, und zwar so lange, bis der geistige Friede wiederhergestellt ist. Unterbrechen Sie Ihre momentane Tätigkeit. Erübrigen Sie etwas Zeit, vielleicht sogar eine ganze Stunde, in der Sie einfach nur loslassen und ins innere Gleichgewicht kommen. Atmen Sie tief ein. Nehmen Sie die Stille und die Schönheit der Welt in sich auf. Sie soll ein Schutzgebiet sein, das Ihre Seele besänftigt und alle Schmerzen lindert.

Solche beschaulichen, erholsamen Orte sind stets in unmittelbarer Nähe. Machen Sie sie ausfindig – zunächst in Ihrer Umgebung, dann in Ihrem Innern. Das Universum hält das Gegenmittel gegen Unruhe und Angst für Sie bereit. Es offenbart Ihnen alles, was Sie für Ihre Heilung brauchen – oft schon hinter der nächsten Ecke.

Machen Sie Pause: ein paar Augenblicke oder auch eine Stunde. Wenn Sie spüren, daß der innere Frieden empfindlich gestört ist, suchen Sie einfach einen Ort zum Entspannen.

Während wir durchs Leben gehen, begegnen wir einer ganzen Reihe von Menschen. Wir lernen, daß wir einigen gegenüber offen und verletzlich sein können, daß dieses Verhalten aber bei anderen unklug, ja gefährlich wäre. Jedenfalls gibt es eine Person, der wir uns immer anvertrauen können – nämlich uns selbst.

Teilen Sie sich also Ihre tiefsten Geheimnisse mit. Ganz gleich, ob Sie frühmorgens aufstehen und Ihre Gedanken in einem Tagebuch festhalten oder ob Sie im Laufe des Tages immer wieder etwas Zeit erübrigen, um sich über Ihren inneren Zustand bewußt zu werden: Sie müssen mit sich selbst klar, direkt und aufrichtig umgehen. Wenn Sie Geheimnisse hüten, den Kopf einziehen, den Problemen ausweichen und die Wahrheit leugnen, beeinträchtigen Sie Ihren Entwicklungsprozeß und versperren gleichsam den Weg ins Innere. Und wenn Sie zuviel verbergen und verschweigen, kommen Sie vielleicht überhaupt nicht mehr weiter.

Legen Sie also jeden Tag eine Pause ein, in der Sie sich über die eigenen Gedanken und Gefühle klarwerden. Sie brauchen nicht immer aktiv zu sein. Schon allein dadurch, daß Sie sich selbst erkennen, Ihre Ehrlichkeit unter Beweis stellen und eine bejahende Haltung einüben, ist alles Notwendige getan, um in Bewegung zu bleiben, voranzukommen und Fortschritte zu machen.

Seien Sie gegenüber den Menschen, denen Sie begegnen, so offen, wie Sie es verantworten können. Aber seien Sie stets ehrlich gegen sich selbst.

Mir war nie bewußt, wie ängstlich ich eigentlich war. Vielleicht hatte ich sogar zuviel Angst, um meine Ängste wahrzunehmen.

Die Leute reden davon, daß man sich mit seiner Furcht auseinandersetzen, sie aufarbeiten muß, ohne vor ihr zurückzuschrecken. Aber wie geht das? Versuchen Sie es doch einmal mit der Methode, die mir ein Therapeut empfohlen hat. Nehmen Sie Papier und Bleistift zur Hand, und schreiben Sie auf, wovor Sie sich fürchten. Erübrigen Sie dafür soviel Zeit wie nötig. Lassen Sie Ihren Gedanken freien Lauf, lassen Sie die Sätze aus sich herausfließen. Ihnen braucht nicht bange zu sein vor dem, was da zum Vorschein kommt. Möglicherweise entdecken Sie so einige Ihrer Ängste zum ersten Mal. Äußern Sie sich auch über diese.

Sie müssen gar nicht in aller Ausführlichkeit festhalten, wie Sie mit dem einzelnen Angstgefühl fertig werden wollen, sondern es nur zugeben, ohne jeden Vorbehalt. Dann werden Sie schon sehen, was im weiteren zu tun ist. Dieses Eingeständnis gibt Ihnen Kraft, macht Sie innerlich frei. Es hilft Ihnen, die anfänglichen Widerstände zu überwinden und ins nächste Stadium Ihrer Entwicklung einzutreten.

Obwohl einige unserer Ängste wirklich begründet sind, also mit ganz realen Ereignissen zusammenhängen, verstärken sie sich nicht dadurch, daß wir uns mit ihnen auseinandersetzen. Der Klärungsprozeß fügt uns nicht noch mehr Schmerzen zu, im Gegenteil, er verleiht uns Ruhe und Stärke. Nicht die Wahrheit ist unser Feind, sondern die Angst vor der Wahrheit.

Gehen Sie sanft mit sich selbst um. Wehren Sie sich nicht gegen Ihre Ängste. Und seien Sie bereit, sie zu thematisieren.

Wer weise genug ist, den Tatsachen ins Gesicht zu sehen, kommt dem geistigen Frieden näher.

»Was ist Ihr Handicap?« fragte der Golfspieler seinen Partner. »Meine Kindheit«, erwiderte der.

Es gibt körperliche Behinderungen, die unsere ganze Physis in Mitleidenschaft ziehen, und seelische Behinderungen, die aus einer traurigen oder qualvollen Kindheit resultieren. Daneben erwachsen uns große Nachteile aus gegenwärtigen Problemen – etwa wenn wir mit einer tödlichen Krankheit oder mit einem nicht wiedergutzumachenden Verlust konfrontiert sind.

Nachdem ich meinen Sohn verloren hatte, kam ich an einen Punkt, wo ich das schreckliche Warten einfach nicht mehr aushielt – dieses Warten darauf, daß der Schmerz vielleicht irgendwann aufhört. Ich wußte, daß Shane mir mein Leben lang fehlen würde, und durchlitt schwerste Depressionen. *Da ist kein Ausweg*, dachte ich. *Ich tue die ganze Zeit nichts anderes, als darauf zu warten, daß dieses Leid ein Ende hat, damit ich wieder mein Leben leben kann. Aber der Kummer wird nie nachlassen. Und ich werde nie mehr in mein Leben zurückkehren.* In diesem Zustand regte sich in mir ein Gedanke, der auf behutsame Weise mein Dasein veränderte.

Ich begriff allmählich, daß ich mit einem Handicap leben und umgehen mußte. Der Tod meines Sohnes war eine Tatsache. Kummer und Schmerz würden meine ständigen Begleiter sein. Aber es gab immerhin die Möglichkeit, das zu akzeptieren und als ein Handicap zu betrachten, um dann innerhalb dieses Rahmens weiterzumachen und einen neuen Anfang zu wagen. In dem Augenblick, da ich mich dazu entschloß, änderte sich meine innere Einstellung genauso wie meine Beziehung zur Außenwelt. Ich war fähig, einen Schritt zu tun, meinen Weg fortzusetzen.

Viele Menschen haben eine Behinderung. Einige davon werden sich mit der Zeit zurückbilden, andere bleiben. Wenn das letztere der Fall ist, sollten Sie nicht mehr darauf warten, daß sie verschwindet. Beschließen Sie statt dessen, mit ihr zurechtzukommen. Setzen Sie sich aktiv mit ihr auseinander. Seien Sie fürsorglich und sanft gegenüber sich selbst. Nehmen Sie alle Einschränkungen in Ihrem gegenwärtigen Leben sowie die damit verbundenen Gefühle bewußt wahr. Akzeptieren Sie sie, damit sie ein Teil Ihrer selbst und Ihrer Erfahrungswelt werden.

Auch wenn Sie mit einem Handicap
leben müssen – schreiten Sie voran,
und genießen Sie das Leben.

Entdecken Sie Ihre eigenen Orte, an denen Sie genesen können

30. JULI

Kurz nach meiner Ankunft in Sedona, Arizona, begegnete ich Marianne. Zusammen mit ihrem Mann leitete sie das Ferienhotel, in dem ich wohnte.

»Sie werden sich hier wohl fühlen«, sagte sie, »und alles Heilsame entdecken, das Sie brauchen.«

»Aber wo soll ich danach suchen?« fragte ich. »Wohin soll ich gehen? Was sollte ich auf jeden Fall unternehmen?«

»Dafür gibt es keine Landkarte«, erwiderte sie leise. »Sie werden Ihre eigenen Orte finden. Die werden Sie schon rufen, oder auch umgekehrt. Eines ist sicher: Sie werden wie magisch angezogen von dem, was Ihnen fehlt.«

Manchmal machen die Menschen, die wir unterwegs treffen, uns auf bestimmte Dinge aufmerksam. Dann wissen wir genau, was als nächstes zu tun ist. Aber wir können auch ein Ziel erreichen, das auf keiner Karte verzeichnet ist, das abseits des Weges liegt und nicht mittels eines vorgefaßten Planes anvisiert werden kann. Eben deshalb müssen wir auf die Stimme des Herzens hören.

Wir sind an einer wichtigen Station unserer Reise angelangt. Hier wird uns bewußt, daß wir jetzt von innen heraus leben – und daß es genau darauf ankommt. Wir erkennen, daß wir unserer Intuition, unseren Lektionen, unserem Wissen genauso vertrauen können wie dem Universum und daß dieses Vertrauen durchaus berechtigt ist. Eben deshalb sind wir heute froh und zufrieden.

Man muß Ihnen gar nicht zeigen, was Sie als nächstes tun sollen. Herz und Seele führen Sie. Dabei lernen Sie, zwischen »richtig« und »falsch« zu unterscheiden; Sie merken, was funktioniert und was nicht.

Machen Sie Orte ausfindig, an denen Sie genesen können. Lernen Sie Menschen, Orte, Dinge und Rituale kennen, die Ihnen guttun. Zerbrechen Sie sich nicht den Kopf darüber, wie Sie sie entdecken können, und warten Sie auch nicht darauf, daß jemand sie Ihnen zeigt. Denn sie werden Ihnen Signale senden – oder Sie werden solche Stätten in Ihr Leben rufen.

Achten Sie auf alles, was lebt, auf alles, was existiert. Erkennen Sie, wie tief jedes Geschöpf mit dem Wirken des Universums verbunden ist. Aber seien Sie sich auch darüber im klaren, daß der Kern stets im Innern beschlossen liegt. Von der kleinsten Wiesenblume bis zum höchsten Redwoodbaum besitzt jedes Lebewesen sein eigenes Energiesystem, sein eigenes Kraftzentrum. Und genauso verhält es sich bei uns Menschen.

Wir sind ein Teil dieser Welt. Von ihr empfangen wir Energie, lebenswichtige Nahrung und Beistand. Aber zugleich ist in uns eine Art Urquell, der uns Liebe, Freude und Weisheit zuteil werden läßt. Die Fähigkeit, zu leben, zu lieben, zu fühlen und glücklich zu sein, entspringt unserem Herzen.

Gehen Sie in sich. Empfinden Sie Ihre Vitalität, Ihre Kraft. Entdecken Sie Ihren Kern, der rein aus Liebe besteht. Alles, was Sie für das Leben und die Liebe brauchen, befindet sich in Ihnen. Hegen und pflegen Sie sich. Unterstützen Sie Ihren Entwicklungsprozeß. Lernen Sie, Ihre Persönlichkeit weiter zu formen und die Wege der Liebe zu beschreiten. Lassen Sie sich von denen unterrichten, die in Ihr Leben treten. Schätzen Sie Ihre zwischenmenschlichen Beziehungen, Ihr Verbundensein mit der Welt. Seien Sie genauso aufnahmebereit wie freigebig, während Sie Ihre Reise fortsetzen.

Nehmen Sie Ihren Platz ein in der Welt.
Seien Sie sich bewußt, daß Sie einem
vollkommenen Universum angehören, daß
aber auch Sie selbst ein vollkommenes
Universum sind.

August

Ich saß an einem ruhigen Plätzchen im Olympic Forest, Washington, und unterhielt mich mit einer Frau. Wir beide fühlten uns sehr wohl, genossen den wunderbaren Tag.

»Die Leute vergessen, daß der Tod die Kehrseite des Lebens ist, daß beides zusammengehört«, sagte sie. »Sie wollen nicht wahrhaben, daß das Alter genauso Teil des Lebens ist wie die Jugend. Wir leben in einer Gesellschaft, die alles trennt, zerteilt, die die Einheit und das ganzheitliche Prinzip nicht mehr kennt.«

Das Ganze, das *alles* enthält: Männliches und Weibliches, Jugend und Alter, Leben und Tod, Kummer und Freude. Ein jedes partizipiert am Sein, ist ein Glied derselben Kette. *Ich möchte die ganze Welt umfassen* … Diese Worte haben wir schon oft gehört, und vielleicht haben auch wir sie schon viele Male ausgesprochen: *Ich möchte die ganze Welt umfassen* …

Verbinden Sie die Teile zu einem Ganzen.
Sie sind ein Mikrokosmos, der alles
umschließt – schon von Geburt an.

Was tun wir, wenn jemand böse auf uns ist? 2. AUGUST

Selbst wenn wir noch so sehr darauf bedacht sind, uns von den anderen innerlich loszulösen, gibt es doch immer wieder Augenblicke, da deren Ressentiments und Vorwürfe unseren geistigen Frieden beeinträchtigen. Wir reagieren so, als würden sie Wurfpfeile oder Steine nach uns schleudern. Jede Bemühung, ihre heftigen Gefühlsausbrüche abzublocken oder zu ignorieren, ist zum Scheitern verurteilt, wenn wir uns diese allzusehr zu Herzen nehmen.

Hier ein paar Vorschläge, die Ihnen in solchen Situationen nützlich sein können:

1. Sprechen Sie mit der Person, die einen tiefen Groll gegen Sie hegt. Wenn das nicht möglich ist, übermitteln Sie ihr in Gedanken oder im Gebet Ihre Segenswünsche.

2. Schützen Sie sich seelisch und geistig. Ein Therapeut hat mir dazu folgende Methode empfohlen, die mir bereits einige Male geholfen hat: Nehmen Sie sich etwas Zeit und kommen Sie zur Ruhe. Schließen Sie die Augen. Stellen Sie sich vor, in einem großen, außen verspiegelten Würfel zu sitzen. Von Ihrem sicheren Platz aus können Sie die anderen sehen, sind Ihrerseits aber unsichtbar. Wenn die Menschen Sie fixieren wollen, sehen sie nur sich selbst. Außerdem gewährleisten Sie Ihr geistiges Wohlergehen dadurch, daß Sie sich einen Flammenkreis vorstellen, der den Würfel umgibt und alle schädlichen Einflüsse von Ihnen fernhält.

3. Blicken Sie tief in Ihr Inneres und finden Sie heraus, welche Blockade, welches ungelöste Problem, welche noch von früher herstammende Überzeugung Sie empfänglich macht für die negative Energie, die von der anderen Person ausgeht. Befreien Sie sich dann von Ihrer seelischen Last. Erkennen und empfinden Sie sie, um sie schließlich loszulassen.

4. Denken Sie noch einmal genau nach. Der Druck und die

Wut, die Sie spüren, kommen vielleicht gar nicht von außen, sondern von innen, sind also durch Sie selbst verursacht. Lassen Sie auch diese Gefühle los. Heilen Sie sich selbst.

Und jetzt danken Sie diesem wütenden Menschen
dafür, daß er Ihnen hilft, innerlich gesund
zu werden, sich weiterzuentwickeln
und Fortschritte zu erzielen.

»Ich konnte dir in materieller Hinsicht nicht viel geben«, sagte er. »Keinen Schmuck, keine Diamanten, kein Gold. Aber eines konnte ich dir schenken, eines hatte ich anzubieten, nämlich meine Präsenz. Ich war und bin immer für dich da.«

Diese Wachheit gegenüber Familienmitgliedern, Freunden, dem Leben an sich und der eigenen Person ist ein Geschenk. Wenn wir aufnahmebereit sind und den Augenblick bewußt wahrnehmen, üben wir einen großen Einfluß auf andere aus – und auch auf uns selbst.

Häufig sind wir – aus Gewohnheit oder aus Angst – ziemlich abwesend und übersehen vieles. Wir sind uns über die eigenen Gedanken und Gefühle nicht im klaren, und so richten wir unsere Aufmerksamkeit und unsere Energie nicht auf die Menschen und Dinge, mit denen wir gerade zu tun haben. Wir schweifen ab, sind irgendwo anders.

Wir können uns jedoch für eine bessere Einstellung, ein adäquateres Verhalten entscheiden, um wirklich offen zu bleiben und zu wissen, was im Innern vorgeht. Wir wagen es ganz einfach, so verletzbar zu sein, daß wir uns den anderen zu erkennen geben und ihnen gestatten, das gleiche zu tun. Wir achten ganz bewußt auf jeden Menschen, jedes Ereignis, mit dem wir konfrontiert sind.

Gewiß, manchmal ist es nicht ratsam, sich zu öffnen, eben weil die Situation uns ungünstig erscheint. Aber gewöhnlich deutet gerade sie darauf hin, daß wir eine Lektion lernen oder eine Entscheidung treffen müssen. Es mag dann an der Zeit sein, das eigene Wissen zu erweitern, einen Schlußstrich zu ziehen und aufzubrechen, bestimmte Gefühle genau zu empfinden, einen anderen Weg zu wählen.

Machen Sie sich und der Welt ein Geschenk:
Seien Sie präsent.

Schätzen Sie jene Kraft, die Ihre innere Flamme entzündet.

Schätzen Sie, was Sie inspiriert und interessiert, was Sie wütend macht, was Sie amüsiert und erheitert, was Sie in Begeisterung versetzt. Ihre heftigen Gefühle sind immer legitim, egal, ob sie von Liebe oder von Haß zeugen. Ihre Leidenschaften führen Sie bei allen Vorhaben in die richtige Richtung. Die unscheinbarste Idee wie das großartigste Projekt ist durchdrungen von dieser inneren Flamme, die auflodert im höheren, ewigen Licht und so Ihren Weg erhellt.

Gott und Universum geben Ihnen zu erkennen, was Sie tun müssen: Sie empfangen diese Botschaft etwa dadurch, daß Ihnen jemand eine besondere Geschichte erzählt; daß Sie auf einen Ort hingewiesen werden, der einem anderen gefallen hat; daß Sie einem Problem, das Ihrem Gegenüber Sorgen bereitet, ein wenig mehr Beachtung schenken als sonst. Oder auch dadurch, daß Ihnen ein Film nicht mehr aus dem Kopf geht; daß Sie ein Buch nicht mehr weglegen können; daß Sie spüren, was Ihnen mißfällt; daß Sie einen Menschen oder eine Sache schließlich doch liebgewinnen; daß Ihnen eine interessante Idee kommt; daß Sie plötzlich innehalten, weil ein Ereignis Sie nachdenklich stimmt.

Lernen Sie, Ihre Reaktionen auf das, was Sie hören und sehen, genau zu registrieren. Auf diese Weise werden Sie sich auch der göttlichen Eingebung bewußt und steuern zielsicher jenen Ort an, den Sie als nächstes erreichen sollen, oder erkennen nach langem Grübeln, wie Sie sich aus einer mißlichen Lage befreien können.

Sobald Sie wissen, was tief in Ihrem Innern vorgeht, wissen Sie auch, was Sie wollen. Und wenn Sie gelangweilt und abgestumpft sind, können Sie wieder lebendig werden. Nehmen Sie alle Ihre Gefühle wahr, dann entdecken Sie auch die Leidenschaft, die sich dahinter verbirgt. Wenn Sie nicht merken, daß

Sie traurig und einsam sind, merken Sie auch nicht, daß es Ihnen gutgeht. Jedes Gefühl will Ihnen etwas ganz Bestimmtes mitteilen. Indem Sie sich von der emotionalen Energie freimachen, entfesseln Sie zugleich Ihre Leidenschaft. Schätzen Sie diese genauso wie Ihr Gefühlsleben – und bald wird Ihnen klar sein, was Sie wann tun müssen.

Seien Sie stets offen. Achten Sie darauf,
daß die innere Flamme nie erlischt. Sobald
Sie herausfinden, was Sie inspiriert,
entdecken Sie das göttliche Licht.

Die Botschaft kam leise und sanft, während ich an der indianischen Schwitzkur in Sedona teilnahm. Gegen Ende der Zeremonie dankte die Schamanin den Steinen dafür, daß sie glühten und Hitze abstrahlten, daß sie den Abend mit ihrer Kraft erfüllten und unseren Lebensfunken symbolisierten. Sie dankte dem Holz, das die Glut unter den Steinen nährte, dafür, daß es verbrannte, um uns Wärme zu spenden und uns in eine solch feierliche Stimmung zu versetzen. Sie dankte dem Wasser dafür, daß es unseren Durst löschte. Und sie dankte Gott für das Leben überhaupt, für unser Dasein, für die Zeitspanne, die jedem von uns auf diesem Planeten gewährt ist.

Achten Sie das Leben in all seinen Erscheinungsformen. Diese Epoche ist so schnellebig, daß wir leicht vergessen, die Schöpfung anzuerkennen und zu bewundern. Wir hetzen derart hin und her, daß uns sämtliche Dinge völlig selbstverständlich erscheinen. Machen Sie sich deshalb in aller Ruhe wieder bewußt, daß das Leben stets etwas Heiliges ist. Jedes Wesen bildet einen Mikrokosmos, den die universelle Energie beseelt. Das Leben ist ein Geschenk – mit all seinen Schwierigkeiten, Prüfungen, Sorgen und Kümmernissen.

Wir sind nur für kurze Zeit auf der Erde. Verbringen Sie sie nicht damit, ständig über Irrtümer und Fehler nachzudenken. Dadurch würden Sie nur die große Lektion verpassen, das Leben versäumen, das Ihnen doch geschenkt wurde.

Respektieren Sie alles, was existiert,
und empfinden Sie Achtung vor Ihrem
eigenen Leben.

Finden Sie zu einer neutralen Einstellung 6. AUGUST

Eine kleine Stadt in Idaho, Lava Hot Springs, besitzt zahlreiche ruhige und billige Gasthöfe, die allen Durchreisenden heiße Mineralbäder offerieren. In längst vergangenen Tagen war es Brauch, daß die Angehörigen miteinander verfeindeter Stämme so lange das Kriegsbeil begruben, wie sie hier in den Quellen badeten und gesundeten. Dieser heilige Boden galt als neutrales Gebiet.

Obwohl die meisten von uns nicht Krieg führen gegen einen anderen Stamm, ja nicht einmal gegen eine andere Person, kämpfen wir doch oft gegen uns selbst. Ich zum Beispiel habe mich und mein Verhalten jahrelang verurteilt. Als ich dann endlich meine Gefühle zuließ, investierte ich noch einmal viel Zeit und Energie, um auch sie herabzuwürdigen. Häufig kostete mich die Be- und Verurteilung dessen, was ich erlebt und gefühlt hatte, genausoviel Kraft wie das Erlebnis und das Gefühl selbst. Jeden Kummer habe ich aus Furcht sofort unterdrückt. Immer wieder habe ich mir schwere Vorwürfe gemacht, wenn ich einmal wütend war. Schuld- und Angstgefühle waren mir absolut zuwider.

Jetzt begreife ich allmählich, wie wichtig eine neutrale Haltung ist. Sie beschleunigt meinen Entwicklungsprozeß, und ich lerne meine Lektionen schneller. Wenn ich eine positive Erfahrung mache, so bin ich offen dafür und akzeptiere die neu gewonnenen Einsichten. Durch diese Unvoreingenommenheit finde ich nicht nur meinen geistigen Frieden, sondern erlange auch die Freiheit, etwas dazuzulernen.

Während wir weiter voranschreiten, unsere Seelenreise fortsetzen, können wir die tiefe Ruhe entdecken, die auf neutralem Gebiet herrscht. Wir lassen alle Erfahrungen zu, für die wir uns entschieden haben, die wir mitgestalten, die uns zuteil werden. Wir nehmen jeden Gefühlsausbruch hin, ohne ihn zu kritisieren.

Es geht nicht darum, ob etwas gut oder schlecht ist, sondern einfach darum, die Energie, die uns durchströmt, zu bejahen und auch den anderen zuzugestehen, daß sie ihre Gefühle haben, ihre Lektionen lernen.

Entdecken Sie die Kraft, die von neutralem
Gebiet ausgeht. Es ist dies heiliger Boden,
der Sie gesund machen kann.

Bringen Sie Ihre Persönlichkeit voll zur Entfaltung

7. AUGUST

Gehen Sie hinaus in die kalte Nacht. Schauen Sie zu den Sternen empor. Nehmen Sie ihr Leuchten wahr. Denken Sie daran, daß auch Sie leuchten sollen.

Wer hat Ihnen eingeredet, sich zurückzuhalten? Wer hat Ihnen weiszumachen versucht, daß Ihre Begabungen, Fähigkeiten, positiven Eigenschaften ohne jede Bedeutung seien, daß an Ihrem doch so natürlichen, wunderbaren, liebevollen Ich vieles auszusetzen sei? Wer hat Ihnen gesagt, Sie sollten Ihre Persönlichkeit nicht voll zur Entfaltung bringen? Möglicherweise haben wir uns, wie einige meinen, zu sehr daran gewöhnt, auf die eigenen Schwächen, Irrtümer, dunklen Seiten zu achten. Und vielleicht haben wir gar nicht einmal vor diesen Angst, sondern vor unseren Talenten, unseren glänzenden Facetten, unserem Licht.

Jetzt ist die Zeit des Lichts angebrochen. Wir können unsere ganze Strahlkraft zum Vorschein kommen lassen. Denn wir haben hart an uns gearbeitet, persönliche Probleme in Angriff genommen und zum großen Teil gelöst, unsere Vergangenheit bewältigt. Wir haben unsere Lektionen wirklich gelernt. Es besteht kein Anlaß mehr, sich einzuschränken oder sich zu verstecken. Wir können die Früchte unserer Arbeit ernten und auskosten.

Zeigen Sie, was alles in Ihnen steckt, und freuen Sie sich darüber. Halten Sie nichts zurück. Setzen Sie Ihre Fähigkeiten ein, und zwar leidenschaftlich. Lassen Sie Ihr inneres Licht leuchten, damit die Welt es sehen kann.

Endlich steht es Ihnen frei, so zu sein,
wie Sie wirklich sind.

Kommen Sie in Berührung mit dem ewigen Rhythmus des Lebens 8. AUGUST

Der Chaco Canyon in New-Mexico bewegte mich zutiefst. Er sprach direkt zu meiner Seele. Ich durchwanderte ihn, betrachtete die Reste der Anasazi-Kultur, sah, berührte und erfuhr, was von dieser über zweitausend Jahre alten, hochentwickelten Zivilisation übriggeblieben war. Als ich die Steine dieser untergegangenen Kultur betastete, empfand ich Ehrfurcht und Demut. Ich dachte an die Menschen, die hier gelebt hatten und ihren Beschäftigungen nachgegangen waren, an ihre Beziehungen, ihre Ziele, ihre Ängste und Hoffnungen. Offenbar hatten sie viel mit uns gemeinsam. Ich fragte mich, ob sie sich darüber im klaren waren, daß ihre Gesellschaft eines Tages verschwinden würde, ob sie sich ihrer Bedeutung bewußt waren, ob sie wußten, in welchem Maße jeder von uns am ewigen kosmischen Kreislauf beteiligt ist.

Nur allzuleicht lassen wir uns von einzelnen Dingen in Beschlag nehmen, sind wir beeindruckt von den technischen Errungenschaften unserer Zivilisation und verlieren uns in den Angelegenheiten des hektischen Alltags. Gerade deshalb ist es wichtig, sich auf alte Kulturen, andere Zivilisationen zu besinnen – und damit auch auf jene zeitlosen Lektionen des Planeten Erde, die vom Leben und von der Liebe handeln. Ergriffen und glücklich brach ich in Tränen aus, denn mit einem Mal verstand ich, wie bedeutsam und doch bescheiden jedes Leben ist. Meine Seele vibrierte regelrecht, als sie sich der Ewigkeit, des unendlichen Rhythmus des Seins bewußt wurde.

Gestatten Sie Ihrer Seele, aufzuwachen und sich aufzuschwingen. Kommen Sie in Berührung mit den ewigen Rhythmen und Zyklen des Lebens.

Reagieren Sie empfindlicher auf alles Giftige

9. AUGUST

In dem Maße, wie wir behutsamer mit unserer Erde umgehen und mehr darauf achten, keine Giftstoffe in Boden, Wasser und Luft zu leiten, reagieren wir auch empfindlicher auf Menschen, Orte, Dinge und Substanzen, die schädlich für uns sind.

Unser Körper sendet uns Signale, gibt uns zu verstehen, was er nicht mag, was er nicht mehr ertragen kann. Er teilt uns mit, was weh tut, wogegen wir allergisch sind, wovor wir uns schützen sollten. Oft verbergen sich hinter den schädlichen Einflüssen alte, tief verwurzelte Gefühle. Wenn Sie sich von diesen befreien, werden Sie auch die Gifte los. Ihr Körper lechzt geradezu nach Entgiftung, Reinigung, Klarheit, Ursprünglichkeit.

Was dem einen schadet, ist für den anderen ganz ungefährlich. Was mein Körper heute braucht und will, lehnt Ihr Körper vielleicht ab, weil er heute ganz andere Bedürfnisse und Wünsche hat. Deshalb ist es so wichtig, auf den eigenen Körper zu hören, herauszufinden, wie er auf die Menschen, die Stoffe, die Welt ringsum reagiert. Schenken Sie ihm Beachtung. Welche Botschaft übermittelt er Ihnen?

Nehmen Sie die Giftstoffe in Ihrer Umgebung bewußter wahr. Vertrauen Sie den Signalen Ihres Körpers. Lassen Sie den Heilungsprozeß zu.

Machen Sie jene Orte ausfindig, die einen heilsamen Einfluß auf Sie haben. Umgeben Sie sich mit Menschen und Dingen, die Ihrer Seele Nahrung geben, die Sie wieder ins innere Gleichgewicht bringen, die Ihnen in jeder Hinsicht guttun.

Das Leben ist für uns jetzt keine Belastungsprobe mehr. Wir nehmen nicht mehr an einem Wettrennen teil, um herauszufinden, wie lange wir uns benachteiligen lassen, worauf wir verzichten können, wieviel Schmerz wir aushalten. Und auch wenn wir manchmal schwere Zeiten und Dürreperioden durchmachen, so heißt das doch keineswegs, daß wir Kakteen sind.

In jedem von uns gibt es eine Stelle, die heilen möchte, heilen kann und auch heilen wird. Sie ist erfüllt von Ruhe, Kraft und Vitalität, sie verleiht uns Sicherheit, Trost und Freude. Sie birgt die Liebe und bewirkt eine bejahende Einstellung, Versöhnlichkeit, Ehrlichkeit, Offenheit und Freundlichkeit. Wenn wir sie wirklich suchen, werden wir sie schnell finden, sie sofort daran erkennen, wie sie sich anfühlt. Sie führt uns zurück ins innere Zentrum, zu geistigem Frieden und wahrem Glück.

Entdecken Sie Orte der Heilung, und besuchen Sie sie so oft wie möglich. Sie stehen Ihnen jederzeit offen, wenn Sie dies wirklich wollen, und sind wichtige Stationen auf Ihrer Reise.

Wenn Sie durcheinander sind, sich unsicher fühlen und nicht wissen, wem Sie vertrauen können, dann müssen Sie einfach wieder an sich selbst glauben.

Oft stehen wir wie kleine Kinder da, strecken die Hände aus und warten darauf, daß jemand uns irgendwohin führt. Wir hoffen, daß uns gezeigt wird, was wir als nächstes tun sollen. Wir denken: *Vielleicht weiß es der andere doch besser.* Aber dieser Gedanke bringt uns häufig in Schwierigkeiten. Denn sobald wir beschließen, uns von anderen alles zeigen zu lassen, werden wir bald feststellen, daß sie gar nicht wissen, was für uns am besten ist.

Wenn wir uns für die eigenen Entscheidungen nicht verantwortlich fühlen, sind wir bestimmt ungehalten, ja wütend darüber, daß andere Leute über unser Leben bestimmen und uns alles mögliche vorschreiben. Deshalb müssen wir selbst die Verantwortung übernehmen, voll und ganz uns selbst vertrauen.

Manchmal erhalten wir von anderen einen Wink, manchmal bringt uns ein Ratschlag auf den richtigen Weg. Aber er muß übereinstimmen mit dem, was wir im Innern fühlen, was wir für wahr erachten.

Die Richtung, die wir dann einschlagen, die Maßnahme, die wir ergreifen, muß von *uns* gewählt werden, denn ob wir uns dessen bewußt sind oder nicht: *Wir* treffen letztlich die Entscheidung.

Glauben Sie der Stimme Ihres Herzens,
und richten Sie sich in all Ihrem Tun nach ihr.
Vertrauen Sie Ihrem inneren Wissen, Ihrer Intuition.

Üben Sie eine versöhnliche Haltung ein

12. AUGUST

Der Mann, der da auf der Bank saß, war schon alt. »Ich weiß nicht, warum wir unseren Mitmenschen immer wieder verzeihen«, sagte er, die Passanten beobachtend. »Wahrscheinlich weil wir dadurch im Grunde uns selbst verzeihen.«

Gibt es etwas, das Sie bei anderen mißbilligen, verurteilen? Bei näherer Betrachtung werden Sie erkennen, daß Sie auch sich selbst bestrafen, wenn Sie anderen irgendwelche Vorwürfe machen. Seien Sie doch einmal ehrlich: Bei anderen stört uns oft genau das, was wir selbst falsch machen. Diese Leute spiegeln unser eigenes Verhalten wider.

Gewiß, es gibt Situationen, in denen sich der andere völlig danebenbenimmt. Dann können Sie sich hinstellen, die Hände in die Hüften stemmen und sagen: *Dieser Mensch hat mich verletzt. Mir ist völlig unbegreiflich, wie jemand so etwas tun kann.* Aber wenn Sie aufrichtig sind, können Sie ihn meistens ganz gut verstehen, denn Sie haben sich schon genauso verhalten wie er.

Entwickeln Sie eine versöhnliche Einstellung.
Wenn Sie Urteile fällen, ohne zu verzeihen,
fühlen Sie sich bald isoliert und einsam
und ermuntern so die anderen, Sie
in der gleichen Weise zu kritisieren.
Achten Sie einmal darauf, wie sehr
Sie sich besser fühlen, wenn Sie anderen vergeben –
und auch sich selbst.

Besinnen Sie sich wieder auf Ihre innere Mitte

13. AUGUST

Kehren Sie zurück in Ihr Zentrum, an jene Stelle in Ihrem Innern, die identisch ist mit Ruhe, Stille und Frieden – und die Sie zu einem ganzen Menschen macht.

Diesem Ort können Sie vertrauen. Er verbindet Körper, Geist und Seele, er bringt die Stimme des Herzens, der Wahrheit, in Einklang mit dem Göttlichen. Er ist der Urquell, dem Ihre besten Werke, Ihre glücklichsten Momente entspringen. Wenn Sie dort sind, gewinnen Sie neue Einsichten. Sie erhalten die nötigen Unterweisungen, treffen die besten Entscheidungen und fühlen sich am wohlsten.

Ihr Zentrum ist geprägt von stiller Zuversicht, von Bescheidenheit, Spontaneität und Freiheit. Es ist sanft und liebenswürdig, aber es besitzt auch die Fähigkeit, sich gegen Angriffe von außen instinktiv zu verteidigen.

Ihre innere Mitte ist von Natur aus friedlich und ausgeglichen. Sie bejaht, fällt keine Urteile und lenkt die Intuition. Sie kennt das richtige Timing, den Rhythmus des Universums, den Prozeß der Schöpfung und freut sich darüber, mit ihm in Berührung zu sein.

Wenn Sie einmal aus sich heraustreten müssen, um eine Lektion zu lernen, ein Gefühl zu erproben oder eine bestimmte Erfahrung zu machen, so tun Sie es auch. Gehen Sie überall dorthin, wo das Leben Sie lockt. Aber kehren Sie wieder ins innere Zentrum zurück, sobald Sie Ihre Sache erledigt haben.

Jedenfalls sollten Sie immer erst in sich ruhen,
ehe Sie etwas unternehmen.

Gerade die einfachen Aufgaben können uns wieder mit der Lebensweise in Verbindung bringen, die wir eigentlich suchen.

Nur allzuoft denken wir, daß wir uns mit der Wäsche, dem Geschirrspülen, den Rechnungen, dem Rasenmähen überhaupt nicht befassen möchten. Wir haben auf dieser Reise andere Dinge zu tun, wichtigere Projekte zu realisieren. Doch die gewöhnlichen Beschäftigungen entfremden uns weder dem Rhythmus noch dem Zauber, den wir erstreben. Sie *sind* der Rhythmus, sie *bewirken* den Zauber.

Die einfachen Aufgaben sind nicht nur deshalb wichtig, weil sie erledigt werden müssen. Sie bilden gleichsam die Urzelle unseres Lebens und gewährleisten dessen harmonischen Ablauf. Sie helfen uns, mit beiden Beinen fest auf der Erde zu stehen, den Tatsachen ins Auge zu sehen und die tieferen Zusammenhänge zu erkennen. Sie machen uns mit dem Leben vertraut, das wir erträumen, vorausgesetzt natürlich, wir packen sie richtig an. Waschen Sie also Ihre Wäsche, spülen Sie ab, bezahlen Sie die Rechnungen, mähen Sie den Rasen. Und empfinden Sie Achtung vor dem, was Sie da tun.

Schaffen Sie in Ihrem Alltag wieder Ordnung, und behalten Sie sie bei. Dann wird auch in Ihrem Seelenleben alles in Ordnung sein. Verschönern Sie Ihre Umgebung, und Sie werden wissen, was innere Schönheit ist. Der Zauber wird wiederkehren – eben indem Sie sich einfachen Aufgaben widmen.

Manchmal kommen wir gerade dadurch weiter, daß wir uns im Kreise drehen 15. AUGUST

Wenn unser Auto im Schlamm oder im Schnee steckenbleibt, versuchen wir oft, mit durchdrehenden Rädern weiterzufahren. Auch sonst müssen wir uns manchmal im Kreise drehen, damit wir wieder in Gang kommen. Wir strengen uns noch mehr an, unternehmen erneut einen Vorstoß, um uns aus unserer mißlichen Lage zu befreien. Doch manchmal kann es passieren, daß wir so in immer größere Schwierigkeiten geraten. Erst wenn wir wirklich frustriert sind, können wir innerlich loslassen und uns entspannen. Und bald stellen wir fest, daß wir mit einem Mal genau jene Maßnahmen ergreifen, die zu unserer Rettung notwendig sind. Wir bitten jemanden um Hilfe oder wenden eine nützlichere Methode an.

Dergleichen widerfährt uns des öfteren. Wir befinden uns in einer Situation, die uns ganz einfach überfordert. Deprimiert, verwirrt und ängstlich, wie wir sind, machen wir unseren alten Stiefel weiter. Wir wissen nur eines, nämlich daß wir »da rauskommen« wollen. Manchmal müssen wir zunächst diese Phase sinnloser Betriebsamkeit hinter uns bringen, um so in einen anderen Zustand zu gelangen, in dem wir unsere innere Ruhe wiederfinden und genau überlegen, was als nächstes zu tun ist. Bisweilen erzeugt gerade unsere Enttäuschung den nötigen Schwung, mit dem wir uns der Lösung des Problems nähern.

Wenn Sie also merken, daß Sie sich wieder einmal im Kreise drehen, dann nehmen Sie es gelassen hin. Entspannen Sie sich. Legen Sie dann den ersten Gang ein, treten Sie aufs Gas und fahren Sie vorsichtig aus dem Schlamm.

Manchmal müssen wir zunächst
unsinnig erscheinende Dinge tun,
um aus dem Schlamassel herauszufinden.

Das Leben ist schöpferisch – genauso wie Sie selbst. Machen Sie sich den kreativen Kraftstrom des Universums zunutze, um so Ihre eigene Kreativität zu entdecken und zu fördern. Empfangen Sie von ihm jene Antworten, Hinweise und Einsichten, die Sie für Ihre Schöpfungen brauchen. Lassen Sie sich durch ihn inspirieren.

Was würden Sie gerne tun? Eine Beziehung liebevoller und offener gestalten? Ihre geistige Entwicklung weiter vorantreiben? Den Arbeitsplatz wechseln? Ein Buch schreiben? Eine neue Wohnung einrichten? Mit jemandem Freundschaft schließen? Ein Spiel ersinnen? Ein Lied komponieren? Eine Patchworkdecke nähen? Eine Mahlzeit zubereiten? Ihre Finanzen ordnen? Bitten Sie das Universum um Beistand, damit es Ihnen all das gewährt, was Sie brauchen, und Ihnen hilft, Ideen zu entwickeln, die eigenen Vorstellungen genauer zu umreißen, Ihr Bestes zu geben.

Die Lösung, die Sie suchen, ergibt sich vielleicht sofort. Je mehr Sie sich entwickeln, je tiefer Sie sich mit dem Kosmos verbunden fühlen, desto schneller finden Sie die Antwort auf Ihre Frage. Erzwingen Sie diese Antwort jedoch nicht, wenn das eine oder andere noch unklar ist. Die nötige Unterstützung, der zündende Gedanke, die richtige »Zutat« wird Ihnen bald zuteil. Manchmal kündigt sich die Lösung ganz behutsam an, als hörten Sie ein Flüstern; dann wieder vernehmen Sie sie laut und deutlich. Wenn Sie sich auch weiterhin lieben, werden Sie die Hinweise mühelos erkennen.

Erschließen Sie die schöpferische Kraft des Universums. Sie hilft Ihnen, Ihre eigene zu nutzen. Diese göttliche, kosmische Energie entdecken Sie, indem Sie in sich gehen.

Sträuben Sie sich nicht gegen Veränderungen 17. AUGUST

Als wir durch den Bryce Canyon wanderten, hörte ich dem Fremdenführer zu, der über die tiefe Erdspalte sprach, diesen Abgrund, der da vor uns klaffte. Ich dachte wieder an jenes schwere Erdbeben, das im Januar 1994 den südlichen Teil Kaliforniens erschüttert hatte. Erdbeben erinnern uns daran, daß das Leben in Bewegung ist, sich wandelt, hier abstirbt, dort neu aufblüht. Manchmal kündigen sich diese Veränderungen behutsam an und gehen langsam vonstatten – wie etwa im Bryce Canyon, wo zunächst nur ein kleiner Riß zu sehen war. Dann wieder treten sie schlagartig ein – wie kürzlich in Kalifornien. Meistens können wir sie nicht vorhersehen, uns also auch nicht darauf einstellen.

Eines jedoch ist sicher: Wir verändern uns genauso wie die Natur, die ständig neue Dinge und Formen hervorbringt. Bisweilen haben wir es mit jähen Umbrüchen zu tun, dann wieder setzt der Wandel fast unmerklich ein und zieht sich über mehrere Jahre hin. Je mehr wir uns der eigenen Person bewußt sind, desto deutlicher nehmen wir diese Veränderungen wahr. Wir sehen, fühlen und erkennen, wann sie stattfinden. Vielleicht wissen wir nicht, wohin sie uns führen, aber uns ist klar, daß etwas Neues sich anbahnt. In dem Maße, wie wir das Leben achten und ihm vertrauen, festigt sich auch unser Glaube, daß der Wechsel uns weiterbringt, prägt und bereichert. Aufgrund unserer Flexibilität sträuben wir uns nicht mehr dagegen, sondern setzen uns mit ihm auseinander. Dadurch fällt er uns um so leichter.

Das Leben ist immer in Bewegung, es wandelt sich.
Unsere Entwicklung läuft genauso ab.
Lassen Sie sie also zu, und übernehmen Sie
auf all Ihren Wegen Verantwortung für
sich selbst; vertrauen Sie den neuen
Formen, mit denen Sie konfrontiert sind.

Lassen Sie die alten Botschaften hinter sich

18. AUGUST

Wer hat Ihnen gesagt, sie seien ein schlechter Mensch, mit Ihnen stimme etwas nicht? Lassen Sie sich dergleichen immer noch einreden – nach all diesen Jahren?

Hören Sie einmal in sich hinein. Wessen Stimme spricht da zu Ihnen? Gibt es jemanden, der Sie weiterhin herabwürdigt, Ihr persönliches Glück beeinträchtigt, Sie davon abhält, sich selbst anzunehmen, Freude zu empfinden, Liebe zu schenken und zu empfangen?

Atmen Sie tief ein, und nehmen Sie die Liebe, die Freude, die Ruhe in sich auf. Atmen Sie aus, und geben Sie die negativen Energien, die unerfreulichen Botschaften ab. Fühlen Sie, wie diese sich auflösen und allmählich verschwinden. Nehmen Sie bewußt wahr, wie Ihre Gedanken und Gefühle wieder klarer werden. Sie brauchen sich Ihre Kraft, Ihre Zuversicht nicht von anderen rauben zu lassen. Gewöhnen Sie sich nie so an diese alten, schädlichen Botschaften, daß Sie gar nicht mehr merken, wie tief Sie dadurch verletzt werden.

Befreien Sie sich davon. Ziehen Sie diese Botschaften aus Ihrer Seele heraus – genauso, wie Sie einen Stachel oder ein Messer aus dem Fleisch ziehen würden. Werden Sie eine nach der anderen einfach los, und vergessen Sie sie dann. Sie müssen sich jetzt nicht mehr mit diesem Schmerz herumplagen, müssen nicht mehr herumrätseln, wie Sie ihn am besten in Ihr Leben integrieren.

Lassen Sie die innere Heilung zu.
Entdecken Sie neue Botschaften,
die Ihnen Kraft zur Liebe geben,
die Sie frei machen.

Während ich neben dem Zug herfuhr, war mir, als bewegte er sich immer und ewig auf den Horizont zu. Für mich sind Züge ein Symbol des Schicksals. Lange Zeit stürzte mich der Gedanke an diese höhere Macht in Verwirrung. Ich fragte mich, wie ich meinem Schicksal folgen sollte, ja ob mir überhaupt eines beschieden war. Und wie würde ich mich fühlen, wenn es sich eines Tages erfüllte? Inzwischen habe ich keine Probleme mehr damit. Es macht mir Freude, den Zügen nachzuschauen.

Das Schicksal ist nicht irgendwo fern von uns, ist nicht gleichbedeutend mit dem Gipfel des Ruhms oder des Glücks, mit einem Augenblick, da wir als strahlende Sieger dastehen und von aller Welt bewundert werden. Gewiß, solche Erfolgserlebnisse sind ganz angenehm, aber mit dem Schicksal hat es doch etwas mehr auf sich.

Das Schicksal liegt beschlossen im Hier und Jetzt. Es offenbart sich in jedem Moment, glänzt auf in jeder Situation, verknüpft die einzelnen Stationen unseres Lebens zu einem Ganzen – und gleicht einem Triebwagen, der die Waggons hinter sich herzieht. Das Schicksal annehmen heißt: jede Minute akzeptieren, bewußt wahrnehmen und schätzen, eben weil sie unsere Gegenwart ist. Ob dieser Augenblick einem nun Hochgefühle beschert, ob er Entdeckungen, Kümmernisse, schwierige Entscheidungen, Konfusion oder zärtliche Liebe bringt: Er birgt unser Schicksal. Alle unsere Erfahrungen fügen sich in eins, bilden die Glieder einer endlosen Kette mit dem Namen *Leben.*

Achten Sie auf jeden Augenblick, auf jeden Menschen, auf jede Lektion – und setzen Sie sich mit dem Leben aktiv auseinander. Denn das Schicksal ist nicht in weiter Ferne, sondern dort, wo Sie sich gerade aufhalten.

Ruhe und Frieden gibt es überall.

Wenn Ihnen der geistige Frieden abhanden gekommen ist, sollten Sie sich bemühen, ihn wiederzufinden. Verzeihen, vertrauen und lieben Sie sich selbst. Gehen Sie in sich, seien Sie sanft und freundlich. Üben Sie das so lange ein, bis die Ruhe zurückkehrt.

Suchen Sie Orte auf, die Ihnen wohltun, die Ihnen Kraft geben. Besinnen Sie sich auf Ihr inneres Zentrum. Atmen Sie tief ein und aus. Nehmen Sie die Luft, die Energie, die Liebe ringsum auf. Lassen Sie das Leben in sich einströmen, bis die Stille Sie ganz ausfüllt. Beschäftigen Sie sich mit Ihren Angelegenheiten, lösen Sie Ihre Probleme, machen Sie sich frei von Ihrer Vergangenheit, ergreifen Sie jene Maßnahmen, die von der Stimme des Herzens empfohlen werden.

Atmen Sie gleichmäßig. Entledigen Sie sich beim Ausatmen Ihrer Ängste. Wenn Sie wissen, wovor Sie sich fürchten, so halten Sie das schriftlich fest. Sprechen Sie darüber. Aber auch wenn Ihre Angst keinen erkennbaren Grund hat, sollten Sie versuchen, sie loszulassen. Verwirren Sie sich nicht dadurch, daß Sie alles erkennen und verstehen wollen. Glauben Sie vielmehr daran, daß Seele und Körper sich reinigen und allmählich gesund werden.

Gehen Sie behutsam mit sich um. Eine Stelle in Ihrem Innern ist gerade im Begriff, die Angst zu bannen, bestimmte Gefühle bewußt zu empfinden und Ihnen etwas mitzuteilen. Verurteilen und bestrafen Sie sich nicht, weil Ihnen bange ist, denn damit bringen Sie die Angst nicht zum Verschwinden, sondern zerstören nur den wunderbaren, feinfühligen Teil Ihrer selbst.

Geistiger Friede wird Ihnen zuteil, wenn Sie darum bitten, wenn Sie ihn wollen und suchen. Begehren Sie ihn leidenschaftlich, und Sie werden ihn entdecken, fühlen, in sich tragen.

Ganz gleich, was Sie gerade durchmachen –
Ihre Seele kann zur Ruhe kommen.

Sie können jederzeit Ihr Inneres aufschließen 21. AUGUST

Seien Sie offen gegenüber den Menschen, die Sie lieben, gegenüber der Welt, in der Sie leben, gegenüber Gott und dem Universum mit all seinen Geschöpfen und Schöpfungen. Seien Sie so empfänglich, wie es nur geht.

Das Innere aufzuschließen ist jetzt völlig ungefährlich. Früher dachten Sie zwar, sich nur dadurch schützen zu können, daß Sie innerlich zumachten, aber inzwischen haben Sie sehr viel dazugelernt. Sie haben erfahren, welche Kraft der Ehrlichkeit, dem Mitgefühl, der Versöhnlichkeit und der Sanftmut innewohnt. Weder verzetteln Sie sich, noch tappen Sie in die Falle, wenn Sie verletzbar sind. Sie können gehen, wohin Sie wollen, können sagen, was Sie benötigen. Sie brauchen sich nicht mehr zu wappnen mit jener schweren Rüstung, die Sie in der Vergangenheit oft anlegten. Sie sind jetzt frei. Sie haben die Möglichkeit, sich zu öffnen und die Welt in sich aufzunehmen.

Eine Frau, der ich in Sedona begegnete, beschrieb mir ein wunderbares inneres Bild, das man sich immer wieder vergegenwärtigen kann. Stellen Sie sich Ihr Herz vor. Sehen Sie, wie sich davor eine schöne Rosenknospe befindet, die noch ganz geschlossen ist. Wann immer Sie Ihr Herz öffnen möchten, malen sie sich aus, daß die Rose aufblüht, voller Leben ist und einen wunderbaren Duft verströmt. Und sobald Sie sich zurückziehen wollen, verwandeln Sie sie wieder in eine Knospe.

Wenn Sie wirklich aufnahmebereit sind, wird die Welt zu einem geheimnisvollen, magischen Ort. Dann werden Sie an früher denken und lächeln; Sie werden sich fragen, warum Sie so lange gebraucht haben, um Ihr Inneres aufzuschließen.

Öffnen Sie sich so weit, wie Sie wollen und wie Sie können. Lassen Sie die andern an Ihrer Innenwelt teilhaben.

Wie schnell sich doch Ressentiments einschleichen, selbst in ganz normalen Zeiten! Und wie verstärken sie sich erst, wenn wir angespannt sind, tiefgreifende Veränderungen durchmachen, eine neue Entwicklungsstufe erreichen, was bisher ja schon einige Male in unserem Leben geschehen ist.

Die Dinge ändern sich. Wir lassen das Alte los und bewegen uns mühsam in Richtung des Neuen. Dabei tauchen immer wieder Ressentiments auf: Die Leute ärgern sich darüber, daß wir anders sind als früher; und wir sind wütend auf sie, weil wir glauben, sie hätten uns auf unverzeihliche Weise behindert.

Ressentiments sind gewissermaßen hinterhältige kleine Teufel, die fähig sind, Geist und Seele zu blockieren, ja empfindlich zu stören. Sie reden uns ein, daß sie durchaus berechtigt seien; daß wir sie bräuchten, um uns selbst zu schützen; daß wir sie schon vor langer Zeit hätten rufen sollen; daß wir in Gefahr seien, wenn wir uns ihrer entledigten und sie »vor die Tür setzten«.

Doch das sind Lügen, falsche Vorstellungen, durch die wir weiterhin auf der Stelle treten und uns oft ziemlich unwohl fühlen.

Werfen Sie einmal einen tiefen Blick nach innen. Welche Empfindungen verbergen sich hinter Ihrem Groll? Enttäuschung? Gekränktheit? Scham? Verlegenheit? Fühlen Sie sich ausgeschlossen, übergangen, mißverstanden? Sie sind jetzt in Sicherheit. Sie können jedes Gefühl bewußt wahrnehmen, das sich Ihnen aufdrängt. Respektieren und anerkennen Sie auch Ihre Sensibilität, Ihre Sanftmut – jene zarteren Gefühle, die Sie verletzbar machen und die sich ebenfalls hinter dem Groll verbergen, ihm vorangehen, ihn begleiten.

Empfinden Sie Ihren Ärger, und lassen Sie ihn dann los. Empfinden Sie auch jene Gefühle, die sich dahinter verbergen.

Ihr ganzes Leben ist eine spirituelle Erfahrung 23. AUGUST

»Wenn ich mir die Leute so anschaue, dann sehe ich nicht ihre Probleme«, sagte der Mann. »Ich sehe Seelen.«

Er erzählte mir, daß er eine wichtige spirituelle Erfahrung gemacht habe – oder eigentlich vier. Sie waren ihm nicht in den Bergen, am Meer oder in der Wüste zuteil geworden, sondern an ein und demselben Ort, nämlich an einer Tankstelle in Portland, Oregon. »Mein Wagen füllte sich plötzlich mit Licht. Ich war erfüllt von Licht. Mein Herz öffnete sich, und ich verzieh jedem, auf den ich böse war«, fuhr er fort. »Sogar meiner Ex-Frau.«

Wir brauchen nach spirituellen Erfahrungen gar nicht zu suchen. Unser ganzes Leben ist eine spirituelle Erfahrung, denn wir sind geistige Wesen, die einen menschlichen Körper besitzen. Betrachten Sie doch einmal die Menschen in Ihrer Umgebung. Werfen Sie erneut einen Blick auf sie – und Sie sehen Seelen. Dabei sollte Ihnen klar sein, daß ihre Existenz von vielen unterschiedlichen spirituellen Erfahrungen geprägt ist.

Wenn Sie nach heiligem Boden suchen,
sollten Sie nach unten schauen.
Wo auch immer Sie gerade stehen,
machen Sie Ihre spirituelle
Erfahrung. Hier und jetzt.

Forcieren Sie Ihren Lernprozeß nicht 24. AUGUST

»Und worin besteht die nächste Lektion?« fragte ich.

»Wenn du das wüßtest, bräuchtest du sie nicht zu lernen«, antwortete er.

Wenn wir gerade dabei sind, eine Lektion zu lernen, bestimmte Erfahrungen zu sammeln, machen wir uns oft ganz konfus, weil wir sofort herausfinden wollen, was uns das Ganze eigentlich bringt und was als nächstes ansteht. Aber wenn uns alles schon im voraus klar wäre, müßten wir keine neuen Einsichten gewinnen.

Das spirituelle Wissen, das wir uns mit der Zeit aneignen, ist oft nicht das Resultat logischen Denkens oder intensiven Lesens. Vielmehr hat es mit einer Entdeckungsreise zu tun, beinhaltet zahlreiche Umwege, Veränderungen, Überraschungen, Störungen. Wir sind immer wieder durcheinander, erstaunt, ungeschickt, ehe wir endlich einen Augenblick der Klarheit erleben. Um unsere Lektionen wirklich zu begreifen, müssen wir diesen ganzen Prozeß durchlaufen. Und gewöhnlich lernen wir dann am besten, wenn wir ein wenig verletzbar sind und nicht genau sehen, was da auf uns zukommt.

Vertrauen Sie darauf, daß sich die Lektion zur rechten Zeit wie von selbst ergibt. Achten Sie auf den jetzigen Augenblick. Sperren Sie sich weder gegen Ihre Erfahrungen noch gegen die Hinweise, die Ihnen gegeben werden. Sie entwickeln sich ständig weiter, wachsen innerlich und mehren Ihre Kenntnisse. Sobald die Transformation abgeschlossen ist, werden Sie sehen, was Sie alles gelernt haben.

Andere Menschen mögen uns helfen, uns unterrichten und führen, aber letztlich müssen wir unsere Lektion selbst lernen.

Denken Sie einmal über Ihre Energie nach. Finden Sie heraus, was Sie neu belebt, stärkt, erfrischt, was Ihnen Schwung gibt, so daß Sie wieder voller Tatendrang sind.

Wie und wann laden Sie Ihre innere Batterie auf? Warten Sie damit so lange, bis sie leer, ja fast kaputt ist? Gibt es Menschen, die Ihnen schwer zusetzen, Sie auslaugen? Lassen Sie das ohne weiteres zu?

Wohin gehen Sie, um sich zu regenerieren? Welche Leute steigern Ihre Lebenskraft, inspirieren Sie? Mit wem sind Sie gerne zusammen? Durch welche Aktivitäten fühlen Sie sich wohler? Welche Orte in der Natur sprechen Sie an? Was öffnet Ihr Herz, was verleiht Ihnen Vitalität, was nährt Ihren Geist?

Probieren Sie verschiedene Dinge aus. Nehmen Sie sich die Zeit, um einmal genau darauf zu achten, wie Sie von bestimmten Personen, Tätigkeiten und Orten beeinflußt werden. Und machen Sie sich bewußt, daß die Außenwelt eine andere Wirkung auf Sie hat, sobald Sie sich ändern.

Stellen Sie sich auf das Energiefeld ein,
das Sie umgibt. Und lernen Sie, sensibel
zu reagieren. Nehmen Sie deutlich wahr,
wie Menschen und Dinge auf Sie wirken.

Seien Sie empfänglich für die universelle Liebe

26. AUGUST

Sind Sie davon überzeugt, daß Sie die universelle Liebe nie kennenlernen werden?

Wenn wir Revue passieren lassen, was wir schon alles durchgemacht haben, so fühlen wir uns manchmal traurig und einsam. Wir sehen, wie die anderen ihr Leben spielend bewältigen, ständig unterstützt und gefördert, bevorzugt und beschenkt werden. Dann wenden wir uns den eigenen Angelegenheiten zu und denken nur an die Augenblicke, da man uns überging und im Stich ließ, da alle Welt offenbar nichts mit uns zu schaffen hatte. *Kann schon sein, daß es so etwas wie universelle Liebe gibt,* sagen wir. *Aber eben nicht für mich.*

Machen Sie die Augen auf. Öffnen Sie Ihre inneren Kanäle. Seien Sie empfänglich für das Universum. Achten Sie auf all die Geschenke, die Sie erhalten haben – die Fingerzeige, die Unterweisungen, die Hilfeleistungen. Fixieren Sie sich nicht mehr auf eine Person, auf eine Sache; und lassen Sie zu, daß das Leben seinen ganzen Zauber entfaltet. Nehmen Sie bewußt wahr, wie schnell Sie bekommen, was Sie brauchen. Erkennen Sie, daß sich die Lösung eines Problems oft wie von selbst ergibt, wenn Sie daran glauben, daß sie existiert. Bemerken Sie das Lächeln der anderen, seien Sie dankbar für die Freundschaft, entdecken Sie Ihre Inspiration. Empfinden Sie die liebevolle Berührung, wenn jemand Sie am Arm nimmt. Bringen Sie Ihre Bedürfnisse so zum Ausdruck, daß jeder es hören kann. Richten Sie Ihre Bitten ans Universum. Betrachten Sie es als einen fürsorglichen Freund, dann wird es sich Ihnen gegenüber genauso verhalten.

Die universelle Liebe ist immer auch für Sie da. Lassen Sie sich davon berühren, und achten Sie auf ihren Rhythmus, denn darin spiegelt sich der Rhythmus des Lebens.

Lassen Sie die inneren Stürme abflauen

27. AUGUST

Achten Sie einmal darauf, wie die Brandung tobt, wie die Wellen gegen das Ufer schlagen; denken Sie daran, daß diese von weit draußen kommen, wo ein Sturm tobt, den Sie vielleicht nie miterleben. Machen Sie sich bewußt, daß Sie eins sind mit diesen Wellen, mit dem Wasser der Meere.

Ihre Gefühle ähneln der Brandung. Manchmal sind sie sanft, dann wieder heftig. Manchmal haben sie eine blaue Farbe, dann eine graue. Sie rühren von einem Sturm her – oder von einem weit entfernten Gewitter. Lassen Sie sie also aufschäumen, durch sich hindurchziehen, schwächer werden, übergehen in die nächste emotionale Welle. Jede Empfindung ist mit einer bestimmten Überzeugung verbunden, die tief in uns verwurzelt ist: *Man hat mich im Stich gelassen.* Oder: *Ich bin ein einsamer Mensch.* Oder: *Gott hat sich von mir entfernt, ich werde nicht geliebt.* Aber Sie als Mensch sind nicht identisch mit Ihren Gefühlen. Diese können nicht einfach über Ihr Leben bestimmen, ganz gleich, wie intensiv, wie unerbittlich, wie übermächtig sie bisweilen sind.

Lassen Sie die Gefühle durch sich hindurch strömen. Empfinden Sie alles, was Sie empfinden müssen. Bringen Sie alles zum Ausdruck, was Sie für nötig erachten, damit der Sturm sich legen kann.
Machen Sie dann eine Pause. Warten Sie ab. Kommen Sie zur Ruhe. Sorgen Sie dafür, daß Ihr Körper neue Kräfte sammelt und gesundet.
Sie haben sich weiterentwickelt, sich verändert.
Sie sind im Begriff, etwas Neues zu lernen.

Sobald wir uns vorbehaltlos akzeptieren, sind wir überrascht, wie wohl wir uns fühlen, und zwar in jeder Situation.

Vielleicht haben wir uns immer wieder eingeredet, unsere Geborgenheit hinge von äußeren Umständen ab – daß wir eben gewisse Menschen, Orte oder Dinge bräuchten und unser Leben in bestimmter Weise gestalten müßten. Aber wenn wir uns auf unsere Umgebung verlassen, fühlen wir uns nicht wirklich sicher. Das wird sich dann früher oder später auch herausstellen.

Aber es gibt eine wahre, tief im Innern verwurzelte Sicherheit, die wir alle empfinden können, ganz gleich, wer wir sind, wo wir sind, was wir gerade machen. Sie rührt daher, daß wir uns selbst annehmen, daß wir uns vertrauen – unseren Gefühlen, unserer Weisheit, unserer Verbindung mit dem Göttlichen und der Welt, die uns umgibt.

Sobald wir das eigene Ich wirklich
bejahen, fühlen wir uns wie zu Hause,
egal, wo wir gerade sind.

Lassen Sie zuerst Ihre inneren Wunden verheilen 29. AUGUST

Als ich mich in meinem Ferienhotel in Sedona anmeldete, war ich sicher, daß ich dorthin gefahren sei, um mein Projekt zu realisieren. Ich sagte der Frau an der Rezeption – einem wunderbaren Wesen mit brünetten Haaren und braunen Augen, einem feundlichen Lächeln und einer offenherzigen Art –, weshalb ich gekommen war: um mit der Niederschrift dieses Buchs zu beginnen.

»Vielleicht werden Sie das auch tun«, erwiderte sie, »aber ich glaube, Sie sind eigentlich wegen etwas anderem hier. Sie wollen mit Ihrer Vergangenheit ins reine kommen und Ihre seelischen Wunden ausheilen.« Ich schaute sie überrascht an. Sie hatte recht.

Viele von uns befinden sich an einem Ort, weil sie etwas ganz Bestimmtes vorhaben. Wir möchten eine Sache regeln, eine Beziehung aufbauen, eine Arbeit zu Ende führen. Dann aber treten Veränderungen ein, mit denen wir überhaupt nicht gerechnet haben.

Plötzlich stellen wir fest, daß wir aus ganz anderen Gründen an einem Ort sind, als wir dachten. Wir sind aufgerufen, unsere früheren Erfahrungen aufzuarbeiten und innerlich zu genesen. Dieser Heilungsprozeß ist vielleicht eine lohnendere, sinnvollere Aufgabe als jene, die wir ursprünglich eingeplant haben. Ja, er ist so wichtig, daß wir ihm absoluten Vorrang einräumen müssen, um uns dann erst den anderen Zielen zu widmen.

Ein gebrochenes Herz hält uns davon ab, Liebe zu empfinden und fürsorglich zu sein. Deshalb muß zunächst das Herz gesund werden, ehe wir uns wieder aufs Leben einlassen, uns öffnen, zu träumen wagen, eine neue Bindung eingehen. Entscheiden Sie sich also für gewisse Aufgaben, fassen Sie Ihre Ziele klar ins Auge, aber vergessen Sie nicht: Das Wichtigste zuerst.

Möglicherweise sind Sie hier, an diesem Ort,
aus einem ganz anderen Grunde, als Sie dachten.

Was wünschen Sie sich? Was würde Ihnen gefallen? Stellen Sie sich diese Fragen immer wieder im Laufe des Tages, während Sie Ihren Beschäftigungen nachgehen.

Wenn Sie nicht wissen, wie Sie eine Sache anpacken, in welche Richtung Sie weitergehen sollen, so fragen Sie sich, was Sie gerne möchten und was Ihnen Freude bereiten würde. Dadurch finden Sie heraus, was für Sie am besten ist.

Was gibt Ihnen Kraft? Mit welchen Freunden sind Sie gerne zusammen? Welche Arbeit versetzt Sie in einen positiven Spannungszustand, welche Aufgabe begeistert Sie? Für welche Hobbys interessieren Sie sich? Wie möchten Sie gerne Ihre Zeit verbringen? Lange genug haben Sie es ertragen, dieses oder jenes tun *zu müssen*. Allzuoft haben Sie sich dazu angetrieben, Ihr *Soll* zu erfüllen. Jetzt aber verfügen Sie über andere, sinnvollere Methoden.

Werden Sie sich klar darüber, was Ihren Geist beflügelt. Machen Sie sich nicht nur bewußt, was Sie brauchen, sondern auch, was Sie ersehnen und wollen, was Ihnen am geeignetsten erscheint. Wenn Sie Ihren Vorlieben und Wünschen Priorität einräumen, fühlen Sie sich vielleicht zunächst etwas unwohl, eben weil Sie bisher meistens mit weniger erfreulichen Dingen zu tun hatten. Lernen Sie, diesen Zustand als angenehm zu empfinden und sich in aller Ruhe für jene Tätigkeiten zu entscheiden, die Ihnen Energie verleihen. Indem Sie auf die Stimme des Herzens hören, Ihren Leidenschaften folgen, entdecken Sie den Weg, den Sie gehen müssen. Und das macht Freude.

Wenn Sie sich angenehmen Tätigkeiten widmen,
können Sie bei der Arbeit, in der Liebe, in
der Freizeit immer wieder Freude haben.
Empfinden Sie das als wohltuend. Es steht
in Ihrer Macht, ein glückliches Leben zu führen –
und zwar jetzt, in diesem Augenblick.

Ihre Dienstleistungen sollten von innen her kommen

31. AUGUST

Dem anderen dienen, auf behutsame Weise, aus tiefstem Herzen – darum geht es im Leben, bei der Arbeit, in der Liebe. Das entspricht dem natürlichen Rhythmus. Betrachten Sie nur einmal die Bäume, das Gras, die Blumen, die Berge, die Meere. Schauen Sie genau hin, dann erkennen Sie den symbiotischen Zusammenhang, der zwischen ihnen besteht. Sie sind dazu da, zum gegenseitigen Nutzen beizutragen – ohne sich im geringsten anzustrengen. Auch Ihr Leben ist ein Dienst am Nächsten, und diese Art der Hilfeleistung sollte Ihnen völlig selbstverständlich sein.

Arbeiten Sie daran, sich weiterzuentwickeln, die eigene Person zu lieben und auf die innere Stimme zu hören. Erstreben Sie in allem, was Sie erleben und lernen, Freude, Leidenschaft und Dankbarkeit. Geben Sie in aller Offenheit zu erkennen, wer Sie sind, wie Sie sich fühlen, was Sie gerade durchmachen.

Zerbrechen Sie sich nicht den Kopf darüber, wodurch Sie den Menschen einen Dienst erweisen können. Gehen Sie vielmehr liebevoll mit sich selbst um, dann werden alle Ihre Taten durchdrungen sein von Heiterkeit, Sehnsucht, Inspiration. Achten Sie Ihr Leben. Es ist nicht nur für Sie ein Geschenk, sondern auch für die anderen, ja für die ganze Welt.

Jeder Stern sendet seine Strahlen aus, ist ein Teil der am Nachthimmel glitzernden Milchstraße. Jeder von ihnen erfüllt einen bestimmten Zweck, geht eine genauso sanfte wie natürliche Wechselbeziehung ein mit benachbarten Sternen, indem er einfach nur er selbst ist. Auch Sie spielen eine wichtige Rolle in diesem Universum. Sie haben die Aufgabe, anderen zu dienen, indem Sie Sie selbst sind.

Ihr Lebenssinn besteht darin, den Menschen nützlich zu sein. Dabei sollten Ihre Hilfeleistungen stets von innen kommen.

September

Arbeiten Sie mit liebevoller Hingabe

1. SEPTEMBER

Der Spiegel war eingerahmt von einem Tintenfisch aus gebranntem Ton. Er hatte eine sanfte, äußerst friedliche Ausstrahlung. Als ich ihn sah, mußte ich unwillkürlich lächeln. »Magst du ihn?« fragte meine Freundin. »Arnold hat ihn gemacht.« Da wußte ich, warum dieser Tintenfisch mich so ansprach. Seine positive, angenehme, wunderbare Energie war eigentlich die von Arnold.

Die Dinge, die wir erschaffen, sind aufgeladen mit Kraft. Ob wir eine Mahlzeit zubereiten, eine kleinere oder größere Aufgabe bewältigen – wir gehen mit einer bestimmten Einstellung ans Werk, investieren unsere emotionale Energie. Haben Sie schon einmal gekocht, wenn Sie wütend und verstört, abgehetzt und entnervt waren? Ist Ihnen aufgefallen, daß Sie in aufgeräumter Stimmung viel schmackhaftere Gerichte hervorgezaubert haben? Es genügt einfach nicht, geschäftig herumzuhantieren, um irgend etwas zustande zu bringen. Unsere Arbeit erfordert höchste Aufmerksamkeit und eine absolut positive Einstellung.

Bevor Sie also mit etwas beginnen, sollten Sie sich in Ruhe überlegen, wieviel Kraft Sie aufbieten und welche Wirkung Sie mit der betreffenden Sache erzielen möchten. Treffen Sie Ihre Entscheidungen ganz bewußt. Je schwieriger das Projekt, desto mehr Zeit sollten Sie sich nehmen, um die entsprechenden Ideen zu entwickeln. Wenn es um etwas sehr Wichtiges geht, werden Sie sich diese vielleicht immer wieder vergegenwärtigen und auch schriftlich festhalten, um genauso konzentriert wie inspiriert zur Tat zu schreiten. Das alles müssen Sie einmal ausprobieren. Dann stellen Sie fest, daß Ihnen im Alltag vieles leichter von der Hand geht und daß sich die Menschen in Ihrer Umgebung weitaus wohler fühlen, eben weil Sie gerne arbeiten. Außerdem empfinden Sie dabei mehr Freude und eine tiefere Befriedigung.

Jede Ihrer Tätigkeiten verdient Respekt – aber gehen Sie noch einen Schritt weiter. Ihre Arbeit sollte nämlich ein Werk der Liebe sein. Erst dann werden Sie die Welt in der Weise berühren und verändern, wie Sie sich's wünschen, und mit Ihrer Arbeit einen heilsamen Einfluß auf andere ausüben.

Achten Sie darauf, was die Seele Ihnen mitteilt. Sie spricht leise, aber deutlich darüber, was sie braucht, was sie möchte, was sie gerade lernt, was sie ersehnt. Sie bringt ihre Ängste und Träume, ihre Bedürfnisse und Hoffnungen zum Ausdruck.

Nehmen Sie auch die innere Stimme der anderen wahr. Machen Sie sich nicht nur bewußt, was sie reden, wie sie sich untereinander verständigen, sondern auch, was sie eigentlich mitteilen wollen.

Eine Frau erzählte mir: »Mein Sohn ist neunzehn und wohnt jetzt nicht mehr bei uns. Die ganze Zeit sagt er, daß er erwachsen und unabhängig sein will. Also versuchen mein Mann und ich, ihm seine Freiheit zu lassen. Kürzlich jedoch, als er eine Krise durchmachte, vernahm ich zum ersten Mal seine geheimere Botschaft: *Entfernt euch nicht zu sehr. Ruft mich oft an. Seid für mich da. Gebt mir ein Zeichen, daß ich auf euch zählen kann, daß Ihr euch weiterhin um mich kümmert.* Deshalb rufe ich ihn jetzt fast jeden Tag an, nur um ihm zu sagen, daß ich ihn liebe, und ihn spüren zu lassen, daß ich ihm nah bin. Diese Probleme, mit denen er sich gerade herumschlug, waren im Grunde gar nicht so wichtig; vor allem wollte er uns mitteilen, daß er uns braucht.«

Hören Sie nicht nur mit den Ohren, sondern auch mit dem Herzen, und erkennen Sie, was in Ihrem Innern vorgeht, was die Menschen Ihnen zu verstehen geben.

Seelen sprechen tatsächlich. Hören Sie aufmerksam hin. Vernehmen Sie, was die Ihre sagt, was die der andern ausdrücken will. Schon ein kurzes Seelengespräch hilft sehr viel.

Die Dinge wenden sich zum Guten

3. SEPTEMBER

Jetzt, in diesem Augenblick, lösen sich die meisten unserer Probleme von selbst. Wir sind zwar die ganze Zeit aktiv, reden viel, wollen Kontrolle ausüben, gestalten und verstehen, wir ziehen uns zurück, gehen auf andere zu, wir wundern uns und sorgen uns – aber im Grunde funktioniert alles aufs wunderbarste, ganz nach göttlichem Plan. Der Rhythmus unseres Lebens korrespondiert mit dem des Universums.

Die Dinge sind in Bewegung, entwickeln sich, funktionieren. Es gibt eine allumfassende Kraft, die immerzu tätig ist, die Formen hervorbringt und wachsen läßt. Sie brauchen sich ihr nicht zu widersetzen, sie nicht zu beeinflussen, ja nicht einmal zu begreifen. Sie müssen nur eines tun: dasein und dem Leben, der Liebe, der eigenen Person Aufmerksamkeit schenken.

Die innere Stimme wird Sie führen, wohin Sie auch gehen. Kommen Sie zur Ruhe und vertrauen Sie darauf, daß Sie sich aufgrund dieser Botschaften stets an der richtigen Stelle befinden.

Sie brauchen nicht alles auf die Reihe zu bekommen oder alles zu haben. Sie besitzen bereits, was Sie brauchen.

Wie oft Sie doch beunruhigt und ängstlich waren, weil Sie nicht wußten, welchen Verlauf die Ereignisse nehmen würden, nur um dann später zu verkünden: *Ah, jetzt geht mir ein Licht auf! Eigentlich war die ganze Zeit schon alles in Ordnung!* Sagen Sie das voller Überzeugung *in diesem Moment.*

Machen Sie sich klar, was Ihre Seele schon weiß, nämlich daß alles gut ausgeht.

Bleiben Sie in Kontakt mit sich selbst

4. SEPTEMBER

Die Frau beschrieb ihre Reaktion auf eine Gegend, die sie besucht hatte und die mit giftigen Chemikalien kontaminiert war, verseucht und verwüstet durch den Menschen. »Nicht, daß ich mich verloren gefühlt hätte«, sagte sie nachdenklich. »Ich war weiterhin verbunden mit allem, aber eben auch mit dem Unglück, dem Leid.«

Die Frau schilderte nicht nur einen geographischen Ort, sondern im Grunde einen inneren Ort, an den viele von uns manchmal gelangen. Wir sind in Kontakt mit uns selbst, empfinden jedoch eine große Trauer, einen tiefen Schmerz, weil uns eine frühere Erfahrung oder eine momentane Situation schwer zusetzt.

Es ist gar nicht nötig, davonzulaufen, sich zu verstecken, innerlich zuzumachen oder sich zu fragen, was schiefläuft. Wir müssen einfach nur unsere Gefühle empfinden, selbst wenn sie eine Zeitlang weh tun. Bisweilen befreien wir uns dadurch von negativen Ansichten und Einstellungen, die sich nach und nach angesammelt haben. Dann wieder empfangen wir eine wichtige Botschaft, lernen eine Lektion, ergreifen eine bestimmte Maßnahme. Das wird auf ganz natürliche Weise geschehen, vorausgesetzt, wir sind in Berührung mit uns selbst.

Seien Sie offen für diese Verbindung zum eigenen Ich. Gelegentlich wird sie Ihnen Kummer verursachen. Doch sie wird Sie auch damit belohnen, daß Sie sich Ihrer selbst bewußt werden, daß Sie gezielt handeln, für alles empfänglich sind.

Im Sanctuario do Chimayo, New-Mexico, wohnte ich einem Gottesdienst bei. Die Kirche und ihr heiliger Boden hatten mich schon einmal zutiefst bewegt und geheilt. An diesem Tag nun wünschte ich mir nicht, daß ein Wunder geschehe, sondern daß die Kraft dieses Ortes auf mich übergehe, mich weiterbringe auf meinem Weg. Statt dessen aber erlebte ich ein weiteres Wunder – nämlich das der Freude.

Als ich den Kirchenraum betrat, merkte ich, wie mir immer schwerer ums Herz wurde. Ich erkannte plötzlich, wie ernst, ja fast trübsinnig ich meine geistige Entwicklung voranzutreiben versuchte. Ich dachte wirklich, daß eine solche Vorgehensweise notwendig sei und daß ich gerade durch meine Verbissenheit bewies, welch große Mühen mit der Spiritualität verbunden sind.

Nach dem Gottesdienst ging ich in den kleinen Laden und erstand ein paar Andenken, um die Kraft dieses geweihten Ortes mit nach Hause zu nehmen. Es waren Sachen, die mich daran erinnern sollten, daß uns die spirituellen Energien auch im Alltag zugänglich sind, ganz gleich wo wir uns gerade aufhalten. Danach besuchte ich noch ein Souvenirgeschäft neben der Kirche und kaufte jene an einer Schnur befestigten Peperoni, die als heilig gelten. Hinterher brachte ich all diese Gegenstände zum Priester, der sie segnen sollte: ein Holzkreuz für die Wand; einen Rosenkranz, der im Dunklen leuchtet, für meine Tocher, damit sie sich der Gegenwart Gottes immer bewußt ist; eine kleine Tüte mit geweihter Erde vom Kirchengelände, die mich mit den Heilkräften des Universums vertraut macht; ein Gefäß mit Weihwasser, das mir zu verstehen gibt, daß das ganze Leben göttlich inspiriert ist; und die an einer Schnur aufgereihten Peperoni, die mir helfen, mein Lächeln wiederzufinden.

Ihre Reise braucht keine düstere Angelegenheit zu sein. Befreien Sie sich von Ihrer inneren Schwere. Manchmal beweisen Sie Ihren Glauben am besten dadurch, daß Sie lernen, das Leben zu genießen.

Ziehen Sie alle Möglichkeiten in Betracht 6. SEPTEMBER

Fassen Sie für Ihr Leben – für Arbeit, Liebe und geistiges Wachstum – sämtliche Alternativen ins Auge. Denken Sie daran, welche Abenteuer, Freuden und Dienstleistungen möglich sind. Dieser Tag, dieser Monat, dieses Jahr ist voller Möglichkeiten. Jede Aufgabe, die Sie erledigen, jedes Problem, das Sie lösen müssen, bietet Ihnen unzählige Gelegenheiten, sich weiterzuentwickeln. Ihr Leben ist ein einziges großes Reservoir.

Lange Zeit waren wir uns all dessen gar nicht bewußt, konzentrierten uns oft nur auf einen kleinen Ausschnitt. Wenn wir eine bestimmte Situation betrachteten, so schien es, als würde sie uns nichts anderes bescheren als Schuldgefühle und seelische Qualen, Traurigkeit und Verzweiflung. Wir redeten uns ein, daß es keinen Ausweg gebe oder höchstens einen, der dann mit ungeheuren Anstrengungen und großen Entbehrungen verbunden war. Wir vergaßen, daß noch weitere Möglichkeiten bestehen, das Leben in jedem Augenblick angenehmer und erfreulicher zu gestalten.

Sie brauchen sich keine Beschränkungen mehr aufzuerlegen. Sie haben Ihr Inneres aufgeschlossen, also seien Sie jetzt auch geistig offen. Schauen Sie sich um. Erkennen Sie Ihre Chancen. Diese sind ein Geschenk des Universums. Es weist Ihnen den Weg in den Überfluß, wenn Sie um Hilfe bitten und dann den Dingen freien Lauf lassen.

Seien Sie empfänglich für die Fülle
des Lebens, für die Möglichkeiten, die
es Ihnen bietet. Je mehr Sie sich öffnen,
desto kreativer sind Sie in der Arbeit,
in der Liebe, in der Freizeit. Und je kreativer
Sie sind, desto mehr Alternativen
fallen Ihnen ein.

Entfalten Sie Ihre schöpferischen Kräfte

7. SEPTEMBER

Bringen Sie Ihre Kreativität zum Ausdruck. Allzu lange haben Sie sie eher unterdrückt, haben Sie Ihre natürlichen Neigungen und Begabungen ignoriert. Vielleicht hat Ihnen jemand gesagt, Sie brächten sowieso nichts zustande oder es sei sinnlos, sich kreativ zu bestätigen. Und möglicherweise haben auch Sie sich das eingeredet.

Sie sind ein schöpferischer Mensch. Sie besitzen ein phantasievolles Selbst, das spielen, loslassen, schöpferisch tätig sein möchte. Befreien Sie es! Geben Sie sich rückhaltlos dem Leben hin, der Arbeit und der Liebe.

Fassen Sie alle Vorbehalte gegenüber Ihren kreativen Fähigkeiten in einer Liste zusammen; notieren Sie, was man Ihnen eingetrichtert hat, was Sie sich selbst weisgemacht haben. Verbrennen Sie dieses Papier dann. Erstellen Sie eine weitere Liste, auf der Sie notieren, welche kreativen Fähigkeiten Sie tatsächlich besitzen, als möglich erachten oder sich wünschen. Legen Sie sich dabei keine Zügel an. Schreiben Sie, daß Sie kreativ *sind,* daß Sie etwas hervorbringen *können* und daß Sie mit der schöpferischen Energie des Kosmos in Verbindung stehen.

Sobald Sie sich Ihrer Kreativität bewußt sind, wird die ganze Welt für Sie lebendiger denn je zuvor. Alles, was existiert, hilft Ihnen, leitet und inspiriert Sie. Sie stellen sich ein bestimmtes Projekt vor und merken dann, wie eine unsichtbare Macht Sie dazu bringt, es zu realisieren.

Die schöpferische Kraft ist Teil der Welt,
des Alls, das ständig neue Formen schafft.
Dazu benötigt es auch Ihre Hilfe.
Denn Ihre Kreativität bringt Sie
in Einklang mit dem All, mit Gott, mit dem
Rhythmus des Seins – und mit sich selbst.

Befreien Sie sich von allen gefährlichen Zwängen 8. SEPTEMBER

In dieser hektischen Welt haben wir oft das Gefühl, »unter Beschuß zu liegen«. Der tägliche Druck kann sich derart erhöhen, daß wir meinen, jemand richte tatsächlich eine Waffe auf uns mit den Worten: *Los, schneller! Bring diese Sache zu Ende! Mach schon, oder …!* Dadurch fällt es uns nicht gerade leicht, freudig ans Werk zu gehen, kreativ zu sein und unser Bestes zu geben. Vielmehr sind wir in einer Weise gestreßt, daß wir es manchmal kaum noch aushalten.

Einige von uns leben schon so lange mit derartigen Zwängen, daß sie sie gar nicht mehr wahrnehmen. Aber unser Körper spürt sehr wohl, was da passiert. Wir sind verspannt, nervös, ängstlich, am Rande des Nervenzusammenbruchs. Doch selbst daran haben sich viele bereits gewöhnt. *So ist es eben*, sagen wir resigniert.

So muß es aber nicht sein. Nehmen Sie dem »Übeltäter« vorsichtig die Waffe weg. Legen Sie sie auf den Tisch. Teilen Sie diesem Menschen mit, daß Sie Ihre Aufgabe erledigen werden, daß Sie ohne diese ständige Bedrohung viel einfallsreicher sind, positivere Ergebnisse erzielen und früher zum Abschluß kommen. Das sollten Sie vor allem auch sich selbst klarmachen.

Stehen Sie zu Ihren Verpflichtungen,
und seien Sie sich der Notwendigkeit bewußt,
Ihre Arbeiten rechtzeitig abzuschließen.
Bekennen Sie sich dann aber freudig zur
Weisheit des Herzens. Sie wird Ihnen helfen,
alles so zu bewältigen, daß Sie sich
nicht mehr »unter Beschuß« fühlen.

Erübrigen Sie Zeit, um sich zu freuen

9. SEPTEMBER

Erfreuen Sie sich an der Schönheit dieser Welt. Fahren Sie an einem bezaubernden Landstrich nicht nur vorbei, um einen flüchtigen Blick darauf zu werfen. Halten Sie an. Steigen Sie aus. Nehmen Sie die Landschaft in sich auf. Betrachten, riechen, berühren Sie, was dieser Landstrich Ihnen bietet. Empfinden Sie diese wunderbaren Dinge tief in Ihrem Innern. Und danken Sie dann dem Universum dafür, daß es Ihnen einen derartigen Augenblick schenkt.

Seien Sie auch froh über Ihre Werke – über Ihre Arbeit, Ihr Leben, Ihre eigene Person. Schauen Sie sich einmal um. Entdecken Sie die schönen Seiten Ihres Daseins. Lassen Sie sie auf sich wirken, und fühlen Sie sich wohl dabei.

Wenden Sie sich dann den anderen Menschen zu. Achten Sie ganz bewußt auf ihre positiven Seiten. Sagen Sie ihnen deutlich, was sie Ihnen bedeuten, was Sie an ihnen mögen.

Offen sein gegenüber sich selbst und der Welt bedeutet, deren Pracht wahrzunehmen und regelrecht einzusaugen. Gestatten Sie sich, Fortschritte zu machen, immer wieder neu zu definieren, worin für Sie wahre Schönheit besteht. Vielleicht haben Sie einfach zu lange auf solche erhabene Anblicke verzichtet. Es ist an der Zeit, die dunkle Brille abzunehmen. Schätzen Sie die Herrlichkeit, die Sie umgibt!

Wir nähren unsere Seele, indem wir uns am Glanz dieser Welt erfreuen.

»Als ich kürzlich morgens aufwachte, war wieder diese Langeweile da«, sagte ein Freund zu mir. »Ich schaltete den Fernseher ein. Da lief gerade ein alter Film, eine Komödie. Zuerst dachte ich, es sei Zeitverschwendung, sich so etwas anzuschauen. Aber nach einer halben Stunde mußte ich laut loslachen. Und als der Film vorbei war, fühlte ich mich richtig gut.«

Vergessen Sie nicht, immer wieder einmal zu lachen. Ganz gleich, an welchem Ort oder in welcher Situation Sie sind – das Lachen ist wichtig, ja lebensnotwendig. Ihr Gesichtsausdruck ändert sich, Ihr Aussehen – und sogar Ihre Biochemie, wie manche meinen.

Klaren Sie innerlich auf. Scherzen Sie ein wenig. Lachen Sie über sich selbst, über das Leben. Die Wahrheit muß nicht immer so ernst und traurig sein. Oft entdecken Sie sie nicht durch Ernsthaftigkeit, sondern nur durch Witz.

Lernen Sie die Macht des Lachens kennen.
Humor hilft Ihnen sehr und wird dazu
beitragen, daß Ihre Reise viel
erfreulicher verläuft.

Befreien Sie sich von der Angst, im Stich gelassen zu werden 11. SEPTEMBER

Einige meinen, jeder Mensch fürchte sich davor, verlassen zu werden. Denn es gibt immer wieder diesen schmerzlichen, quälenden Moment, da wir glauben, daß der oder die andere uns sitzenläßt. Viele haben diese Angst deshalb, weil eine frühere Bezugsperson sich physisch oder emotional zurückzog, so daß allein schon der Gedanke, dergleichen könnte erneut passieren, uns in Panik versetzt.

Auch wenn dieses bange Gefühl allen vertraut ist, muß doch jeder, der es hat, sich mit ihm befassen, es bewußt empfinden und aufarbeiten, um sich dann davon zu befreien. Andernfalls behindert es einen und belastet die zwischenmenschlichen Beziehungen.

Manchmal ist die Trennungsangst so groß, daß wir uns an die Leute klammern, selbst wenn wir sie gar nicht mögen, um ja nicht an jenes vergangene Trauma erinnert zu werden. Setzen wir uns damit nicht auseinander, haben die anderen leichtes Spiel mit uns. Sie brauchen nur zu drohen, uns zu verlassen; und allein schon diese Vorstellung bewirkt, daß wir völlig aufgelöst und zugleich unterwürfig sind.

Hinter unserer Furcht verbirgt sich vielleicht eine weitere, die noch tiefere Wurzeln hat – nämlich daß *wir* die geliebten Menschen regelrecht vertrieben hätten. Erinnern wir uns: Manchmal mußten sich die anderen einfach von uns abwenden, um eigene Wege zu gehen. Aber wenn sie sich deshalb verwirrt oder schuldig fühlten, wenn sie nicht wußten, wie sie sich von uns lösen sollten, dann haben sie uns vielleicht hinters Licht geführt und uns eingeredet, *wir* hätten vieles falsch gemacht und dadurch die Trennung verursacht, *wir* seien verantwortlich für die Entfremdung. Und diese Lüge haben wir dann für bare Münze genommen.

Hat Ihnen jemand so etwas weisgemacht? Wenn ja, dann stellen Sie die Dinge jetzt richtig. Machen Sie sich die Wahrheit bewußt. Sie jagen die Menschen nicht fort. Sie konnten nichts dafür, daß die Beziehung schiefging. Wenn der Partner Sie verlassen hat, so war dies *seine* Entscheidung.

> *Fürchten Sie sich nicht mehr davor,*
> *im Stich gelassen zu werden. Machen*
> *Sie sich frei, und sorgen Sie dafür,*
> *daß auch die anderen sich frei fühlen.*

Reden Sie sich nicht ein, Sie hätten keine Energie – Sie *sind* Energie. Lernen Sie also, sie tatsächlich zu nutzen.

Erheben Sie sich, strecken Sie Arme und Beine. Bewegen Sie Ihren Körper. Hören Sie Musik, die Sie inspiriert. Gehen Sie nach draußen, und unternehmen Sie einen Spaziergang.

Beobachten Sie spielende Kinder. Diese kleinen Geschöpfe scheinen über unbegrenzte Kraftreserven zu verfügen. Erinnern Sie sich daran, wie Sie sich als Kind fühlten. Auch Sie hatten damals eine enorme Ausdauer – und haben sie auch weiterhin.

Gewiß, manchmal sind wir erschöpft aufgrund unseres anstrengenden Tagesablaufs. Und es gibt Zeiten, da wir uns wirklich matt fühlen, eben weil wir großen Kummer haben oder weil eine Krankheit an uns zehrt und der Körper all seine Kräfte aufbieten muß, um wieder gesund zu werden. Außerdem machen uns die anderen Leute mit ihren Problemen zu schaffen. Und es kann durchaus sein, daß auch wir selbst uns das Leben schwermachen.

Wenn Sie meinen, keine Kraft mehr zu besitzen, so ist diese vielleicht einfach nur blockiert. Möglicherweise sträuben Sie sich dagegen, eine bestimmte Sache in Angriff zu nehmen. Oder ein Gefühl von früher, eine überlebte Vorstellung, unterbricht Ihre Energiezufuhr. Oder Sie haben einfach zu lange krumm dagesessen, wodurch Ihr Körper schnell ermüdete. Oder Sie reden sich Ihre Schwäche so oft ein, daß Sie gar nicht mehr daran zweifeln.

Reinigen Sie Ihre inneren »Schaltkreise«,
beseitigen Sie alle dort sitzenden Widerstände.
Raffen Sie sich auf, gehen Sie umher,
treten Sie in Kontakt mit dem Leben.
Lernen Sie, sich selbst zu kräftigen.

Geben Sie sich Ihren Gefühlen hin

13. SEPTEMBER

Manchmal denken wir, Stärke sei gleichbedeutend damit, daß man sich nicht seinen Gefühlen überläßt; aber auf diese Weise widersetzen wir uns ihnen nur und verdrängen sie. Wahre Stärke zeigt sich darin, daß wir offen genug sind, jedes Gefühl zu empfinden.

Mach weiter, sagen wir uns. *Gib nicht nach. Das wird schon wieder vorbeigehen* ... Aber wir überstehen diese schwierigen Zeiten nur dadurch, daß wir uns alle Emotionen eingestehen. Je heftiger wir gegen sie ankämpfen, desto länger sind wir in der Situation gefangen, die sie heraufbeschwört.

Wir lernen die betreffende Lektion erst, wenn wir unsere tiefinneren Regungen zulassen. Worin das jeweilige Problem besteht, was als nächstes zu tun ist, wie wir einen Ausweg finden, wissen wir erst, wenn wir die eigenen Gefühle wahrnehmen und sie dann loslassen. Es genügt nicht, über Gefühle nur zu reden, obgleich sie uns dadurch wenigstens bewußt werden. Aber sich der emotionalen Energie wirklich auszuliefern, ist noch einmal etwas ganz anderes.

Empfinden Sie also Ihr Gefühl – und machen Sie sich dann von ihm frei. Anschließend kann das Universum, das durch Ihre innere Stimme spricht, Sie in Neuland führen und Ihre persönliche Entwicklung vorantreiben. Das wiederum hat oft automatisch zur Folge, daß Sie sich mit bestimmten Themen auseinandersetzen – mit der Freiheit, der Versöhnlichkeit, der bejahenden Einstellung, der Liebe – oder daß Sie eine bestimmte Charaktereigenschaft beziehungsweise einen Aspekt Ihres Lebens schätzen lernen. Wenn Sie dem inneren Wachstumsprozeß Beachtung schenken, werden Sie deutlich erkennen, daß jeder Vorgang – ein Gefühl zu registrieren, zu akzeptieren, zu eliminieren – die nächste Entwicklungsstufe vorbereitet. Bald merken Sie dann, daß Sie etwas dazugelernt haben, daß Sie wieder auf dem richtigen Weg sind.

Die eigenen Gefühle durch sich hindurchziehen zu lassen, sich ihnen hinzugeben, ist nicht nur ein wunderbares Erlebnis. Es gibt uns auch Kraft.

Gerade der Machtlosigkeit wohnt eine Macht inne 14. SEPTEMBER

Manchmal können wir es einfach nicht besser. Egal, wie sehr wir uns anstrengen, wie fest wir davon überzeugt sind, daß wir alles anders machen sollten, wie ernst wir unsere Verpflichtungen nehmen, wie groß unser Engagement ist in Sachen Selbstverwirklichung und Unabhängigkeit – wir können es einfach nicht besser.

Wir machen genauso weiter wie bisher. Allem Anschein nach sind wir unfähig, uns zu ändern, obwohl wir es uns doch sehnlichst wünschen. Das heißt nicht, daß wir keine Verantwortung übernehmen, daß wir uns keine Rechenschaft ablegen, sondern nur, daß wir unser Verhalten momentan nicht korrigieren können, daß wir keine andere Methode kennen.

Viele von uns haben herausgefunden, daß gerade dieser Zustand eine tiefe Wahrheit enthält. Selbst in der Ohnmacht liegt eine gewisse Macht. Wir sind stark, indem wir unsere Schwäche eingestehen. Sobald wir unser Problem thematisieren, unsere Hilflosigkeit akzeptieren, helfen wir uns selbst und erhalten Unterstützung von anderen. Bejahen Sie also Ihre Machtlosigkeit, und bitten Sie um Beistand.

Gehen Sie sanft mit sich um. Sie sind
mit Ihrem Problem, in Ihrer Ohnmacht,
bei Ihrer Suche nach einer Lösung
nicht allein. Lassen Sie sich von
der Liebe zur richtigen Antwort führen.

Lassen Sie Ihr gebrochenes Herz wieder gesund werden 15. SEPTEMBER

In der Halle des Mineralbads lag ich auf einer Liege. Ich war von Kopf bis Fuß in eine Wolldecke eingehüllt. Sie verbarg auch mein Gesicht, und so war mir, als könnte ich jeden Riß in meinem Herzen fühlen. Diese Empfindung war so stark wie nie zuvor. Plötzlich wußte ich: Der Sinn dieser Reise besteht vor allem darin, daß meine inneren Wunden heilen.

Vielleicht gab es auch in Ihrem Leben schon viele tragische Ereignisse, die Ihnen das Herz brachen. Einige taten vielleicht mehr weh als andere, aber jedes hinterließ einen Riß, verminderte Ihre Fähigkeit und Ihre Bereitschaft, zu lieben, zu vertrauen und seelisch gesund zu werden.

Verschließen Sie sich nicht. Laufen Sie nicht weg. Sagen Sie nicht: *Mein Schmerz ist unwichtig. Ich werd' ihn schon ertragen. So ist halt das Leben.* Dadurch belügen Sie nur sich selbst, um Ihren Kummer zu verdrängen. Alles, was Sie sich nicht eingestehen, kann Ihrem Innenleben schweren Schaden zufügen. Es gibt nur eine Lösung: Sie müssen gewillt sein, jedes Gefühl zu empfinden, wirklich zu genesen und wieder zu lieben.

Je mehr Sie sich auf diese Reise einlassen, je intensiver Sie die Freude spüren, desto tiefer sollten Sie in Ihr Inneres vordringen. Sorgen Sie dafür, daß all die kleineren Risse und größeren Löcher sich schließen. Sobald Sie offener sind für die Freude, nehmen Sie auch den Schmerz, den Kummer, den Verlust bewußter wahr. Haben Sie keine Angst. Weder kehren Sie in jenen verzweifelten Zustand zurück, noch müssen Sie ewige Qualen leiden.

Erübrigen Sie jetzt genügend Zeit, um die inneren Verletzungen auszukurieren. Gehen Sie in sich, damit der Heilungsprozeß erfolgreich verläuft. Verabschieden Sie sich von Ihren zerbrochenen Träumen. Durchschauen Sie Ihre Verdrängungsmechanismen. Lassen Sie Ihren Schmerz los. Und umhüllen Sie Ihr

Herz dann sanft, behutsam und zärtlich mit Nachsicht und Liebe.

An einem bestimmten Punkt dieser Reise
müssen wir unsere inneren Wunden reinigen
und ausheilen lassen. Je mehr wir diesen
Prozeß unterstützen, desto freier werden
wir uns fühlen, desto genauer werden
wir wissen, was in uns vorgeht, und
desto freudiger werden wir sein.

Jetzt erst bricht die Zeit des wahren Zaubers an

16. SEPTEMBER

An irgendeiner Station unserer Reise sind wir vielleicht müde, ausgelaugt, verwirrt und haben Heimweh. All die Berge, Landschaften, Speisen, Menschen, Erfahrungen genügen uns einfach nicht mehr. Wir wollen nach Hause. *Was tu' ich hier eigentlich?* fragen wir uns. *Es passiert sowieso nichts Besonderes.* Aber die innere Stimme weiß es besser und flüstert: *Doch, es passiert etwas, das die ganze Mühe lohnt.*

Das Heimweh gehört zur Reise dazu. Es macht uns darauf aufmerksam, daß wir an einem Wendepunkt angelangt sind. »Wenn man den erreicht«, sagte mir eine Freundin einmal, »ist das ein Zeichen, daß die Reise erst richtig losgeht.«

Seien Sie sich Ihrer Person und Ihrer Gefühle stets bewußt. Sie haben sich schon durch so vieles durchgearbeitet. Geben Sie jetzt nicht auf. An diesem Wendepunkt wird Ihr Leben einen anderen Verlauf nehmen. Sie haben neue Lektionen gelernt, sich weiterentwickelt, Sie haben sich intensiv darum bemüht, Ihre inneren Wunden zu heilen, Ihre Seele zu reinigen. Ihr geistiges Wachstum läßt nichts zu wünschen übrig. Aber bis jetzt diente alle Anstrengung dazu, Sie auf die kommenden Schritte vorzubereiten.

Sie haben nur einen kleinen Ausschnitt dessen gesehen, was das Leben bietet. Sie sind im Begriff, ein Tor zu durchschreiten. Nun, da Sie offen sind, können Sie die Wunder der Welt genauer wahrnehmen und erkennen. Das ist die Belohnung für Ihre bisherigen Erfahrungen. Empfinden Sie auch weiterhin Ihre Gefühle, verlassen Sie sich auch künftig auf Ihre Intuition.

Lassen Sie jetzt zu,
daß der Zauber sich entfaltet.

Sorgen Sie sich nicht darüber, was Sie künftig machen sollen oder wie Sie später einmal die richtigen Antworten finden. Um eine Aufgabe zu erledigen, einen Tag zu bewältigen, ein Leben zu meistern, gibt es nur eine Methode, und die besteht darin, den Augenblick bewußt wahrzunehmen.

Es hat einfach keinen Sinn, ständig herumzurasen und die Dinge zu forcieren. Das haben wir jetzt auch gar nicht mehr nötig. Die übertriebene Eile beschleunigt weder unseren Entwicklungsprozeß, noch bringt sie uns sonst irgendwie weiter. Wenn wir vorschnell handeln, sind wir nur gezwungen, wieder einen Schritt zurück zu machen und noch einmal jene Punkte durchzugehen, die wir übersprungen haben.

Gewiß, es gibt Phasen, in denen wir vorwärtsdrängen und etwas mehr Energie investieren müssen – aber durch hektische Betriebsamkeit erreichen wir unser Ziel auch nicht früher. Im Gegenteil, wir sind ständig angespannt und kommen aus dem Tritt. Wenn unsere Reise tatsächlich schneller vonstatten gehen soll, müssen wir uns ganz dem Augenblick hingeben und unsere Kraft, unsere Aufmerksamkeit, unsere Gedanken, unsere Gefühle auf ihn konzentrieren.

Bleiben Sie in der Gegenwart. Lauschen Sie *jetzt* der Stimme des Herzens. Gehen Sie *hier und heute* behutsam und liebevoll mit sich selbst um. Seien Sie offen für die Hinweise, die Sie *derzeit* erhalten und die den Augenblick lebendig werden lassen.

Wenn Sie mit sich selbst
und mit der Gegenwart stets in Fühlung bleiben,
dann werden sich die morgigen Lösungen
genauso selbstverständlich, rechtzeitig
und leicht ergeben wie die heutigen.

Seien Sie empfänglich für die neue Kraft

18. SEPTEMBER

Sobald wir uns ändern, greifen wir auch auf andere Hilfsmittel zurück.

Der Sinn dieser Reise besteht darin, sich immer mehr zu öffnen. Das hat allerdings auch zur Folge, daß wir ganz bewußt wahrnehmen müssen, wie wir uns fühlen, wie unser Körper auf gewisse Situationen reagiert. Wir müssen uns klarmachen, daß bestimmte Dinge, die uns einmal nützlich waren und die wir mühelos bewältigen konnten, nicht mehr so funktionieren wie früher.

Wenn wir innere Entwicklungen durchmachen, haben wir den Wunsch und das Bedürfnis, daß sich zugleich die Energie ringsum verändert. Wir möchten, daß sie positiver ist, daß sie uns guttut und neuen Auftrieb gibt. Bei einer unangenehmen Sache denken wir zuerst: *Komisch, das hat mich noch nie gestört. Ich weiß gar nicht, warum ich jetzt so empfindlich darauf reagiere.* Dann erwarten wir, daß wir in unseren »Normalzustand« zurückkehren und so weiterleben wie bisher.

Mit der Zeit werden wir sensibler und offener denn je. Als wir noch verschlossen waren, haben wir weniger empfunden, weniger Wirkung gezeigt. Manchmal war uns gar nicht bewußt, was sich auf der emotionalen und auf der physischen Ebene eigentlich abspielte. Jetzt aber hat jede Erfahrung einen wesentlich stärkeren Einfluß auf Körper, Geist und Seele – ganz gleich, ob wir etwas essen oder trinken, ob wir mit einer bestimmten Person oder Situation konfrontiert sind. Wir nehmen alles viel intensiver wahr. Vielleicht wünschen wir uns andere Speisen, andere Menschen, andere Orte, andere Kleidungsstücke, andere Tätigkeiten. In dem Maße, wie sich unsere innere Energie verändert, wollen wir auch ein anderes Energiefeld um uns haben.

Achten Sie auf die Signale Ihres Körpers und Ihrer Gefühle.

Der Sturm braut sich zusammen, bricht los. Blitze leuchten auf, der Donner rollt. Manchmal trommelt der Hagel so laut, so lange, daß es uns angst macht. Mag sein, daß das Unwetter erheblichen Schaden anrichtet. Aber irgendwann zieht es vorüber.

Im gleichen Rhythmus, wie die Natur ihre Gewalten entfesselt, indem sie zuweilen ein Gewitter verursacht, dann wieder den Himmel in ein eintöniges Grau taucht oder einen leichten Regen fallen läßt, der die Erde reinigt, fegen Stürme auch durch unser Leben, durch unsere Innenwelt. Sie sind Teil unseres Daseins, unseres persönlichen Wachstums, unserer Reise ins Herz.

Entzünden Sie eine Kerze. Ziehen Sie sich warm an. Fühlen Sie sich sicher und geborgen. Warten Sie dann in aller Ruhe ab, daß der Sturm sich legt; seien Sie sich dessen gewiß.

Lassen Sie wieder Frieden und Sicherheit einkehren. Empfinden Sie erneut eine tiefe Freude, und seien Sie fest überzeugt davon, daß Ihr Leben einen Sinn hat und daß Sie auf dem richtigen Weg sind.

Es gibt viele wunderbare Aufgaben in dieser Welt – und viele Menschen, die uns gerne beibringen, wie man sie anpackt.

Waren Sie an bestimmten Tätigkeiten interessiert, die Sie sich dann aber wieder ausgeredet haben? Möchten Sie etwas Neues lernen oder zumindest einmal ausprobieren? Was würde Ihnen Vergnügen bereiten?

Wo liegen Ihre Interessen? Es ist Ihr gutes Recht, kreativ zu sein. Sie haben einen Anspruch darauf, Erfahrungen zu sammeln und innerlich zu wachsen. Entscheiden Sie sich für solche Aktivitäten, die genauso inspirierend wie instruktiv sind; die Ihnen helfen, mehr über sich selbst und über das Leben zu erfahren. Tun Sie, was die Stimme des Herzens empfiehlt.

Nur allzu leicht halten wir uns davon ab, ungewohnte Pfade zu betreten. Dabei sollten wir das Leben in seiner ganzen Fülle genießen und jenen Beschäftigungen nachgehen, die unser Herz erfreuen.

Gehen Sie auf Entdeckungsreise. Finden Sie heraus, wo Ihre Interessen liegen. Horchen Sie mal einige Tage, einige Wochen lang in sich hinein, und nehmen Sie bewußt wahr, welche Idee Sie stimuliert, in Schwung bringt, inspiriert. Verwirklichen Sie dann diese Idee.

Lernen Sie, Ihre Sensibilität zu achten und sich an ihr zu erfreuen.

Streichen Sie zart über die Blütenblätter einer Magnolie. Atmen Sie ihren Duft ein. Umgreifen Sie vorsichtig den Stiel einer Rose, und betasten Sie ihre Dornen. Legen Sie Ihren Finger auf einen Kaktus. Setzen Sie sich auf eine Wiese und spüren Sie das Gras. Berühren Sie einen Baumstamm; legen Sie die Hand auf die rauhe, rissige Rinde, und lassen Sie sie dort eine Weile ruhen. Nehmen Sie einen Stein, und umschließen Sie ihn fest, bis Sie seine Oberflächenstruktur, seine Temperatur spüren. Halten Sie ihn auch einmal an Ihre Wange, und achten Sie darauf, wie er sich anfühlt. Fassen Sie erst ein Baumwollhemd, dann eine weiche Wolldecke an, und machen Sie sich den Unterschied bewußt. Spüren Sie das Wasser, das über Ihre Haut läuft, die warme Nachtluft, die Ihr Gesicht liebkost. Berühren Sie den Fuß eines Babys.

Sie sollten Ihre Sensibilität zu schätzen wissen. Sie macht Sie empfänglich für die Energie, die die Welt durchströmt, für das Leben, die Leidenschaft, die Kreativität – und für die emotionalen Strukturen in Ihrem Innern.

Aktzeptieren Sie die Veränderung 22. SEPTEMBER

Sie brauchen vor Veränderungen keine Angst zu haben. Nur vor einem müssen Sie sich fürchten – daß alles beim alten bleibt. Dann nämlich kommt das Leben zum Stillstand.

Leben aber ist gleichbedeutend mit Evolution. Es entwickelt sich in jedem Augenblick behutsam weiter, nimmt eine neue Gestalt an, die auf anmutige, wunderbare und vollkommene Weise an die alte anschließt. Sie können diesem Prozeß und all den Einsichten und Gefühlen, Gewißheiten und Verwirrungen, die damit verbunden sind, jederzeit vertrauen. Sie können sicher sein, daß die Ruhe, die Freude, das Lachen und die Umwege, die er Ihnen beschert, einer tieferen Ordnung entsprechen.

Achten und lieben Sie diesen permanenten Entwicklungs- und Verwandlungsprozeß. Er läßt die Dinge gedeihen und bringt auch Sie weiter voran. Denn er ist das Leben selbst.

Lernen Sie, den Wechsel zu bejahen.

Achten Sie auf die Signale Ihres Körpers

23. SEPTEMBER

Die Aufforderung, sich körperlich mehr zu bewegen, kommt nicht aus Turnhallen, Fitneßcentern, Diätbüchern; auch nicht von Leuten, die Gesundheitskurse abhalten, sondern unmittelbar aus uns selbst.

Lange Zeit sträubte ich mich gegen jede Art von Sport. Selbst in den 80er Jahren, als er eine ungeheure Breitenwirkung entfaltete, gab ich meinen Widerstand nicht auf. *Das ist doch nur langweilig, anstrengend und unangenehm,* dachte ich. *Das ist nichts für mich.*

Als mich meine Tochter schließlich ins örtliche Fitneßcenter schleppte, hatte ich das Gefühl, im Ausland zu sein. Ein paar Minuten trat ich in die Pedale eines Fahrrads, dann wackelte ich wie ein Pinguin zum Trinkbrunnen, während meine Beine fast taub waren, mein Herz hämmerte, meine Muskeln weh taten und der Schweiß über meinen Rücken rann. Meine Tochter schaute mich an und sagte mit fester Stimme: »Du läßt dich derart hängen. Jetzt ist es aber wirklich Zeit, daß du wieder in Form kommst!«

Es dauerte eine Weile, bis ich begriff, daß ich mich nach einfachen Übungen nicht schlechter, sondern besser fühlte. Dieser Prozeß ging ganz natürlich vonstatten und nahm viele Monate in Anspruch. Aber mein Körper hatte mir deutlich zu verstehen gegeben: *Es ist Zeit.*

Es gibt unzählige Möglichkeiten, sich zu bewegen, den Körper zu straffen und zu trainieren. Parken Sie zum Beispiel Ihr Auto weit weg von den Geschäften, und gehen Sie zu Fuß. Transportieren Sie dann später jede Tüte einzeln vom Auto in die Wohnung. Tragen Sie Ihr Gepäck selbst. Machen Sie einen Spaziergang oder einen Dauerlauf. Richten Sie sich immer wieder auf, wenn Sie länger sitzen müssen. Betreiben Sie Yoga. Belegen Sie einen Jazztanzkurs.

Bringen Sie Ihren Körper so in Schwung, daß es Ihnen guttut. Fangen Sie einfach an damit, selbst wenn Sie sich zunächst unwohl fühlen. Und fahren Sie so lange fort, bis Sie die Signale Ihres Körpers wahrnehmen, bis Sie wissen, was er braucht und will und gern hat; bis er Ihnen mitteilt, wie und wann er sich bewegen möchte.

Je bewußter Sie Ihren Körper wahrnehmen,
desto deutlicher hören Sie auch
die Stimme Ihres Herzens.

Sie werden den Heilern, die Sie brauchen, bald begegnen 24. SEPTEMBER

Die Menschen, Ideen und Hilfsmittel, die für die innere Heilung nötig sind, werden uns zur rechten Zeit verfügbar sein, werden irgendwo plötzlich auftauchen. Manchmal erscheint uns das fast wie ein Wunder; dann wieder sträuben wir uns dagegen und sagen: *Das kann nicht sein. Das wäre zu einfach.* Aber die Heiler treten in unser Leben, wenn wir sie brauchen, wenn wir bereit sind, gesund zu werden.

Wir können darauf vertrauen, daß wir durch das Schicksal mit diesen Personen zusammengeführt werden; aber wir sollten uns auch auf unseren Instinkt verlassen. Einige der Heiler und Hilfsmittel sind für uns nicht die richtigen. Vertrauen Sie darauf, daß Sie schon wissen, was für Sie am besten ist. Und denken Sie daran: Nicht die Menschen, die uns heilen wollen, sind unser Kraftquell, sondern sie helfen uns lediglich, die *eigene* Kraft zu entdecken. Sie sind dazu da, Beistand zu leisten und ihre Fähigkeiten mit einzubringen, damit wir die unseren erkennen.

Genauso, wie *wir* Heilern begegnen, kommen zu gegebener Zeit Menschen auf *uns* zu, um geheilt zu werden. Seien Sie davon überzeugt, daß Sie auch in diesem Fall die richtige Wahl treffen, daß Sie diejenigen an Ihren Gaben teilhaben lassen, die es auch verdienen. Ihre innere Stimme wird Sie führen, wenn Sie auf sie hören.

Seien Sie empfänglich für die heilsamen Einflüsse, die Sie nötig haben. Lassen auch Sie Ihre Heilkräfte anderen Menschen zugute kommen. Stellen Sie zwischen beiden Vorgängen ein gesundes Gleichgewicht her. Vertrauen Sie sich selbst – Ihrem Körper, Ihrem Geist und Ihrer Seele, die genau wissen, was angenehm ist.

Entdecken Sie den Rhythmus des Lebens

25. SEPTEMBER

Passen Sie sich Ihrem natürlichen Lebensrhythmus an.

Sie brauchen sich jetzt nicht mehr ständig anzutreiben. Sie müssen die Dinge nicht forcieren, Ihre Kräfte nicht überstrapazieren.

Wenn Sie müde sind, gönnen Sie sich eine Ruhepause oder machen einen Spaziergang. Nehmen Sie die heilsame Energie auf, die Sie umgibt. Lauschen Sie dem Gesang der Vögel, dem Lachen eines Kindes. Achten Sie auf das sanfte Lächeln eines Freundes, lächeln Sie einem vorbeigehenden Fremden zu. Wenn Sie verwirrt sind und nicht weiterkommen, sollten Sie die Lösung nicht erzwingen. Ziehen Sie sich zurück, bis die Antwort auf ganz natürliche Weise aus Ihrem Innern kommt, aus jenem Ort des Friedens und der Weisheit.

Befreien Sie sich von Ihrer Anspannung, Ihrer Angst. Lachen Sie. Seien Sie wieder fröhlich und locker. Lenken Sie Ihre Energie in eine andere Richtung. Entspannen Sie sich, bis Sie eins sind mit dem inneren Fluß, bis Sie Ihren Rhythmus gefunden haben und den des Lebens deutlich fühlen.

Überlassen Sie sich dem Rhythmus der Liebe.

Vertrauen Sie auch den dunklen Momenten 26. SEPTEMBER

Das Leben kann manchmal ziemlich trostlos sein, so daß wir völlig im dunkeln tappen.

Bereiten Sie sich auf solche Augenblicke vor. Oft treten sie gerade dann ein, wenn wir intensiv an etwas arbeiten. Möglicherweise ist dies eine Phase der Verzweiflung und der Frustration, des Scheiterns und der Angst. Manchmal geht sie bald vorüber, dann wieder dauert sie länger. Aber meistens ist sie notwendig.

Planen Sie derartige Situationen ein. Sie sind nicht das Ende Ihrer Reise, sondern eine Durchgangsstation auf dem Weg, der vom Dunkel ins Licht führt. Schon bald werden Sie wissen und spüren, warum Ihnen das alles widerfährt. Innerhalb kurzer Zeit wird sich die tiefere Wahrheit offenbaren. Dann ist der Kummer verschwunden und die Freude wieder da.

Glauben Sie daran, daß selbst die düsteren Augenblicke einen Sinn haben. Wenn Sie am Ende des Tunnels angelangt sind, werden Sie erkennen, weshalb Sie ihn durchschreiten mußten.

Dämmen Sie die negative Energie ein

27. SEPTEMBER

Polizisten rufen manchmal »Keine Bewegung!«, wenn sie jemanden anhalten und sich selbst schützen wollen. Wir sollten es ihnen nachtun. Wir sollten dafür sorgen, daß die unangenehme Energie, die von anderen kommt, gleichsam erstarrt.

Gesundheitsexperten stimmen darin überein, daß es in unserem Leben viele Streßfaktoren gibt – von den Giftstoffen in der Luft bis zu den Problemen, die mit der Liebe, der Selbstachtung, der Arbeit oder dem Geld zu tun haben. Allerdings wird oft übersehen, daß auch dann psychische und physische Belastungen entstehen, wenn andere Menschen ihre negative Energie gegen uns richten. Deshalb müssen wir lernen, uns ihrer bewußt zu werden und uns gegen sie zu schützen – ganz gleich, ob die anderen absichtlich oder unabsichtlich handeln, ob sie verärgert, wütend, eifersüchtig oder ausgesprochen widerwärtig sind. Weder brauchen wir uns ihrem schlechten Einfluß auszusetzen noch uns in irgendeiner Weise verletzen zu lassen.

Wir können die negative Energie abblocken. Wir können ein geistiges Signal aussenden, damit sie nicht näherkommt, und uns weigern, sie zu verinnerlichen. Wenn etwas uns wirklich Verdruß bereitet, ja quält, sollten wir jenen Trick anwenden, den mir ein Therapeut empfohlen hat. Fertigen Sie eine Zeichnung der betreffenden Person an oder beschreiben Sie das Problem, und legen Sie das Blatt dann auf den Boden der Gefriertruhe.

Menschen sind Energie, Gedanken ebenfalls.
Unsere Selbstliebe zeigt sich auch darin,
daß wir kein Gift, keine negative
Energie in uns aufnehmen. Achten Sie
also darauf, wann diese Sie streßt,
und wehren Sie sie ab.

Durch eine versöhnliche Einstellung vervollkommnen wir uns 28. SEPTEMBER

»Besuchen Sie unbedingt den Bryce Canyon«, riet mir ein Mann. »Aber erst nachdem Sie durch die anderen Teile Utahs gefahren sind. Der Canyon ist der Höhepunkt des Ganzen.« Genauso verhält es sich mit der versöhnlichen Einstellung. Sie ist das Tüpfelchen auf dem i.

Versöhnlichkeit ist ein einfacher Begriff, der allerdings einen genauso schwierigen wie langwierigen Prozeß umschreibt. Dieser ist eine wesentliche Voraussetzung dafür, daß wir der Freude und des Glücks teilhaftig werden.

Wenn wir zu früh verzeihen, ohne all die Gefühle empfunden zu haben, die diesem Akt vorangehen, bleiben noch viele Fragen offen. Versöhnung durch Verdrängung hat einfach keinen Sinn. Wenn wir dagegen nicht verzeihen, obwohl wir uns mit Ärger und Wut, Treuebruch und Kummer auseinandergesetzt haben, werden wir hart und verschließen uns immer mehr. Dann müssen wir weiterhin mit Problemen kämpfen, die eigentlich der Vergangenheit angehören. Die Beziehungen zu anderen sind belastet, nicht geklärt, auch wenn wir diese Menschen weder sehen noch sprechen, noch an sie denken. Wir fühlen uns unfrei, und ihnen geht es ebenso.

Manchmal müssen wir uns ganz bewußt um Versöhnung bemühen, eben weil all unsere sonstigen Versuche gescheitert sind, weil wir keine Ruhe finden. Dann wieder ergibt sich die versöhnliche Einstellung wie von selbst und völlig unerwartet, um uns zu verwandeln, zu besänftigen, zu öffnen und unser Innenleben im gleichen Maße zu erneuern wie unsere Beziehungen.

Manchmal sind wir von unserer Nachsicht
ganz überrascht, weil wir nie dachten,
daß allein sie uns wieder zu einem ganzen
Menschen macht.

Tun Sie heute jemandem etwas Gutes

29. SEPTEMBER

Warum damit bis Weihnachten warten? Erweisen Sie heute jemandem eine Gefälligkeit. Machen Sie diesem Menschen ein Geschenk, selbst wenn er nicht Geburtstag hat. Geben Sie ihm etwas, das von Liebe und Freude zeugt.

Fühlen Sie sich kaputt? Frustriert? Dann verwöhnen Sie sich, anstatt in diesem desolaten Zustand noch mehr Verzicht zu üben. Gehen Sie liebevoll, sanft, freundlich und fürsorglich mit sich selbst um. Kaufen Sie sich ein Buch, einen Blumenstrauß, einen Pullover oder einen Hut – etwas, das Sie froh stimmt. Schauen Sie einen Film im Kino an. Oder beschenken Sie sich dadurch, daß Sie spazierengehen, ein Bad nehmen, einen geruhsamen Nachmittag in der Sonne verbringen. Schicken Sie sich eine Karte. Spenden Sie sich Trost, muntern Sie sich auf. Sagen Sie sich, daß Sie Ihre Sache bisher sehr gut gemacht haben – und mit großem Engagement.

Übermitteln Sie auch den anderen Menschen Botschaften, die von Liebe und Zuspruch geprägt sind. Teilen Sie ihnen mit, daß Sie sie schätzen und einfach wunderbar finden. Wenn Sie ihnen Liebe schenken, schenken Sie sie zugleich sich selbst.

Manchmal brauchen die anderen diese zärtlichen Worte. »Jeden Morgen bete ich für dich«, erzählte mir mein Freund. »Ich bitte Gott, dich zu segnen und dir beizustehen. Dann spreche ich zu deinen Engeln. Ich bitte sie, während des ganzen Tages gut auf dich aufzupassen und dein Leben so angenehm wie möglich zu gestalten.« Das ist eines der schönsten Geschenke, das ich je empfangen habe.

Sie brauchen nicht bis Weihnachten
zu warten, um anderen und sich selbst
Liebe und Freude zu schenken.
Tun Sie das einfach immer wieder.

Auch Sie verfügen über Heilkräfte

30. SEPTEMBER

Wir können der Welt unsere Heilkraft auf genauso anmutige und natürliche Weise zuteil werden lassen wie etwa die Kiefern, die durch ihre bloße Gegenwart alles Leben ringsum berühren und beeinflussen. Indem sie ihren Duft verströmen, wecken sie unsere Sinne, verwandeln sie unsere innere Energie, nehmen sie uns die Angst und geben sie uns zu verstehen, daß alles in Ordnung ist.

Wir können jetzt stolz sein, frohgemut unsere Persönlichkeit zum Ausdruck bringen und uns weiterentwickeln. Wir besitzen die Fähigkeit, die Menschen im Innersten zu bewegen, so daß sie gesund werden, ohne daß es uns erschöpft oder schadet. Wir können den anderen und uns selbst ein großes Geschenk machen, nämlich *heilen*. Dazu bedarf es weder der Anstrengung noch des Zwangs. Das geschieht ganz behutsam und wie von selbst, wenn wir uns akzeptieren und lieben.

Machen Sie sich also Ihre Heilkräfte bewußt, Ihre Fähigkeit, einen positiven Einfluß auf sich selbst und auf andere auszuüben. Nehmen Sie dieses Geschenk mit Freude in Empfang, und teilen Sie es mit allen, die Ihnen begegnen. Sobald Sie in sich den Heiler, die Heilerin entdecken, bejahen Sie auch Ihre Vergangenheit und wissen Ihre Erfahrungen und Verhaltensweisen wirklich zu schätzen.

Sie sind von Liebe erfüllt.
Und die Liebe heilt.

Oktober

Sind Sie bereit, gewillt und fähig? 1. OKTOBER

Haben Sie den Weg, den Sie gehen möchten, freigemacht? Sind Sie bereit, gewillt und fähig, alles zu tun, damit Ihre Wünsche in Erfüllung gehen?

Machen Sie sich ganz klar, was Sie wirklich wollen. Schreiben Sie es auf, teilen Sie es einem Freund mit. Fragen Sie sich dann, ob Sie tatsächlich die Bereitschaft, den Willen und die Fähigkeit besitzen, alle dafür nötigen Maßnahmen zu ergreifen. Stellen Sie sich diese Frage immer wieder.

Achten Sie darauf, wie Sie sich fühlen, wenn Sie Ihre Wünsche zum Ausdruck bringen – auf Ihre Bedenken, Ihre inneren Widerstände, aber auch auf äußere Hindernisse. Nehmen Sie sich genau unter die Lupe: Ihre Angst, Ihre Wut, Ihren Unwillen. Zeigen Sie Ihre Gefühle, bekennen Sie sich dazu, und lassen Sie sie dann los. Nehmen Sie eine Hürde nach der anderen, bis Sie freie Bahn haben, bis Ihre Vorstellungen deutlich sind und Sie mit fester Stimme sagen: *Ja, ich bin bereit, gewillt und fähig, das zu bekommen, was ich ersehne, und so zu meinem Wohlergehen beizutragen.*

Sie verwirklichen Ihre Träume und Visionen,
indem Sie in sich gehen und herausfinden,
ob Sie zu diesem Schritt überhaupt bereit, gewillt
und fähig sind. Haben Sie genügend Überzeugungskraft,
wenn Sie über Ihre Pläne sprechen?
Wenn ja, ist Ihre Einstellung die richtige,
ist der Weg, den Sie beschreiten möchten, frei.

Schauen Sie nur einmal, wie sehr Sie sich verändert haben, wie tiefgreifend sich Ihre jetzige Einstellung von der früheren unterscheidet.

Erinnern Sie sich an all die Jahre, da Sie voller Angst waren, da Sie mühsam herauszufinden versuchten, was die Zukunft wohl bringen wird. Vergessen Sie nicht, wie verwirrt, unsicher und verlassen Sie sich fühlten, weil Sie den vorgezeichneten Weg nicht kannten.

Inzwischen haben Sie einen neuen Lebensabschnitt erreicht, der Ihnen zwar noch etwas ungewohnt erscheint, der aber die ganze Zeit schon in Ihnen angelegt war. Sie sollten zuvor ja gar nicht wissen, was auf Sie zukommt, sondern die magische Macht des Glaubens, der inneren Stimme kennenlernen; Sie sollten sich allmählich vorantasten, den eigenen Visionen, Energien, Zielen, Orten in jedem Augenblick der Reise vertrauen und sich dementsprechend engagieren. Sie sollten den Dingen freien Lauf lassen und zu der Auffassung gelangen, daß sich tatsächlich alles wie von selbst ergibt. Diese Lektion haben Sie gemeistert, und zwar mit Bravour.

Machen Sie sich bewußt, mit welcher Freude Sie jetzt die geheimnisvolleren Aspekte des Lebens, die Überraschungen, das Unbekannte willkommen heißen, wie überzeugt Sie davon sind, daß das Weltall Ihnen die richtigen Antworten offenbart, Ihnen hilft, Ideen in die Tat umzusetzen, und Ihnen auch dann Unterstützung gewährt, wenn Sie nicht mehr klarsehen. Erkennen Sie, wie sehr Sie diese Beziehung zum Weltall, die um so vieles tiefer, umfassender und lebendiger ist, als Sie es sich je vorgestellt haben, pflegen und schätzen, wie freudig Sie Ihren Weg gehen, um jede Erfahrung zu genießen und den geliebten Menschen, ja auch den Fremden gegenüber offen zu sein.

Sehen Sie ein, wie gut es für Sie im Grunde ist, nicht alles im voraus zu wissen. Gerade dadurch werden Sie mit dem Wunder des Lebens vertraut und kommen in Berührung mit sich selbst, mit dem Universum, mit Gott.

Aufgrund Ihres Nichtwissens haben Sie sich
mehr Wissen angeeignet, als Sie es je
für möglich hielten.

Bringen Sie Ihre bisher unerledigten Angelegenheiten zum Abschluß 3. OKTOBER

Bereinigen Sie Ihre Beziehungen zu anderen Menschen. Gerade die ungelösten Probleme halten Sie davon ab, offen zu sein und ein genauso friedliches wie glückliches Leben zu führen.

Es ist nicht schwer, die verworrenen Fäden zu entwirren, die Sie an die Vergangenheit binden. Sie müssen nur zur Ruhe kommen und der Stimme des Herzens lauschen. Auf wen sind Sie böse oder gar wütend? Durch wen fühlen Sie sich verletzt? Mit wem liegen Sie im Streit? Eben das sind die unerledigten Angelegenheiten des Herzens.

Werfen Sie einen Blick nach innen. Finden Sie heraus, was Sie sich bisher nicht eingestehen wollten, machen Sie sich jene Fragen bewußt, die Ihnen immer noch Kopfzerbrechen bereiten. Überlegen Sie sich, wie Sie sie klären können. Die Antwort kommt oft schon mit dem nächsten Atemzug, durch den Sie Sauerstoff tanken, eine versöhnliche Einstellung entwickeln, Liebe empfinden. Holen Sie also tief Luft. Beim Ausatmen lassen Sie dann die Vergangenheit los – behutsam, dankbar für all die Lektionen, die Sie bisher gelernt haben.

Lösen Sie Ihre noch offenen Probleme.
So kommen Ihre Beziehungen
genauso wieder in Ordnung wie Ihr
Seelenleben. Dann können Sie
ungehindert und in aller Ruhe
Ihren Weg fortsetzen.

Seien Sie offen für das Wunder einer bejahenden Einstellung 4. OKTOBER

Ich hatte dieses Erlebnis in einer kleinen Kirche in New-Mexico. Das Sanctuario de Chimayo ist berühmt für seine Heilkräfte und Wunder. Einige sagen, die Erde unter dem Gotteshaus sei in besonderem Maße heilig und energiegeladen. Im hinteren Teil der Kirche hängen Krücken, die von den hier geschehenen Wundern Zeugnis ablegen.

Vor vier Jahren hatte ich den Rat eines Freundes befolgt und das Sanctuario aufgesucht, um diese übernatürliche Kraft auf mich wirken zu lassen. Der Tod meines Sohnes lag gerade drei Monate zurück. Damals hatte ich keine Ahnung, durch welches Wunder ich von meinem Schmerz geheilt werden sollte. Als ich nun erneut in der Kapelle saß, war mir vieles klarer. Ich konnte zwar keine Krücken an die Wand hängen, aber das Wunder einer bejahenden Einstellung hatte mich innerlich gesund gemacht und mein Leben verändert.

Vielleicht erhoffen auch Sie ein Wunder, das Ihre Situation von Grund auf ändert, damit Ihnen Verlust und Kummer erspart bleiben. Manchmal ereignet es sich dann auch, und die Dinge wenden sich tatsächlich zum Guten. Manchmal aber verändert es nach und nach *Sie selbst*. Wenn Sie sich also in einer äußerst schwierigen Lage befinden und Ihre Seelenqualen nicht sogleich lindern können, so gehen Sie eben schrittweise vor. Bejahen Sie Ihre momentanen Gedanken und Gefühle. Akzeptieren Sie sich so, wie Sie gerade sind.

Seien Sie für Wunder empfänglich. Erhoffen Sie das Beste. Doch wenn Sie an Ihrer gegenwärtigen Situation nichts ändern können, sollten Sie das einfache, stille, tägliche Wunder einer bejahenden Einstellung zulassen.

Die geistige Entwicklung bereitet uns jetzt weitaus weniger Probleme 5. OKTOBER

Lange Zeit dachten wir, spirituelles Wachstum, innere Heilung, kreative Lebensgestaltung seien zwangsläufig mit großen Mühen verbunden. Und aus vielerlei Gründen war dem auch so.

Aber das ist jetzt vorbei. Sehen Sie, wie die Rose alle ihre Kräfte aufbietet, um zu wachsen? Oder wie der Baum Zweige und Äste austreibt? Ihr Wachstum kann auf genauso natürliche und wunderbare Weise vonstatten gehen wie beim zarten Rosensproß, der grün aus der Erde hervorkommt, um sich erst in eine Knospe, dann in eine blühende Blume zu verwandeln. Sie haben sich engagiert für Ihr Leben, für Ihre geistige Entwicklung. Sie haben diese Reise angetreten und sich immer mehr geöffnet. Das genügt.

Alles andere erfahren Sie zur rechten Zeit. Bald wissen Sie die richtigen Antworten, verfügen über jene Ideen, Unterweisungen und Leitsätze, die Sie suchen. Was Sie auch brauchen, um voranzukommen, es wird Ihnen zuteil, und so erleben Sie immer wieder ein sanftes geistiges Erwachen, das Ihr Leben tiefgreifend verändert. Jede dieser Offenbarungen bringt Sie weiter, führt Sie zur nächsten Station – zu sich selbst.

Zerbrechen Sie sich nicht den Kopf darüber,
wie Sie Ihr geistiges Wachstum herbeiführen können.
Seien Sie einfach so, wie Sie sind.
Dann entwickeln Sie sich mühelos weiter.

Ich arbeitete in meinem kleinen Zimmer vor mich hin, druckte die Seiten aus, die ich in den Computer getippt hatte. Eine Seite auszudrucken dauerte jedoch eine halbe Stunde, und ich hatte noch hundert Seiten vor mir. Also überprüfte ich zum x-ten Male Computer, Programm und Drucker, um herauszufinden, warum dieser so langsam arbeitete. Alles schien ordnungsgemäß installiert zu sein. Dann aber kam ich zufällig an einen Kontrollschalter, den ich vorher übersehen hatte. Mit ihm konnte man die Druckgeschwindigkeit, die »Dringlichkeitsstufe«, einstellen; er stand auf »niedrig«, also wählte ich »hoch«. Nun wurden die Seiten sehr schnell ausgedruckt.

Prioritäten sind wichtig. Zu lernen, wie man, solchen Schwerpunkten entsprechend, seine Energien bündelt, ohne dabei den inneren Rhythmus zu verlieren, ist ein wesentlicher Bestandteil unseres Lebens. Und eben diese Fähigkeit eignen wir uns jetzt an.

Was hat für Sie Vorrang? Das Bedürfnis, von innen heraus zu leben? Wollen Sie bestimmte Aufgaben meistern? Drängt es Sie danach, neue Fertigkeiten zu erwerben? Oder ist es Ihnen ein Anliegen, zu meditieren, ins Gleichgewicht zu kommen und dann mit dieser heiteren Gelassenheit der Außenwelt gegenüberzutreten?

Legen Sie großen Wert auf Selbstliebe? Wie wichtig ist Ihnen Ihr geistiges Wachstum? Welche Bedeutung messen Sie der Freizeit bei, dem Vergnügen, der Freude? Unterteilen Sie Ihre Angelegenheiten nach verschiedenen Dringlichkeitsstufen?

Ihr heutiges Leben
spiegelt genau jene Prioritäten wider,
die Sie bisher gesetzt haben. Wenn
eine Sache zu langsam vorangeht, dann
sollten Sie ihr eben einen höheren
Stellenwert einräumen.

Ich habe mir ein wichtiges Hilfsmittel zu eigen gemacht. Es gehört zu den einfachsten und wirkungsvollsten, die mir je zur Verfügung standen. Ich nenne es die *Macht des Sehens*.

Dabei geht es schlicht und ergreifend darum, mich selbst zu beobachten – mein Verhalten, meine Reaktionen auf andere Menschen. Das ist besonders nützlich in verwirrenden, heiklen Situationen, wenn ich nicht mehr weiterweiß. Sobald ich mich überfordert fühle, die Dinge nicht mehr so recht durchschaue, nehme ich mich selbst ganz bewußt wahr. Das hilft immer.

Lernen auch Sie, die eigene Person aufmerksam zu beobachten. Geben Sie sich so, wie Sie sind, und seien Sie stets präsent. Betrachten Sie sich genauso vorurteilsfrei, wie ein Außenstehender es tun würde. Versuchen Sie den anderen Menschen in der gleichen Weise zu sehen. Machen Sie sich klar, wie Sie beide interagieren, wie Sie miteinander auskommen. Achten Sie dabei auf Ihre Gedanken und Gefühle sowie auf die Maßnahmen, die Sie ergreifen. Sie brauchen gar niemandem zu sagen, was Sie da gerade tun, das ist besser so. Konzentrieren Sie sich nur auf sich selbst, und tun Sie das immer wieder.

Bald werden Sie noch etwas anderes bemerken, nämlich daß die zunächst unangenehme Situation sich ändert, sich zum Guten wendet. Die meisten von uns sind zu dieser Klarsicht fähig. Sie hilft, heilt und bewirkt manchmal Wunder. Quantenphysiker sind zu dem Schluß gekommen, daß allein schon der Beobachtungsakt die äußere Erscheinung, das Verhalten oder den Energiezustand des beobachteten Gegenstands beeinflussen kann. Das heißt, die Art und Weise, wie wir jemanden – zum Beispiel uns selbst – betrachten, hat einen großen Effekt auf diesen Menschen.

Die Macht des Sehens verleiht einem Kraft –
um so mehr, wenn man mit liebevollen
Augen schaut.

Brechen Sie Ihre Zelte ab, sobald der Zeitpunkt dafür gekommen ist

8. OKTOBER

Es ist jetzt der Augenblick, die Sachen zusammenzupacken und anderswo hinzugehen.

Sie wußten, daß Sie an diesem Ort, in dieser Situation und bei diesen Menschen nicht ewig bleiben würden. Vertrauen Sie also den Rhythmen und Zyklen des Lebens. Übernehmen Sie am Anfang, in der Mitte und am Ende jeder Phase Verantwortung für sich selbst.

Sie brauchen sich weder an Boten zu klammern, nachdem Sie von ihnen die Botschaft empfangen haben, noch an irgendwelche Begleiter, nachdem Sie von ihnen dorthin geführt wurden, wo Sie immer sein wollten. Sie müssen nicht im Klassenzimmer sitzen bleiben, nachdem Sie die Lektion gelernt und den Kurs beendet haben.

Öffnen Sie sich. Danken Sie den Menschen, Orten und Dingen, die dazu beitrugen, daß Sie sich formen, Ihr Leben gestalten, Ihre Erfahrungen machen konnten. Suchen Sie dann Ihre Sachen zusammen, packen Sie Ihre Koffer, und brechen Sie auf. Verabschieden Sie sich liebevoll und mit einem Gefühl tiefer Dankbarkeit.

Und setzen Sie dann Ihren Weg fort.

Die Einzelteile werden sich zu einem Ganzen zusammenfügen 9. OKTOBER

Wenn wir uns umschauen, sehen wir manchmal nichts als Splitter – Bruchstücke unserer selbst, unseres Lebens, eines Projekts, einer Lebensphase. Wo ist der rote Faden, fragen wir uns. Und: Wie sollen wir aus alldem Verstreuten etwas schaffen, das sinnvoll, zielgerichtet, bedeutsam ist?

Jedes Ganze besteht aus Einzelteilen; doch zugleich ist jedes Einzelteil ein Ganzes. Machen Sie sich keine Sorgen darüber, wie diese sich wieder zusammenfügen. Bearbeiten Sie mit Freude einfach nur den Teil, mit dem Sie gerade konfrontiert sind.

Auch Ihre Persönlichkeit hat viele wunderbare Facetten. Das Universum hilft Ihnen, diese zu entwickeln und zum Ausdruck zu bringen. Es hält Ihnen Spiegel vor in Gestalt von Menschen, die Ihren Charakter reflektieren. Blicken Sie außerdem in den Spiegel Ihres Lebens. Was sehen Sie darin? Seien Sie sich darüber im klaren, daß diese Eigenschaften zu Ihnen gehören, und hauchen Sie ihnen Leben ein.

Ziehen Sie alle vitalen Aspekte Ihrer Persönlichkeit zusammen. Vereinigen Sie Kämpfernatur, Heilkraft, Spieltrieb. Bringen Sie Ihr erwachsenes, arbeitsames Ich in Berührung mit Ihrem leidenschaftlichen Ich und mit Ihrem fürsorglichen Ich. Verachten Sie weder das eine noch das andere, denn Sie brauchen alle. Jedes Ich ist ein so schöner Bestandteil Ihrer Seele, Ihres Charakters, Ihres Lebens.

Vertrauen Sie dem inneren Prozeß. Sobald Sie das Glück erbitten und ersehnen, wird es Ihnen auch zuteil – selbst in den Entwicklungsstadien, die Sie gerade durchmachen, und obwohl das Mosaik noch nicht vollständig ist. Die Bruchstücke Ihrer Persönlichkeit, Ihrer Existenz, Ihrer Aufgabe fügen sich in eins. Die Liebe verbindet sie miteinander.

Das Mosaik wird am Ende wunderbar sein.

Wir sind zugleich Sender und Empfänger

10. OKTOBER

Wir sind fein gestimmte Instrumente – Körper, Geist und Seele harmonieren miteinander. Wir empfangen Botschaften, Unterweisungen, und wir senden Impulse aus – die Energie der Liebe.

Wenn wir aus dem inneren Gleichgewicht kommen, ähneln wir Funksprechgeräten, die auf unterschiedliche Frequenzen eingestellt sind. Der Empfang ist dann genauso gestört wie die Sendung. Wir hören und fühlen nur ein Knistern. Instinktiv reden wir oft mit erhobener Stimme, ja schreien sogar, damit man uns hört. Jetzt aber geht es für uns wirklich nicht mehr darum, immer lauter zu werden.

Erübrigen Sie soviel Zeit wie nötig, um sich wieder zu zentrieren und zur Ruhe zu kommen. Was müssen Sie im einzelnen tun? Welche Gefühle müssen Sie sich bewußtmachen? Welche heilkräftigen Methoden müssen Sie anwenden? Was empfiehlt Ihnen die leise, vertrauenswürdige Stimme, die aus dem Herzen spricht?

Sich auf die innere Mitte zu besinnen und den geistigen Frieden wiederzufinden ist weder eine Form von Egoismus noch von Zeitverschwendung. Wenn wir die Signale deutlich empfangen, können wir sie ebenso deutlich den anderen übermitteln.

Und dabei die Frequenz der Liebe benutzen.

Schätzen Sie es, daß Sie mit Ihrem Körper verbunden sind 11. OKTOBER

Unser Körper ist Materie, die physische Gestalt, die wir angenommen haben. Zugleich wohnt ihm eine Kraft inne, eine Seele.

Es dauerte viele Jahre, bis ich mir der Verbindung zwischen Körper, Geist und Seele bewußt wurde. Lange Zeit hatte ich meinem Körper keinerlei Bedeutung beigemessen. Ich fühlte mich abgetrennt von ihm, so als existierte er jenseits meiner selbst – eine Bürde, die ich tagaus, tagein mit mir herumtragen mußte. Irgendwann erkannte ich jedoch, wie eng mein psychischer Zustand mit meinen physischen Beschwerden und Krankheiten zusammenhängt – und wie mein Körper auf solche Disharmonien reagiert. Wenn ich das ungute Gefühl nicht empfinden und nicht auf die innere Stimme hören wollte, verstärkte er den Schmerz derart, daß ich ihn nicht mehr ignorieren konnte. Die Energie muß sich irgendwo entladen. Staut sie sich auf, wird sie vom Körper in Schmerz verwandelt. Ich kam zu der Einsicht, daß die Veränderungen in meinem Leben mit denen in meinem Körper korrespondieren – und daß dieser Ablauf wiederum den Rhythmen und Zyklen in der Natur entspricht.

Schließlich war ich bereit, zur Massage zu gehen, Gymnastik zu treiben und der Weisheit meines Körpers zu vertrauen. Und so stellte ich eine immer intensivere Beziehung mit ihm her. Gewiß, ich habe eine Seele, ein Herz, ich habe Gefühle und Gedanken. Aber hier auf Erden, auf der materiellen Ebene, brauche ich auch einen Körper. Er ist ein Teil von mir, ist identisch mit mir. Er kennt meine Lebensgeschichte, erinnert sich an die Verletzungen, die mir bisher zugefügt wurden, und birgt die Energien, die Erkenntnisse, auf die ich heute und morgen angewiesen bin.

Achten Sie die Beziehung, die Sie zu Ihrem Körper haben. Schätzen Sie

sein Wissen. Er kann Ihnen vieles über das Leben mitteilen, über Ihre innere Entwicklung, Ihre Vergangenheit und Ihren weiteren Weg.
Lernen Sie, auf ihn zu hören, dann wird er offen und liebevoll zu Ihnen sprechen.

Vertrauen Sie Ihrem Wissen und Ihrem Spürsinn 12. OKTOBER

Manchmal sind wir mit Personen oder Situationen konfrontiert, auf die wir uns einfach nicht einstellen können. Ganz gleich, wie sehr wir uns dies wünschen, wieviel Mühe wir uns geben – wir fühlen uns weiterhin fremd, nichts paßt zusammen. Es ist, als wollten wir einen viereckigen Pflock in ein rundes Loch treiben, allerdings mit dem Unterschied, daß es sich hier nicht um Holz handelt, sondern um uns selbst.

In solchen Augenblicken fallen wir dann oft in alte Denkmuster und Gefühlsregungen zurück. Wir sagen uns: *Also wenn ich das nicht mag, wenn das nicht klappt, dann stimmt mit mir doch was nicht. Ich muß mich eben mehr anstrengen, meine Gefühle unter Kontrolle bekommen und die Dinge ein wenig forcieren, um mich besser anzupassen.*

Infolgedessen aber fühlen wir uns verwirrt, schwach, zerstreut, unsicher. Wir machen zu, empfinden kaum noch etwas. Unsere Leidenschaft schwindet. Wir fliehen, wo es nur geht, driften immer weiter ab, schlafen zuviel. Innerlich sträuben wir uns heftig gegen all unsere »Zwangsmaßnahmen«. Vielleicht werden wir sogar krank. Es scheint, als würden wir auf unsere Umgebung allergisch reagieren. Manchmal sind wir jahrelang in diesem Zustand gefangen – abhängig von dem, was wir vor lauter Angst nicht wahrhaben wollen oder zu verlieren fürchten. Dann wieder dauert er nur wenige Stunden oder Tage.

Wir können uns genügend Zeit nehmen, um die eigenen Bedürfnisse zu erkennen und zu befriedigen. Wenn wir uns wirklich lieben, werden wir uns nicht lange abquälen, denn wir wissen, daß das unnötig ist. Wenn ein Mensch, eine Situation oder ein Ort uns mißfällt, so macht das gar nichts. Wir brauchen uns deswegen weder zu bestrafen noch aufzugeben. Wir können uns einfach zurückziehen.

Vertrauen Sie Ihrem Körper, Ihrer Seele, und gehen Sie davon aus, daß Sie schon merken, was richtig für Sie ist. Lernen Sie, die Energie eines Menschen, einer Situation, eines Ortes genau zu erfassen. Wenn alles in Ordnung ist, fühlen Sie sich geistig und gefühlsmäßig im Gleichgewicht. Wenn etwas nicht stimmt, sollten Sie nicht verzweifeln, sondern sich entfernen. Beschreiten Sie einen anderen Weg, bis es Ihnen wieder gutgeht.

Möglicherweise merken Sie nicht sofort,
daß ein Mensch, eine Situation oder ein Ort
Ihnen schadet. Aber wenn Sie
auf Ihren Körper hören und
der Stimme des Herzens vertrauen, wird Ihnen
allmählich klar, wer und was Sie positiv beeinflußt.

Machen Sie sich weder Sorgen noch Vorwürfe, weil Sie glauben, zu spät dran zu sein oder, schlimmer noch, den Anschluß verpaßt zu haben.

»Kein Körper im Weltall schert sich darum, ob er pünktlich ist. Fragt der Mond etwa, ob er an der richtigen Stelle steht? Oder sagt die Sonne: ›Ich muß mich beeilen, sonst komme ich nicht rechtzeitig‹«, erklärte mir ein Freund eines Abends, als ich wegen meines Timings beunruhigt war.

Schauen Sie in einer schönen Mondnacht zum Himmel empor. Spüren Sie die ruhige, gleichmäßige Bewegung der Planeten, des Monds, der Sterne, des Universums. Erkennen Sie, daß Sie mit alldem verbunden sind; daß Sie einem Rhythmus gehorchen, der tiefer reicht und verläßlicher ist, als Sie es sich überhaupt vorstellen können. Atmen Sie in Ihre innere Mitte. Entspannen Sie sich. Und sorgen Sie dafür, daß Ihr Tempo von dieser Einsicht geprägt ist.

Vertrauen Sie dem Rhythmus des Weltalls.
Sie sind genau dort, wo Sie sein müssen,
und kommen dort an, wo Sie ankommen sollen.
Ihnen steht soviel Zeit zur Verfügung,
wie Sie brauchen.

Ist Ihnen je aufgefallen, wie schnell sich die Dinge, die Sie nach und nach erworben haben, in Ihrer Wohnung ansammeln? Haben Sie je bemerkt, wie leicht man sich an diesen Krimskrams gewöhnt und ihn dann als notwendigen Bestandteil der Einrichtung betrachtet?

Das gleiche geschieht manchmal auch in unserem Gefühlsleben. Egal, wie sehr wir uns um innere Klarheit bemühen – es stauen sich negative Emotionen auf.

Wir neigen dazu, die tiefen Gefühle genauso zu ignorieren wie den Einfluß, den sie auf unser Leben haben. Viele von uns tragen eine noch von früher herstammende emotionale Energie schon so lange mit sich herum, daß sie sie gar nicht mehr wahrnehmen. Diese Wut, Angst oder Traurigkeit ist völlig unbewußt, gleichwohl aber ein Teil unserer selbst. Sobald sich ein derartiges Gefühl bemerkbar macht, verdrängen und vergessen wir es gleich wieder und gehen unseren alltäglichen Beschäftigungen nach. Aber es kann nur verschwinden, wenn wir es zugeben und thematisieren; es beeinträchtigt uns erst dann nicht mehr, wenn wir uns tatsächlich von ihm befreien.

Überlegen Sie einmal, wie Sie diese alten Empfindungen am besten loswerden. Vielleicht halten Sie sie in einem Tagebuch fest oder schreiben Ihre Lebensgeschichte auf. Welche Methode Sie auch wählen, um den Reinigungs- und Heilungsprozeß in Gang zu bringen: Sie sollten sich stets darüber im klaren sein, was Sie eigentlich empfinden. Beobachten Sie sich selbst, hören Sie in sich hinein. Hat Ihre Stimme einen scharfen Unterton? Sprechen Sie über eine Person oder Situation so, daß jeder merkt, wie aufgeregt, wie angespannt Sie sind? Lernen Sie, Ihre negativen Gefühle in aller Ruhe, und wann immer es nötig ist, einfach zuzulassen. Diese sind Ihnen ja durchaus vertraut, und deshalb werden Sie sich ihrer auch zur rechten Zeit entledigen können.

Haben Sie keine Angst, sich mit den inneren Vorgängen auseinanderzusetzen. Erschließen Sie den tieferen Teil Ihrer Persönlichkeit. Akzeptieren Sie Ihre emotionale Energie, und werden Sie gesund.

Fangen Sie an mit dem »Hausputz«. Jedes negativ geladene Gefühlsteilchen, das Sie beseitigen, bringt Sie Ihrer Seele näher.

Erkennen Sie, daß die Verletzlichkeit einen stark macht 15. OKTOBER

Gerade aus der Verletzlichkeit erwächst uns eine ganz neue Kraft. Denn je ehrlicher wir mit den eigenen Gedanken und Gefühlen umgehen, desto stärker sind wir.

Vielleicht meinten wir früher, Stärke sei gleichbedeutend damit, daß man Gedanken und Gefühle verdrängt, daß man sich verstellt. Aber diese Haltung hat uns nicht charakterlich gefestigt, sondern dazu geführt, daß das Leben uns weiterhin mit Situationen konfrontierte, die uns zwangen, offener und verletzlicher zu werden und wirklich zu fühlen.

Je früher wir damit anfangen, ehrlich gegen uns selbst zu sein, desto eher sind wir bereit, den anderen Menschen in der gleichen Weise zu begegnen. Außerdem beschleunigt diese Aufrichtigkeit unsere innere Entwicklung und bringt uns auch im Leben schneller voran. Seien Sie also offen, zumindest sich selbst gegenüber. Achten Sie darauf, was Sie denken, wie Sie sich fühlen. Schreiben Sie es auf. Sprechen Sie es aus. Lassen Sie es los. Dann wissen Sie, wann Sie wohin gehen müssen, und jeder Schritt ergibt sich wie von selbst, nachdem er sich genauso behutsam wie deutlich angekündigt hat.

Versuchen Sie, absolut ehrlich zu sein. Gestehn Sie sich Ihre intimsten Gefühle ein. Daraus resultiert eine neue, andere Art von Stärke, die geistig begründet ist und Sie innerlich öffnet.

Die Achterbahn fuhr langsam nach oben, bewegte sich auf den ersten und höchsten Gipfelpunkt zu. Plötzlich brüllten wir los, als wir mit über 150 Stundenkilometern in die Tiefe rasten. Man behauptet, dies sei die schnellste Achterbahn der Welt. Ich lachte und schrie und umklammerte die Haltestange. Nach der Fahrt kam der Schaustellergehilfe auf uns zu und fragte: »Wollen Sie noch mal? Es ist die letzte Tour heute abend.« Wir alle riefen »Ja!« und brausten erneut über die Schienen, während der Wind durch unser Haar peitschte. Als der Wagen ausrollte, hingen wir vergnügt in unseren Sitzen.

Manchmal geschehen Dinge, die wir weder erwartet noch geplant haben. Ein bestimmtes Ereignis verändert unser Leben schlagartig – ganz gleich, ob es nun positiv oder negativ, wünschenswert oder ärgerlich, günstig oder verhängnisvoll ist. Wie immer wir es bezeichnen, seine Wirkung bleibt die gleiche. Wir lassen den Alltag hinter uns und steigen in die Achterbahn.

Sie haben aus eigenem Antrieb eine Reise begonnen, bei der Sie tiefe Veränderungen durchmachen. Empfinden Sie alles, was Sie fühlen müssen. Lassen Sie Ihren Gedanken freien Lauf. Verlagern Sie Ihr Gewicht, während Sie die Kurven nehmen. Bejahen Sie Ihre innere Transformation. Genießen Sie die Fahrt, die ganze Erfahrung mit ihren Hindernissen und Umwegen. Schreien Sie vor Angst, brüllen Sie vor Freude, lachen Sie aus vollem Halse.

Wenn Sie sich auf einer Achterbahn
wiederfinden, dann sollten Sie
die Fahrt Ihres Lebens machen.

Das Gefühl, überfordert zu sein, ist eine Art Falle 17. OKTOBER

Jawohl, und noch dazu eine, die schnell zuschnappt. Wenn wir nämlich gestreßt sind, sehen wir sämtliche Aufgaben, die noch zu bewältigen sind, und sagen uns: *Das ist einfach zuviel. Ich schaff' es sowieso nicht. Also tu' ich lieber gar nichts.* Der Erschöpfungszustand ergibt sich auch dadurch, daß wir denken: *Ich bin doch schon so beschäftigt, deshalb kann ich das jetzt nicht auch noch machen; jeder zerrt an mir, folglich bring' ich überhaupt nichts zustande.* Immer mehr Arbeiten sammeln sich an und machen uns das Leben schwer. Und wir sträuben uns weiterhin. Der Druck wird immer größer.

Das Gefühl, überfordert zu sein, geht einher mit dem Gefühl, nicht mehr weiterzukommen. Beide Male erliegen wir einer Täuschung. Sobald wir uns aber davon freimachen und zu unserem ursprünglichen Lebensrhythmus zurückkehren, werden die Dinge gleich viel einfacher. Dann sagen wir: *Ja, genau, ich muß diesen Menschen anrufen, jene Angelegenheit zum Abschluß bringen.* Plötzlich fällt uns alles so leicht, und das Leben scheint völlig unkompliziert.

Welche Aufgabe bereitet Ihnen Kummer? Wer bedrängt Sie? Wodurch fühlen Sie sich überlastet und vielleicht auch eingeengt? Erstellen Sie eine Liste, auf der Sie diese Fragen zu beantworten versuchen. Legen Sie sie dann beiseite, und üben Sie eine ganz einfache Tätigkeit aus. Achten Sie einmal darauf, wie positiv sich dann die Dinge entwickeln. Die Maxime lautet: Eine Aufgabe nach der anderen – dann erledigt sich alles Wichtige wie von selbst. Ihre innere Anspannung läßt nach, und Sie sind wieder auf dem richtigen Weg.

Sie werden über die Fähigkeit, die Kraft und das Wissen verfügen, um die jeweils notwendigen Maßnahmen zu ergreifen. Beginnen Sie einfach damit, daß Sie sich dieses Gefühl, überfordert zu sein, eingestehen – denn wenn Sie den Streß verdrängen, verschwindet er nicht, sondern verstärkt sich nur noch.

Wir befreien uns immer dadurch, daß wir
die einfachen Wahrheiten anerkennen –
und sei es nur die Wahrheit, die einem
echten Gefühl innewohnt.

Spätabends, nach 22 Uhr, kam ich in Sedona an. Die Rezeption in den Motels, die ich aufsuchte, war bereits geschlossen. Überall blinkte das Zeichen »Belegt« auf. Eine Weile trieb ich mich in dem kleinen Lebensmittelgeschäft herum und überlegte, was ich machen sollte, dachte auch daran, daß es wichtig ist, spontan zu sein und dem Universum zu vertrauen. Leider hatte ich keinen Reiseführer bei mir. Außerdem war ich zu müde, um noch länger durch die Gegend zu fahren. Es kümmerte mich nicht mehr, ob diese Reise mir magische Erlebnisse bescheren würde oder nicht; jetzt ging es um die grundlegenden Dinge. Ich wollte diese Nacht in einem Bett verbringen.

Ich kaufte eine Tageszeitung und entdeckte die Anzeige eines Ferienhotels; ich rief dort an, aber es war ebenfalls ausgebucht. Also stieg ich in meinen Jeep, erwog den nächsten Schritt.

Am Stadtrand erspähte ich dann ein Motel mit hell erleuchteter Rezeption und ging hinein. Ich bat das Mädchen, das dort Dienst tat, so inständig um Hilfe, daß sie schließlich nachgab und mir die Adresse eines wenig bekannten Hotels mitteilte, das etwa eine Autostunde entfernt war. Sie sagte, daß sie dort in der Nähe wohne und daß ich ihr einfach hinterherfahren solle. Eine Stunde später betrat ich dankbar mein Hotelzimmer. Ich konnte zwar die Heizung nicht finden, aber zumindest hatte ich ein Bett, ein Kissen und eine Zudecke.

Am nächsten Morgen sah ich, daß ich mich am Rande eines trockenen, staubigen Golfplatzes befand. Das Gelände war umgeben von niedrigen, fast kahlen Hügeln, auf denen nur ein paar Sträucher wuchsen. Ich fuhr zurück Richtung Sedona – immer noch müde, immer noch im Zweifel, was ich hier eigentlich sollte.

Plötzlich erschienen hinter einer Kurve spiralförmige rostrote Berge, aus denen die Natur Glocken, Kathedralen und in Stein gehauene Türme geformt hatte, die zum Himmel aufragten. Auf diesen erhabenen Skulpturen spielte das Sonnenlicht und tauchte sie in eine orangegelbe Glut. Beglückt lächelte ich über diesen atemberaubenden Anblick und war froh, daß alles so und nicht anders gekommen war.

Manchmal läßt die Dunkelheit und Einsamkeit der Nacht die Farben und die Schönheit des Sonnenaufgangs, des neuen Tages noch wunderbarer erscheinen. Der Kontrast ist ein wesentlicher Bestandteil jeder Schöpfung. Gott weiß das. Und auch wir wissen es tief im Innern.

Morgens sehen die Dinge anders aus.
Vertrauen Sie darauf, daß der Morgen kommt.

Respektieren Sie die Übergangsphasen 19. OKTOBER

Ich ließ Point Reyes, eine Küstenstadt in der Nähe von San Francisco, hinter mir und steuerte den Jeep Richtung Sequoia National Park. Ich wollte die Golden Gate Bridge überqueren, war mir aber nicht sicher, ob ich sie wirklich finden würde. Nach meinem Aufenthalt in den Wäldern, in den Bergen und am Meer versetzte mir der Stadtverkehr einen Schock. Bald jedoch erreichte ich die Brücke. Als ich darüberfuhr, fühlte ich im Innern die gleiche elektrische Spannung wie in Chimayo, in Ojo Caliente und im Reservat der Flathead-Indianer. Zum ersten Mal wurde mir bewußt, daß Brücken heilige Orte sind.

Auch Übergangsphasen haben etwas Heiliges. Vielleicht wissen wir nicht, wohin wir eigentlich gehen. Wir meinen, keinen festen Boden unter den Füßen zu haben. Aber das stimmt nicht. Im Grunde überqueren wir eine Brücke, die in einen anderen Lebensabschnitt führt.

Manchmal stehen wir völlig überrascht vor dieser Brücke, haben keine Ahnung, wie wir dahin gekommen sind und ob wir überhaupt auf die andere Seite wollen. Dann wieder erstreben, erbitten, erhoffen und ersehnen wir diese Zeit des Wechsels mit jeder Faser unseres Herzens.

Überqueren Sie die Brücke. Sie brauchen nicht alles sofort zu verstehen. Die Einsichten und Informationen kommen später. Sie werden auf die andere Seite gelangen. Vertrauen Sie einfach Ihren momentanen Erfahrungen. Seien Sie sich im klaren, daß auch diese Veränderungsphase heilig ist.

Geben Sie sich der universellen Liebe hin

20. OKTOBER

Im Laufe unseres Lebens stehen wir manchmal am Rande des Abgrunds. Etwas Schreckliches ist geschehen, und dadurch ändert sich unsere ganze Situation in einer Weise, wie wir es uns weder gewünscht noch erhofft haben. Wir verlieren den Boden unter den Füßen, fühlen uns so, als hätte uns jemand in die Tiefe gestoßen.

In anderen Phasen jedoch, wenn wir gelassen und selbstbewußt sind, nehmen wir sogar dramatische Veränderungen positiv auf. Wir stellen fest, daß wir wunderbar spontan reagieren, daß wir viel Kraft besitzen und in uns ruhen, daß wir geführt werden. Dann sind wir auch bereit, Risiken einzugehen und uns ins Abenteuer zu stürzen.

Manchmal werden wir gestoßen, dann
wieder entscheiden wir selbst uns zum Sprung.
So oder so sind wir in Sicherheit,
werden wir beschützt.
Immer können wir drauf vertrauen,
daß wir am Ende der universellen
Liebe begegnen.

Lernen Sie, fürsorglich zu sein und sich von anderen umsorgen zu lassen 21. OKTOBER

Es war ein stiller Morgen. Ich hatte mich in ein Hotelzimmer am Eingang des Bryce Canyon zurückgezogen, wo ich am vorliegenden Buch arbeitete und mich mit meinem Leben auseinandersetzte. Ich blieb noch eine Weile im Bett liegen, um meinen Gedanken und Tagträumen nachzuhängen. Schließlich stand ich auf, ging ins Restaurant, frühstückte und brach dann auf. *Sauge die Natur ein*, sagte ich mir. *Diese Reise ist eine gelebte Meditation.*

Ich fuhr in den Canyon hinein, ging spazieren, ließ mich von den riesigen Felsen, von den Farben und Spiralen, von der Ewigkeit berühren, besänftigen und heilen. Eine Stunde später, als ich mich schon viel ruhiger und stärker fühlte, stieg ich wieder in den Jeep und steuerte auf den Ausgang des Parks zu. Plötzlich blockierten einige Autos die Fahrbahn, und ich fragte mich, ob ein Unfall passiert war. Dann sah ich, warum die Leute angehalten hatten. Auf der gegenüberliegenden Straßenseite stand eine Hirschkuh, die mit der Schnauze ihr Kitz liebkoste. Sie war direkt neben ihm, beschützte und pflegte es.

Viele von uns erinnern sich kaum noch an die Fürsorglichkeit ihrer Mutter – einige andere aber schon, und zwar voller Zärtlichkeit und Freude. Nicht wenige haben die wunderbare Erfahrung gemacht, Kinder großzuziehen, zu lieben und zu hegen, und dadurch ein Glück kennengelernt, das einen wohl mehr erfüllt als alle Dinge dieser Welt. Manche wiederum haben gelernt, auf andere Weise Liebe zu schenken und zu empfangen, und konzentrieren sich dabei auf Personen außerhalb der eigenen Familie. Jedenfalls aber sind die meisten von uns mit dem Wunder, der Heilkraft, dem Segen, der Ehrfurcht vertraut, die aus der Fürsorge resultieren. Geben und Nehmen bilden hierbei einen kontinuierlichen Kreislauf, der wiederum ein wesentlicher Bestandteil unserer Reise ins Innere ist.

Hegen und pflegen Sie die Menschen – und immer wieder auch sich selbst. Das Universum wird sich Ihrer annehmen und Ihnen dabei helfen. Die anderen werden Ihre Bemühungen zu schätzen wissen und von Ihnen lernen – genauso wie jene Autofahrer, die stoppten, um die Hirschkuh und ihr Kitz zu betrachten.

Respektieren Sie Ihre Fähigkeit,
für andere und für sich selbst zu sorgen.
Bringen Sie Ihre zärtliche
Liebe zum Ausdruck. Diese Gabe
besitzt ein jeder von uns – sie wartet
nur darauf, erkannt, geschätzt
und eingesetzt zu werden.

Machen Sie sich von Ihrer Vergangenheit frei 22. OKTOBER

Öffnen Sie sich dem Universum. Empfangen Sie seine Liebe, seinen Trost, seine Heilkraft. Lassen Sie sich von ihm in die Vergangenheit zurückführen, damit Sie sie aufarbeiten, gesund werden und freudigen Zeiten entgegengehen können.

Die Pfade der kosmischen Liebe sind gewunden; manchmal zwingt sie uns, in die Vergangenheit einzutauchen und dort lange genug zu verweilen, damit der innere Heilungsprozeß vonstatten gehen kann. Wir machen eine bestimmte Erfahrung und reagieren heftig; wir sind aufgewühlter, als es eigentlich nötig wäre. Vielleicht nehmen wir das gar nicht wahr und denken: *Jetzt ist jetzt: so fühl' ich mich eben angesichts der heutigen Ereignisse.* Aber in dem Augenblick, da wir uns der inneren Vorgänge bewußter werden, sagt eine Stimme in uns: *Es schwingt auch noch ein früheres Gefühl mit, das ich damals nicht zuzugeben und zu empfinden wagte.*

Fühlen Sie sich ohne jeden Vorbehalt
in Ihre Vergangenheit ein. Lassen Sie die
alten Wunden ausheilen. Übernehmen Sie
die Verantwortung für Ihr Verhalten. Sorgen Sie
dafür, daß Ihre alten Emotionen klarer werden,
sich gleichsam auflösen. Dann
erkennen Sie auch, was das Universum
für Sie getan hat. Es hat Sie
mit einer heilsamen Erfahrung konfrontiert,
damit Sie sich auf Ihre Vergangenheit zurückbesinnen
und dadurch einen Schritt nach vorn machen können.

Sagen Sie ja zur Freude. Schätzen Sie sie, kosten Sie sie aus.

Die Freude ist kein flüchtiges Gefühl, das von äußeren Umständen abhängt, keine momentane Empfindung, keine Reaktion auf die Außenwelt. Vielmehr entspringt sie dem Herzen wie das sprudelnde Wasser dem Berg. Sie kommt aus Ihrer inneren Quelle. Und manchmal bildet sie einen genauso überraschenden wie angenehmen Kontrast zu dem, was um Sie herum geschieht.

Akzeptieren Sie die Freude. Genießen Sie sie. Selbst wenn die Menschen in Ihrer Nähe schlechte Laune haben – Sie können guter Laune sein. Das heißt keineswegs, daß Sie die Gefühle der anderen mißbilligen sollten; zugleich aber brauchen Sie sich Ihre Freude nicht von ihnen kaputtmachen zu lassen.

Sie haben Ihre Arbeit getan. Sie haben beschlossen, für alles offen zu sein. Deshalb bekommen Sie jetzt auch Ihre Belohnung.

Achten Sie die Freude. Sie ist Ihr innerer Schatz. Sie haben ihn entdeckt. Sie haben ihn verdient. Er gehört Ihnen.

Lassen Sie die anderen an Ihrem Gefühlsleben teilhaben

Berichten Sie, was in Ihrem Innern vorgeht. Geben Sie bereitwillig, offen und freudig Auskunft darüber, was Sie erlebt, was Sie gelernt haben.

Sagen Sie nicht, wie Sie manche Dinge hätten anders machen sollen. Damit zeigen Sie nur Ihre Schamgefühle und bringen die Leute dazu, sich ebenfalls zu schämen. Reden sie auch nicht darüber, wie Sie dieses oder jenes anders machen wollten. Diese Reue ist unnötig und färbt darüber hinaus auf Ihr Gegenüber ab.

Erzählen Sie vielmehr ganz ehrlich, wie Sie sich früher fühlten, welche Gedanken Ihnen damals durch den Kopf gingen. Teilen Sie dann mit, wodurch Ihre Transformation bewirkt wurde. Artikulieren Sie Ihre inneren Widerstände, Ihren Kummer, Ihre Irrtümer – aber fügen Sie stets hinzu, wie Sie Ihre Aufgaben jetzt meistern.

Durch Aufrichtigkeit und Offenheit vermitteln Sie den Menschen in Ihrer Umgebung eine sehr wichtige Einsicht – nämlich daß man manchmal gerade durch die eigenen Fehler weiterkommt. Wenn wir uns hinreichend akzeptieren und lieben, um zu bekennen, wer wir eigentlich sind, glauben auch die geliebten Menschen daran, daß sie gut genug sind.

Bringen Sie Ihre Gefühle zum Ausdruck,
und Sie werden jene heilen,
die Ihnen nahestehen.

Einigen von uns wird erst dann bewußt, wie müde sie im Grunde sind, wenn sie sich einmal zu entspannen versuchen. In diesem Augenblick tritt unser Erschöpfungszustand deutlich zutage.

Wir fühlen uns vielleicht schon so lange ausgelaugt und gestreßt, daß wir uns völlig daran gewöhnt haben. Allerdings heißt das nicht, daß wir schlechte Menschen sind, daß mit uns etwas verkehrt ist oder daß wir uns auf dem Holzweg befinden.

Viele von uns engagieren sich voller Freude für ihre Arbeit, für ihre Projekte, für ihre Beziehungen zu anderen Menschen. Wir lieben unser Leben und die Dinge, die wir tun. Aber wir überanstrengen uns manchmal dabei und setzen uns zu lange unter Druck. Möglicherweise lassen wir unserem Körper nicht genügend Zeit, damit er sich entspannen, sich ausruhen und loslassen kann.

Es ist ganz in Ordnung, eine Pause einzulegen. Erholen, regenerieren, sammeln Sie sich. Selbst wenn Sie überaus beschäftigt sind, steht es Ihnen frei, immer wieder zu verschnaufen und neue Kraft zu tanken. Spüren Sie Ihren Körper, und bleiben Sie in Verbindung mit sich selbst.

Machen Sie sich bewußt, wie ausgepumpt Sie sind,
und achten Sie dann darauf, was Ihr Körper braucht,
um zu neuem Leben zu erwachen,
um wieder Liebe zu empfinden.

Lassen Sie sich vom Universum helfen, offener zu werden 26. OKTOBER

Das Universum ist sanft, liebevoll, wohlwollend, voller Leben, voller Geschenke. Seien Sie nicht allzu besorgt darüber, daß Sie manchmal Angst haben oder meinen, dem Wunder des Daseins gleichgültig gegenüberzustehen. Dieses Gefühl ist nicht von Dauer. Bald wird es verschwinden.

Unternehmen Sie einen Spaziergang. Berühren Sie einen Baumstamm; umfassen Sie ihn, bis Ihre Angst nachläßt. Spüren Sie die Erde unter Ihren Füßen. Beobachten Sie einen Sonnenaufgang. Bitten Sie Gott und Weltall darum, daß Sie sich öffnen. Bringen Sie diesen Wunsch laut und deutlich zum Ausdruck. Schauen Sie dann, was passiert. Gehen Sie weiterhin in der Richtung, die von der Stimme des Herzens vorgegeben wird. Dann befinden Sie sich stets in Situationen, die Sie ins Innere zurückführen.

Das Universum hilft Ihnen, empfänglicher
zu werden. Es tut alles mögliche für Sie
und ist dabei liebevoll, zärtlich,
fürsorglich. Es vermittelt Ihnen alle
notwendigen Kenntnisse, damit Sie das,
was Sie hier lernen sollen, auch wirklich lernen.
Es leitet Sie, öffnet Türen und schließt
Fenster, bis Sie Ihr Ziel erreicht haben –
bis Ihr Herz offen und
Ihre Seele auf Liebe eingestellt ist.

Haben Sie einfach zuviel Energie investiert in Ihre beruflichen Aufgaben, in Ihre Lebensplanung, in Ihre geistige Entwicklung? Haben Sie sich zuviel zugemutet, um Beziehungen zu anderen Menschen aufzubauen, neue Einsichten zu gewinnen oder herauszufinden, wohin Sie gehen, was Sie als nächstes tun sollen?

Viele von uns mußten immer hart arbeiten. Um den Punkt zu erreichen, an dem wir jetzt sind, mußten wir Druck machen, die Dinge forcieren, uns Schritt für Schritt vorwärtskämpfen. Zumindest dachten wir, daß wir dazu gezwungen seien. Aber das Leben ist jetzt keine Tretmühle mehr. Weder die kleinste noch die größte Aufgabe braucht uns derart anzustrengen.

Jedes Geschehen, an dem wir beteiligt sind, jede Sache, die wir in Angriff nehmen sollen, unterliegt einem natürlichen Rhythmus, einer ganz bestimmten Ordnung. Gewiß, aller Anfang ist schwer; und es gibt Phasen, da wir nur mühsam einen Fuß vor den anderen setzen, um irgendwie weiterzukommen. Aber die Freude, die Hingabe, die Lebensweise, die wir suchen, ergibt sich nicht durch Zwang, sondern auf viel natürlichere, einfachere Weise, als wir denken. Treiben Sie sich also nicht mehr an Ihre Grenzen, und achten Sie darauf, wie schnell Sie dann den richtigen Rhythmus finden.

Sie brauchen die Dinge nicht zu erzwingen.
Im Grunde geht das auch gar nicht. Entspannen
Sie sich lieber, lehnen Sie sich zurück.
Lassen Sie alles geschehen.

»Du bist auf einer Reise«, sagte die indianische Schamanin von Sedona, »aber sie verläuft nicht so, wie du es dir vorstellst. Verhalte dich nicht wie ein Reh, das immer nur nach vorn schaut und sein Ziel im Auge hat. Mach so viele Umwege wie möglich. Geh abseits der ausgetretenen Pfade, laß dir Zeit. Sprich mit den Menschen, und berühre die Bäume. Entdecke alles, was du hier entdecken sollst.«

Manchmal müssen wir Umwege machen, um mit neuen Situationen, Erfahrungen, Gefühlen konfrontiert zu werden, um aus dem Vertrauten ins Unbekannte aufzubrechen. Es kann gut sein, daß wir gerade dadurch die wichtigsten Lektionen lernen und die größten Fortschritte erzielen.

Die »Nebenstraße« lockt uns oft gerade dann, wenn wir dort etwas zu erledigen haben: ein altes Gefühl empfinden, aufarbeiten und loslassen oder eine neue Einstellung, eine neue Überzeugung uns aneignen müssen; aber auch, wenn eine Überraschung, eine Offenbarung auf uns wartet. Vergessen Sie nicht: Dabei geht es nie um eine andere Person, sondern um Sie selbst und Ihre innere Heilung, um Ihre Freiheit und Freude. Falls Sie den Hinweis, einfach auszuscheren, ignorieren, kommen Sie auf Ihrem bisherigen Weg nicht weiter. Dagegen bringt es Ihnen viel, sich mehr auf das geistige Wachstum zu konzentrieren und tiefer einzudringen in die eigene Innenwelt.

Sie können alles, was Ihnen widerfährt, in einer Weise fühlen, formen, verwandeln und benutzen, daß Sie davon profitieren. Dieser Entwicklungsprozeß mit all seinen Umwegen und Heilungschancen ist Ihr Schicksal – die magische Reise Ihrer Seele.

Um die nächste Station zu erreichen,
müssen wir die bisher benutzte
bequeme Hauptstraße verlassen.

Machen Sie sich von den Beschränkungen frei, die Sie sich selbst auferlegt haben. Manchmal meinen Sie vielleicht, die schönste Zeit des Lebens liege bereits hinter Ihnen: *Ich habe in meiner Arbeit das Maximum erreicht und auch sonst die wunderbarsten Dinge erlebt. Was soll da noch kommen?* Diese Denkweise behindert Sie nur. Aber Sie brauchen weder sich selbst noch dem Leben, noch dem Universum solche Grenzen zu setzen.

Gewiß, Sie haben oft eine herrliche Zeit gehabt, viele interessante Orte besucht, hervorragende Arbeit geleistet und wirklich denkwürdige Erfahrungen gemacht. Sie haben mit dem Partner, den Familienmitgliedern und Freunden die Wonnen der Liebe kennengelernt. Aber das Beste kommt noch. Ob Sie am Ende einer Beziehung, einer Aufgabe oder einer Etappe angelangt sind – das Glück ist noch nicht vorbei, es lächelt Ihnen auch weiterhin.

Zwar sollten Sie Ihre großartigen Erlebnisse in Erinnerung behalten, sich jedoch nicht derart an sie klammern, daß das gegenwärtige Leben darunter zu leiden hat – daß Sie also weder den Augenblick genießen noch kreativ die Zukunft planen.

Jedes Ende ist zwangsläufig mit einem neuen Anfang verknüpft. Auf dieser Tatsache basiert unser ganzes Leben, das seinen Fortgang nimmt, in sich geschlossen ist und seinem Rhythmus stets treu bleibt. Gerade deshalb müssen Sie alle Momente schätzen. Auch wenn Sie bereits vieles gesehen und gefühlt haben – es liegt noch eine Menge vor Ihnen.

Seien Sie offen für alles, was diese Reise Ihnen zuteil werden läßt. Das Universum ist so reich an Möglichkeiten. Und Sie sind bereit, gesund zu werden, zur Ruhe zu kommen, neue Kräfte zu entwickeln. Sie sind gewillt, wieder und wieder am Fest des Lebens teilzunehmen. Sie möchten sich kreativ betätigen, ungewohnte Wege beschreiten. Es gibt noch viele Orte, die Sie aufsuchen, viele Seelengefährten, denen Sie begegnen, viele Lektionen, die Sie lernen, viele Freuden, die Sie auskosten können.

Durchbrechen Sie Ihre inneren Schranken. Seien Sie empfänglich für das, was die Zukunft bereithält. Sehnen Sie diese Fülle oft herbei, indem Sie an die Wahrheit glauben.

Ja, das Beste kommt noch.

Respektieren Sie die Jahreszeiten Ihrer Seele 30. OKTOBER

Unser Leben unterliegt den gleichen Rhythmen und Zyklen wie die Natur. Fast unmerklich bewegen wir uns vom einen Punkt zum nächsten – und lernen dabei, entwickeln uns, lachen und weinen.

Mit Freude nehmen wir die Jahreszeiten wahr und achten sie. Nie würde es uns einfallen, im Frühling an den zarten Grashalmen zu ziehen, damit sie schneller wachsen. Und genausowenig würden wir sie dafür tadeln, daß sie zu langsam gedeihen oder im ersten Rauhreif des Herbstes dahinwelken.

Wir können die Jahreszeiten und Zyklen auch in unserem Innern erkennen und respektieren. Die Antworten, die wir suchen, kündigen sich zuerst durch eine leise Ahnung an – so als würde ein zarter Keimling aus der Erde hervorkommen. Wir haben eine Idee, begreifen allmählich, worin die Lektion besteht. Daran schließt sich eine ganze Reihe von Erfahrungen an. Manchmal ist uns der Zusammenhang sofort klar, manchmal aber auch nicht. Wir sind dabei, unser Leben zu leben, unsere Aufgaben zu meistern.

Eines Tages dann verstehen wir plötzlich. Der winzige Keimling hat sich zu einem Grashalm entwickelt, und die Grünfläche erstreckt sich über eine weite, hügelige Landschaft. Wir erkennen die Verbindungslinien, begreifen die Lektion – und achten alle Gefühle, die wir bislang in uns trugen. Wir sind anders. Wir haben uns verändert. Eine neue Zeit ist angebrochen.

Und gerade wenn wir glauben, daß dieser jetzige Zustand ewig dauern wird, beginnt schon die nächste Phase – und zwar auf ebenso natürliche, behutsame Weise wie die vorige. Auch sie gründet auf den früheren Geschehnissen, Erfahrungen, Einsichten und beschert uns das *ganz andere*.

Lernen Sie, diesen Rhythmen der Seele zu vertrauen.

Jetzt, in diesem Moment, geschieht etwas Wichtiges 31. OKTOBER

Das Leben kommt nie zum Stillstand.

Es passiert immer etwas. Wir entwickeln und verändern uns, lösen Probleme, integrieren die zuletzt gelernte Lektion in unser Leben und bereiten uns schon auf die nächste vor. Die Dinge sind ständig in Bewegung. Nur merken wir das manchmal nicht. Doch genau so soll es sein.

Wenn wir zu früh zuviel wissen, erschweren wir uns oft vieles durch unsere Kopflastigkeit. Wir denken, wir müßten Kontrolle und Zwang ausüben, gewisse Abläufe beschleunigen und ständig aktiv sein.

Auf genauso sanfte wie kluge Weise nimmt das Universum Rücksicht auf unsere menschliche Natur, insbesondere auf unsere Ängste. Es gewährt uns nicht zu viele Einblicke auf einmal. Es verdirbt nicht die Überraschung – und will auch nicht, daß wir sie verderben.

Öffnen Sie sich dem Universum.
Vertrauen Sie darauf, daß immer
etwas passiert. Und meistens
ist es ganz anders und viel
besser, als Sie je dachten.

November

Werden Sie sich Ihrer Beziehungen bewußt

1. NOVEMBER

Viele Religionen lehren, daß Gott, Welt und Mensch eng miteinander verbunden sind, daß jedes Geschöpf einen subtilen Einfluß auf alle anderen ausübt, daß jede Bewegung an allen Punkten des Raumes spürbar ist. Im Chaco Canyon in New-Mexico wurde mir diese Auffassung wieder eindringlich bewußt. In den Überresten der Anasazi-Kultur lassen sich Anzeichen dafür finden, daß die Menschen an diesen großen Zusammenhang glaubten, ihn priesen und auch darstellten. Eine Siedlung zum Beispiel weist mehr als achthundert Zimmer auf, die kreisförmig angeordnet sind. Ein Raum geht über in den nächsten, wodurch sämtliche Bereiche – Arbeit, Leben, Kult, Vergnügen – eine Einheit bilden.

Im Besucherzentrum wird die Weltanschauung der Anasazi und ihrer Nachkommen folgendermaßen umschrieben: »Der Pueblo-Indianer lebt in der Mitte der Welt; alle Dinge sind miteinander verbunden und fügen sich zu einem Ganzen zusammen. Wo Himmel und Erde sich berühren, verläuft die natürliche Grenze, die jedem Wesen gesetzt ist. Durch den Kreislauf von Geburt und Tod hat es teil an der Essenz des Lebens.« Obwohl das Mauerwerk des großen Rundbaus zerfallen und die Anasazi-Kultur versunken ist, verweist dieses frühzeitliche Denken doch darauf, daß auch zwischen uns heutigen Menschen ein unsichtbares Band besteht.

Machen Sie sich dieses Beziehungsgeflecht einmal in aller Ruhe klar. Sie sind nicht nur mit den Menschen verbunden, die Sie getroffen haben und kennen, sondern darüber hinaus mit allen Menschen, die bereits gestorben sind oder jetzt auf der Erde leben. Sie partizipieren an diesem magischen Rhythmus des Weltalls, der sich in jedem Augenblick von neuem offenbart.

Selbst wenn Sie allein leben, sind Sie Teil einer großen Familie, und auch wenn Sie für sich arbeiten, gehören Sie einer

Gemeinschaft an. Respektieren Sie Ihre Verbindungen sowie den Einfluß, den jede Person auf Sie ausübt. Erkennen Sie, wie einige Sie formten und wie Sie Ihrerseits diese Menschen berührten und prägten. Jede Interaktion löst eine Kettenreaktion aus; jede Begegnung ist schicksalhaft.

Sie brauchen nicht länger isoliert zu sein
oder unter der Einsamkeit zu leiden. Nehmen
Sie sich Zeit, um Ihre Verbindungen mit der
Welt wahrzunehmen und zu achten und den Platz,
den Sie darin einnehmen, zu schätzen.

Erkennen Sie, daß das Leben viel einfacher sein kann 2. NOVEMBER

Früher sagten wir uns: *Los, mach schon, vorwärts, schneller, noch schneller.* Erst als die Arbeit getan war, gestatteten wir uns, ein wenig auszuruhen. Aber dann vergaßen wir oft, uns zu belohnen. Diese Verhaltensweise hat jetzt keinen Sinn mehr. Wir haben viel dazugelernt, große Fortschritte erzielt. Unser Körper läßt dergleichen gar nicht zu – und die Stimme des Herzens erhebt ebenfalls Einspruch.

Sie sollten an Ihrer Arbeit mehr Freude haben. Setzen Sie sich nicht so unter Druck. Alles kann Ihnen leicht von der Hand gehen, weil Sie geübt haben, sich zu konzentrieren und Ihrem inneren Timing zu vertrauen. Dadurch sind Sie fähig, vom Zentrum her zu handeln und Ihre Angelegenheiten mit der größten Selbstverständlichkeit zu regeln.

Die Intuition veranlaßt Sie, im richtigen Augenblick eine Pause einzulegen. Zerbrechen Sie sich nicht den Kopf darüber, ob Sie die jeweilige Aufgabe überhaupt bewältigen, ob Sie Ihre Sache gut genug machen. Entspannen Sie sich, wann immer es nötig ist, und lassen Sie wirklich los.

Erübrigen Sie auch nach Abschluß der Arbeit etwas Zeit, um Körper und Seele etwas Gutes zu tun, um sich an der eigenen Leistung zu erfreuen, um am Ende des Tages Ihrem Spieltrieb zu frönen.

Achten Sie darauf, daß sich Ihr seelisches Gleichgewicht wie von selbst ergibt, sobald Sie der Stimme des Herzens vertrauen, und daß das Leben um vieles einfacher wird, sobald Sie von innen heraus leben.

Wenn unsere Entwicklung fortschreitet, unser Leben sich ändert, haben wir manchmal das Gefühl, von unserem angestammten Platz vertrieben worden zu sein.

In solchen Umbruchphasen scheint es manchmal, als seien wir aus dem Takt, aus dem Rhythmus, aus dem Gleichgewicht gekommen. Vielleicht macht sich ein früheres Gefühl bemerkbar und wird allmählich klarer, so daß wir etwas dazulernen und uns weiterentwickeln können. Oder unsere Aufmerksamkeit wird auf einen ganz anderen Bereich gelenkt, in dem wir dann wichtige Erfahrungen sammeln. Manchmal treten diese Veränderungen plötzlich ein und beeinflussen unser Leben in mannigfacher Weise. Die bisherigen Verhältnisse werden gleichsam umgestürzt, damit etwas Neues entstehen kann. Menschen, mit denen wir vertrauten Umgang pflegten, verlassen uns, und andere treten an ihre Stelle. Wir leiden, sind irritiert und reizbar, zweifeln an uns selbst. Möglicherweise fragen wir uns sogar, ob wir tatsächlich all diese wundersamen Erlebnisse hatten und ob sie je wiederkehren werden.

Bejahen Sie den Wechsel. Gehen Sie dabei noch fürsorglicher mit sich selbst um. Achten Sie auf Ihre Bedürfnisse. Der Zauber ist nicht verschwunden. Sie machen ganz einfach eine Veränderung durch. Die Dinge sind in Bewegung, und Bewegung ist immer gut.

Im Moment glauben Sie vielleicht, daß Sie Ihren Platz in der Welt nicht finden, doch das kommt nur daher, weil Sie sich neu orientieren.

Besinnen Sie sich auf Ihre freudigen Gefühle

4. NOVEMBER

Sind Sie etwa gewillt, diesen ständigen, grauenhaften Schmerz noch eine Minute länger zu ertragen? Wollen Sie ewig und unnötig leiden, weil Sie sich den Kopf zermartern über lästige Situationen, an denen Sie sowieso nichts ändern können? Ich jedenfalls bin dazu nicht bereit, und Sie sollten es auch nicht sein.

Wir sind hier, um Freude zu empfinden und alles Schöne, was das Leben bietet, soweit als möglich in uns aufzunehmen. Wenn der Kummer Sie quält, dann überwinden Sie ihn ganz schnell, und entdecken wieder Ihre fröhliche Stimmung.

Das ist eine bewußte Entscheidung.

Gestalten Sie Ihr Schicksal von innen heraus 5. NOVEMBER

Achten Sie darauf, wie die Lebensenergie Sie ständig antreibt und beflügelt, zieht und lenkt. Und seien Sie sich auch darüber im klaren, daß jeder Augenblick schicksalhaft ist.

Sie sind verbunden mit jener geheimnisvollen, unsichtbaren Kraft, die Sie durchströmt. Lassen Sie sich von ihr führen, anspornen. Befreien Sie sich von allem, was diese Beziehung beeinträchtigt – von alten Gefühlen, verstaubten Ansichten, Überbleibseln aus der Vergangenheit.

Hören Sie auf die Stimme des Herzens. Sie leitet Sie dorthin, wo Sie sein müssen. Nein, Sie können nicht so weit nach vorn schauen, wie Sie gerne möchten, wie Sie immer dachten. Das ist deshalb unmöglich, weil Sie die Reise ins Herz angetreten haben. Rationalität und Logik würden Sie nur davon abhalten, der magischen Instanz im Innern zu lauschen, zu vertrauen und bereitwillig zu folgen. Sie würden die Dinge durcheinanderbringen in der Überzeugung, daß Sie sie irgendwie bewältigen, kontrollieren und erzwingen müssen. Sie wären verwirrt durch frühere Einbildungen, Irrtümer – und Sie hätten Angst.

Bleiben Sie in der Gegenwart. Verlassen Sie sich auf Ihre Intuition, auf die Weisheit des Herzens. Fühlen Sie die Lebensenergie, die Ihnen Schwung gibt und Ihnen die Richtung anzeigt. Schlagen Sie diese dann ein.

Bejahen Sie Ihr Schicksal. Erkennen Sie, daß Sie es durch jede Entscheidung mitgestalten.

Lassen Sie die Stimme des Herzens darüber befinden, was für Sie am besten ist.

Wie oft warten wir doch auf jene großen Offenbarungserlebnisse, auf jene stürmischen Phasen, da unsere innere Transformation stattfindet; auf jene Wendepunkte, die unser Leben für immer verändern. Das sind die dramatischen Ereignisse, über die wir schreiben, die wir in Filmen sehen, die wir ersehnen. Und ganz gewiß haben sie auch einen besonderen Reiz, eine durchschlagende Wirkung. Aber selbst auf der Leinwand treten sie nicht oft ein, und im wirklichen Leben nur wenige Male.

Jeder Augenblick markiert einen wichtigen Wendepunkt – eine bedeutsame Etappe unserer geistigen Entwicklung, eine außergewöhnliche Szene im Film unseres Lebens. *Jedes* Gefühl ist von Belang: Langeweile, Angst, Haß, Liebe, Verzweiflung, Begeisterung. *Jede* unserer Handlungen besitzt einen Wert, ob wir nun jemandem Liebe entgegenbringen oder zu unserer inneren Heilung beitragen. *Jedes* Wort, das wir aussprechen, *jeder* Satz, den wir hören, *jedes* Bild, das wir betrachten und aufnehmen, *jede* Situation, an der wir beteiligt sind, verändert uns.

Vertrauen Sie jedem Augenblick
und würdigen Sie ihn.
Messen Sie ihm Bedeutung bei.
Er stellt einen Wendepunkt
dar und beinhaltet eine
spirituelle Erfahrung.

In der Tat: Sie werden geführt. Ich spreche häufig davon, weil ich es mir selbst immer wieder bewußtmachen muß. Je öfter ich diesen Satz höre, desto mehr bin ich von ihm überzeugt. Und je mehr ich von ihm überzeugt bin, desto klarer ist er mir.

Es gibt Perioden, in denen alles reibungslos abläuft, in denen man ohne weiteres daran glaubt, daß eine höhere, lenkende Macht am Werk ist. Aber in jedem Leben, wie sehr es auch vom Wunderbaren geprägt sein mag, kommt irgendwann der Augenblick, da man sich umschaut und zugeben muß: *Ich weiß eigentlich nicht, welchen Weg ich nehmen soll*. Die Ideen sind uns ausgegangen, wir verfügen über keinen genauen Plan und erkennen nicht, was weiter vorn liegt. Wir haben einfach den Punkt erreicht, der in Sichtweite war.

Gerade dann müssen wir unser Wissen benutzen, müssen wir Vertrauen haben, loslassen und so ruhig bleiben wie nur möglich. Wir sind aufgefordert, uns auf den Augenblick zu konzentrieren, unser Bewußtsein zu schärfen und unsere Intuition zu verfeinern. Wir bemühen uns darum, die einfacheren Aufgaben zu bewältigen, die kleineren Schritte zu unternehmen, die uns richtig erscheinen. Wir nehmen unsere Gefühle wahr, überwinden die Angst und gehen liebevoll mit uns selbst um.

Dann lassen wir den Dingen freien Lauf
und vertrauen darauf, daß wir geführt werden.

Wenn Sie nicht wissen, was Sie als nächstes tun sollen, dann entspannen Sie sich einfach. Achten Sie einmal darauf, was Sie alles schaffen, wieviel einfacher das Leben ist, welch große Freude Ihnen zuteil wird, wenn Sie sich nicht ständig unter Druck setzen. Dieser Zwang kann sich nämlich in Angst verwandeln – Angst davor, daß Sie Ihre Arbeit nicht fertigbringen, daß der natürliche Gang der Dinge nicht der richtige ist, daß Sie nicht gut genug sind.

Gewöhnen Sie sich eine neue Verhaltensweise an, die Ihnen erlaubt, die eigene Person fürsorglicher zu behandeln. Lockern Sie sich, lassen Sie einmal wirklich los. Machen Sie etwas völlig anderes. Atmen Sie tief ein und aus. Entzünden Sie eine Kerze. Lesen Sie ein Gedicht. Wenn die Angst immer noch da ist, dann fühlen Sie sie eben so lange, bis sie von selbst verschwindet oder bis Sie die Kraft haben, sie zu vertreiben. Gehen Sie erst dann wieder liebevoll an Ihre Aufgabe heran, wenn Ihnen dieser Schritt natürlich, richtig und angebracht erscheint. Nehmen Sie freudig und spontan Anteil an dem, was Sie leisten – ob Sie eine Beziehung aufbauen, ein Essen geben, den Garten pflegen oder ein Treffen veranstalten.

Manchmal müssen Sie sich konzentrieren,
sich anstrengen. Dann wieder ist es Zeit
für eine kleine Erholungspause. Sehen Sie ein,
daß Sie viel mehr zustande bringen, wenn Sie
ausgeruht sind, und daß Sie dann auch
wesentlich mehr spielen, lachen und
genießen können.

Dringen Sie tiefer in den Wald ein.

Wandern Sie zwischen den Bäumen umher, beschreiten Sie den gewundenen Pfad, auf dem Steine und Holzstücke liegen. Achten Sie auf den Salamander, der an Ihnen vorbeihuscht. Lauschen Sie dem Vogelgezwitscher, dem Rascheln in den Büschen. Gehen Sie so lange, bis Sie an den stillen Weiher kommen. Ruhen Sie sich dort eine Weile aus.

Beugen Sie sich dann über das Wasser und schauen Sie hinunter. Was sehen Sie? Zunächst natürlich die Wasseroberfläche. Dann aber zeichnet sich allmählich ein Spiegelbild ab. Es ist das Ihre, es ist Ihr Leben. Blicken Sie still ins Wasser, in den Widerschein Ihres Daseins. Erkennen Sie, daß im Grunde alles gut verlief, daß Sie viele Erfahrungen gemacht haben, die im Universum Wellenkreise der Liebe, des Friedens und der Heilung hervorriefen.

Seien Sie sich bewußt, daß Ihr jetziger Zustand so ist, wie er sein soll. Einige Menschen sind aus einem ganz bestimmten Grund in Ihrer Nähe. Es war kein Zufall, daß Sie diese und jene Orte aufsuchten. Und die Lektionen, die Sie lernten, werden immer ein Teil Ihrer selbst sein. Sie sind genau an dem Punkt angelangt, der Ihrer inneren Entwicklung entspricht. Fixieren Sie Ihr Spiegelbild so lange, bis Sie all das sehen, wissen und fühlen; bis Sie die dort aufglänzende Wahrheit, Ruhe, Zufriedenheit und göttliche Ordnung in sich aufgenommen haben.

Setzen Sie sich erneut hin, betrachten Sie den Wald. Lassen Sie seine Schönheit, seinen Zauber, seine schimmernden, smaragdgrünen Blätter genauso auf sich wirken wie die kleinen weißen Blumen, die überall aus der Erde sprießen und das Herz immer wieder zärtlich berühren, ja zutiefst erfreuen. Atmen Sie die Düfte ein, die diesem neuen Wachstum entströmen, den Moschusgeruch, die Aromen von Zeder und Pinie. Inhalieren Sie sie, bis Ihr Inneres erfüllt ist vom wunderbaren Atem des

Lebens. Er soll Sie durchströmen, jede Zelle Ihres Körpers durchtränken mit Stille, Glück und göttlicher Kraft.

Sie werden beschützt. Der Wald ist Ihr Freund. Er gibt Ihnen zu verstehen, daß alles in Ordnung ist. Suchen Sie den höchsten Baum: Er hat jeden Sturm überstanden und ist im Laufe der Jahre Millimeter um Millimeter, Ring um Ring gewachsen. Dann dämmert es Ihnen, daß Sie sich in ganz ähnlicher Weise weiterentwickelt haben.

Erheben Sie sich langsam, wenn es Zeit ist. Finden Sie zu Ihrem gewundenen Weg zurück. Spüren Sie den Boden unter Ihren Füßen, der Sie trägt, der Ihnen Sicherheit verleiht, der seine Energie an Sie abgibt. Marschieren Sie dann zwischen den einfallenden Sonnenstrahlen in Richtung Waldrand.

Jetzt stehen Sie wieder im vollen Tageslicht.
Verabschieden Sie sich vom Wald, von dieser Zeit
intensiver Kontemplation und Reflexion,
in der Ihnen zu Bewußtsein kam, was Sie alles
erlebt haben, wie Sie früher waren und
wie Sie heute sind. Verlassen Sie diesen Ort
in friedlicher und gelöster Stimmung,
und wenden Sie sich jetzt
dem Licht Ihres eigenen Lebens zu.

Lassen Sie Ihre Schuldgefühle los

10. NOVEMBER

Sie sollten alles Nötige tun, um sich von Ihren Schuldgefühlen zu befreien. Die dafür in Frage kommenden Methoden sollten Sie immer wieder anwenden und zu einem wesentlichen Bestandteil Ihres Lebens machen.

Das Wort »Schuldgefühl« hat einen schlechten Beigeschmack bekommen. Viele von uns wollen sich nie mehr schuldig fühlen, eben weil dies schon so oft der Fall war und überhaupt nichts brachte. Aber vielleicht müssen wir unsere diesbezügliche Einstellung noch einmal überdenken.

Es handelt sich hier trotz allem um ein Gefühl. Falls wir es nicht empfinden, nicht respektieren, um es dann wirklich loszulassen, behindert und lähmt es uns. Dann kostet es uns viel Kraft und bestimmt möglicherweise genauso über unser Leben wie jedes andere Gefühl, das verdrängt und unterdrückt wird. Eines aber ist sicher: Es verstärkt sich nicht dadurch, daß wir es uns eingestehen, es besiegelt nicht unseren Untergang, wenn wir es thematisieren. Gerade indem wir uns mit dem Schuldgefühl auseinandersetzen, können wir uns von ihm befreien. Halten Sie es schriftlich fest, sprechen Sie von ihm. Benutzen Sie dabei vielleicht auch ein Ritual, das Sie vom Gottesdienst her kennen. Machen Sie sich alle Ihre Geheimnisse bewußt, selbst diejenigen, die Sie bis jetzt vor sich selbst gehütet haben.

Finden Sie einen Weg, um Ihr Schuldgefühl zum Ausdruck zu bringen. Achten Sie dann darauf, wie es sich allmählich löst und verschwindet. Auf diese Weise reinigen Sie Ihre Seele.

Manchmal haben Menschen derartige Probleme – mit Alkohol, Drogen oder anderen Dingen –, daß es extrem anstrengend ist, mit ihnen zusammenzusein. Ganz gleich, wohin wir gehen, wer wir sind, wie lange wir an uns selbst gearbeitet haben – diese Menschen gibt es überall. Daran hat sich nichts geändert.

Aber *wir* haben uns geändert.

Wir haben unsere Lektion gelernt. Wir wissen, daß wir die Abhängigkeiten und Schwierigkeiten der anderen nicht unterbinden können. Vielleicht sind sie gerade deshalb hier, um sich von alldem zu heilen. Außerdem haben wir genau erkannt, daß wir ihre negative Energie weder ertragen noch in uns aufnehmen müssen, denn sie ist nun einmal nicht die unsere; auch gewährt sie uns keine neuen Einsichten und schon gar keine Belohnung. Die »Anerkennung«, die uns früher zuteil wurde, brauchen wir jetzt nicht mehr; sie bestand sowieso nur darin, daß man uns für arme Opfer hielt, die nicht auf sich selbst achtgeben können.

Wir haben jederzeit die Möglichkeit, uns voller Mitgefühl und Liebe vom anderen zu verabschieden.

Das Wichtigste ist, daß wir tatsächlich frei sind.

Waschen Sie Ihre alten Wunden aus 12. NOVEMBER

»Ich weiß gar nicht, was los ist«, sagte eine Frau zu mir, »aber in letzter Zeit strömen die Erinnerungen durch mich hindurch wie ein Fluß. Ich sehe Szenen aus meinem Leben vor mir, und dann melden sich auch die Gefühle wieder zurück – Kummer und Schmerz von früher, die alten Wunden eben. Keine Ahnung, wodurch das alles ausgelöst wird. Es passiert einfach wie von selbst.«

Ja, wir tragen die alten Wunden mit uns herum – Überbleibsel aus einer anderen, einer früheren Lebensphase. Vielleicht sind wir uns dieser Gefühle völlig bewußt und wissen genau, woher sie kommen. Oder wir erkennen sie nur zum Teil, spüren irgendwie, daß da etwas weh tut, dessen Ursache jedoch im dunkeln liegt. Es kann auch sein, daß wir gleich morgens nach dem Aufwachen einen Stich im Innern empfinden, den wir uns nicht erklären können. Oder wir bemerken den Schmerz gar nicht, bringen ihn folglich auch nicht mit einem bestimmten Ereignis in Verbindung. Er verbirgt sich in den Tiefen unserer Seele.

Jedenfalls ist es jetzt an der Zeit, mit der eigenen Vergangenheit ins reine zu kommen.

Lassen Sie die Gefühle gleichsam aus der Versenkung auftauchen und durch Ihr Bewußtsein fließen. Geben Sie sich Ihren Erinnerungen hin. Dadurch kehren Sie nicht in Ihr früheres Leben zurück, sondern tun etwas ganz Normales. Sie bemühen sich darum, innerlich wieder gesund zu werden.

Befreien Sie sich von Ihrer Vergangenheit.
Lassen Sie zu, daß der Fluß des Lebens
die alten Wunden reinigt und heilt.
Empfinden Sie Ihre Gefühle, bis
der Schmerz verschwunden und das Wasser
wieder ganz klar geworden ist.

Ich mußte nur noch wenige hundert Kilometer zurücklegen, aber die Strecke vor mir schien endlos zu sein. Nach all den bestandenen Abenteuern war ich müde und erschöpft. Zugleich erinnerte ich mich an die besinnlichen Worte einer Freundin, die mir vor einigen Jahren geholfen hatten und die mir auch jetzt guttaten:

»Die Lebensenergie ist eine Kraft in deinem Innern. Du hast die Fähigkeit, sie zu erschließen, zu steigern und durch deinen ganzen Körper zu schicken. Verkrampf dich nicht, setz dich nicht unter Streß. Denn auf diese Weise hemmst du sie nur. Hör auf, die Muskeln zusammenzuziehen und dir einzureden, daß du es nicht schaffst. Wenn du dir das oft und laut genug sagst, dann glaubst du es allmählich auch. Entspann dich lieber. Laß Arme, Beine, Nacken, ja den ganzen Körper locker werden. Du bist schon so weit gekommen. Schau nur, wie viele Kilometer du zurückgelegt hast. Gemessen daran hast du nur noch ein kleines Stück vor dir.

Atme tief ein und aus. Sobald du dich ängstlich oder müde fühlst, wird dein Atem ganz flach. Dadurch verliert die innere Flamme an Intensität, und die Lebenskraft gelangt nicht in deine Muskeln, in deine Organe, in deine Gehirnzellen. Hol tief Luft. Schüre das Feuer in dir.

Nimm dir dann etwas Zeit, um dir diesen Lichtkern im Innern zu vergegenwärtigen. Stell ihn dir im Solarplexus vor, nur wenige Zentimeter unterhalb des Bauchnabels. Sieh dort eine glühende Kohle, eine brennende Kerze, eine Flamme. Mal es dir so lange aus, daß mit jedem Atemzug die Flamme auflodert, heller leuchtet, bis die Lebensenergie dich spürbar durchströmt.

Fühle, wie jeder Atemzug dich mit heilsamer, lebenspendender Kraft ausfüllt, wie die innere Flamme heftiger brennt. Atme bewußt ein und aus. Fühle, wie du dabei universelle Energie aufnimmst, die sich dann in deinem Körper ausbreitet. Fühle, wie sie mit der glühenden Kohle in deinem Innern verbunden ist und diese immer wieder neu entfacht.«

Sie sind diesen ganzen weiten Weg gegangen. Sie haben die Lektion gemeistert, die Aufgabe gelöst, die Einsicht gewonnen, die Ihnen so vieles abverlangte. Sie haben schwer gearbeitet, und natürlich sind Sie jetzt müde. Erübrigen Sie deshalb einen Augenblick, um das innere Feuer zu entzünden. Empfangen Sie von ihm die Kraft, die Sie brauchen.

Bleiben Sie jetzt nicht stehen.
Sie sind fast am Ziel.

Entdecken Sie Ihr inneres Zentrum

14. NOVEMBER

»Mein Leben hat sich grundlegend geändert«, erzählte mir der Mann im Breitenbush Retreat. »Jetzt nehm' ich alles so, wie's kommt, und versuche, stets präsent und spontan zu sein. Ich bin Vorarbeiter, und auch in meinem Beruf gibt es viel weniger Probleme als früher. Noch vor einem Jahr wußte ich nicht, was mit diesem Ausdruck: *Von der inneren Mitte her leben* eigentlich gemeint ist. Jetzt ist mir's klar, und ich bemühe mich, es auch weiterhin zu tun.« Er ließ den Blick schweifen über diesen wunderbaren Erholungsort, der mitten im Willamette National Forest in Oregon liegt. »Außerdem weiß ich, *wie* ich zu mir finde«, fügte er noch hinzu.

Viele Jahre lang hatte auch ich keine Ahnung, was es mit dieser inneren Mitte genau auf sich hat. Wenn ich einmal zentriert war, dann wohl eher durch Zufall. Allmählich begriff ich, daß man diesen Zustand geduldig einüben, ihn vor allem jedoch herbeisehnen und bewußt ins Auge fassen muß; erst dann wird er zu einem integralen Bestandteil des eigenen Lebens. Der Aufwand lohnt sich immer.

Entdecken Sie, wie es sich anfühlt, zentriert und ausgeglichen zu sein – und was es bedeutet, zerfahren und nervös zu sein. Machen Sie sich diesen Unterschied einmal wirklich bewußt. Und stellen Sie dann so schnell wie möglich Ihr inneres Gleichgewicht wieder her.

Sie erkennen es daran, daß Sie ruhig und entspannt sind; daß Sie bei Ihren Tätigkeiten ein gutes Gefühl haben; daß bei Ihnen fast alles reibungslos, harmonisch und friedlich abläuft; daß keine Empfindung Sie bis ins Innerste aufwühlen, kein Gedanke Sie in völlige Verwirrung stürzen kann; daß Ihr Körper eine gesunde Einheit bildet und Sie sich mit ihm verbunden fühlen; daß das, was Sie sagen und tun, von innen her kommt und Ihnen richtig und ehrlich erscheint; daß Sie sich damit identifizieren können, eben weil Sie in Berührung sind mit Ihrer Innenwelt, Ihrem tiefsten Ich, Ihrer Seele; und daß Sie der Welt offen gegenüberstehen.

Von diesem inneren Ort aus sollte man sein Leben leben. Bringen Sie in Erfahrung, wie Sie sich ihm am besten nähern, und suchen Sie ihn dann oft auf. Sie erleichtern sich den Zugang, indem Sie zum Beispiel in die freie Natur gehen, gute Musik hören, einen Spaziergang unternehmen, ein Gebet wiederholen, die Tiefenatmung aktivieren oder regelmäßig meditieren.

Es ist schwierig, einen Ort zu finden,
an dem man noch nie gewesen ist.
Achten Sie also darauf, welche Gefühle sich
einstellen, wenn Sie zentriert sind.
Und erkennen Sie, daß diese Mitte
in Ihrem Innern liegt. Begeben
Sie sich oft dorthin.

Das göttliche Licht wird Ihren Weg erhellen

15. NOVEMBER

Es war fast elf Uhr abends. Ich steuerte den Jeep über einen Highway in Colorado, an der Westseite der Gebirge entlang. Die lange Fahrt hatte mich ermüdet, und so hoffte ich, bald irgendwo anzukommen, einen Ort zu erreichen, wo ich mich ausruhen und erfrischen konnte. Wann immer ich besorgt oder ängstlich war und an meinem Verstand zweifelte, schaute ich zum Himmel empor. Zwischen zwei Bergen prangte der Halbmond. Es war, als würde er mich antreiben, mir den Wink geben, auf ihn zuzufahren.

Schließlich erreichte ich die Stelle, die der Mond mir angezeigt hatte. Dort befand sich eine kleine Stadt, die ich auf meiner Karte nicht finden konnte, sowie ein Ferienhotel mit Heilbad, das nicht im Telefonbuch verzeichnet war. Und wissen Sie was: Es gab noch ein freies Zimmer.

Wenn ich spätabends auf einer einsamen Straße fahre und mir nicht sicher bin, welchen Abzweig ich nehmen muß, halte ich Ausschau nach einem Licht. Manchmal setzt der Mond ein Zeichen, beleuchtet von oben einen ganz bestimmten Ort. Oder die Lichter der Stadt weisen in diese Richtung, nicht in jene. Oder die eine Straße wirkt heller, einladender als die andere und vermittelt mir das Gefühl, richtig zu sein.

In unserem Leben verhält es sich oft genauso. Wenn wir an eine Gabelung kommen und nicht wissen, ob wir nach rechts oder nach links abbiegen sollen, erscheint uns einer der beiden Wege gewöhnlich heller. Möglicherweise ist das Licht ganz schwach und nur wahrnehmbar mit den Augen der Seele. Vielleicht aber wird es auch getrübt durch Angst, Anspannung und mangelnden Glauben.

Entspannen Sie sich. Achten Sie auf die Signale Ihres Körpers. Vertrauen Sie Ihrer inneren Stimme. Wenn Sie sich nicht sicher sind, in welcher Richtung Sie weitergehen sollen, dann warten Sie einfach ab. Bald wird der rechte Weg vor Ihnen aufleuchten.

Wenn Sie im Zweifel sind, bewegen Sie sich
aufs Licht zu. Sobald Sie eine Kreuzung
erreichen, entscheiden Sie sich für den
Weg, der Ihnen am hellsten vorkommt.
Das Licht wird Sie an den nächsten Ort
führen, wird Sie nach Hause geleiten.

Sie können jetzt unbesorgt Ihr Inneres aufschließen

16. NOVEMBER

Sie brauchen vor der Liebe keine so große Angst zu haben. Sie müssen nicht befürchten, sich selbst zu verlieren. Das ist Ihnen inzwischen ja auch klargeworden. Trotzdem gibt es vielleicht Menschen, die versuchen, Sie zu kontrollieren oder zu manipulieren. Und es kann sein, daß auch Sie die anderen kontrollieren oder manipulieren wollen. Trotzdem treten manchmal Leute in Ihr Leben, die persönliche Probleme haben; die mit einer Suchtkrankheit fertig werden müssen; die erst einmal einige grundlegende Dinge klären müssen.

Auf jeden Fall kann Ihnen niemand nehmen, was Sie gelernt haben; diese früheren Lektionen sind nun ein Teil von Ihnen. Unter Umständen brauchen Sie etwas Zeit, um sich daran zu erinnern, aber das gelingt Ihnen schon. Gehen Sie dann behutsam mit sich selbst um, öffnen Sie sich langsam und vorsichtig. Es ist nicht so, daß das Leben und die Menschen anders wären als vorher, sondern Sie sehen sie wahrscheinlich mit anderen Augen. *Sie* haben sich geändert. Sie sind sich Ihrer Stärke bewußt geworden. Sie wissen, wodurch Sie sich wohl fühlen – und was Sie alles leisten können.

Fürchten Sie sich nicht vor der Liebe.
Jetzt ist es an der Zeit,
die Kräfte des Herzens näher kennenzulernen.

Entdecken Sie die Kraft der Selbstliebe

17. NOVEMBER

Manchmal fällt es uns schwer, dem Leben mit all seinen plötzlichen Schwankungen, Umbrüchen, Schwierigkeiten wirklich zu vertrauen. Sobald etwas Unerwartetes oder Schlimmes geschieht, sobald wir uns blockiert oder frustriert fühlen, sobald einige Dinge ganz anders laufen, als wir es erhofften, neigen wir dazu, den inneren Zusammenhang unseres Lebens in Frage zu stellen. Wir sagen: *Das war nicht geplant. Das ist einfach ungerecht. Das will ich nicht. Dieser Weg führt nirgendwohin, zumindest nicht in die Richtung, die ich einschlagen möchte.* Wenn wir meinen, das Leben sei uns feindlich gesinnt, entwickeln wir – als Reaktion darauf – manchmal selbstzerstörerische Kräfte. Aber so wird alles nur noch schlimmer. Dann übersehen wir nämlich gerade jene Hinweise, die uns helfen, die uns weiterbringen, die uns zur nächsten Station führen – und überhören die Stimme des Herzens.

Gehen Sie auch weiterhin liebevoll und fürsorglich mit sich selbst um, egal, was passiert, mit welchen Widrigkeiten, Veränderungen, Hindernissen Sie auch konfrontiert sind. Machen Sie sich frei, atmen Sie tief ein und aus, und stellen Sie wieder jenen gesegneten Zustand her, der von Selbstliebe und Selbstverantwortung geprägt ist. Empfinden Sie alle Ihre Gefühle, und lassen Sie sie dann los. Lieben Sie sich so lange, bis Sie die innere Stimme vernehmen und den Mut haben, deren Botschaften in die Tat umzusetzen.

Die Selbstliebe ist ein wirksames Hilfsmittel, eine große, einflußreiche Kraft. Sie kann Sie wieder in Kontakt bringen mit Ihrer Kreativität, mit der universellen Liebe, mit dem bestmöglichen Gang der Dinge. Sie kann und wird Sie erneut vertraut machen mit dem Zauber des Lebens.

Es gibt einen sicheren Weg. Durch Selbstliebe finden Sie ihn leichter.

Lernen Sie, mit ungelösten Problemen eine Zeitlang zu leben

Manchmal müssen wir uns mit einer bestimmten Verhaltensweise, Schwierigkeit oder Situation eine Weile abfinden, bis wir dann wirklich bereit sind, Abhilfe zu schaffen.

Möglicherweise müssen wir damit so lange zurechtkommen, daß wir die Situation kaum noch ertragen können. Uns ist vollauf bewußt, daß dieser Zustand sehr unerfreulich ist, daß wir etwas anderes wollen und brauchen, aber vorerst bleibt alles beim alten. Wir denken: *Das wird immer so weitergehen, ich werde dieses Problem nie lösen.* Gerade in einer derart mißlichen Lage, aus der wir uns unbedingt befreien möchten, sehnen wir uns vielleicht nach jenen früheren Tagen zurück, da unsere Verdrängungsmechanismen noch funktionierten, da wir gar nicht wußten, was wir taten.

Wenn Sie Ihr Problem nicht lösen können, dann ist es durchaus in Ordnung, es als solches zu akzeptieren – zumindest für den Moment. Die Dinge sind in Bewegung, die äußeren Umstände ändern sich. Und auch Sie sind im Begriff, ein anderer Mensch zu werden.

Glauben Sie daran, daß der Wechsel
oft eine Art Wartezeit erfordert,
daß Ihre Sehnsucht nach Veränderung
diese bereits in die Wege leitet
und daß jeder Augenblick Sie dem
gewünschten Zustand näherbringt.

Entdecken Sie Ihre(n) innere(n) Geschichtenerzähler(in) 19. NOVEMBER

Jede(r) von uns hat eine Geschichte zu erzählen. Künstler, insbesondere natürlich Schriftsteller, üben diese Tätigkeit beruflich aus. Aber es gibt daneben auch noch andere Möglichkeiten, den Menschen eine Geschichte nahezubringen. Der Ladeninhaber, der Angelzeug verkauft: Haken, Köder und Senkbleie, sagt den Kunden, wo sie fischen gehen sollen, und erzählt ihnen von dem »riesigen Karpfen«, der sich im letzten Moment noch von der Leine losriß. Der Tischlermeister erzählt seine Geschichte, indem er eine Holztür auf so kunstvolle Weise anfertigt, daß sie sich leise von selbst schließt. Und die Frau, die Patchworkdecken näht, erzählt ihre Geschichte, indem sie die eigenen Stoffreste zu Decken verarbeitet, die nicht nur farbenfrohe Kunstwerke darstellen, sondern auch an wichtige Augenblicke in ihrem Leben erinnern.

Jeder Mensch trägt eine Geschichte in sich, die er auf ganz bestimmte Weise an andere weitergibt – durch Worte, durch Werke, durch die einfachen Handlungen und Gesten im Alltag. Lauschen Sie also den Geschichten der Leute ringsum, und zwar von tief innen heraus. Schätzen Sie sie, ohne Urteile zu fällen, und beachten Sie die Schönheit der Geschichte genauso wie die besondere Ausstrahlung des Erzählers. Würdigen Sie auch die Geschichte, die Sie gerade durchleben.

Entdecken Sie ihre(n) innere(n) Erzähler(in), und lassen Sie die Welt teilhaben an Ihrer Geschichte. Schildern Sie sie eloquent und freudig, liebevoll und leidenschaftlich. Bringen Sie sie dadurch zum Ausdruck, daß Sie Ihr Leben voll auskosten, Ihre Arbeit gut machen und Ihr Leben optimal gestalten. Geben Sie sich so, wie Sie sind, und fühlen Sie sich wohl dabei.

Erzählen Sie Ihre Geschichte mit viel Gefühl;
dann wird sie die Menschen bewegen und heilen.

Wie lange ist es her, daß Sie zum letzten Mal gespielt haben? Und wie weit liegt es zurück, daß sie an Ihrem Leben wirklich Freude hatten?

In der Kindheit und Jugend ist unsere Phantasie so reich, so heiter. Beobachten Sie nur einmal ein Kind, das mitten auf dem Boden sitzt und aus Holzklötzen Schlösser baut. Wenn es spielt, verwandelt sich jeder Gegenstand in alles mögliche und bereitet zudem noch viel Vergnügen. Aber es kann durchaus sein, daß uns diese Fähigkeit später abhanden kommt.

Regen Sie Ihre Phantasie erneut an. Werden Sie wieder lebendig. Setzen Sie die Wolken mit Drachen gleich, entdecken Sie in den Bäumen Kobolde, und sehen Sie in der Rose den Samt. Stellen Sie sich vor, wie es wohl wäre, eine Handvoll Wolken zu greifen. Berühren Sie dann den Baum. Halten Sie die Rose an die Wange.

Sorgen Sie dafür, daß Ihre Phantasie wieder stark und fruchtbar ist. Spielen Sie das Spiel: »Was wäre, wenn …?« Was wäre, wenn jedes Ding auch etwas anderes sein könnte? Was wäre, wenn sich das Leben von seiner lustvollen Seite zeigte?

Genießen Sie die Augenblicke des Alleinseins

21. NOVEMBER

Der Angestellte des Ferienhotels an der nordkalifornischen Küste führte mich zu meiner Unterkunft, einem abgelegenen Häuschen, das vom Hauptgebäude mehr als anderthalb Kilometer entfernt war. »Glauben Sie, daß Sie sich dort wohl fühlen werden? So ganz allein?« fragte er. »Ich sagte: »Ja, auf jeden Fall«, und meinte es auch so.

Es hat in meinem Leben sehr lange gedauert, bis ich die Fähigkeit entwickelte, das Alleinsein zu genießen. Friedliche Abgeschiedenheit ist ja etwas anderes als Einsamkeit, die einen gezwungenermaßen von anderen Menschen fernhält. Und sie unterscheidet sich auch vom Gefühl, ausgestoßen zu sein, das einen verzweifelt nach irgendeinem Bezugspunkt suchen läßt, nach menschlicher Wärme, und dann doch dazu führt, daß man sich – widerwillig und ängstlich – immer mehr isoliert.

Auf unserer Abenteuerreise werden wir mit vielerlei Ängsten konfrontiert. Das Universum gestattet uns nicht, sie permanent zu unterdrücken. Zu ihnen gehört auch die Angst vorm Alleinsein.

Wir sind aufgefordert, sie zu empfinden, sie uns bewußtzumachen und schließlich loszulassen. Sonst umgeben wir uns krampfhaft mit irgendwelchen Leuten oder Dingen und finden uns mit ihnen ab, um nur ja nicht allein sein zu müssen. Die Verdrängung dieser Angst kann aber auch dazu führen, daß sich die Einsamkeit in eine Art Einzelhaft verwandelt.

Ziehen Sie sich immer wieder einmal zurück. Schätzen Sie Ihre Privatsphäre, Ihre stillen Augenblicke. Fühlen Sie sich wohl mit sich selbst – gerade auch dann, wenn niemand um Sie ist.

> *Je zufriedener Sie in Ihrer Abgeschiedenheit sind, desto mehr Freude und Liebe erfahren Sie, wenn Sie mit anderen zusammen sind. Bemühen Sie sich um diese Phasen des Alleinseins.*

Hören Sie auf, sich zu kritisieren, sich immer wieder einzureden, daß alles, was Sie denken, fühlen, wollen oder tun, verkehrt oder zumindest nicht zu befürworten sei. Sie haben sich zu lange zurückgehalten und eingeengt. Sie haben Ihre innere Stimme, die genauso intuitiv wie kreativ ist, zum Verstummen gebracht.

Es kann viele Gründe dafür geben, daß wir uns derart herabwürdigen. Vielleicht sind wir mit Menschen groß geworden, die unser Wissen, unsere Überzeugung, unsere Ahnung immer wieder unterdrückten. Unser untrügliches Gespür für die Wahrheit machte ihnen oft zu schaffen. Also forderten sie uns auf, still zu sein; das wollten sie sowieso tun, aber nun hatten sie einen konkreten Anlaß. Dadurch lernten wir, daß wir den Mund halten sollen – und daß gerade das Schweigen unser Rettungsanker ist.

Wir brauchen den Leuten nicht mehr in dieser Weise entgegenzukommen. Wir müssen weder Angst vor uns selbst haben noch vor dem, was wir im Innern entdecken. Und wir sollten nie vor uns selbst davonlaufen, uns verstecken oder uns das Wort verbieten. Denn wir sind kreative, liebevolle und entschlossene Menschen.

Es ist an der Zeit, daß Sie sich Ihrer selbst
bewußt werden, Ihrer großen Träume und
Ziele, Ihrer wahren Neigungen und Wünsche,
Ihrer Einsichten und Kenntnisse
in bezug darauf, was richtig und
wirklich ist. Erkennen Sie sich selbst.
Hören Sie in sich hinein.
Bringen Sie sich zum Ausdruck.
Erfreuen Sie sich an Ihrer Person,
und Sie werden merken, daß sich auch
die anderen über Sie freuen.

Entdecken Sie die Kraft Ihrer Gefühle

23. NOVEMBER

Im Verlauf unserer Reise erfahren wir viel über Macht. Diese hat ganz unterschiedliche Facetten, die uns mehr oder weniger bekannt sind. Vielleicht haben wir manchmal sogar Druck ausgeübt oder rohe Gewalt eingesetzt. Jedenfalls haben die meisten von uns die sogenannten Machtspiele kennengelernt, nur um dann festzustellen, daß sie ihre Probleme auf diese Weise auch nicht aus der Welt schaffen konnten. Und möglicherweise sind einige von uns mit der Zeit dann zu harten, kalten, unbeugsamen, ja cholerischen Menschen geworden in der Annahme, dadurch besonders stark zu sein.

Oft aber sind alle diese Versuche nicht ein Zeichen von Stärke, sondern von Angst. Gewiß, die bisher unterdrückten Wutgefühle zu empfinden, zum Ausdruck zu bringen und schließlich loszulassen, war für viele von uns ein entscheidender Schritt in Richtung Selbstbestimmung. Aber die Stärke, die wir eigentlich erstreben, hat nichts zu tun mit Zwang, Kälte, Härte oder Machtspiel. Es geht uns ja nicht darum, unsere Muskeln spielen zu lassen.

Seien Sie empfänglich für eine neue Art von Kraft, die aus dem Herzen kommt, die sich zu erkennen gibt als innere Klarheit, Mitgefühl, Sanftmut, Liebe, Verständnis, Trost, Versöhnlichkeit, Glaube; die dazu führt, daß man sich und die eigenen Gefühle vorbehaltlos akzeptiert, Vertrauen hat, Selbstliebe und Offenheit bevorzugt. Das ist die Kraft, die wir suchen; die wahre Stärke, die überdauert und die uns jenes Leben beschert, das wir ersehnen. Überall dort, wo sie gefragt ist, können wir davon ausgehen, daß wir mit Brutalität, Gleichgültigkeit oder Zorn rein gar nichts bewirken.

Entspannen Sie sich. Hören Sie auf, Macht zu demonstrieren, schließen Sie lieber Ihr Inneres auf. Bündeln Sie behutsam Ihre Energien, damit ein ganz neues Gefühl von Stärke Sie durchströmen kann. Verteidigen Sie sich, wenn es notwendig ist, aber vermeiden Sie jede Aktion, die Sie des Friedens und der Freude beraubt. In welcher Situation Sie auch sind – entkrampfen Sie Körper und Geist, und vertrauen Sie Ihrer Seele.

Ihre innere Stimme wird Sie nicht nur
zur Liebe führen, sondern auch zur Stärke.
Lassen Sie diese allmählich und ungehindert
in sich aufsteigen. Dann ist sie echt.

Die Kraft der Dankbarkeit läßt nie nach

24. NOVEMBER

Die schwermütige Melodie von »Amazing Grace« begleitete mich auf der ganzen Reise. Zuerst hörte ich das Lied in dem kleinen Bauernhaus, das ich in Arizona gemietet hatte. Die Töne einer fernen Flöte kreisten durch die Luft, erfüllten sie wie Weihrauch und schenkten mir Seelenfrieden.

Das nächste Mal erklang dieses Musikstück in einem alten Hotel in Montana. Die einzelnen Töne traten klarer hervor, während sich die wohltuende Melodie im Hof ausbreitete.

In der Nähe des Hoh Rain Forest in Washington vernahm ich sie dann noch einmal, wieder auf der Flöte gespielt. Die Melodie war weithin hörbar, eins mit dem ganzen Raum. Ein tiefes Gefühl von Dankbarkeit durchströmte mich.

»Amazing Grace« verfolgt mich, dachte ich. Da schoß mir der Gedanke durch den Kopf: »Nein, die Gnade *verfolgt* mich nicht, sie hat mich *gefunden*.

Die Kraft der Dankbarkeit läßt nie nach. Sagen Sie, wenn Sie es fühlen und glauben, sagen Sie auch, wenn Sie es nicht fühlen und nicht glauben: Danke. Danke. Danke. Bald hören auch Sie dann dieses betörende Lied der Gnade – und seine Melodie wird Sie im Innersten berühren.

Amazing grace. Wunderbare Gnade.

Widmen Sie den heutigen Tag der inneren Heilung 25. NOVEMBER

Nehmen Sie sich Zeit, um innerlich zu gesunden. Machen Sie genau das, was Ihren Körper entspannt, Ihren Geist beruhigt, Ihre Seele tröstet.

Nehmen Sie ein Bad. Zünden Sie eine Kerze an. Lesen Sie ein Buch. Unternehmen Sie einen Spaziergang. Gehen Sie zur Massage. Suchen Sie Ihren bevorzugten Heiler auf, wenn Ihnen danach ist. Schauen Sie sich einen Film im Kino an. Kaufen Sie ein paar Blumen. Trinken Sie eine Tasse Tee.

Manchmal bringen wir uns wieder davon ab, uns selbst etwas Gutes zu tun, weil wir zu beschäftigt, zu müde sind. Aber gerade in solchen Augenblicken müssen wir uns hegen und pflegen. Lauschen Sie der Stimme des Herzens. Was wünscht sie sich? Achten Sie auf die Signale Ihres Körpers. Was braucht er? Vertrauen Sie dem, was Sie da hören und fühlen.

Der heutige Tag soll ganz dazu dienen, Sie wieder gesund zu machen. Wenn Sie ein bißchen Zeit erübrigen, kann jeder Tag solch heilsame Wirkung entfalten.

Nehmen Sie sich Zeit, um eine Vorstellung zu entwickeln

Das Obere spiegelt sich im Unteren. Zunächst ist der Geist tätig. Dann manifestiert er sich in der Materie. Die Bewegung erfolgt von oben nach unten, nicht umgekehrt.

Als erstes haben wir eine vage Vorstellung, die aus der Seele kommt und durch die Stimme des Herzens, durch das innere Auge an Kontur gewinnt. Dann erkennen wir allmählich, welche Schritte zu ihrer Realisierung notwendig sind und in welcher Reihenfolge sie unternommen werden sollten. Schließlich rundet sich die Vorstellung ab. Sobald sie uns dann in aller Deutlichkeit zu Bewußtsein kommt, ist sie bereits, wie manche sagen, eine »sichere Sache«.

Wenn Sie eine Aufgabe meistern wollen, bevor Sie sich diese wirklich vergegenwärtigt haben, verschwenden Sie viel Zeit und Kraft. Lernen Sie also, der Vorstellung Priorität einzuräumen. Formen Sie sie im Geiste, ehe Sie ihr eine körperliche Gestalt zu geben versuchen. Falls Ihnen im physischen Bereich etwas unklar erscheint, dann wohl deshalb, weil das spirituelle Bild noch nicht ausgereift ist. Erübrigen Sie genügend Zeit, um es noch einmal zu überdenken, es genauer zu fixieren und zu umreißen.

Indem Sie von der Vorstellung ausgehen, gelangen Sie auf den höchsten Pfad. Außerdem wird dadurch Ihre Arbeit, ja Ihr Leben insgesamt wesentlich einfacher.

Entwickeln Sie in Ruhe eine Vorstellung
von alldem, was Sie gerne tun möchten.
Lassen Sie sich von dieser Vision leiten.
Wenn sie sich im Geiste manifestiert hat, wird sie
bald auch konkrete Formen annehmen.

Man kann immer um Verzeihung bitten

27. NOVEMBER

Sind Sie innerlich blockiert? Tauchen in einer bestimmten Beziehung immer wieder Hindernisse auf, die Sie nicht überwinden können? Das Verzeihen ist eine delikate, manchmal heikle Angelegenheit, aber manchmal müssen wir den anderen darum bitten.

Wir schaffen in unserem Leben klare Verhältnisse, indem wir zum Beispiel erkennen, was wir von anderen, vom Universum, von Gott, ja von uns selbst brauchen, und das dann auch erbitten. Wir besitzen die Fähigkeit, genau herauszufinden, ob wir mit einem Menschen öfter zusammensein möchten, mehr Geld oder mehr Aufmerksamkeit benötigen oder die Kommunikation untereinander gerne anders gestalten würden. Obwohl wir so mit viel Geschick einige unserer Bedürfnisse befriedigen konnten, fällt es uns doch weiterhin schwer, um Verzeihung zu bitten.

Dem Partner oder Freund zu sagen, daß einem dieses oder jenes leid tut, ist eine Sache; genauso vertraulich wie mutig zu sein, um den Schaden zu erkennen, der aus einer unversöhnlichen Haltung resultiert, ist eine ganz andere. Wenn man uns nicht verzeiht, werden oft noch die liebevollsten Gefühle im Keim erstickt, die wertvollsten, schönsten, leidenschaftlichsten und geistigsten Beziehungen zerstört, werden manchmal Schuldgefühle hervorgerufen, die die Atmosphäre schwer belasten.

Sammeln Sie alle Ihre Kräfte, bereiten Sie sich innerlich darauf vor, daß größte Wagnis einzugehen, das von Ihnen verlangt wird. Legen Sie Ihre Karten auf den Tisch. Sagen Sie aus tiefster Überzeugung, daß Ihnen das Ganze leid tut. Aber gehen Sie dann nicht in die Defensive, plustern Sie sich nicht auf, spielen Sie nicht verrückt. Bitten Sie ganz einfach um Verzeihung.

Wenn Sie die Versöhnung wirklich wollen,
dann können Sie sie auch ohne weiteres erbitten.

Daß man sich für die Selbstliebe engagiert, bedarf vielleicht nur einer einmaligen Entscheidung, diese aber muß dann durch entsprechende Maßnahmen immer wieder untermauert werden. Wir neigen nämlich dazu, uns abzulehnen, ja zu verachten. Genauso schnell aber können wir uns entschließen, zu einer bejahenden, liebevollen Haltung gegenüber uns selbst zurückzufinden. Diese Wahl sollten wir täglich oder wöchentlich treffen – und gerade auch dann, wenn wir ein neues Ziel anvisieren, das uns in Anspruch nimmt oder gar Angst macht.

Was würde Ihnen guttun? Was würde Sie heilen, kräftigen, trösten? Und welchen Sinn hat es, daß Sie sich all das vorenthalten?

Wir können diese Selbstliebe praktizieren, sooft es nötig ist. Jedesmal tun wir uns damit ein wenig leichter und sehen, welche Belohnungen uns zuteil werden: gesteigerte Kreativität, mehr Entschiedenheit, eine engere Verbindung zum Göttlichen und eine erfüllendere Beziehung zur Welt um uns.

Wenn wir uns selbst lieben, bereitet es uns weniger Schwierigkeiten, die eigenen Fehler zuzugeben und zu korrigieren, die tiefsten Gefühle zum Ausdruck zu bringen und anderen Menschen mit Liebe zu begegnen. Unser Geist blüht auf, jubiliert. Die Selbstliebe verleiht uns Energie, verstärkt sich immer mehr. Sobald wir uns für sie entscheiden, reagiert das Universum sofort.

Akzeptieren Sie sich. Lieben Sie sich so, wie Sie sind. Aus diesem inneren Zustand resultieren Ihre gelungensten Werke und besten Augenblicke, Ihre Freude, Ihre Ruhe, Ihre Gesundheit. Indem Sie sich lieben, machen Sie der Welt ein großes Geschenk und erlauben den anderen, das gleiche zu tun – sich zu lieben.

Kosten Sie die Selbstliebe aus.
Aalen Sie sich darin wie in der Sonne.

Schließen Sie sanft Ihr Inneres auf

29. NOVEMBER

Öffnen Sie sich – behutsam, unbesorgt, entschieden, bewußt.

Lassen Sie nicht andere darüber bestimmen, ob oder wann Sie offener werden, ob oder wann Sie die Liebe bejahen. Diese Fragen sind einfach zu wichtig, als daß irgend jemand sie stellvertretend beantworten könnte. Sie allein müssen das tun.

Es gab eine Zeit, da es nicht ratsam war, sich zu öffnen. In jenen Tagen bestand Ihr Leben zum großen Teil aus Kummer und Schmerz. Sie waren nicht darauf vorbereitet, alle Abwehrmechanismen aufzugeben. Aber das ist jetzt endgültig vorbei. Sie haben dazugelernt und sich weiterentwickelt, Sie haben eingesehen, daß Sie ein liebevoller Mensch sind und daß dieses zärtliche Gefühl von tief innen kommt. Jetzt können Sie bedenkenlos Ihr Inneres aufschließen.

Das Universum kann es kaum abwarten, Ihnen dabei zu helfen – genauso, wie es durch Erde, Sonne und Regen der Blume hilft, sich zu öffnen. Wenn Sie Ihre Liebesfähigkeit nicht akzeptieren, verleugnen Sie auch die Freude – vor allem aber Ihr Selbst, Ihren Gott und das Göttliche in Ihrem Innern.

Schauen Sie sich um. Nicht der äußere Ort gewährt Ihnen Sicherheit, sondern Ihr seelischer und geistiger Zustand. Dieser innere Ort ist der richtige, dort können Sie sich geborgen fühlen. Öffnen Sie sich dann. Bejahen Sie das Leben. Gehen Sie freudig Ihren Weg.

Vertrauen Sie jedem Augenblick 30. NOVEMBER

Vertrauen zu haben, immer wieder, darum geht es. Achten Sie einmal darauf, wieviel von Ihrem Schmerz, Ihrer Angst, Ihrer Anspannung ganz einfach daher rührt, daß Sie der Vollkommenheit des jetzigen Augenblicks mißtrauen. *Ich habe mich verlaufen. Ich bin auf dem Holzweg. Irgendwas stimmt mit mir nicht – dauernd bin ich zur falschen Zeit am falschen Ort und mache alles mögliche verkehrt. Ich befinde mich in einer Sackgasse. Oje! …*

Sie sind nicht vom richtigen Weg abgekommen. Im Gegenteil, Sie steuern auf ein lohnenswertes Ziel zu, das noch wunderbarer ist, als Sie es sich überhaupt vorstellen können. Indem Sie der Vollkommenheit eines jeden Augenblicks vertrauen, machen Sie sich selbst ein Geschenk: Sie genießen die Reise ohne Vorbehalte.

Seien Sie nicht nur irgendwo unterwegs.
Kosten Sie Ihre Reise wirklich aus.

Dezember

Es ist schwierig, mit Menschen zusammenzusein, die sich um Perfektion bemühen – um vollkommene Gesundheit, tadellose Höflichkeit, absolute Ausgeglichenheit, meisterhafte Beherrschung.

Vergessen Sie nicht, daß es zur menschlichen Natur dazugehört, Schwächen zu haben und Fehler zu machen. Geben Sie sich so, wie Sie sind. Gestatten Sie den anderen, sich frei zu entfalten. Sitzen Sie auch einmal krumm auf dem Stuhl. Nehmen Sie beim Essen die falsche Gabel. Lachen Sie laut los. Behaupten Sie sich, und zeigen Sie Ihr wahres Gesicht, denn Sie sind gut genug.

Sorgen Sie sich nicht mehr darüber, daß die Menschen irgendwann herausfinden werden, wer Sie wirklich sind. Hoffen Sie vielmehr, daß es ihnen gelingt. Unterstützen Sie diesen Prozeß, indem Sie sich den anderen zu erkennen geben, anstatt sich zu verstellen.

Die Freiheit ist nur einen Schritt entfernt, der zu Selbstliebe und einer bejahenden Einstellung führt. Wenn Sie diesen Schritt unternehmen, werden Ihnen die anderen folgen – und dankbar sein, daß Sie vorausgegangen sind.

Vergegenwärtigen Sie sich Ihren Weg

2. DEZEMBER

Stellen Sie sich genau vor, was in Ihrem Leben geschehen soll. Benutzen Sie Ihre geistigen Kräfte und Ihre vom Gefühl inspirierte Phantasie, um ein Bild Ihrer persönlichen Zukunft zu entwerfen.

Solche Bilder können die künftigen Ereignisse beeinflussen und uns den Weg weisen. Wenn wir eine Vorstellung davon haben, wohin wir wollen, wissen wir auch, daß wir in die richtige Richtung gehen und wann wir am Ziel angelangt sind.

Manchmal fällt es uns leicht, mit Hilfe der Phantasie ein klares Bild zu zeichnen. Wir sehen uns bei einer bestimmten Tätigkeit, und dabei geht alles reibungslos vonstatten. Wir erkennen, wie Dinge, mit denen wir uns beschäftigen, einmal aussehen werden. Wir malen uns aus, daß wir an *diesem* Ort leben, an *jener* Aufgabe arbeiten, *dort* unsere Ferien machen werden. Dann steht uns deutlich vor Augen, was wir gerne möchten.

In anderen Phasen wiederum ist unsere Vorstellung weniger präzis. Wir haben nur ein paar vage Ideen in bezug auf unseren Aufenthaltsort oder unser Aufgabengebiet. Wir müssen uns konzentrieren und versuchen, das Bild so klar wie möglich zu gestalten. Dabei ist es von Nutzen, einmal alles aufzulisten, was mit unseren Wünschen in Zusammenhang steht.

Es kann aber auch sein, daß wir völlig im dunkeln tappen, überhaupt keine Ahnung haben, wohin wir unterwegs sind. Das heißt weder, daß es in der Welt keinen Platz für uns gibt, noch daß wir ihn nicht erreichen werden – sondern daß wir Gott und Universum bitten müssen, uns die positiven, erstrebenswerten Dinge mehr zu Bewußtsein zu bringen, damit wir dann, wenn sie auftauchen, nicht an ihnen vorübergehen.

Benutzen Sie Ihre Phantasie, um Ihr Leben so zu gestalten, wie Sie es gerne hätten.

Befreien Sie sich von Schuldgefühlen, die noch von früher stammen 3. DEZEMBER

Warum fühlen wir uns schuldig, wenn wir tun, was in der Natur der Dinge liegt?

Dieses nagende, quälende Schuldgefühl stammt noch von früher, aus jener Zeit, da wir uns nicht mochten, da wir uns mißtrauten, da wir keine Ahnung davon hatten, daß das Leben einfach, normal, angenehm und voller Freude sein kann.

Die Schuld- und Angstgefühle in bezug auf unsere neue Tätigkeit, unsere neue Situation, unsere neuen Erfahrungen zeigen nur an, daß wir uns gegen die zu lernende Lektion sträuben und zurückschrecken vor der Vorstellung, uns selbst vorbehaltlos zu lieben und alle Aspekte unseres Lebens auszukosten.

Aber bald wird uns klar sein, daß wir mit Bedacht an den Ort geführt wurden, an dem wir uns gerade befinden. Genau das, was unsere Schuld- und Angstgefühle hervorruft, müssen wir intensiv erleben, bewußt in Angriff nehmen, um zur nächsten Station vorzudringen, zum nächsten Abenteuer überzugehen.

Das Leben ist die Fülle selbst. Wir können uns jederzeit der Selbstliebe hingeben und den heilsamen Kräften in unserer Umgebung vertrauen. Unsere Tätigkeiten und Maßnahmen brauchen uns keinerlei Probleme zu bereiten, so daß wir dann angenehme Tage und Nächte verbringen und unsere Aufgaben erfüllen, ohne uns im geringsten schuldig zu fühlen.

Erkennen Sie, daß Ihr innerer Widerstand auf nichts anderem basiert als auf Schuld- und Angstgefühlen. Setzen Sie dann diese Reise fort, die Sie der Liebe näherbringt, ohne sie durch Schuldgefühle zu verderben.

Wir treffen unsere Entscheidungen selbst 4. DEZEMBER

Das ist eine alte Lektion, die allerdings ständig wiederholt und neu eingeübt werden muß. Wir brauchen uns von niemandem vorschreiben zu lassen, wie wir unser Leben gestalten, welche Wahl wir treffen, was wir für unser Glück tun sollen.

Auch wenn wir denken, diese Lektion bereits in- und auswendig zu können, taucht sie doch immer wieder auf. Jemand zwingt uns, gewisse Dinge zu tun. Wir lassen uns darauf ein, verstricken uns, sind irgendwie gefangen. Schon hören wir uns das altbekannte Lied singen: *Wenn sie doch nur …, wenn er nur nicht …, dann würde ich …* Erneut wird uns klar, daß wir die Zügel aus der Hand gegeben haben, daß unser Leben von den Wünschen, Launen und Entscheidungen eines anderen Menschen abhängt.

Gewiß, wenn wir in vollen Zügen leben, reagieren wir auch auf unsere Umgebung. Durch diese zwischenmenschlichen Beziehungen entwickeln wir uns weiter und lernen ständig dazu. Und natürlich gibt es Phasen, in denen wir uns den anderen derart verbunden fühlen, sie so sehr lieben, daß eine starke wechselseitige Beeinflussung stattfindet. Aber das heißt noch lange nicht, daß sie über unser Leben, unser Verhalten, unsere Alternativen bestimmen sollen.

Vielleicht wird *sie* weiterhin kontrollieren, *er* nicht. Aber was ist mit Ihnen? Was möchten *Sie* eigentlich? Welche Vorgehensweise erscheint *Ihnen* richtig und nützlich? Wollen Sie wirklich jemand anders die Verantwortung für alles übertragen?

Ganz gleich, wie sehr Sie einige Menschen lieben – manchmal ist es einfach an der Zeit, loszulassen, damit sie ihren eigenen Weg beschreiten, und zu erkennen, daß Sie das gleiche tun sollten.

Nur Sie allein können entscheiden,
was Sie als nächstes tun werden.

Wie vorsichtig und zurückhaltend wir doch sind in bezug auf Vergnügen, Spiel und pure Freude – ob wir nun arbeiten, reisen oder an einem Samstag nachmittag durch die Stadt schlendern. Manchmal benehmen wir uns, als würde Freude nur in beschränktem Umfang zur Verfügung stehen: Wir dürfen nicht zuviel davon haben, sonst ist sie bald ganz aufgebraucht.

Schon seit langer Zeit sind wir so eingestellt.

An einem Samstag nachmittag fragte mich mein Sohn Shane, ob er die Nacht bei einem Freund verbringen dürfe.

»Warum?« fragte ich.

»Um Spaß zu haben«, antwortete er.

»Du hast dich doch erst gestern abend amüsiert«, erinnerte ich ihn.

Er dachte einen Moment nach. »Wer sagt denn, daß man sich nicht zwei Tage hintereinander amüsieren kann?«

Haben Sie Freude am Leben, in der Liebe, bei der Arbeit. Und gehen Sie dann nach draußen, um sich noch mehr zu vergnügen.

Das Leben beinhaltet viele Lektionen zum Phänomen Macht. Wir begreifen zum Beispiel, daß es unmöglich ist, andere Menschen oder das Schicksal zu kontrollieren – und daß wir manchmal auch uns selbst nicht in der Hand haben. Wir entdecken unsere wahre Stärke, die darin besteht, eine nie endende Reise in Richtung Freiheit und Liebe zu unternehmen.

Im Laufe der Jahre werden wir mit unterschiedlichen Formen von Macht vertraut, experimentieren mit ihnen, sprechen über sie. Es gibt etwa die Macht der Autorität; die Macht des Geldes; die Macht des Ansehens; die Macht der Kontrolle; die Macht der Wut, des Zorns, der Einschüchterung. Wir sehen da viele negative Auswirkungen – Manipulation, Täuschung, Betrug. Wir beobachten Leute, die andere ihrer Macht berauben wollen. Wir stellen fest, daß einige das mit sich machen lassen, daß sie sich verkriechen, verstecken und alles tun, was verlangt wird.

Wir erkennen, daß die Macht oft auf Illusionen beruht. Das Geld reicht nur für eine bestimmte Zeit; das Ansehen kann schnell schwinden; die Popularität hängt vom weiteren Gang der Dinge ab; sobald wir einmal nicht aufpassen, ändert sich die Situation von Grund auf.

Wir gehen unseren Weg, wollen immer wieder Einfluß nehmen und lernen dabei die Grenzen unserer Macht kennen. Irgendwann werden wir uns allmählich der Wahrheit bewußt. Sie erwacht leise in unserem Innern, erschüttert unsere Seele, verändert unser Denken, lehrt uns, was wir schon die ganze Zeit wußten – nämlich daß nur eine Macht von Dauer ist: jene, die aus dem Herzen kommt.

Ruhe; Glaube; Sanftheit; Freundlichkeit;
Mitgefühl; Freude; Versöhnlichkeit; Trost;
Verletzlichkeit; Ehrlichkeit; Mut; und Liebe:
das sind die Kennzeichen wahrer Macht.

Fühlen Sie sich nicht mehr überfordert

7. DEZEMBER

Oft scheinen uns sogar die einfachen Aufgaben zu überfordern. Aber dieses Gefühl ist unsere *Reaktion*, die mit der Sache selbst eigentlich gar nichts zu tun hat.

Gewiß, es gibt vieles zu erledigen. Beruf, Haushalt, Wäsche, Autopflege, Rechnungen, Steuern, Verabredungen – die täglichen Verpflichtungen nehmen einen großen Platz in unserem Leben ein. Aber gerade durch den behutsamen Anfang, den ersten Schritt, der uns einer Aufgabe näherbringt, können wir uns besser zurechtfinden. Sobald wir einmal begonnen haben, wird uns klar, daß alles nur halb so schlimm ist. Gerade indem wir uns an die Arbeit machen, fällt sie uns leichter. Im Zauber des gegenwärtigen Augenblicks kehrt das Gefühl tiefen Friedens wieder.

Geheimnis und Kraft stellen sich allerdings nicht ein, wenn wir ständig darüber nachdenken, was vor uns liegt, wieviel noch zu tun ist, wo etwas schieflaufen könnte oder ob wir es überhaupt schaffen. Damit offenbaren wir nur unsere Angst. Und wir kommen auch nicht weiter, wenn wir unsere Gefühle verdrängen oder ignorieren; selbst das Gefühl, überfordert zu sein, müssen wir uns eingestehen. Empfinden Sie also, was Sie empfinden müssen, und machen Sie sich von dieser emotionalen Energie dann frei. Schreiten Sie in Liebe voran – Schritt für Schritt, Augenblick für Augenblick.

Uns wird die Kraft zuteil, alle lebensnotwendigen
Aufgaben zu erledigen. Unternehmen Sie
die einfachen Schritte, einen nach dem anderen.
Dann finden Sie wieder
auf Ihren Weg zurück.

Nehmen Sie nicht die negative Energie anderer Leute auf

8. DEZEMBER

In einer kleinen Stadt suchte ich ein Speiselokal auf und setzte mich an die Theke. Ich war der einzige Gast, aber die Bedienung ignorierte mich. Ich wartete, während sie in ihrer Ecke saß und Zeitung las. Schließlich spähte sie hervor und rief mit lauter, unfreundlicher Stimme: »Wollen Sie was?«

Als ich später das Lokal verließ, wirkte ich genauso verdrossen und verärgert wie die Bedienung. Es dauerte eine Weile, bis ich mir darüber klar wurde, was eigentlich geschehen war und wodurch sich meine Stimmung verschlechtert hatte. Dann bemerkte ich, daß ich die negative Energie dieser Frau – also völlig fremde Gefühle – in mich aufgenommen hatte. Es war, als ob jemand meine Windschutzscheibe beschmutzt hätte.

Wir alle haben schlechte Tage, an denen wir mit vielerlei Gefühlen zurechtkommen müssen. Wir brauchen uns nicht gefallen zu lassen, daß andere ihre negative Energie in unsere Richtung abstrahlen. Außerdem zwingt uns niemand, diese zu absorbieren und aufzuspeichern. Was machen Sie, wenn jemand während der Fahrt Ihre Windschutzscheibe beschmutzt? Sie halten kurz an, machen sie sauber und fahren wieder weiter.

Lernen Sie, genau zu unterscheiden, ob es Ihre eigenen Gefühle und Angelegenheiten sind, die Sie da innerlich beschäftigen, oder die von jemand anders. Sie brauchen nicht die Verantwortung zu tragen für etwas, das gar nicht zu Ihnen gehört. Haken Sie dann die ganze Sache so schnell wie möglich ab.

Gedanken sind Energie. Griesgrämige Gedanken und verworrene Gefühle können wie eine klebrige Masse sein, die jemand auf Ihre Windschutzscheibe schmiert. Waschen Sie den Schmutz ab, wünschen Sie diesem Menschen innerlich alles Gute, und setzen Sie Ihre Fahrt dann fort.

Tragen Sie für Ihr Leben die Verantwortung

9. DEZEMBER

Wenn wir uns zum eigenen Leben bekennen, fühlen wir uns glücklich und zufrieden. Wir brauchen uns nicht kontrollieren zu lassen. Wir haben es nicht verdient, unterdrückt oder behindert zu werden. Niemand kann uns weismachen, daß das in unserem Sinne sei. Wir vertrauen uns selbst. Wir wissen, was wir benötigen, was wir ersehnen – nämlich innere und äußere Freiheit.

Früher schien es uns zu überfordern, eigenverantwortlich zu denken und zu handeln, aber da irrten wir uns. Daß wir dazu nicht in der Lage seien, daß wir mit alldem nicht fertig würden, daß wir uns nicht vertrauen könnten, war reine Einbildung. Wir bauten unser eigenes Gefängnis, weil wir glaubten, uns seien die Hände gebunden, wir kämen nicht mehr weiter. Wir wurden kontrolliert und manipuliert, weil wir davon überzeugt waren, die anderen wüßten besser als wir, was gut für uns ist. Wir schreckten davor zurück, die notwendigen Entscheidungen selbst zu treffen. Also gaben wir unsere Macht preis.

Jetzt ist es an der Zeit, sich von alldem freizumachen und das Gefängnis der Angst zu verlassen. Wir können für unser Leben und für unser Tun die Verantwortung übernehmen. Wir brauchen uns nicht davor zu fürchten, daß wir Fehler machen, Irrtümer begehen. Wenn wir eine Situation heraufbeschwören, die uns unangenehm ist, so beschäftigen wir uns eben mit etwas anderem. Wir haben die Möglichkeit, unser Leben nach eigenem Gutdünken zu gestalten.

Es steht uns jetzt frei, unser Leben
so einzurichten, daß es uns
Erfüllung und Freude beschert.
Diese Freiheit hatten wir eigentlich schon immer.

Lassen Sie die Wunden ausheilen, die Ihnen durch Verrat zugefügt wurden 10. DEZEMBER

Wenn wir die Treuebrüche der anderen aufarbeiten und schließlich vergessen, heilen wir damit auch unser Herz und werden wieder offener.

Viele von uns verstehen sich ziemlich gut darauf, diese Arglist zu verdrängen und jene Situationen zu ignorieren, da wir uns nicht nur verraten fühlten, sondern tatsächlich verraten wurden.

Das Leben nimmt seinen Lauf. Manchmal tun einige Leute etwas, das uns Schmerz verursacht. Vielleicht lassen sie uns im Stich, beschützen uns nicht richtig, täuschen uns. In dieser Welt sind wir mit Menschen zusammen, die eine ganze Reihe von Problemen haben. Unsere Zeit ist schnellebig, und da geht es nicht immer freundlich oder fair zu.

Möglicherweise sind wir derart auf Trab, daß wir Situationen beschönigen, in denen wir hintergangen wurden. Manche Dinge aber waren nicht in Ordnung. Etwas stimmte einfach nicht.

Wenn wir uns früher mit dem Verrat nicht auseinandergesetzt, unsere inneren Wunden nicht gereinigt und auskuriert haben, dann werden wir auch jetzt mit den Falschheiten der anderen nicht fertig. Der Teil unseres Herzens, der darauf empfindlich reagiert, wurde betäubt, vielleicht sogar beschädigt, eben weil er nicht richtig gesunden durfte. Das hat dann zur Folge, daß wir uns einigen Situationen viel länger aussetzen, als es gut für uns ist, daß wir die Stimme nicht erheben, obwohl gerade das notwendig wäre, daß wir nur untätig herumstehen und flüstern: *So sind die Menschen eben*. Dann bricht uns das Herz noch ein wenig mehr, und wir werden noch ein wenig gleichgültiger. Dieser wunderbare, wertvolle Teil unseres Innern verschließt sich – nicht nur gegenüber der Person, die uns betrügt, sondern gegenüber allem Schönen des Lebens.

Gewiß, zuweilen ist das Leben hart. Aber wir brauchen nicht alles wie Opferlämmer zu ertragen. Vielmehr können wir uns gerade dadurch öffnen, daß wir die Risse im Herzen langsam zuheilen lassen. Und wir können in dieser Richtung weitermachen, indem wir verletzlich und sicher genug sind, um unsere Gefühle bewußt wahrzunehmen und zum Ausdruck zu bringen, und dann jene Maßnahmen ergreifen, die uns die innere Stimme empfiehlt, sobald man uns hinters Licht führt.

Der Kopf ist mit dem Herzen verbunden.
Diese Beziehung ist wichtig. Und sie
bleibt klar, wenn wir uns innerlich
von dem Verrat befreien, der
uns angetan wurde.

Erübrigen Sie Zeit, um zu spielen

11. DEZEMBER

Gehen Sie spielen. Ja, machen Sie eine Pause und amüsieren Sie sich. Wenn Ihnen der Kopf raucht und Ihnen der Rücken weh tut, dann sollten Sie eine Zäsur setzen. Tun Sie etwas, das Sie schon immer tun wollten, etwas, das Ihnen guttut, Ihnen Spaß macht. Vergessen Sie Ihre Sorgen. Schließen Sie sie in eine Schachtel ein, und unternehmen Sie eine Vergnügungsfahrt.

Zwar achten wir darauf, daß unsere Kinder ihre Tätigkeiten ab und zu unterbrechen, vergessen aber, daß wir diese freie Zeit ebenfalls brauchen. Wenn wir immer wieder sorgenvoll an die Arbeit denken, kann es leicht passieren, daß wir von unseren erledigten oder unerledigten Aufgaben überhaupt nicht mehr loskommen. Darunter leidet möglicherweise nicht nur unser Frohsinn, sondern auch unsere Kreativität und die Lebenskraft, die uns allen innewohnt.

Wir brauchen vor Erschöpfung und Anspannung nicht mehr zusammenzuklappen. Das ist unnötig und bringt überhaupt nichts. Meistens tun wir uns nur weh dabei. Unsere Müdigkeit ist wahrscheinlich genauso auf »Vergnügungsmangel« zurückzuführen wie auf Schlafmangel. Vielleicht wird uns allmählich klar, daß wir keine Ruhe, kein Nickerchen, kein zusätzliches Vitamin C brauchen, sondern daß wir spielen müssen.

Spielen Sie so oft wie möglich. Nehmen Sie sich genügend Zeit dafür. Das gibt Ihnen die Kraft, die Sie benötigen.

Wir können mit unseren eigenen Kräften genauso umgehen wie mit den Energiequellen der Erde, die wir zu schützen und zu erhalten versuchen. Machen Sie sich mehr bewußt, welchen Einfluß Menschen, Dinge und Tätigkeiten auf Sie haben. Was stärkt Sie, was lädt Ihre innere Batterie auf? Was zehrt an Ihnen, was laugt Sie aus?

In dem Maße, wie wir uns weiterentwickeln und sensibler auf die Außenwelt reagieren, empfinden wir auch eine um so größere Abneigung gegenüber allem, was unsere Energie beeinträchtigt oder aufbraucht. Gewiß, manchmal sind schwierige, anstrengende Situationen nicht zu vermeiden. Aber wir können lernen, uns dagegen zu schützen. Vielleicht müssen wir manche Menschen, Verhaltensweisen und Orte hinter uns lassen, die nicht mehr zu uns passen, die uns einfach zuviel Kraft kosten.

Achten Sie darauf, wie gewisse Personen, Orte, Ereignisse und Verhaltenweisen auf Sie wirken; wie Sie sich fühlen, wenn Sie bestimmte Nahrungsmittel und Getränke zu sich nehmen; wenn Sie bekannte oder fremde Orte aufsuchen. Registrieren Sie die Signale Ihres Körpers, lauschen Sie Ihrer inneren Stimme. Seien Sie bereit, sich von einigen Menschen und Dingen zu lösen. Aber gehen Sie dabei behutsam mit sich selbst um.

Lernen Sie, Ihre Energie zu erhalten.
Sie ist ein kostbarer, wertvoller Besitz.

Lernen Sie, mit dem momentanen Chaos zurechtzukommen 13. DEZEMBER

Manchmal ist das Bild noch nicht vollendet. Wir haben verschiedene Ideen, Möglichkeiten, Hoffnungen, Träume, die unser inneres Zentrum umkreisen wie Asteroiden einen Planeten. Vielleicht denken wir, in unserem Leben geschehe alles zufällig, ohne genauen Plan. Wir sehen nur unzusammenhängende Teilchen, die durch die Gegend schweben, Farbtupfer, die über die ganze Leinwand verstreut sind. Also versuchen wir angestrengt, sie miteinander zu verbinden, in eine Einheit aufzulösen, die einen deutlich erkennbaren Sinn ergibt.

Finden Sie sich damit ab, daß zunächst einiges disparat erscheint. Lassen Sie den Dingen freien Lauf, und legen Sie auch sich selbst keine Zügel an. Manchmal muß der Ordnung das Chaos vorausgehen. Die einzelnen Teile werden sich zu einem Bild fügen, das einen ganz bestimmten Zweck hat, zu einem wunderbaren Kunstwerk, das Ihnen gefällt.

Sie brauchen den großen Zusammenhang nicht zu erzwingen, Sie müssen nicht alles sofort wissen. Manchmal wohnt gerade dem Nichtwissen, dem Loslassen, dem Abwarten, der Ruhe, dem Vertrauen eine besondere Kraft inne. Es zeugt von Stärke, wenn Sie der Verwandlung der Teile in ein Ganzes gelassen entgegensehen. Welche Maßnahmen Sie dabei ergreifen sollen, wird Ihnen zur rechten Zeit schon klarwerden. Ja, Sie werden dann *hellsichtig handeln*.

Lassen Sie die Teile so, wie sie sind,
dann wird sich die passende Form von selbst
ergeben. Bald sehen Sie klar
und deutlich das fertige Bild.

Öffnen Sie sich der universellen Liebe

14. DEZEMBER

Wir leben in einem vitalen, geheimnisvollen, auf uns bezogenen Universum, in einer Welt, wo die Liebe allgegenwärtig ist.

Ja mehr noch, wir sind ein Teil dieses Universums, sind spürbar und sichtbar mit ihm verbunden. Das beweist zum Beispiel der Telefonanruf, der zur rechten Zeit kommt; das Buch, das uns wichtige Einsichten vermittelt; der Film, dessen Botschaft uns den Weg weist und uns innerlich öffnet; die Gelegenheit, die sich genau im richtigen Augenblick ergibt; die Idee, auf welche wir durch die Worte unseres Gesprächspartners gebracht werden – oder durch einen Gegenstand, den wir sonst immer übersehen haben.

Je empfänglicher wir sind für die universelle Liebe, desto mehr umhüllt, versorgt und führt sie uns. Je deutlicher wir sie erkennen, desto reichlicher ist sie vorhanden – bis wir uns dann schließlich fragen, warum wir sie nicht gleich entdeckt haben.

Seien Sie offen für die universelle Liebe.
Sie existiert nicht einfach nur, sie ist
für Sie da. Sobald Sie sich dieser lebendigen,
magischen Welt hingeben, wird
Ihnen die universelle Liebe zuteil.
Achten Sie nur einmal darauf, wie
sie sich in Ihrem Alltag manifestiert.

Die Chinesen nennen sie *chi*, die Japaner *ki*. Gemeint ist die schöpferische Kraft, der göttliche Lebenshauch, der alles durchdringt – auch Sie.

Erwecken Sie Ihre Lebenskraft. Tun Sie etwas, wodurch diese aktiviert und gesteigert wird. Gehen Sie zum Beispiel barfuß, und lassen Sie die Energie der Erde in sich einströmen. Strecken Sie die Hände zum Himmel empor, und nehmen Sie göttlichen Geist auf. Bewegen Sie sich. Beseitigen Sie die inneren und äußeren Hindernisse. Fühlen, lieben, singen, schreien Sie.

Werden Sie lebendig. Finden Sie heraus, was das eigentlich bedeutet: vital sein, alles wahrnehmen. Spüren Sie, wie die Lebenskraft durch die Beine und entlang der Wirbelsäule bis in den Kopf steigt – und wie sie dann durch den Oberkörper wieder hinabfließt, in die Finger- und Zehenspitzen ausstrahlt, zurückkehrt in den Boden, damit Sie genauso in der Erde verwurzelt sind wie ein Baum. Machen Sie sich bewußt, daß Sie Wurzln haben – und auch Zweige.

Lassen Sie das chi *so lange in sich einströmen,*
bis Sie sich wirklich lebendig fühlen, bis Sie
glücklich und zufrieden sind, dankbar dafür,
auf diesem Planeten zu sein; bis Sie wissen,
daß Sie eins sind mit Gott, mit dem Leben,
mit der Liebe; bis Sie erkennen, welch tiefe
Verbindung zwischen allem Seienden besteht.

Oft stelle ich mir vor, daß wir den Engeln gar keine Ruhe lassen. Ständig müssen Sie uns hierhin und dorthin führen, vor Gefahren warnen und flüstern: *Hör zu!* oder *Schau doch!* Sie geben uns zu verstehen, daß im Grunde alles gut ist, daß es ihnen leid tut, wenn wir Kummer haben. Sie fordern uns auf, zu hoffen und zu träumen, etwas zu wagen und voller Zuversicht zu sein. Sie machen uns auf wunderbare Dinge aufmerksam. Sie beleuchten unseren Weg, damit wir wissen, was als nächstes zu tun ist.

Die meisten von uns sind nicht so selbstsicher, wie es nach außen hin scheint. Wir stützen uns auf unseren Glauben, unsere Hoffnung, und brauchen immer wieder Unterweisungen. Wir müssen das Gefühl haben, auf dem richtigen Weg zu sein, von jemand anders umsorgt und geliebt zu werden. Wir sind angewiesen auf unsere Schutzengel.

Sie sagen uns ein freundliches Wort, geben uns einen angenehmen Gedanken ein, stehen uns bei und schenken uns ein sanftes Lächeln. Ihre Worte verleihen uns Kraft und spenden uns Trost. Ihre Berührung ist heilsam, ihr zärtlicher Blick erwärmt uns das Herz. Sie strahlen Liebe und Vertrauen aus.

»Ich habe gelernt, daß es ganz einfach ist, liebevoll zu sein«, erzählte mir ein Mann. »Freundlich zu sein, ist da schon schwieriger.«

Machen Sie es den Engeln leichter – und den Mitmenschen auch. Verhalten Sie sich liebevoll und freundlich. Seien auch Sie ein Engel.

Verkomplizieren Sie die Dinge nicht! 17. DEZEMBER

Die einfachste, klarste Antwort auf jede nur erdenkliche Situation kann man mühelos im Herzen finden. Beschränken Sie Ihre Intuition dabei nicht auf einen oder zwei Bereiche, sondern lassen Sie sich von ihr durchs *ganze* Leben führen.

Haben Sie finanzielle Probleme? Machen Ihnen die vielen Steuern das Leben schwer? Wissen Sie nicht, wie Sie einem geliebten Menschen helfen können? Gibt es zwischen Ihnen und Ihrem Freund Spannungen? Ist eine geschäftliche Beziehung schwierig geworden, ja durch unüberbrückbare Gegensätze gekennzeichnet? Streiten Sie sich oft mit Ihrem Partner? Haben Sie Sorgen wegen Ihrer Kinder, wegen Ihrer Eltern? Schiebt Ihr Haus- oder Wohnungsbesitzer die fälligen Reparaturen immer wieder auf? Alle diese Fragen – und noch viele andere – können Sie vor Ihre innere Instanz bringen.

Möchten Sie ein neues Hobby haben? Kommen Sie bei einem bestimmten Projekt nicht weiter? Brauchen Sie eine Idee, eine Eingebung? Wollen Sie unbedingt woanders hinziehen – oder Ihr jetziges Heim umbauen, verschönern? Besinnen Sie sich bei jedem dieser Punkte auf Ihr Inneres.

Besänftigen Sie Ihre Gedanken. Lassen Sie los. Sie müssen den genauen Plan gar nicht kennen. Stellen Sie lediglich die entsprechende Frage, und hören Sie dann in sich hinein. Auf diese Weise werden Sie aus dem Labyrinth geführt, in dem Sie sich verirrt haben.

Machen Sie das Leben nicht komplizierter,
als es ist, und zügeln Sie Ihre Wißbegier.
Die Lösung ist im Grunde ganz einfach:
Schauen Sie nach innen.

Begehen Sie die offiziellen Feiertage – aber achten Sie Ihre persönlichen Festtage

Feiertage sind im Kalender verzeichnet und erinnern uns alle an wichtige nationale und religiöse Ereignisse.

Festtage sind etwas anderes. Sie erinnern uns an persönliche Ereignisse, an spirituelle Erfahrungen, die wir für besonders wertvoll erachten. Unsere Seele hat sie verinnerlicht – zum Beispiel einen Geburtstag; den Todestag eines geliebten Menschen; den Jahrestag einer Beziehung oder einer tiefgreifenden Veränderung in unserem Leben; den Tag, an dem wir mit etwas anfingen oder mit etwas aufhörten; den Tag, an dem wir eine wichtige Sache zum Abschluß brachten; den Tag, an dem wir noch einmal ganz von vorn begannen.

Begehen Sie die offiziellen Feiertage, wie Sie es für richtig halten; vielleicht sind einige davon auch in Ihrem persönlichen Kalender rot angestrichen. Aber vergessen Sie nicht, jene einzigartigen Festtage zu respektieren, die für Sie etwas ganz Besonderes sind.

Genießen Sie die Feiertage, aber würdigen Sie auch Ihre Festtage. Greifen Sie dabei auf Ihre vertrauten Zeremonien zurück. Ehren Sie, was Ihnen heilig ist.

Erkennen Sie den tieferen Zusammenhang 19. DEZEMBER

Die zwei Männer saßen in einer Ecke des Restaurants und starrten auf das 3-D-Bild an der Wand. »Schon seit Jahren versuche ich das verborgene Muster zu entdecken, aber es gelingt mir einfach nicht«, sagte der eine. »Alle sagen, daß es da ist, also muß ich das einfach glauben.«

3-D-Bilder waren eine Zeitlang sehr populär. Zunächst sehen sie wie Drucke aus, die immer wieder das gleiche Muster aufweisen – einer Tapete oder einer Tischdecke vergleichbar. Sie sind ganz nett anzuschauen, aber im Grunde keine richtigen Darstellungen. Das eigentliche Bild ist im Muster verborgen – und nur sichtbar, wenn man locker bleibt, nicht krampfhaft auf einzelne Formen schaut, sondern in den Raum dahinter. Dann kommt das wahre, das tiefere Bild zum Vorschein.

Ich habe mir immer schon gedacht, daß diese Bilder eine Lektion beinhalten. Sie erinnern uns daran, die Oberflächenstrukturen unserer täglichen Erfahrung zu durchdringen und darauf zu vertrauen, daß es darunter eine verborgene Schicht gibt, die Bedeutung und Wert besitzt – allerdings nur in den Augen der Seele.

Während wir tagaus, tagein unseren Beschäftigungen nachgehen, machen die Dinge nicht immer viel Sinn. Ja manchmal bereiten Sie uns regelrecht Kummer. Wir fühlen uns unwohl, sind nicht in der Reihe. Wir fragen uns, ob das, was wir da erleben, schon alles ist. Gerade in solchen Phasen sollten wir nicht mehr vor uns hinstarren, sondern uns einfach entspannen und den wahren, den tieferen Zusammenhang erkennen.

Wenn wir das eigentliche Bild nicht sehen,
die wahre Bedeutung nicht ermessen, müssen
wir, wie jener Mann im Restaurant, uns nur
entspannen und darauf vertrauen, daß
all das tatsächlich vorhanden ist.

Entdecken Sie Ihre Verbindungen mit der menschlichen Gemeinschaft

»So viele Leute haben ihre Familie verloren«, sagte der Mann zu mir. »Ich auch. Aber allmählich wird mir klar, daß ich Teil einer größeren Familie bin, daß ich mit Menschen auf der ganzen Welt in Beziehung stehe.«

Wir alle sind mit Personen zusammen, die wir aus tiefstem Herzen lieben, die wir als unsere Familie bezeichnen. Es gibt die Bande des Bluts und daneben die über lange Zeiträume gewachsenen Beziehungen zu anderen Menschen. Aber wenn wir unser Inneres aufschließen, entdecken wir noch eine größere Familie.

Wir sind verwandt mit denen, die wir nie getroffen haben, selbst wenn sie in anderen Kulturen leben. Wir haben mit ihnen viele gefühlsmäßige Reaktionen gemeinsam, obwohl unsere Reise auf unterschiedlichen Erdteilen stattfindet. Betrachten wir einmal die Geschichte, so wird uns bewußt, wie sehr wir mit unseren Vorfahren verbunden sind. Die schweren Zeiten, die sie durchleiden, die Lektionen, die sie lernen mußten, ähneln oft den unseren. Gewisse Einsichten tauchen immer wieder auf. Wenn sie richtig sind, überdauern sie und werden »universelle Wahrheiten« genannt.

Welchen Belastungen sind Sie denn im Moment ausgesetzt? Glauben Sie nur nicht, daß Sie da der oder die einzige sind. Machen Sie die Augen auf. Seien Sie offen für Ihre Beziehungen zu einer größeren Familie. Nehmen Sie Anteil an den Lebensgeschichten dieser Menschen, an ihren Stärken und Hoffnungen, an ihren Ängsten und Freuden. Konzentrieren Sie sich nicht auf die Unterschiede, nicht darauf, was Sie voneinander trennt. Lassen Sie sich lieber auf das Abenteuer ein, die gemeinsamen Bande zu entdecken.

Wir alle sitzen im gleichen Boot.
Deshalb spricht man von der »universellen Liebe«.

»Streß kann durch viele Dinge verursacht werden«, sagte mir ein Heiler. »Zum Beispiel durch Giftstoffe in der Luft, durch falsche Ernährung, zuviel Arbeit, Geldsorgen, Probleme in der Liebe. Und manchmal auch durch die Art und Weise, wie man auf alte Überzeugungen reagiert, auf diese Botschaften im Kopf.«

Nicht immer können wir Streßsituationen vermeiden. Gewisse Spannungen gehören zum Leben einfach dazu, ja tragen zu unserer Vitalität bei. Sie geben uns den Impuls, die eigene Entwicklung weiter voranzutreiben, geistig und seelisch gesund zu werden, das Bewußtsein zu schärfen und Veränderungen herbeizuführen.

Obwohl wir also weder den Wunsch noch die Fähigkeit haben, jede Belastung aus unserem Leben zu verbannen, so können wir doch ihre negativen Auswirkungen eindämmen. Wir können zum Beispiel Nahrungsmittel zu uns nehmen, die wir gut vertragen; viel Wert darauf legen, daß wir frische Luft einatmen; eine Arbeit oder Liebesbeziehung abbrechen, die uns Kummer und Sorgen macht – beziehungsweise besser auf uns selbst achtgeben, wenn wir die Entscheidung treffen, zu bleiben und weiterzumachen.

Darüber hinaus können wir daran arbeiten, jene Überzeugungen zu ändern, die uns innerlich aufzehren. *Ich werde den Ansprüchen nicht gerecht. Ich bin außerstande, diese Aufgabe zu bewältigen. Ich bin nicht liebenswert. Ich kann mir nicht vertrauen.* Viele dieser Ansichten gehen auf längst überholte Reaktionen in früheren Lebensphasen zurück. Aber inzwischen wissen wir, daß wir sie durch andere ersetzen können.

Was streßt Sie? Tun Sie, was Ihnen möglich ist,
um die seelischen Belastungen
in Ihrem Leben genauso zu reduzieren
wie die Giftstoffe in Ihrer Umwelt.

Lernen Sie die Macht kennen, die dem Respekt innewohnt 22. DEZEMBER

Es ist eine stille Macht, von der ich im Laufe meiner Reise überrascht wurde. Natürlich war sie mir nicht unbekannt, aber irgendwie hatte ich durch das ständige Hin und Her vergessen, welchen Wert sie eigentlich besitzt: die Macht des Respekts.

Der Respekt ist eine zugleich geistige und seelische Kraft, die eng verbunden ist mit der Dankbarkeit, sich dann aber doch wieder von ihr unterscheidet. Er bezeichnet eine bestimmte Einstellung gegenüber anderen Menschen, dem Leben, dem eigenen Ich, die unmittelbar zum Ausdruck gebracht werden kann – und weitreichende Konsequenzen hat. Er bewirkt nicht nur, daß die Menschen sich frei genug fühlen, sie selbst zu sein, sondern daß sie sich von ihrer allerbesten Seite zeigen. Er bekundet die Ehrfurcht, die wir den Menschen, dem Leben und unserer geheimnisvollen Beziehung mit dem Göttlichen entgegenbringen.

Haben einige ungute Erfahrungen Sie dazu veranlaßt, dem Respekt keine Bedeutung mehr beizumessen? Haben Sie in Ihrer Wut beschlossen, daß einige Personen ihn einfach nicht verdienen? Haben Sie durch vertrauten Umgang und Gewöhnung vergessen, dem anderen und auch sich selbst mit Respekt zu begegnen? Lassen Sie die Vergangenheit hinter sich, sie ist endgültig vorbei. Aber Ihre Kraft, die Zukunft anders zu gestalten, ist noch ganz neu.

Achten Sie sich selbst. Berücksichtigen Sie Ihre körperlichen und seelischen Bedürfnisse sowie die Botschaften Ihrer inneren Stimme. Respektieren Sie das Leben der anderen, das Dasein überhaupt, das ein Geschenk ist. Verneigen Sie sich in Gedanken vor jedem, der Ihren Weg kreuzt – und vor den Gaben des Universums.

Werden Sie sich klar darüber, was Respekt alles bewirken kann, und zollen Sie ihn dann oft. Lassen Sie zu, daß er Ihr Leben verändert.

Lassen Sie Ihre Heilkräfte auch den anderen Menschen zuteil werden 23. DEZEMBER

Alle Geschenke, die wir der Welt darbringen, sollten tief aus unserem Innern kommen.

Wir möchten heilen. Wir möchten eine positive Kraft ausstrahlen. Viele von uns glauben fest an die Macht der Heilung, der Fürsorge, der Liebe. Aber wir wissen erst dann, was für andere hilfreich und heilsam ist, wenn wir herausgefunden haben, was uns hilft und heilt, worin unsere Wahrheit besteht.

Wir können den Menschen nicht zu Diensten sein, sie nicht im Herzen, in der Seele berühren, wenn wir uns selbst mißachten, wenn wir ihnen gegenüber so sind, wie wir unserer Ansicht nach sein sollten, oder uns aus Angst verstellen. Wir sind nur dann fähig, etwas Gutes zu tun, wenn wir unser jetziges und auch unser früheres Ich wirklich akzeptieren, lieben und sensibel genug sind, uns einzugestehen, was für unser Wohlergehen nötig ist.

Sobald wir uns selbst mit einer liebevollen und bejahenden Einstellung begegnen, verhalten wir uns auch gegenüber anderen Menschen so. Anders ist wahre Heilung nicht möglich.

Lieben und akzeptieren Sie sich. Erkennen
Sie, was Ihnen hilft, was Sie heilt, dann
werden Sie Ihre heilsamen Gaben auch
anderen Menschen überbringen können, dann
ist Ihr ganzes Leben ein großes Geschenk
für die Welt.

Was verstehen Sie unter »Dienen«?

Lange Zeit waren für mich »Dienstleistungen« gleichbedeutend damit, daß ich mich abquäle und langweile; daß ich zu allem ja sagen muß, selbst wenn ich mich innerlich sträube; daß ich viele Dinge nur deshalb mache, weil mich jemand darum bittet; daß ich auch unaufgefordert dem anderen einen Gefallen tue; daß ich gezwungen bin, jedes Problem zu lösen, jedes Bedürfnis zu befriedigen, mit dem ich irgendwann und irgendwo konfrontiert werde.

Doch meistens konnte ich mit dem, was ich tat, den anderen genausowenig helfen wie mir selbst. Gewöhnlich war ich hinterher verärgert, wütend, müde und hatte den Eindruck, daß man meinen Beistand nicht zu schätzen wußte. Nachdem ich jahrelang so weitergemacht hatte, ging ich den Menschen immer mehr aus dem Weg, um nicht mehr ihre Probleme lösen zu müssen. Ich wich vor ihnen zurück, ich wollte mit diesem ganzen Kram nichts mehr zu tun haben.

Ehe ich mich ihnen wieder zuwenden konnte, mußte ich »dienen« neu definieren. Damit ist nämlich weniger eine Tätigkeit als eine innere Einstellung, eine Lebensweise gemeint. Und diese kommt besonders dann deutlich zum Ausdruck, wenn man sich selbst liebt.

Heute verstehe ich unter »dienen«, daß wir wie selbstverständlich und völlig mühelos unseren Platz im Universum einnehmen, daß wir der Stimme des Herzens lauschen, ihren Hinweisen vertrauen in bezug darauf, was wir machen sollen, was gut für uns ist, und es auch akzeptieren, wenn von innen ein klares »Nein« kommt.

Dienen heißt: Wir lieben uns selbst; tun, was die Intuition uns eingibt, was uns Freude bereitet und mit Leidenschaft erfüllt. Wir genießen das Leben; sind offen für die Menschen in unserer Umgebung; lachen aus vollem Halse, lassen unseren Tränen freien Lauf, geben uns so, wie wir wirklich sind. Dienen heißt: Wenn wir eine Aufgabe vor uns haben, die wir übernehmen müssen, die uns richtig und passend erscheint, dann erledigen wir sie auch, und zwar liebevoll und freudig. Dienen heißt: Wir gestatten uns, den Augenblick bewußt wahrzunehmen und den Wert der Arbeit, den Sinn der Freigebigkeit anzuerkennen. Dann gehen wir noch einen Schritt weiter. Wir erlauben uns, die Tätigkeit in vollen Zügen auszukosten, sie als befriedigend zu empfinden, während wir mit ihr beschäftigt sind. Auch das ist Bestandteil des Dienens.

Wenn uns eine Aufgabe zu schwierig vorkommt, wenn wir weder die Kraft noch die Entschlossenheit haben, sie zu meistern, wenn wir keine Möglichkeit sehen, sie zu lösen, dann sagen wir in aller Ruhe nein. Das bedeutet nicht, daß wir gescheitert sind, sondern, im Gegenteil, daß wir es geschafft haben, auf die innere Stimme zu hören und einen echten Dienst zu erweisen.

Wir geben etwas ab von uns selbst, von unserer Kraft, von unserer Liebe. Wir teilen unsere freie Zeit, unsere Freude und unser Lächeln mit jenen Menschen, die uns angenehm sind. Wir denken nicht besorgt daran, was sie uns wohl dafür geben. Wir konzentrieren uns allein auf das Schenken, weil es unserem Herzenswunsch entspricht.

Wenn Ihnen der Dienst am anderen schwerfällt, dann definieren Sie ihn neu, so daß er Ihnen wieder Spaß macht. Der wahre Dienst entfremdet Sie weder den Menschen noch dem Leben, vielmehr bringt er Sie dem Göttlichen näher und auch dem eigenen Ich. Er hilft Ihnen, am geheimnisvollen Zauber der universellen Liebe teilzuhaben.

Vergessen Sie nicht Ihren Glauben

25. DEZEMBER

In New-Mexico gibt es eine Kirche, deren Erde als heilig und heilkräftig gilt. Als ich dort auf einer der Bänke saß, war ich erstaunt darüber, wie viele Menschen an diesen Ort kommen. Ich beobachtete einen Mann, der seine kranke Frau hereintrug, die so gebrechlich war, daß sie ohne fremde Hilfe weder stehen noch gehen konnte. Sie alle fanden sich hier ein, um zu beten, um die geweihte Erde zu berühren, um ein Wunder zu erleben. Ich schaute und lauschte, ergriffen von der gewaltigen Macht des Glaubens.

Viele Dinge im Leben stellen uns auf die Probe, strengen uns an, laugen uns aus und treiben uns manchmal zur Verzweiflung. Und doch gibt es einen Ort in unserem Innern, dessen Erde heilig ist. Er ist die Heimstatt unseres Glaubens.

Wir müssen uns immer wieder auf unseren Glauben besinnen, denn er hat eine tiefe Bedeutung. Ohne ihn ist das Leben trüb, sinnlos, unerfreulich. Manchmal haben wir einen schwachen Moment und sagen: *Was nützt denn der Glaube? Mir kann nichts und niemand helfen.* Möglicherweise machen wir gerade eine Phase durch, in der wir wütend sind auf Gott und einfach nicht mehr glauben wollen. Aber der Glaube kann uns tiefgreifend verändern, er kann uns mit Freude und mit Frieden erfüllen und uns das Gefühl zurückgeben, daß wir das Leben bejahen und seinen ganzen Reichtum in uns tragen.

Der Glaube verlangt kaum etwas von uns, gibt uns aber sehr viel. Vielleicht beschert er uns nicht das Wunder, das wir ersehnen, aber durch ihn geschieht immer das Wunder, das wir brauchen. Festigen Sie ihn also, kommen Sie mit ihm in Berührung, empfinden Sie ihn deutlich.

Sie brauchen gar keinen so starken Glauben.
Ein klein wenig hilft schon viel.

Nehmen Sie sich Zeit, um mit den Menschen zusammenzusein, die Sie lieben

26. DEZEMBER

Ich ließ den Bundesstaat Colorado hinter mir und fuhr in Richtung der großen Canyons, die im südlichen Teil Utahs liegen. Es waren noch viele Orte zu besichtigen, noch viele Seiten zu schreiben. Aber etwas, oder besser: jemand zog mich wie magisch an. Es war meine Tochter Nichole.

Sie war auf dem College in Arizona. Nach Abschluß der Examina wollte sie den Sommer in Minnesota verbringen. Wir hatten darüber gesprochen, daß wir uns irgendwo in der Mitte treffen. Jetzt sah es ganz danach aus, als würde das nicht klappen. Es konnte also noch Monate dauern, bis wir uns wiedersehen würden. Von meinem jetzigen Ort an der Grenze Colorados brauchte ich bis zu ihr mindestens einen Tag. Außerdem hatte ich Arizona schon durchquert, und es würde mich einen weiteren Tag kosten, wieder hierher zurückzukommen. Also beschloß ich, meine Route beizubehalten.

Gleichzeitig aber spürte ich, daß Nichole nach mir rief. Schließlich wendete ich und fuhr in Richtung Arizona, zu meiner Tochter. Als ich noch am gleichen Abend gegen zweiundzwanzig Uhr in ihrem Wohnheim ankam, rief ich sie von unten aus an. Sie fragte mich, in welcher Gegend ich denn gerade sei, und ich antwortete, daß ich in der Eingangshalle ihres Wohnheims stünde. Sie kam die Treppe heruntergerast; wir umarmten und küßten uns. Die nächsten drei Tage verbrachten wir in einem nahegelegenen Hotel. Sie widmete sich ihren Studien und schrieb eine Seminararbeit. Wir schwatzten, gingen ins Kino, aßen, lachten, weinten und tauschten Erinnerungen aus. Es war mit die herrlichste Zeit, die wir seit Jahren miteinander verbracht hatten.

Als der Abschied nahte, belud Nichole ihr Auto und brach auf nach Minnesota. Ich fuhr zurück nach Utah, machte einen Zwischenstopp, um die wunderbaren Formationen des Grand Canyon zu bestaunen, den ich bisher nie gesehen hatte. Ich fühlte mich erfrischt und innerlich erneuert. Ich hatte überhaupt keine Zeit verloren, sondern die Gaben des Herzens dazugewonnen.

> *Wir suchen nach heiligen Räumen, geistigen Erfahrungen und tiefen Wahrheiten. Aber die heiligsten Orte finden wir oft gerade dann, wenn wir mit den geliebten Menschen zusammen sind.*

Ihre Worte waren genauso einfach wie bedeutungsvoll: »Verlieben Sie sich in Ihr Schicksal.«

Wie oft wir doch außerhalb unserer selbst nach einem flüchtigen Augenblick suchen, nach genau jener Erfahrung, die ein anderer gerade macht, nach einem tiefen Gefühl, das wir ersehnen, aber zumindest jetzt nicht haben. Wie oft wir uns doch wünschen, ein anderer Mensch zu sein oder an einem anderen Ort zu leben. Und wie schnell wir uns doch über unsere Vergangenheit beklagen, sie bereuen und denken, daß da irgend etwas schiefgelaufen ist.

Gegen solche Stimmungen gibt es ein wirksames Gegenmittel: Verlieben Sie sich – verlieben Sie sich in Ihr Leben. Ihr Schicksal ist weder in weiter Ferne noch jemand anders zugeordnet; es ereignet sich in *diesem* Moment in *Ihrem* Leben – und das war schon immer so.

Das Schicksal ist eine geheimnisvolle Macht oder Kraft, die sich auf magische Weise mit unseren Entscheidungen, unserem freien Willen und dem Gang der Dinge verbindet. Lassen Sie diese Elemente zusammenwirken und Ihr Leben formen. Aber seien Sie sich auch darüber im klaren, daß Sie es mitgestalten können, indem Sie sich in Ihr Schicksal verlieben. Lieben Sie alle Orte, an denen Sie bereits waren, und alle Orte, die Sie aufsuchen werden. Lieben Sie die Lektionen, die Sie gelernt haben, und die Art und Weise, wie sie Ihnen beigebracht wurden.

Lieben Sie aber vor allem Ihren jetzigen Standort,
denn hier offenbart sich Ihr Schicksal.

Wir müssen die Heilkraft in uns selbst und in unser Leben einströmen lassen. Allzu lange fühlten wir uns zu Menschen und Dingen hingezogen, die uns viel Kraft kosteten, die uns körperlich und seelisch belasteten. Aber das ist jetzt vorbei.

Die Welt ist ein Kurort, ein riesiges Erholungsgebiet, das ganz unterschiedliche Heilquellen in Hülle und Fülle besitzt. Geben Sie zum Beispiel Epsomer Bittersalz oder ätherische Öle in Ihr Badewasser. Sitzen Sie friedlich unter einem Baum oder in einem Garten. Machen Sie abends noch einen Spaziergang um Ihren Häuserblock. Verbringen Sie einen Nachmittag im nahegelegenen Park oder einen ganzen Tag am See. Werfen Sie Kieselsteine in einen Fluß, während Sie am Ufer sitzen und über den ewigen Strom des Lebens sinnieren. Erfüllen Sie die Stille mit meditativer, beruhigender Musik anstatt mit lärmenden Gedanken. Zünden Sie ein Feuer an, damit sich die lodernden Flammen und die wohltuende Wärme im dunklen Kamin ausbreiten.

Stehen Sie morgens früh auf. Öffnen Sie die Vorhänge und beobachten Sie, wenn möglich, den Sonnenaufgang. *Spüren* Sie ihn. Nehmen Sie seine Botschaft, seine Energie in sich auf, um neuen Schwung zu bekommen, um vitaler zu sein denn je. Kehren Sie dann am Ende des Tages wieder zum Fenster zurück, oder gehen Sie nach draußen. Betrachten Sie den Sonnenuntergang. Absorbieren Sie seine wechselnden Farben, die sich über den Horizont ausbreiten. Empfinden Sie, wie diese Strahlen die Erde und alles, was sie berühren, verändern.

Streicheln Sie einen kleinen Hund, streichen Sie über Samt, lauschen Sie einer Symphonie. Wenn Sie nicht lange genug innehalten können, um die Energie beim ersten Mal einzusaugen, dann tun Sie es eben noch einmal und immer wieder. Machen Sie sich diese belebende Kraft zu eigen, damit Sie schließlich jene innere Stimme hören, die sagt, was Ihnen guttut, was Sie entspannt, was Ihnen Freude bereitet. Bald werden Sie sich den heilsamen und erfreulichen Dingen mit der gleichen Selbstverständlichkeit widmen wie den strapaziösen und ermüdenden Tätigkeiten, die Ihr früheres Leben kennzeichneten.

Es genügt nicht, näher ans Licht zu treten –
Sie müssen es regelrecht einsaugen.
Lassen Sie zu, daß seine Energie
Ihnen Auftrieb gibt, Sie verändert. Ihre ganze
Umgebung ist voll heilsamer Kräfte. Wo
auch immer Sie sind, was immer Ihnen
zur Verfügung steht:
Heilung, Kraft und Freude
werden Ihnen zuteil.

Machen Sie jetzt nicht schlapp. Sie sind fast am Ziel.

Sie haben alles dafür gegeben, diesen Berg zu ersteigen. Anfangs waren Sie einfach nur aufgeregt, neugierig; sein Anblick versetzte Sie in Hochstimmung. Nun sind Sie unterhalb des Gipfels angelangt. Sie erinnern sich an äußerst beschwerliche Abschnitte, an Augenblicke der Müdigkeit, ja des Überdrusses; an Situationen, in denen Sie Ihre Ausdauer unter Beweis stellen mußten. Aber der höchste Punkt ist in Sicht.

Arbeiten Sie sich weiter nach oben. Sie können auch jetzt darauf vertrauen, daß Sie geführt werden. Außerdem verfügen Sie über die Lebenskraft, die Sie in Gang hält und vorwärtstreibt, die hell aufleuchtet in Ihrem Innern und alle Ihre Tätigkeiten beseelt. Diese Energie ist vielleicht weniger fühlbar als vorher, eben weil Sie ganz einfach erschöpft sind.

Denken Sie an den Bergsteiger. Der Aufstieg birgt für ihn vielerlei Herausforderungen und Gefahren, und überall klafft der Abgrund. Je höher er klettert, desto steiler wird die Felswand. Je müder er ist, desto mehr Kraft muß er aufbieten. Reden Sie sich also nicht ein, daß Ihr momentaner Zustand darauf hinweist, wieder umzukehren. Jeder andere, der sich auf eine solch waghalsige Bergtour einläßt, jeder, der sich so intensiv dem Leben hingibt, fühlt sich genauso wie Sie.

Geben Sie jetzt nicht auf. Entspannen
Sie sich so oft wie möglich. Seien Sie sich
darüber im klaren, daß der harmonische
Rhythmus des Lebens auch weiterhin existiert,
daß er Sie voranbringt. Schauen Sie nicht zurück.
Konzentrieren Sie sich bewußt auf jeden Schritt.
Bald werden Sie den Gipfel erreichen, Ihr Ziel.
Bald werden Sie einen großen Triumph erleben.

Ihre nächste Lektion besteht darin, die Freude auszukosten 30. DEZEMBER

Unser Mitgefühl zu zeigen, die Liebe zu verstehen, die Freude kennenzulernen – das ist unser Ziel, darin liegt unsere eigentliche Aufgabe, deshalb sind wir hier auf Erden.

Mitfühlend gegenüber anderen Menschen zu sein, keine Urteile über sie zu fällen fiel uns vielleicht deshalb so schwer, weil wir selbst es wirklich nicht einfach hatten. Es gab Zeiten, da wir uns trotz intensiver Anstrengungen nicht helfen konnten, da wir trotz verzweifelter Versuche unsere Probleme nicht in den Griff bekamen. Aber gerade aufgrund dieser Kümmernisse fanden wir schließlich zu einer Einstellung, die von Anteilnahme und Zuneigung geprägt ist.

Möglicherweise dauerte es viele Jahre, bis wir die Liebe allmählich begriffen, mußten wir große seelische Schmerzen durchleiden, uns jede Einsicht mühsam erarbeiten, um dann festzustellen, daß der Schlüssel zur Liebe nur im eigenen Herzen gefunden werden kann – und daß die Liebe selbst nicht ganz so ist, wie wir sie uns immer vorstellten oder erhofften. Aber jetzt wissen wir es besser und fühlen uns wohler.

Geben Sie nicht auf. Brechen Sie Ihre Reise nicht ab. Lassen Sie nicht zu, daß der Schmerz aus früheren Abschnitten Sie daran hindert, Ihren Weg fortzusetzen. Zuerst mußten Sie ein tieferes Verständnis in bezug auf Mitgefühl und Liebe entwickeln; dann erst konnten Sie der Freude teilhaftig werden.

Die schwierigste Arbeit ist getan. Jetzt werden Sie dafür belohnt. Jetzt ist es an der Zeit, die Freude zu genießen.

»Wie war die Reise?« fragte mich eine Freundin, kurz bevor ich nach Hause zurückkehrte.

Ich dachte einen Moment nach und sagte dann spontan: »Es gab Höhen und Tiefen. Manchmal war ich in Hochstimmung und völlig sicher, auf dem richtigen Weg zu sein. Dann wieder fühlte ich mich verloren, verwirrt. Ich fiel abends ins Bett und dachte, daß diese ganze Reise ein Fehler sei – und irgendwie überflüssig. Aber dann wachte ich morgens auf, und es geschah etwas; mir wurde klar, daß ich schon die ganze Zeit von einer unsichtbaren Macht geführt worden war.«

Diese Reise, die ein ganzes Jahr dauerte, nähert sich nun ihrem Ende. Schätzen Sie jeden Augenblick, den Sie erleben durften, jeden Höhepunkt – und auch jeden Tiefpunkt. Seien Sie dankbar dafür, daß Sie so viele Orte gesehen, so viele Menschen getroffen haben. Verabschieden Sie sich von denen, die ihren Weg in einer anderen Richtung weitergehen müssen. Erkennen Sie, daß Sie sie durch liebevolle Gedanken jederzeit zurückrufen können. Gelangen Sie zu der Einsicht, daß die geliebten Menschen in der Stunde der Not für Sie dasein werden. Achten Sie die Lektionen, die Sie gelernt haben, und die Personen, die sie Ihnen beibrachten. Würdigen Sie diese Reise, die Ihre Seele für Sie entworfen hat. Vertrauen Sie darauf, daß alles zu Ihrem besten war. Kleben Sie die Bilder in Ihr inneres Sammelalbum, damit Sie sich immer wieder an sie erinnern.

Erinnern Sie sich an die Worte, die
Ihnen am Anfang eingeflüstert wurden:
Lassen Sie die Reise ungehindert
vonstatten gehen. Tun Sie alles,
damit sie genauso wunderbar wie
geheimnisvoll ist. Der Weg ist vorgezeichnet.

DANKSAGUNG

Von Herzen danke ich Nichole Marie und Shane Anthony für ihre immerwährende Liebe und Unterstützung.

Dank auch an Dr. Steve Sherwin.

Außerdem möchte ich Ann Poe meine Anerkennung aussprechen. Erneut war sie mehr als nur eine Lektorin; zum dritten Mal in meiner schriftstellerischen Laufbahn hat sie mir wertvolle »Hebammendienste« geleistet.

Die Meditationen und Geschichten in diesem Buch wurden während einer Reise geschrieben, die mich durch den Westen der Vereinigten Staaten führte. Viele Menschen, die mir über ihr Leben erzählten, kenne ich nicht namentlich; einige waren Fremde, mit denen ich mich nur kurz unterhielt. Trotzdem danke ich ihnen dafür, daß sie mir Einblick in ihre Innenwelt gewährten.

Darüber hinaus möchte ich die Schauplätze nennen, die mich bei meiner Reise inspirierten und das Buch mit Leben erfüllten. Die Meditationen wurden tatsächlich »vor Ort« geschrieben, damit die Energie dieser geheimnisvollen und magischen Stätten in die Seiten mit einfließen konnte. Da sie mich so beeindruckten und prägten, soll auch ihnen an dieser Stelle gedankt werden.

Hier sind sie, aufgelistet in der Reihenfolge, wie ich sie besuchte:

Desert Hot Springs, Kalifornien
Sedona, Arizona
Petrified Forest National Park, Arizona
Chaco Canyon, New-Mexico
Ojo Caliente, New-Mexico
Chimayo, New-Mexico
Pike's Peak, Colorado
Cottonwood, Colorado

Mesa Verde National Park, Colorado
Tempe, Arizona
Grand Canyon, Arizona
Bryce Canyon National Park, Utah
Lava Hot Springs, Idaho
Yellowstone National Park, Wyoming
Hot Springs, Montana
Olympic National Park, Washington
Hoh Rain Forest, Washington
Willamette National Forest, Oregon
Mount Shasta, Kalifornien
Redwood National Park, Kalifornien
Cleone, Kalifornien
Kings Canyon National Park, Kalifornien
Sequoia National Park, Kalifornien
Colony Beach, Kalifornien

Melody Beattie
17. Juli 1995